朱荫贵，1982年获北京大学历史学学士学位。1993年获中国社会科学院研究生院经济学博士学位。1990年作为中日首批合作培养博士项目赴日本东京大学学习一年，1995—1997年再赴日本东京大学从事博士后研究。

　　1982—2003年在中国社会科学院经济研究所从事中国近代经济史研究。曾任中国经济史研究室主任、研究员。1998年兼任中国社科院研究生院教授、博士生导师。2003年9月调入复旦大学历史学系。现为复旦大学历史学系教授、博士生导师，华中师范大学特聘教授。1993年获国务院颁发有突出贡献社会科学家证书并享受政府特殊津贴。

　　研究兴趣集中在中日近代化比较研究、中国近代轮船航运史、股份制企业史、金融证券史等领域。主要著作有《国家干预经济与中日近代化》《中国近代轮船航运业研究》《中国近代股份制企业研究》《近代中国：金融与证券研究》《中国近代经济史》（第2、3、4卷，合著）等，在《中国社会科学》《中国经济史研究》等刊物上发表论文百余篇。

内容提要

近代中国是一个变动剧烈的社会。其中最重要的变动之一是传统农业经济结构向大机器工业转变。这种变动需要的巨量资金从何而来？在此过程中，传统金融机构如钱庄、新式金融机构如银行、直接融资市场如证券交易所等各发挥了什么作用？其手段和特色如何？近代工商企业自身在筹集资本和运营中有些什么措施？与他国相比又有些什么特点？

要找到这些问题的答案，就需要对近代中国的资本市场进行深入的研究。遗憾的是，此前的研究虽对这些问题有所涉及，但或流于某一个领域、某一时期，或局限于史实叙述，而缺乏整体的考察和从经济金融角度进行的分析。本书集作者多年经济史和金融史的研究心得，对近代中国的资本市场进行了全面、深入的探讨，希望能够填补此方面的空白。

本书分上下两编。上编四章依次围绕近代中国资本市场的主体——钱庄、银行、证券交易所和企业自筹资金的几种方式展开，力图勾勒出近代中国资本市场从诞生到演变的全过程。下编五章主要从近代中国资本市场的受体也就是与资本市场发生密切关系的近代新式工业企业的视角进行分析，揭示其在发展过程中资本筹集、经营运作以及与资本市场之间发生的各种关系。全书对近代中国工业企业在资本市场支持不足的特定背景下所处的困境和自救措施也进行了阐述，同时考察了与资本市场没有关系或很少发生关系的官办企业和民间合伙制企业的经营运转，并与依赖资本市场生存的企业进行比较研究，以使整部书稿更具全面性和说服力。

目 录

前言 / 1

上 编
中国资本市场上的金融机构与企业筹资

第一章 传统金融机构钱庄在资本市场上的地位和作用 / 3

第一节 抗战前钱庄业的发展状况及趋势 / 3
  一、上海开埠后钱庄业的变化和机遇 / 4
  二、清末与民国时期钱庄业的下行趋势 / 9
第二节 钱庄在近代中国资本市场上对新式工商企业的放贷 / 19
  一、华资银行出现前钱庄对近代工矿业的资金融通 / 19
  二、华商银行业兴起后钱庄在资本市场上的地位和作用 / 33
第三节 钱庄为适应资本市场需求所做的规章制度改变 / 40
第四节 全面抗战时期及战后的钱庄业 / 44

第二章 新式金融机构银行业的演变及作用 / 47

第一节 近代中国银行业的发展与整体概况 / 47
  一、近代中国银行业的发展轨迹 / 48
  二、影响银行业发展的制度和政策因素 / 63
  三、银行业内在因素的变化与银行业的发展 / 72

四、国家银行垄断资本的形成 / 77
第二节　近代在华外国银行的兴衰轨迹 / 91
　　一、外国在华银行业的演变 / 92
　　二、外国在华银行势力的兴衰 / 97
　　三、日本银行势力在东北的迅猛扩张 / 104
　　四、抗战期间关内的外资银行 / 112
　　五、外资银行与近代中国资本市场的关系 / 130
第三节　近代中国银行业与企业筹资 / 135
　　一、近代中国银行业与政府的财政关系 / 136
　　二、近代中国银行业与企业的关系 / 144
第四节　抗战时期及战后的银行业与资本市场 / 157
　　一、国家资本银行直接投资兴办企业 / 157
　　二、民间资本银行处于配角和辅助地位 / 165

第三章　近代中国的证券市场 / 169

第一节　近代中国证券市场的发展轨迹 / 169
　　一、19世纪中叶中国证券业的兴起 / 170
　　二、1937年前的中国证券市场 / 187
　　三、20世纪30年代资本市场以债券交易为主 / 198
　　四、上海之外的证券交易所 / 206
第二节　抗战后的上海证券市场 / 213
　　一、"孤岛"时期的西商众业公所 / 213
　　二、抗战时期的上海中国股票推进会 / 234
第三节　太平洋战争爆发后上海证券市场与企业发展 / 250
　　一、太平洋战争后上海的经济变化 / 251

二、太平洋战争后上海企业的新设增资与证券市场 / 254
　　三、太平洋战争后证券市场与企业发展之间的关系 / 263
第四节　抗战胜利后的证券市场 / 271
　　一、战后证券市场的无组织阶段 / 271
　　二、证券交易所复业及市况 / 272

第四章　近代中国企业的其他筹资方式 / 287

第一节　企业普遍实行"负债经营" / 287
　　一、"负债经营"是近代企业的普遍现象 / 289
　　二、负债经营出现的原因 / 300
第二节　近代中国工商企业直接面向社会吸收储蓄 / 309
　　一、普通公司商号吸收社会储蓄在20世纪20年代后期出现的变化及发展 / 310
　　二、1930年南京政府颁发禁止企业商号吸收储蓄禁令 / 316
　　三、禁令颁布后各方的反响 / 321
第三节　民间筹资的其他表现形式 / 324
　　一、企业的"红利转股" / 324
　　二、发行"公司债" / 326

下　编
近代资本市场与企业的关系

第五章　近代资本市场与轻工业发展 / 336

第一节　大生纱厂的艰难发展之路 / 336
　　一、大生纱厂的艰辛招股经历 / 336

二、怎样看待"官利"制度 / 343
　　三、大生系统企业的扩张之路 / 349
第二节 "调汇"经营：大生企业经营中的突出特点 / 353
　　一、来自外部的债务：以大生企业"调汇"为中心 / 355
　　二、化解债务压力的各种举措 / 363
　　三、金融机构的集体逼债：压死骆驼的最后一根草 / 369

第六章　近代重工业发展与资本市场 / 375

第一节　汉冶萍公司发展轨迹与近代中国资本市场 / 375
　　一、汉冶萍公司发展中资金不足的窘境 / 376
　　二、扩大生产规模及债务压力增大 / 385
　　三、近代中国资本市场的有限支持及外资进入 / 388
第二节　贵州青溪铁厂 / 392
　　一、贵州青溪铁厂的筹建回顾 / 394
　　二、青溪铁厂与汉阳铁厂的建设费用比较 / 398
　　三、从资本市场角度看青溪铁厂与汉阳铁厂 / 402
第三节　1937年前上海华商水泥厂的企业营运 / 405
　　一、借贷资金：上海华商水泥厂生存运营的生命线 / 406
　　二、"利转股"：企业内部积累扩展的手段 / 410
　　三、银企关系：上海水泥厂扩张规模时对银行的极度依赖 / 415
　　四、本节小结 / 420

第七章　近代交通运输业与资本市场 / 423

第一节　从轮船招商局的债款看近代中国的资本市场 / 423
　　一、晚清时期轮船招商局所负债款情况 / 424

二、1912—1937年招商局债款状况 / 428
　　三、从招商局债款观察近代中国的资本市场 / 434
第二节　抗战胜利后的招商局与民生公司 / 439
　　一、战后的轮船招商局 / 440
　　二、战后的民生公司 / 448
　　三、发展壮大国家资本是国民政府的既定经济政策 / 457

第八章　从江南制造局财务角度看晚清军工企业的经营 / 464

第一节　江南制造局的经费收入 / 465
第二节　江南制造局的经费支出 / 469
第三节　从江南制造局的财务角度看其经营管理 / 475
第四节　本章小结 / 480

第九章　资本市场时代的民间合伙制企业 / 481

第一节　合股制在近代中国企业中长期存在并在数量上占据
　　　　优势 / 482
第二节　对8个有合股制企业行业的分析 / 490
第三节　合股制在制度和实际经济生活中具有的优势 / 494

结　语 / 500

主要征引书目 / 506

后　记 / 518

表 目

表1-1　1858—1936年的上海钱庄 / 10
表1-2　各省钱庄数及实收资本额统计表 / 11
表1-3　十三个城市钱庄数量和资本额变动情况（1933—1935年）/ 14
表1-4　1927—1937年上海钱庄家数比较表 / 16
表1-5　1872—1893年官督商办企业中的官款 / 20
表1-6　1880年前轮船招商局的负债情况一览表 / 21
表1-7　1905年萍乡煤矿借入款项明细表 / 23
表1-8　汉冶萍煤铁厂矿有限公司商办第一至第八届对外融通资金情况表 / 24
表1-9　1915年底止汉冶萍欠汉口钱庄债款明细表 / 26
表1-10　1900—1910年大生一厂向钱庄融资情况统计表 / 27
表1-11　上海福康钱庄1899—1937年工业企业信用放款统计表 / 28
表1-12　上海福康钱庄1902—1937年工业企业抵押放款统计表 / 31
表1-13　上海水泥厂向各钱庄、银行主要借款统计表（1922—1933年）/ 36
表1-14　大生第三纺织公司向钱庄银行借款明细表 / 38
表1-15　1934—1940年上海钱庄基本情况统计表 / 44
表2-1　1896—1937年中国银行历年设立数量统计表 / 51
表2-2　银行业分类、分支行及行员数变动情况表 / 53
表2-3　1927—1936年银行实收资本统计表 / 54

表 2-4　1927—1936 年银行业各项存款、各项放款及纯益统计表 / 55

表 2-5　1932—1936 年全国银行资产总额统计表 / 56

表 2-6　全国银行资本级别统计表 / 57

表 2-7　银行在全国各省的分布情况表 / 58

表 2-8　九大城市银行数量统计表 / 59

表 2-9　全国银行分布比例表 / 60

表 2-10　1926—1937 年国家银行资本及其在全国银行业中的比重 / 89

表 2-11　1934—1936 年中、中、交、农四行营业状况统计 / 90

表 2-12　1934—1936 年省市地方官办银行经营状况统计 / 90

表 2-13　1934—1936 年中央和省市官办银行营业状况综合统计 / 91

表 2-14　外国在华银行历年设立情况统计表 / 93

表 2-15　1936 年外国在华银行统计表 / 95

表 2-16　中外银行和钱庄资力的比较(1925 年) / 98

表 2-17　上海外国银行纸币发行额 / 101

表 2-18　1937 年时外国银行在我国的分布 / 103

表 2-19　1930 年底日本在东北银行机构情况统计表(资本及公积金单位为日金元) / 105

表 2-20　日本朝鲜银行在东北发行钞票情况表(1918—1927 年) / 107

表 2-21　日伪蒙疆银行控制下的傀儡银行详情表 / 113

表 2-22　伪中国联合准备银行总分支行设立情况表 / 115

表 2-23　伪中国联合准备银行控制下的银行概况表 / 116

表 2-24　日军占领地区通货发行额统计表 / 118

表 2-25　太平洋战争爆发后日本在沪银行"接管"外国在华银行和金融机构情况表 / 125

表 2-26　外资对中国各业投资表 / 132

表 目

表 2-27　各国在华投资指数表(1914年的企业投资总数为100) / 134
表 2-28　中国银行对政府(机关及财政部)放款一览表(1913—1926年) / 138
表 2-29　交通银行放款中政府欠款明细表 / 139
表 2-30　全国银行对工商农业分类投资占比统计表(1933—1934年) / 140
表 2-31　1921—1931年银行所持证券数字及在总资产中所占百分比统计表 / 141
表 2-32　1932—1933年全国银行有价证券与实收资本比较表 / 143
表 2-33　1926年和1934年中国28家重要银行的资本实力与业务状况 / 145
表 2-34　20世纪30年代上海15家重要银行的工矿企业放款 / 146
表 2-35　1928—1937年4家银行对工矿企业放款占全部放款额的百分比(%) / 148
表 2-36　1931—1934年上海几家主要银行持有投资用证券数量变化表 / 150
表 2-37　1937年6月金城银行工矿企业放款中有投资关系户统计(按业别) / 152
表 2-38　上海商业储蓄银行放款分类统计表 / 154
表 2-39　1917—1937年金城银行放款分类统计表 / 155
表 2-40　1937—1945年四联总处的贷款统计表 / 158
表 2-41　1937—1945年国家资本银行在银行存放款中的比重示意表 / 159
表 2-42　截至1945年底资源委员会支配的单位 / 162
表 2-43　20世纪30年代至1948年国家银行投资企业资本额占比统计表 / 164

表 2-44　1942 年 2 月底止 17 家商业银行放款对象明细表 / 166
表 2-45　1942 年 3 月底止民间银行和钱庄放款对象及数据明细表
　　　　　／ 167
表 3-1　20 世纪 80 年代上海新型股份制企业简况及股价表 / 173
表 3-2　1921 年 9 月上海交易所股价情况表 / 197
表 3-3　内债债券交易指数及交易量统计表（1926—1937 年）／ 201
表 3-4　股票指数、股票及债券交易量统计（1931 年至 1937 年 8 月）
　　　　／ 202
表 3-5　众业公所上市外商一般企业基本情况统计表 / 215
表 3-6　上海众业公所上市橡胶公司基本情况统计表 / 219
表 3-7　众业公所各类股票在不同行业的分布情况统计表 / 221
表 3-8　上市企业状况按不同币种统计表 / 222
表 3-9　上海众业公所成交额及证券市价指数统计表（1931 年至
　　　　1941 年 9 月）／ 230
表 3-10　西商众业公所外商公司发行新股吸收资金统计表 / 233
表 3-11　华商股票交易价格一览表（1939—1941 年）／ 245
表 3-12　1942 年下半年新设公司企业统计表 / 255
表 3-13　1942 年上海主要公司股票增资情况表 / 256
表 3-14　抗战时期上海部分上市公司增资和分红状况统计表 / 260
表 3-15　1946 年上海证券交易所 22 种股票价格与上市前股价
　　　　 比较表 / 276
表 3-16　1946 年 9 月至 1947 年 8 月上海股价指数与物价指数
　　　　 比较表（1946 年 9 月第 3 周 = 100）／ 277
表 3-17　1948 年上半年上海华股、物价、洋股和港汇指数比较表 / 281
表 3-18　上海证券交易所股票行市指数表（各股皆以 1946 年 9 月
　　　　 15 日至 28 日每日平均 = 100）／ 283

表 目

表4-1　大生一厂前24届账略中"调汇"情况表 / 292
表4-2　上海水泥厂向各钱庄、银行的主要借款统计表(1922—1933年) / 295
表4-3　1930—1936年刘鸿生企业集团中各主要企业的盈亏状况 / 297
表4-4　被调查企业中借款及存款对自有资本之比较表 / 298
表4-5　1941—1942年121家工矿业资产和负债情况统计表 / 299
表4-6　抗战前上海企业集团中兼并企业组成情况统计表 / 306
表4-7　1927—1931年荣家企业负债增加的具体情况 / 307
表4-8　荣家企业总公司向银钱业借款的增长及上海、中国两银行在借款中所占的比重(1929—1931年) / 308
表4-9　全面抗战前中国各种企业发行债券统计(不完全统计) / 331
表5-1　中国各地金融机构放款利率 / 347
表5-2　大生系统盐垦公司简况表 / 351
表5-3　大生一厂前24届账略中"调汇"情况表 / 355
表5-4　大生一厂前24届收益分配情况表 / 358
表5-5　1923年大生纱厂查账委员会报告书中存款户情况表 / 366
表5-6　1923年大生纱厂查账委员会报告书中欠金融机构债款明细表 / 370
表6-1　官督商办汉阳铁厂初期资本构成 / 380
表6-2　萍乡煤矿创办资本构成情况表 / 385
表6-3　1905年萍乡煤矿借入款项明细表 / 389
表6-4　汉冶萍煤铁厂矿有限公司商办第一至第八届对外融通资金情况表 / 390
表6-5　刘鸿生刘吉生弟兄投资上海水泥厂股份比重 / 408
表6-6　上海水泥厂1923—1937年历年产额及盈余数额表 / 410

表 6-7　1930—1936 年刘鸿生企业集团中各主要企业的盈亏状况 / 421
表 7-1　1880 年前轮船招商局的负债情况一览表 / 424
表 7-2　晚清轮船招商局所借外债构成情况统计表 / 424
表 7-3　1912—1937 年招商局向华资银行贷款一览表 / 428
表 7-4　1912—1937 年招商局所获钱庄贷款一览表 / 433
表 7-5　1912—1937 年招商局向外资银行贷款一览表 / 434
表 7-6　招商局接收敌伪船舶概况表 / 441
表 7-7　招商局接收和留用的四大船舶概况表(1946 年 10 月) / 442
表 7-8　国营招商局码头仓库概况表(1947 年 8 月 31 日) / 444
表 7-9　1947 年 2 月招商局在上海及各地分局房地产面积和价值统计表 / 445
表 7-10　1947 年 5 月招商局航线及配船情况表 / 447
表 7-11　1946—1949 年招商局购买外国船只统计表 / 452
表 7-12　抗战前和战时国家资本与民间资本的比较 / 458
表 7-13　1935—1948 年国家资本与民营资本航运企业实力对照表 / 459
表 8-1　江南制造局历年岁入表(1867—1894 年) / 466
表 8-2　开办经费(包括第一年的房租、工资、物料支出等) / 467
表 8-3　江南制造局历年岁出表(1867—1894 年) / 470
表 8-4　江南制造局各年购机购料及所占百分比一览表(1867—1894 年) / 471
表 9-1　1947 年上海机制面粉业情况调查表 / 485
表 9-2　1937 年广州橡胶工厂资本额及组织统计表 / 487
表 9-3　1895—1931 年上海机械工厂按经营性质区分统计表 / 489

前 言

资本市场①是指经营中长期资金的机构及其相互关系的集合。它是企业融通所需资金的重要中介市场。一方面,资本市场能取得投资者的信任,大量吸收和集中社会储蓄;另一方面,它又能稳健和长期地供给产业发展所需的资金,这种资金供给时段一般会在一年以上。也就是说,资本市场的作用在于连通需求者和供给者,把社会分散资金和储蓄转化为真正的投资。

一般而言,银行和证券交易所是资本市场上的主角,在资本市场上行使直接融资或间接融资的职能。在近代中国,由于特殊的国情,银行业和证券交易所之外,传统金融机构如钱庄业等也活跃在资本市场上。而且,也因为特殊的国情,近代中国新式企业还有自己创新的多种融资手段,这些手段丰富了近代中国资本市场的内容和特色。

在中国几千年的历史发展进程中,近代中国是一段变动剧烈的历史时期,也是几千年农业经济结构向工商业经济结构转化和演变的时期。与传统中国相比,近代中国社会经济生活中发生的最大变化,是机器大工业产业的诞生和发展,这是农业文明向工业文明转化的重要标

---

① 资本市场,是"融通企业之设备资金之市场,即融通事业之创设、扩张及改良等所必要之资金市场,总称为资本市场"(见张一凡、潘文安主编:《财政金融大词典》,世界书局1937年版,第1175页)。"资本市场,又称'长期资金市场'。以期限在一年以上的金融工具为媒介,进行长期性资金交易活动的市场。"(见刘树成主编:《现代经济辞典》,凤凰出版社、江苏人民出版社2004年版,第1277页)在资本市场上,金融机构发挥着重要作用,一方面,这些金融机构能够大量吸取社会储蓄;另一方面,又能够稳健和大量地供给产业发展所需的资金。在中国近代资本市场上活跃的金融机构主要有钱庄、银行和证券交易所等。

志。与机器大工业产业诞生相伴的是对工业资本的大量需求和对资本市场的呼唤。大工业需要大资本,大工业企业借入资金供企业周转发展是各国工业化时期普遍的共同现象。这种转折需要资本市场的支持。也正是在近代,中国的资本市场从发生发展到壮大,并展示出自己独特的面貌和作用。

在遭遇外来资本主义列强的冲击和历经"数千年未有之变局"后,近代中国社会经济领域中出现了过去未曾有过的从西方学习和引进的新式机器工业企业,并在社会经济生活中发挥着越来越重要的作用。其中,新型股份制资本组织企业成为典型代表。1872年轮船招商局诞生,是这种从西方引进的新型企业资本组织形式开始在中国社会中出现的标志,同时也是中国自己的机器大工业企业正式登场的开始。此后,由于这种资本组织形式具有集资广泛、迅速以及集资成本低、适应生产社会化发展和股份流通方便等特点,这种企业组织形式不断成长壮大。据统计,从晚清洋务运动时期到1928年,全国注册登记的公司不过716家,注册资本数4.63亿元。此后从1929年2月到1935年6月止,无限公司、两合公司、股份有限公司和股份两合公司一共达1 966家,其中仅股份有限公司注册家数就为1 384家,占注册企业总数的70.4%,注册资本数为5.29亿元,占注册企业资本数的94.4%[1]。又据1948年不完全统计,截止到1947年6月,中国各省区历年登记设立的公司总数为8 088家,其中股份有限公司为6 283家,占登记总数的77.7%,每家平均实交资本5 454.6万元,总资本数达3 427亿元以上[2],占各类公司登记数及资本数的第一位。也就是说,从20世纪开始,在近代中国新式工商企业组织中,股份制企业已逐步发展成为占据统治地位的资本组织形式。与股份制企业的组织形式诞生和发展相适应,

---

[1] 《中国公司企业资本结构的分析》,转引自陈真编:《中国近代工业史资料》第四辑,三联书店1961年版,第59页表3。

[2] 国民政府主计部统计局编印:《中华民国统计年鉴》,1948年6月版,第15页。

股票、债券、银行、证券交易所等资本市场的各种角色也纷纷登场,成为中国近代社会经济生活中不可或缺的要素。

股份制企业的特点之一是对资本需求较多,非个人和小团体所能独立承担,需动员广大社会资金参与,这种新型资本筹集方式直接催生了近代中国的资本市场。新式机器工业企业的出现和资本市场的诞生,以及两者间的互动,直接推动了近代中国的工业化进程。

根据前辈学者的研究和统计资料,1936年时,中国新式工业资本在不计算外国在华资本和东北地区的情况下,达到17.9亿元[①]。那么,这样大的一笔工业资本是如何筹集的?筹集的途径主要有哪些?在筹集的过程中,金融机构和证券市场分别表现出什么特色?在今天看来,又有什么特点和值得关注的地方?

显然,近代中国资本市场的运行和对近代工业企业的作用,还有许多有待深入研究的问题存在。这些问题,需要对近代中国的资本市场进行全面深入的分析之后才能解决。但是,回顾学术界的研究成果,长期以来,对近代中国资本市场的研究因为种种原因,研究的成果无论数量还是涉及问题的深度与广度,都不能令人满意。

检阅现有的学术研究成果,对于钱庄、银行、证券交易所等领域的研究成果都有一批,特别是研究钱庄和银行等领域的成果数量最多,涉及从起源到存贷款业务、银行业发展演变、政府与企业的关系、银行业从业者的状况以及经营管理和区域性银行特点等各方面的内容,都有不少的研究成果存世。但从资本市场出发,以资本市场的视角去观察和分析钱庄、银行、证券交易所在近代中国资本市场上扮演的角色和地位,去研究近代中国资本市场诞生、发展、演变和具有的特点等问题,以及资本市场与企业发展进而与近代中国工业化发展之间的关系、彼此

---

① 吴承明:《中国近代资本集成和工农业及交通运输业产值的估计》,《中国经济史研究》1991年第4期。

相互之间的作用、体现出来的数量和不同时期表现出来的阶段性特点等方面的成果,数量却相当有限。

回顾过去的研究,真正与资本市场贴近并以此为题撰写的论文,主要集中在1949年前。其中代表性的论文有吴承明《中国工业资本的初步估计》《中国工业资本的估计和分析》,王宗培《中国公司企业资本结构之构造》,姜庆湘《当前我国产业资金问题》,李紫翔《抗战以来四川之工业》,漆琪生《论旧工商之危机与新工商之使命》等文。这些论文的大部和重要内容,都被收入陈真编的《中国近代工业史资料》第四辑"中国工业的特点、资本和结构等基本情况"的第二部分,统称为"中国工业的资本问题"。

这些论文讨论了近代中国工业企业发展过程中的许多重要问题,如资金薄弱、投机严重、重视商业甚于工业以及内部的构造等问题。其中王宗培的论文尤为使人印象深刻。王宗培的论文从中国近代工业资本整体的高度出发,首先分析了近代中国工业企业中独资、合伙和股份制企业所占的比例、资力构成状况和所占数量,再以九个省和香港地区100家企业的调查数据为对象,分析这些企业资本的构成中所占的内容如自有资本、借款和存款的具体情况和比例等状况。值得注意的是,王宗培的论文开创性地注意到近代中国企业的资本结构与欧美企业有很大的不同之处,这就是企业营运资金中有一部分来自直接面向社会吸收的民众存款,王宗培还对这种现象的出现和在企业营运中的重要性作出了分析,给人留下了不少值得进一步深入探究的问题。

但是,可能是由于篇幅限制和考察角度的问题所致,这些论文也有两个共同的明显局限:一是分析的时段基本是20世纪且主要在20世纪三四十年代,对近代中国19世纪中叶以后早期工业化启动和晚清时期发展的资本状况基本没有涉及;二是都属于宏观考察,没有对钱庄、银行、证券交易所这些资本市场发展演变中主体的具体作用和演变以及相互间的关系进行比较分析。

在已有的研究成果中,从著作的角度看,同样是数量不多,主要集中在少数有关的著作中,如刘大钧的《上海工业化研究》《工业化与中国工业建设》等,而且属于基本情况的介绍和初步分析,如工业分类、行业状况、资本数量等。虽也指出"中国因无实业证券市场,更无各种工业投资之机构,故关于工业需要之资金皆向一般银钱业通融",但并没有具体的分析和深入的探讨。这时期的著作中,要以1939年经济学家方显廷写的《中国工业资本问题》①一书,与近代中国资本市场的内容最为贴近和有代表性。

方显廷的这本书共分三部分,第一部分从重工业和轻工业两方面分析了外国人对中国工业的投资,重点关注了外国人在华投资的比重和各个行业的状况以及大体的经营情况。第二部分从公有资本和私人资本两方面分析了民族工业资本的发展,主要介绍了公有和私有资本的来源以及行业的大体分布和比例。该书指出公有资本来源因行政单位不同,分成国营、省营及市县营三种,并分别对其所存在的行业和经营概况进行了介绍。私人资本对于工业的投资,该书列举了官僚、买办、华侨、商人及银行钱庄等五种情况,并分别进行了介绍。在介绍到金融界时,该书将金融界划分为新旧两部分,把钱庄和银号等金融机构划分为旧者,把银行归为新者。但作者认为,不管新者与旧者,在对工业投资时,均为短期信用或抵押借款,而极少长期固定投资。第三部分分析了工业资本的筹集与运用。该书在资本筹集方面指出了我国工业资本筹集至少存在两个错误:"在筹集方面被外资利用而未能利用外资;在运用方面为民生工业之发展而非国防工业之树立是也。"②但是具体的情况特别是从资本市场的角度分析观察各金融机构和证券市场所应承担的角色和所应担当的职责,却没有涉及,不能不说是一种遗憾。

---

① 方显廷:《中国工业资本问题》,艺文丛书编辑部1939年版。这本书后被收入方显廷文集编辑委员会编:《方显廷文集》第四卷,商务印书馆2015年版。

② 方显廷文集编辑委员会编:《方显廷文集》第四卷,第274—275页。

当然,该书写成于抗战时期,受到资料和环境等条件的限制,篇幅又只有 150 页左右,作者写作时也正在躲避战乱之中,因此只能重点分析当时关注的问题,这种情况是完全可以理解的。

这一时期没有以"资本市场"为题目撰写的专著,可是在多种学术著作中,都关注到近代中国民族资本企业的资本问题。值得一提的是,1946 年至 1947 年,上海证券交易所调查研究处编印过一份《证券市场》的杂志。1948 年时,这份杂志改名为《资本市场》。该杂志对货币、银行以及金融的诸多问题从理论到实务进行过多方探讨。遗憾的是,由于时代和环境的关系,这两份杂志存在的时间都不长,发挥的影响和作用也有限。

1949 年后,特别是从 1956 年起,中国社会经济开始向计划经济体制转向,受到社会主义计划经济体制的影响,研究市场经济和资本市场均显得不合时宜,因此直到 1978 年改革开放前的这二十多年里,对近代中国资本市场的研究基本销声匿迹。80 年代后,随着经济体制改革开放,尤其是私营经济的解禁和兴起,再加上 90 年代后改革开放的深入,明确了中国经济体制改革的方向是社会主义市场经济,种种因素使得对金融领域的改革和研究越来越受重视。上海和深圳证券交易所设立之后,学术界对中国资本市场的关注和研究予以了前所未有的重视。这段时期出现了多种研究中国资本市场的论著,从多个角度探究中国经济体制改革、证券交易所成立、资本市场对中国经济发展的重要性以及国际金融危机对资本市场的影响等多方面的问题。例如祁斌主编、中信出版社 2010 年出版的《资本市场:中国经济的锋刃》一书,在封面上就标示出一行字"强大的资本市场必将成为推动中国崛起的重要力量"。更早一些出版的书就更加重视从培育与发展资本市场的角度提出问题。如李杨、王国刚著,经济管理出版社 1999 年出版的《中国资本市场的培育与发展》,就是这方面典型的著作。但是,这时期出版的这些论著也都有一个共同的特点,就是主要关注中国经济体制改革后的问题,除了极少的著作在涉及证券交易所时简单提到1949年前上海证券交易所的简史外①,其余的研究基本没有涉及1949年前的中国资本市场。

20世纪80年代初,笔者进入近代中国经济史的研究队伍以来,一直从事的是1949年前的轮船航运企业和金融业方面的研究,在研究过程中,必然会涉及企业的资金多少、筹集方式、分配状况以及负债情况等问题,而这些问题都与近代中国的资本市场有各种各样的联系,因此,要深入推进对近代中国经济史的研究,必须重视对近代中国资本市场的关注和研究。也因此,最近十余年,笔者也发表了数篇呼吁学界重视资本市场研究和自己从此角度进行研究的论文②。但是在研究的过程中,笔者越来越感觉到,近代中国资本市场研究涉及诸多方面,特别是对近代中国企业和金融的研究十分重要。近些年学术界也出版了一些涉及资本市场的论著,如刘云柏的《近代江南工业资本流向》一书,虽主要着眼点是近代江南的工业资本流向,但也直接或间接涉及近代中国资本市场的某些方面了。在论文方面,也陆续有数篇关于近代中国资本市场的论文发表,如孙玉杰《论近代民营企业的资本市场——以荣家企业为中心》③、赵国壮《糖业融资与近代金融资本市场——以近代四

---

① 如刘逖等:《上海证券交易所史(1910—2010)》,上海人民出版社2010年版。
② 主要包括《论研究中国近代资本市场的必要性》,《中国经济史研究》2010年第1期;《论近代中国企业商号吸收社会储蓄》,《复旦学报》2007年第5期;《试论近代中国证券市场的特点》,《经济研究》2008年第3期;《论钱庄在近代中国资本市场上的地位和作用》,《社会科学》2011年第8期;《论近代中国民间金融资本的地位和作用》,《北京大学学报》2012年第3期;《从轮船招商局的债款看近代中国的资本市场》,《社会科学》2012年第10期;《试论汉冶萍发展与近代中国资本市场》,《社会科学》2015年第4期;《"调汇经营":大生资本企业集团的突出特点——以大生棉纺织系统为中心的分析》,《广东社会科学》2016年第2期;《太平洋战争爆发后上海证券市场与企业之间的关系》,《社会科学》2016年第6期等。
③ 孙玉杰:《论民营企业的"资本市场"——以荣家企业为中心》,《全国商情》(理论研究)2011年第7期。

川业糖者融资问题为中心》①等论文。在研究生的学位论文中,也出现了以资本市场为题的论文,如苏州大学徐华的硕士学位论文《清末资本市场》、山西大学宋兆芳的硕士学位论文《论近代中国资本市场的动态二元冲突》等。可是直至今天,对于近代中国资本市场问题的研究仍然处于十分薄弱的状况,需要深入探讨的问题仍然很多,也几乎未见有任何全面的对近代中国资本市场深入研究的成果出现,这对于中国近代经济史的研究来说,不能不说是相当大的缺憾,特别是在建设社会主义市场经济的今天,更加有必要从资本市场的角度对此问题进行深入分析,对此问题进行深入研究,无论是对中国近代经济史研究还是对当今资本市场的建设,其所具有的意义和参考借鉴价值都是不言自明的。有鉴于此,笔者将这些年研究中的所思所感以及此前的一得之见,不揣浅陋和不足,补充整理成此书,一方面是对自己过去研究的回顾和梳理,另一方面是通过这种回顾和梳理,从中看到不足,以便于此后的研究。

本书分为两大部分,上编主要是从近代中国资本市场上的主角——传统金融机构中的代表钱庄、新式金融机构中的银行以及企业直接筹资的机构证券交易所进行的分析和研究,遵循的方式都是首先对该机构的发展脉络进行整理,再从资本市场的角度考察其在中国工业化进程中的地位和作用以及其表现出来的特点和问题。下编则从近代新式机器大工业企业的角度,分别选择轻工业、重工业和交通运输业领域中的典型企业,以及洋务企业中的军工企业和传统中的合股企业,从资本市场的视角考察其筹资方式、运营特点以及资本市场在其发展过程中给予的支持或者制约等问题,希望通过这样的安排,能够对近代中国资本市场的状况有稍微深入的观察和分析。

---

① 赵国壮:《糖业融资与近代金融资本市场——以近代四川业糖者融资问题为中心》,《中国社会经济史研究》2013年第2期。

笔者希望该书的问世,能够抛砖引玉,推进学界对此问题的进一步关注和研究,同时也希望前辈学者和诸位师友对于书中的不足和错误给予批评指正,以达到我们的共同目的——推动学术发展和社会进步。

上编 中国资本市场上的金融机构与企业筹资

第一章
传统金融机构钱庄在资本市场上的地位和作用

钱庄是具有悠久历史的中国金融机构。早期主要从事于货币兑换业务。19世纪中叶鸦片战争后,随着中国对外开埠和中外贸易的迅速发展,钱庄的职能和作用有了明显的变化和发展。在存放款业务中,除了对中外贸易和传统商业进行融资放贷外,在资本市场上也越来越活跃,例如在近代机器工商业的发展进程中,钱庄的身影随处可见。20世纪二三十年代后,随着近代中国银行业的发展和国民政府政策等内外因素的影响,钱庄业的势力有所下降,但仍然是近代中国资本市场上一支不可忽视的金融力量。

第一节 抗战前钱庄业的发展状况及趋势

钱庄是中国的传统金融机构,有着悠久的历史[①],在近代中国被称为三大金融机构之一[②]。在数百年的发展历程中,逐渐形成了自己的一

---

① 现在学术界大多认可钱庄在明代就已存在的观点,如张国辉认为:"钱庄,亦称钱铺、钱店,在清代之前便已存在。明代的文献和小说中就有过某些反映。"见张国辉:《晚清钱庄和票号研究》,中华书局1989年版,第1页;洪葭管主编:《中国金融史》,西南财经大学出版社1998年版,第79页;再如陈明光:《钱庄史》,上海文艺出版社1997年版等。

② 参见王业键:《中国近代货币与银行的演进》,台北1981年版。近代早期的三大金融势力是钱庄、票号和外国在华银行;1911年后是钱庄、外国在华银行和近代中国银行。

套商业规则和习惯,大体有如下表现:

(1) 组织简单,合伙或独资,无限责任组织形式。20世纪30年代后有部分钱庄改组为有限责任组织,除大钱庄外一般无分号。

(2) 资本薄弱,大的一二万两,小的只有几千两。上海等城市钱庄资本稍多,大钱庄资本能够达到四五万两(20世纪二三十年代后有资本达到20万至30万两的钱庄出现,但数量不多)。根据地位、资本和作用,上海的钱庄分为汇划庄与"元、亨、利、贞"等类别。

(3) 一年一结,即当年分红,不留公积,不面向社会吸收小额个人存款,以信用放款为主。

(4) 在近代机器工业兴起之前,主要业务除银钱兑换外,放贷对象主要是商业机构和个人。

但是,长期以来,传统社会中钱庄的无限责任组织形式、凭信用放款且周期较短、资本规模有限及传统家族式经营管理等经营方式,往往被认为与近现代机器产业对资金需求量大、周期长的特点不相适应而受到忽视,尤其是在资本市场上的作用未能得到充分重视。实际上,19世纪中叶,在东西方发展出现大分流,西方挟坚船利炮冲击东方,继而"西风东渐",中西对立和交融的近代中国,钱庄业依据时代变迁,在制度和规则运营等方面出现了许多变化,在企业筹资和资本市场上发挥了重要作用。客观地说,钱庄在保持自身活跃和创造出发展空间的同时,证明了一个事实:传统的东西并非都与现代对立,只要依时调整、与时俱进,完全可能寻找到生存空间并有所发展。以近代中国金融业最发达的地区上海钱庄业为例,就能够充分地证明这一点。

一、上海开埠后钱庄业的变化和机遇

1843年上海开埠后,对于外国商人来说,"上海不仅是一个巨大的进出口贸易的中心,而且还是中国南方和北方交换本国货和外国货的一个大商埠"①,大量的贸易结算和汇兑需求必然给上海原有的金融格局造成明显的冲击,带来巨大的变化,同时也给钱庄业带来了发展的机遇。这种变化和机遇首先从贸易领域展开。

早期来到上海的外国洋行运进洋货,输出土货,需要借助两大助力,这就是洋行中的买办和原来就存在的中国金融机构特别是钱庄的协助。上海开埠后的三年,外国在华洋行数量已达到二十五家②,此后还在继续增加。这些洋行到达上海初期的主要业务大体是运进鸦片和纺织品,运出生丝和茶以及白银。在这种经济活动中,资金的周转融通和结算是关键的一环,正是在这个过程中,钱庄与外国洋行、中国买办建立了联系,并在外资银行出现之后的很长一段时期里,在金融领域中发挥着不可忽视的作用。

钱庄与外商洋行结合开展金融业务,是上海开埠后传统金融业出现变化的第一阶段。

外商洋行为了打开洋货在中国市场上的销路,必须得到中国金融组织的支持和配合,钱庄就成为这样的组织。在清代,上海的钱庄已经成为具有相当规模的独立金融行业,1776年时上海钱庄已有钱业公所的组织③。钱庄不仅家数多,同时还发展出一套信用手段,能够在流通领域里促进商品交换的作用。1841年上海县的一个告示里说,"钱庄生意或买卖豆、麦、花、布,皆凭银票往来,或到期转换,收划银钱"④。这里的银票就是钱庄发行的庄票,又称本票。它代替现金在市面流通,钱庄对所签发的庄票负有完全责任,到期必须照付。如果出票的钱庄对到

---

① 姚贤镐编:《中国近代对外贸易史资料(1840—1895)》第一册,中华书局1962年版,第555页。
② 徐润:《上海杂记》,香山徐氏校印本,第12页。转引自张国辉:《晚清钱庄和票号研究》,中华书局1989年版,第48页。
③ 中国人民银行上海市分行编:《上海钱庄史料》,上海人民出版社1960年版,第11页。
④ 同上书,第12页。

期庄票不能照付,则无疑表示该钱庄的破产。庄票有即期和远期两种,即期庄票就是见票即付,远期庄票则在到期时兑付。上海各商号在交易时大抵使用远期庄票。

上海的钱庄数量多,规模不等,所从事的主要业务和对象亦有不同,上海开埠初期钱庄的情况和业务流程大体如下:

到1858年时,上海城区和上海租界约有120家钱庄。其中50家规模较小,称为小钱庄,这些小钱庄开业时,每家只有500—1 000银两的资本,因此所发庄票不为外商所接受。其余钱庄里面只有8家或10家规模较大,称为大钱庄,合伙的股东都很富有,虽然它们的账面资本一般不超过3万两到5万两。这些大钱庄对沙船业主放款,以载货船只为押品。这些船只从上海载运漕米北运,换回油、青豆、大豆及豆饼载返上海脱售后,钱庄收回放款。此外,这些大钱庄还对黄金、白银、上海银元及墨西哥鹰洋从事投机,其方法系操纵行市,获致厚利。

除去上述两种钱庄以外,其余每家钱庄资本约5 000两到1万两。这样的钱庄又分两类:一类钱庄专门从事于对制成品、棉织品等批发商的放款;另一类则系对贩卖鸦片掮客的放款。这两类钱庄以10天或20天到期的期票方式对当时上海有名气的人放款,使其从事一般货物或鸦片的经营。当外商获悉钱庄有资本作保证后,即接受此种庄票作为结算的工具。如借款人能于庄票到期前将款归还,所收取的利息是较低的,这利息就构成钱庄收益的一部分。如借款人到期不能出售他的货物或因其他原因以致不能还款,则将遭受重利盘剥的压迫①。

通过买办的中介和活动,外国洋行接受上海钱庄的庄票作为支付手段和结算手段。上海钱庄同内地之间的贸易渠道,包括从上海到镇江转苏北一线,沿江到汉口乃至再上溯到四川一线,经宁波深入到浙江腹地和江西一线等。上海钱庄与各该地钱庄都建有广泛的联系。外国

---

① 中国人民银行上海市分行编:《上海钱庄史料》,第14页。

洋行接受上海钱庄的庄票，实际上是借助上海钱庄的信用和商业流通渠道，达到更快地推销洋货和收购土产的目的。中国进口商人在购进洋货时以钱庄开出的庄票支付，而外国洋商愿意接受庄票，实际是把中国进口商人对洋行的债务转移由钱庄来承担。外国洋商接受钱庄的庄票，为的是利用钱庄已经建立起来的商业信用和商业渠道，达到迅速出售洋货的目的。商人则利用庄票给予的期限去调度资金，以清偿自己与钱庄之间的债务。洋行在庄票到期时，去向钱庄收取款项。这样洋行、钱庄和商人之间就建立起环环相扣的商业链条，在这样的商业链条中，几方都能获利。在此过程中，洋行信任钱庄发行的庄票是一个关键因素。那么，洋行信任钱庄和钱庄所发行庄票的原因又是什么呢？马寅初曾在《商业月报》杂志上发表文章指出洋行之所以信任钱庄的三大理由："（1）洋行之东家（俗称大班）不谙我国商情，不操我国方言，遇事诸多不便，故聘一买办，以负一切责任。买办对钱庄如有信用，可以负责收受其庄票。（2）钱庄系一商号，较为可靠，与掮客不同。（3）如钱庄止付，仍可向掮客追偿。"他进一步解释道："外国普通商家，都有所谓银行证明书者，银行对于素有信用之商家出此证明书，以便商家易与他商往来。吾国国外贸易，洋商与内地商人，无直接关系，既不直接交货，又不直接收款，无所用其证明书也。华商与洋商之关系，一变而为钱庄与洋商之关系，故证明书无用，而庄票遂应运而生也。"①

到 70 年代时，"上海出售的一切外国进口货，都是以本地钱庄签发的五天到十天的期票支付的"②。这是上海开埠后金融业出现变化的第一阶段，这一阶段的最大特点，就是中外商人在商业贸易中的支付和结算方面通过传统中国金融机构钱庄发行的票据结成了利益共同体。

钱庄业出现变化的第二阶段，是外资银行业进入上海后上海的钱

---

① 中国人民银行上海市分行编：《上海钱庄史料》，第 19 页。
② 《英国领事报告》，1875—1876 年，上海，第 33 页。转引自丁日初主编：《上海近代经济史》第一卷，上海人民出版社 1994 年版，第 62 页。

庄业与外资银行业发生了资金融通的关系,这是这期间金融业的第二个变化并且带来了此前未有的新的特点。外国在华银行业的活动,可以追溯到19世纪40年代。中国出现的最早的外国金融机构是英国的丽如银行。1847年,丽如银行在上海设立机构。中国第一家银行——中国通商银行1897年成立时,距这家英商外国银行在上海的成立已整整落后了半个世纪。在丽如银行之后,相继在上海设立开业的外国银行是英商麦加利银行和汇丰银行的分行。此后法国的东方汇理银行、英国的有利银行、德国的德华银行、日本的正金银行、俄国的华俄道胜银行、美国的花旗银行、比利时的华比银行、荷兰的荷兰银行、日本的台湾银行都相继在中国成立分行[1]。

早期外国银行在华的业务主要是给外商办理汇兑,并不与钱庄发生过多的联系,这时的钱庄主要也是依赖外商洋行进行资金周转。"银行始初仅通洋商,外洋往来,以先令汇票为宗,存银概不付息"[2]就是这种状况的写照。

从60年代后期开始,外国银行的存放款业务明显增多,从而掌握的流动资金数量也大幅增加。其中汇丰银行就是一个典型:60年代汇丰银行的存款数额经常在五六百万元之间,70年代末上升到二千二百万元以上,80年代以后,增长更为迅速,1895年吸收的存款竟达一亿四千三百万元[3]。这些大量吸收的存款,在应付商务上必要的款项外,常常有多余的头寸,"他们自然很乐意用最好的方式来利用这些头寸。他们用拆票的方法来供给钱庄所需要的资金"。"若干钱庄每天依照它们的需要,也依照它们在商业上的地位和与外国银行的关系,向外国银行拆借所需要的资金,因此使它们能够做庞大的生意。"[4]"当时钱庄流动

---

[1] 参见吴承禧:《中国的银行》,商务印书馆1934年版,第105页。
[2] 中国人民银行上海市分行编:《上海钱庄史料》,第29页。
[3] 《北华捷报》刊载数字,转引自张国辉:《晚清钱庄和票号研究》,第63页。
[4] 中国人民银行上海市分行编:《上海钱庄史料》,第30页。

资本,大部取给于外商银行之拆票。外商银行之剩余资金,亦常以此为尾闾,且可由此推动国内贸易,以利洋货之畅销。""钱庄则赖此而周转灵活,营业可以推广,自属乐于接受。"①

很明显,利用资金融通即"拆票"的方式与钱庄发生关系,是外国银行力图控制中国经济命脉的手段,但是钱庄利用外国银行的融资进行经营,扩大势力,也成为赢家。

这期间,尽管上海金融行业的发展还不成熟,主要还以贸易金融为主,新的金融业务处于刚刚开始的阶段,但是随着上海贸易中心地位的日益凸显,西方外来的金融行业和经营方式对上海传统金融机构的冲击以及随之而来的活动方式、操作形态等,却不得不面对具有悠久传统的中国金融规范和商业渠道的制约,外来和本土金融体制在这块土地上相会、适应、融合,逐步在上海率先形成了具有浓厚时代特色的新型金融机制,也预示着钱庄在以后还会有更多的发展和变化。尤其是当19世纪60年代洋务运动时期中国近代机器工商企业兴起后,钱庄业的活动范围更加扩大,在资本市场上的地位和作用也就越显重要。

二、清末与民国时期钱庄业的下行趋势

从清末直到1937年抗战全面爆发时期,钱庄业总体的演变趋势是开始走下坡路。导致其走下坡路的原因,可从内外两方面来看。内在方面,1910年的橡胶股票风潮②使得钱庄业倒闭数甚多,大伤元气;华商银行业快速发展,在金融领域中成为钱庄业的强大竞争对手;1931年的长江大水灾、同年的九一八事变导致的国内经济形势恶化等,也构成对钱庄业发展不利的内在环境。外在方面,1929年开始的世界经济危

---

① 中国人民银行上海市分行编:《上海钱庄史料》,第29—30页。
② 详情可参见本书第三章第一节。

机逐渐波及中国,美国的白银政策对中国的冲击,再加上这期间南京政府金融政策对钱庄业的不利影响等因素叠加,使得这期间钱庄业的总体趋势是走上了下行的轨道。

1910年的橡胶股票风潮给钱庄业带来重大冲击,加剧了钱庄业的衰落。进入民国时期,钱庄业从总体看仍然没有摆脱发展下行的趋势。下面这张上海钱庄长期发展演变的统计表就显示了这一点。

表1-1　1858—1936年的上海钱庄　　　　　单位:千元

年　　份	1858	1903	1912	1926	1936
钱庄家数	70	82	28	87	48
资本总额	1 145	4 592	1 488	18 757	18 000
每家平均资本	16	56	53	216	375
利润总额		2 149	884	4 530	630
每家平均利润		26	32	54	13
平均利润率		46%	59%	27%	3.5%

说明:(1)平均利润率为利润与资本的百分比。(2)1926年的"利润总额""每家平均利润"及"平均利润率"均为1925年的数字。

资料来源:王业键:《中国近代货币与银行的演进》,第67页。

从统计表1-1看,在近代中国的金融中心上海,钱庄的总体发展趋势为:19世纪下半叶上海的钱庄发展很快。从1858年到1903年,上海钱庄的资本额增加了3倍,每家钱庄的平均资本约增加2.5倍。此后,由于受到1910年橡胶股票风潮和1911年辛亥革命的双重打击,1912年时上海钱庄的数量减少到只有28家。但经过这两次风浪存留下来的钱庄则利润很高,平均利润率达59%,比1903年时的46%还高得多。此后,上海的钱庄业再一次进入繁荣期,1926年时钱庄数增加到87家,资本总额达到创纪录的接近1 900万元左右,每家钱庄的平均资本额也上升至21.6万元。也就是说,在20世纪的前二十多年里,上海钱庄业无论资本总额还是每家钱庄的平均资本,比

1903年时又增加3倍左右。而且,利润率虽比不上前期,却仍然能够维持在27%的高水平。但是,从1926年开始,上海钱庄业明显进入了一个停滞和下行的时期。1936年时钱庄数量减少到48家。在此十年间,每家钱庄的平均资本额固然增加不少,但整个行业的资本总额却从1926年的1875.7万元减少到1936年的1800万元,十年间资本不仅没有增加,反而减少了75万元。如与同期银行业资本总额从11704.9万元增加到40049.6万元即增加三倍多的情况相比,其高下真是不可同日而语①。

其中最能显示钱庄业衰落的数据,是上海钱庄业利润的剧减。无论是上海钱庄业的利润总额还是每家钱庄的平均利润,1936年与1926年相比都有大幅的下降。钱庄业的平均利润率从1912年的59%降到1926年的27%,再猛降到1936年的3.5%,已经落到当时市场的一般利率之下②。仅此一点便足以说明当时钱庄业的衰落和不振已经达到令人吃惊的地步。

其实不单是上海,国内其余地方大多也是这种情况。下面可以进一步通过史料进行一些分析(见表1-2)。

表1-2 各省钱庄数及实收资本额统计表　　单位:千元

省别	1933年底			1934年底		
	钱庄数	实收资本	每家平均资本	钱庄数	实收资本	每家平均资本
安徽	19	728	38.3	19	595	31.3
浙江	218	7 037	32.3	269	7 584	28.2
福建	83	4 701	56.6	85	5 955	70.1

---

① 银行资本总数额1927年的见《中国重要银行最近十年营业概况研究》,第311页。1936年数字见《全国银行年鉴》(1936年),第A19页。

② 20世纪30年代早期的上海,银行存款利率约为年利七厘,放款利率约为一分至一分二厘左右。见吴承禧:《中国的银行》,第28、57—58页。

续　表

省　别	1933年底			1934年底		
	钱庄数	实收资本	每家平均资本	钱庄数	实收资本	每家平均资本
河北	24	1 188	49.5	99	6 718	67.9
湖南	95	1 471	15.5	40	1 102	27.6
湖北	14	196	28.0	55	2 918	53.1
江西	29	721	24.9	73	2 132	
江苏	124	22 337	180.1	156	23 403	150.0
广东	346	10 367	30.0	164	7 912	48.2
山西	51	2 592	50.8	39	1 587	40.7
山东	94	1 925	20.5	77	2 368	30.8
四川	24	1 830	76.3	53	4 062	76.6
河南				25	2 610	104.4
陕西				6	155	25.8
合计	1 121	55 093	49.1	1 158	69 657	60.2
察哈尔	11	420	38.2			
绥远	5	298	59.6	20	1 301	65.0
蒙古合计	16	718	44.9	20	1 301	65.0
东三省	111	5 392	48.6	84	6 544	77.9
全国合计		61 203		1 262	77 502	61.4
香港	22	5 900	268.2			
总计	1 270	67 103	52.8			

说明：(1) 本统计表缺乏某些省份的数据。原表就有"二十二年缺河南、甘肃、广西、贵州、陕西及云南六省，二十三年缺甘肃、广西、贵州、云南四省"的说明。同时，有的省份钱庄数量不全，数据不够完整。另外，有些有统计数据的省份，统计数据的规范性也值得怀疑，因笔者根据《全国银行年鉴》的有关数据观察，本表同一个省的钱庄数字存在前后两年统计地区不一致的情况。(2) "每家平均资本"一栏为笔者计算。

资料来源：财政部财政科学研究所、中国第二历史档案馆合编：《国民政府财政金融税收档案史料(1927—1937)》，中国财政经济出版社1997年版，第698页附表一。

受到资料的限制,清楚地整理出近代钱庄业整体变化的准确数据,几乎是不可能的。表1-2的数据来自当时的统计,不够完整,很可能还存在一些问题,但我们依然可以从这张统计表中观察到当时全国钱庄业的一些基本情况,得出一些基本判断。(1)从统计表看,1933年和1934年时,钱庄在中国金融业中仍然占有相当重要的地位,仅据统计表中14个省的不完全统计,钱庄的数目就已达1 121家,超过同期银行业的分支行总数①。实际上,"钱庄在中国各省,无省无之"②,如果统计数据完整,钱庄数目将超过这一千多家是没有问题的。(2)钱庄的地区分布跟银行一样,十分不平衡。除广东外,浙江、江苏这两个银行业集中的地区同时也是钱庄密集分布的省份,数目是其他省份的几倍乃至十多倍。(3)钱庄的资本数额都不大。除香港外,江苏的钱庄资本平均数额最大,也仅有十多万元。其他省份钱庄的平均资本额一般在三四万元之间,少的甚至只有一二万元。如从全国观察,1933年全国钱庄资本额平均不到5万元,1934年也只有6万余元,资本数远不能跟银行动辄几十万元、上百万元相比。(4)有两个一升一降的情况引人注目。即1934年与1933年相比,大多数省份的钱庄数目有所下降,而同时大多数钱庄的平均资本额却有所上升。(5)钱庄倒闭的现象早已开始,"过去之七年中,钱庄倒闭甚多,考其原因,则有种种,或以外患内乱,或以投机恐慌,或以国内外之经济衰落,而存在有十年以上者不数数觏,即地位牢固获利甚丰之家,不旋踵而清理者,亦甚多也"③。从原表的这个说明来看,钱庄数下降的现象并非始自1933年,而是至少已有七年的历史即在1927年左右就已开始了。

考虑到该资料数据不够完整,时间也只有两年,局限性明显较大,笔者另外选取了十三个重要城市,整理了这些城市1933—1935年前后

---

① 同期全国银行业分支行总数为1 038家,见《全国银行年鉴》(1934年),第A4页。
②③ 财政部财政科学研究所、中国第二历史档案馆合编:《国民政府财政金融税收档案史料(1927—1937)》,中国财政经济出版社1997年版,第695页。

三年钱庄的数量和资本额变动情况,做成统计表 1-3,现从这个统计表中进一步观察这期间钱庄业的变动情况。

表 1-3　十三个城市钱庄数量和资本额变动情况(1933—1935 年)　　单位:万元

城市	1933 年			1934 年			1935 年		
	数量	资本额	每家平均资本额	数量	资本额	每家平均资本额	数量	资本额	每家平均资本额
上海	72	2 042.2	28.4	57	1 882.6	33.0	48	1 800.0	37.5
北京	10	70.0	7.0	12	79.0	6.6	9	65.0	7.2
天津				51	364.5	7.1	53	386.5	7.3
汉口				44	269.6	6.1	28	166.0	5.9
重庆	18	149.0	8.3	19	458.3	24.1	13	84.0	6.5
杭州				34	62.3	1.8	30	60.6	2.0
宁波	67	347.0	5.2	60	325.0	5.4	40	112.0	2.8
南京	13	15.9	1.2	12	17.4	1.5	6	13.0	2.2
广州	144	328.1	2.3	54	215.4	4.0	80	288.9	3.6
厦门	56	328.1	5.9	47	392.5	8.4			
太原	51	258.9	5.1	28	138.5	4.9			
烟台	59	61.1	1.0	26	38.6	1.5			
长沙	95	147.1	1.5	40	110.2	2.8			
合计	585	3 747.4	6.4	484	4 353.9	9.0	307	2 976	9.7

说明:(1) 1935 年的统计数字截止期为 2 月。(2) 上海钱庄为汇划庄的统计数字,其他类型钱庄均未计算入内。(3) "每家平均资本额"为笔者计算。

资料来源:据《全国银行年鉴》1934 年第 10 章、1935 年第 12 章和 1936 年第 11—18 章的有关资料编制。

表 1-3 与表 1-2 相比,从钱庄业发展的总体趋势上看,钱庄数量的下降与每家钱庄平均资本额上升即一升一降的现象是一致的。这 13

个城市的钱庄数量从 1933 年的 585 家减少到 1935 年的 307 家,3 年左右的时间里减少 177 家,减少了 30%。而且,1935 年的统计数字截止期是 2 月份,此后倒闭的钱庄数量并未统计在内。如"宁波钱庄二十四年七月三十日以后,倒闭二十余家,资本约计一百十二万元"这一数字没有统计在内①。又如"至二十四年六月下旬汉市之金融恐慌达于极点,钱业纷纷倒闭,举市惶惶,后经市府召集商会及银钱两公会,商定紧急救济办法,形势乃略趋稳定……"②"纷纷倒闭"的钱庄到底有多少家无从考订,但钱庄总体数量有所减少则无可置疑。但是,在钱庄数量减少的同时,平均每家钱庄拥有的资本数额却在增加,表 1-2 中的这种趋势在反映这十三个城市钱庄的统计表 1-3 中同样得到了证明。典型的如 1933 年上海平均每家钱庄的资本数额为 28.4 万元,1934 年为 33 万元,1935 年增为 37 万元,也就是说,上海每家钱庄每年平均递增资本额约 5 万元。钱庄资本数额的增加可从下述理由中得到解释,即一是为增强钱庄与银行的竞争能力,二是受到 1931 年颁发的《银行法》中关于资本数额条款的制约而不得不采取的对应措施③。但是,这十三个城市的钱庄资本总额从 1933 年的 3 747 万元减少到 1935 年的 2 976 万元,这一点同样证明钱庄是在无可置疑地走向停滞或是衰落。

钱庄出现的这种衰落走势,从全国金融中心上海钱庄的统计数字

---

① 转引自财政部财政科学研究所、中国第二历史档案馆合编:《国民政府财政金融税收档案史料(1927—1937)》,中国财政经济出版社 1997 年版,第 698 页。

② 《全国银行年鉴》(1936 年),第 K277 页。

③ 1931 年颁布的《银行法》第一条规定:"全国之银号、钱庄、信托公司、银公司等金融机关,均应受《银行法》之规定。"其第五条关于资本的规定中有:"股份有限公司、两合公司、股份两合公司组织之银行,资本至少 50 万元;无限公司组织之银行,资本至少须 20 万元;商业简单地方,经财部核准,前者不得在 25 万元以下,后者不得在五万元以下。"钱庄虽然反对受《银行法》节制,但"事实方面,据财政部二十一年(1932 年)8 月 5 日公布之全国注册银行一览中,则银号、钱公司、信托公司均与银行注册条例手续相同,且新近开办银行之资本多与《银行法》规定之资本额相符,而钱庄方面亦有公布营业报告者,是《银行法》虽未施行,而其实效已见,此不可不谓为我国银行业 30 年来之一大转捩也",证明《银行法》事实上对钱庄业已形成制约。参见上引《上海钱庄史料》,第 212、213 页。

来看,更加具有代表性和典型意义(表1-4)。

表1-4　1927—1937年上海钱庄家数比较表

年份	新设家数			歇业家数			本年合计家数		
	北市	南市	共计	北市	南市	共计	北市	南市	共计
1927	1	1	2	4		4	74	11	85
1928				5		5	69	11	80
1929	1		1	2	1	3	68	10	78
1930	3		3	3	1	4	68	9	77
1931	4		4	5		5	67	9	76
1932	1		1	4	1	5	64	8	72
1933	3		3	6	1	7	61	7	68
1934	2		2	4	1	5	59	6	65
1935				8	2	10	51	4	55
1936				7		7	44	4	48
1937				2		2	42	4	46
合计	15	1	16	50	7	57			

原资料注:南市四庄于1937年抗战后,已全部迁移至北市。
资料来源:中国人民银行上海市分行编:《上海钱庄史料》,上海人民出版社1978年重印版,第260页。

从表中看,1927年至1937年的十年中,上海钱庄歇业57家,而同期新设钱庄总共只有16家。从1935年开始,在三年间没有一家钱庄新设的同时,歇业钱庄数达到了19家。钱庄总数从1927年的85家递减到1937年的46家,十年之间减少将近一半,呈一种持续的减少趋势。

从上述资料的记载中可以明显反映出,这些大城市特别是上海市的钱庄业衰落现象已十分明显。那么,中小城市的情况又怎样呢?尽管中小城市的系统统计数据不容易寻找,但在《全国银行年鉴》的"各地金融调查"栏目中,这方面的文字记载还是比较多的,这里试举几例。如浙江省的吴兴,"钱业本极兴盛,民国十八九年间共有二十六家之多,二十年后,因丝市衰落,各业不景气,钱业停歇日多,迄今仅存四家"。吴兴在1928年成立钱业公会,1930年改组为吴兴钱业同业公会,当时会员共有26家,但由于此后钱庄不断倒闭,到1933年时只剩4家,"因不足法定家数,故同业公会已无形消灭矣"。嘉兴钱庄的命运同样如此:"(民国)二十一年仁泰、通吉、元大三家受丝茧及公债之失败,先后停歇。二十三年春,大亨、义康收歇,中秋后滋源、衡源、聚源因发生提存风潮,同时倒闭。此时嘉地钱庄仅存义盛、永泰、正兴三家,然亦成强弩之末,及年终均自动收歇,故现嘉地钱庄已全部消灭,可谓衰极矣。"再如镇江,"至民国十年前后,钱业达三十余家之多,颇称兴盛。但自十七年后,先以废两改元之实施,钱业失其泉源,继以长江大水为灾,农村破产,商业一落千丈,钱业损失不赀。再以九一八、一二八之变,工商交困,达于极点,钱业遂一蹶而不可复振,相继倒闭,及今所存,仅三家而已,其前途殊属悲观也"。再如山东的周村,"周村钱业历史颇久。始于清初,至光绪年间,即已兴盛。至民国七八年间,几达一百余家,是为周村钱业之最盛时期。后以周村丝市萧条,钱庄始渐减少。至二十二年,减为五十八家。二十四年币制改革以后,钱庄之拨码亦奉令取消,于是营业更为惨落,一部因而停业,一部改营他业,故现在全市钱庄,仅存三十七家……"①

与上述内容类似的记载钱庄衰落的部分还有多处,如武进、常熟、金华、碛石、济宁等②,这里不再一一转录。

由上海钱业同业公会发行的《钱业月报》杂志,称得上是钱庄业的行业杂志。在这份杂志第16卷第1号(1936年1月15日发行)上刊登了一

---

① 见《全国银行年鉴》(1936年),第L118、L157、L86、M19页。
② 同上书,第L62、L65、L119、L139、M38页。

篇《钱业之过去与将来》的文章,这位文章的作者是《金融大辞典》一书编者之一的潘文安,他在文章中更是用"钱业剧烈的崩溃"这样的字眼来形容钱庄衰落倒闭的情形。根据他掌握的资料,他叙述的钱庄业当时衰落的情况是:"在南京,一九三一年有六十一家钱庄,现只剩二十五家。镇江前有三十多家,现剩四家。无锡前为十八家,现仅六七家。常州前有二十家,现只一家。宁波一九三四年倒去钱庄九家,一九三五年又倒六七家。吴兴前有二十四家,今则亦仅一家。嘉兴去年倒五家。平湖前为十七家,现只八家。嘉善前为六家,今剩两家。海盐四家均相率倒闭。芜湖二十年前有三十多家,一九三四年只剩十家,而此十家之中,仅三四家有商业上之交易。九江过去五年中约有二十家宣告破产,故现只残余十一家。万县一九三四年倒三十七家。福州一九三三年有二十八家,现只四五家。厦门今年倒四家。一九三四年天津有二十多家搁浅。今年汉口倒闭五家,自动清理两家。"①

很明显,在上述举出的各种统计和文字记载中,由于资料来源不一,可能存在同一城市前后统计资料数字不一致的情况,但是,应当注意的是,这些资料反映的趋势是一致的,即有力地证明了这样一个事实:南京国民政府成立后直至抗战全面爆发前的这段时期,中国传统的钱庄业作为一个行业整体出现了下行、衰落的趋势,而且衰落的速度还相当快。同时,这种衰落现象的出现并非一时一地,亦非个别城市,而是整个行业的、全面的衰落②。

但是,尽管这期间钱庄业的境遇较为艰难,但作为近代中国金融领域和资本市场上的一支重要力量,钱庄业在近代中国走向工业化的进程中依然展现了突出的作用,特别在早期华商银行业未曾出现时是如

---

① 潘文安:《钱业之过去与将来》,《钱业月报》第16卷第1号,1936年1月15日。
② 笔者认为,这期间钱庄业的整体下行趋势和衰落情形,原因尽管不止一两种,但是这期间南京国民政府扶持银行业,打压和收编钱庄业的政策及其作用,应是其中根本的原因。详情请参见拙文《抗战前钱庄业的衰落与南京国民政府》,《中国经济史研究》2003年第1期。

此,在 20 世纪二三十年代华商银行业有了明显发展时依然有着独特和难以完全替代的作用。

第二节 钱庄在近代中国资本市场上对新式工商企业的放贷

19 世纪 60 年代后,随着晚清洋务运动的兴起,近代中国开始了此前从未有过的工业化进程,在此过程中,钱庄扮演了重要角色,在向近代中国新式企业的融资贷款和集资中发挥了重要作用,推动了近代中国新式企业的兴办和成长。

钱庄向新式工商企业融资和发放贷款,这里略举一些事例以作证明。

一、华资银行出现前钱庄对近代工矿业的资金融通

中国近代工矿业的诞生从晚清洋务运动时期开始。经统计(以有文献记载为准,不计此后是否倒闭),从 1872 年第一家近代民用企业轮船招商局设立到 1887 年为止,通过发行股票在市场上筹集资本的民用企业共有 39 家[①]。据《中国近代经济史统计资料选辑》记载,到 1911 年为止,中国近代商办、官办和官商合办及中外合办的近代企业合计共 521 家,其中 1895 年中日甲午战争前成立的有 74 家,1895 年至 1911 年设立的有 447 家[②]。除官办和官商合办的企业外,在商办企业(包括官督商办企业)的资本中,一般不存在官股,其中上规模的、影响大的官督商办性质的企业中,往往有官款,但这些官款都是官方借款,是官方资助企业开办时的垫借款或帮助企业渡过某种难关而借给的资金,是企业今后需要连本带利返还给官方的款项,并非官股。洋务运动时期官

---

① 参见拙文:《中国近代的第一批股份制企业》,《历史研究》2001 年第 5 期。
② 严中平主编:《中国近代经济史统计资料选辑》,科学出版社 1955 年版,第 93 页。

督商办企业中官款的用途情况可见下表。

表 1-5　1872—1893 年官督商办企业中的官款

企业名称	垫借时间	垫借金额(两)	用　　途
轮船招商局	1872—1879	1 928 868	开办费、购买旗昌轮船等
开平矿务局	1878—1882	240 000	开办费
	1894	377 500	筑路费
天津电报局	1882—1886	178 700	修建费
天津铁路公司	1887—？	160 000	筑路费
漠河金矿	1886—1892	129 000	开办费
青溪铁厂	1888—？	212 000	开办费
上海机器织布局	1894	265 390	开办费
华盛纺织总厂	1894—？	265 390	开办费
湖北缫丝局	1894—？	80 000	开办费

资料来源：许涤新、吴承明主编：《中国资本主义发展史》第二卷，人民出版社 1990 年版，第 437 页。

原表下面有一个说明是："这些官款虽是垫借款，多数在一定时期后归还，但就它们的来源说，有税款、饷款、部款、报效款等，都不是来自金融机构，原都非借贷资本。"这些官款也"大都不是用于企业流动资金的周转，而主要用于开办费，尤其是购置机器设备和基本建设经费，实际是属于创业资本性质"[①]。

很明显，在当时的中国，没有这些官款的支持和帮助，这些企业是办不起来的，但是仅仅依靠这些官款支持，要与拥有雄厚资本和不平等条约庇护下的列强在华企业争利和分利，这些官款的支持力度又是远远不够的。因此，此后我们可以看到，这些企业以及其他兴办起来的中

---

① 许涤新、吴承明主编：《中国资本主义发展史》第二卷，第 437、438 页。

国近代企业,绝大多数都在资金缺乏的漩涡中挣扎,为筹集维持企业生存发展的资金想尽了各种办法。也正是在这里,我们看见了传统中国金融机构钱庄在中国近代资本市场上的身影以及其发挥的重大作用。

在中国近代企业筹资的活动中,钱庄十分活跃。这里,我们选取不同行业的三家企业进行个案观察和分析。

1872年成立的轮船招商局是中国近代设立的第一家资本主义新式机器交通企业。由于招股困难,这家企业在主要依靠官方借款成立后,就不得不为筹措企业的营运资金而不断罗掘奔走(表1-6)。

表1-6　1880年前轮船招商局的负债情况一览表　　单位:两

年度	资本数	所借官款	钱庄借款	私人借款	仁和保险存款
1873—1874	476 000	123 023			
1874—1875	602 400	136 957	475 354(钱庄私人合计)		
1875—1876	685 100	353 499	613 228	238 328	200 000
1876—1877	730 200	1 866 979	593 449	87 884	350 000
1877—1878	751 200	1 928 868	1 472 404(钱庄私人合计)		418 430
1878—1879	800 600	1 928 868	624 088(钱庄私人合计)		582 632
1879—1880	830 300	1 903 868	533 029(钱庄私人合计)		619 848

资料来源:唐廷枢、徐润:《招商局第一至第七届帐略》(影印件),转引自胡政、李亚东点校:《招商局创办之初(1873—1880)》,中国社会科学出版社2010年版,第39—174页。

表1-6的统计数字来自招商局第一至第七届账略。据招商局负责财务的会办徐润在这本册子的"序"中介绍其编辑缘起时说,是"商局七年以来刊发总揭帐略及开办续订各章程,递年散处,阅者难窥全豹",因此"今特汇成一册,庶可一目了然","以供同人便览"[①]。也就是说,这册账略是为给各位股东查阅招商局的状况而编,因此从这册账略中,能够

---

① 见徐润:《招商局第一至第七届帐略序》,转引自胡政、李亚东点校:《招商局创办之初(1873—1880)》,第3页。

客观真实地查阅到招商局成立后的各种财务和制度情况。

通过查阅招商局这七届的财务数据可知,从招商局成立开始,资金不足就是相当严重的问题,为此各年均借有巨额外债,且外借的债务数额越往后越大,一般都是资本数额的好几倍。在借款中,只有1875—1876和1876—1877两届单独列出了钱庄贷给招商局的借款数额,其余各届钱庄和私人借给招商局的债款数额是合并在一起计算的。但就在这两届数额单独列出的钱庄借款中,1875—1876年钱庄借给招商局的款额就达61万多两,与招商局该年的资本总数相差无几,远远超出官方借给招商局的款项。1876—1877年招商局因盘购美商旗昌轮船公司所借官款大幅增加,但招商局仍然获得钱庄接近60万两的贷款。万事开头难,招商局成立后即面对拥有雄厚资本的英美轮船商人的跌价竞争,在轮船招商局前三届资本分别只有47万两、60万两和68万两,官方借款只有12万两、13万两和35万两的情况下,钱庄的借款(与私人合计)47万两以及钱庄单独借给的61万两,对招商局的重要性自是不言而喻。"输转不遑之处,率向沪庄通融"①,唐廷枢、徐润在第三届账略中所说的这句话,从1881年刘坤一奉旨彻查招商局后奏折所称中得到了证实:"(招商局)计现在结存轮船、码头、栈房、船坞、趸船等项,共置价银三百六十五万九千二百两,所收官帑商股共银二百七十三万四千余两,又保险公积采余抵银十七万九千余两,实短银七十四万五千余两,系向钱庄挪用……"②徐润在自编年谱中亦称:招商局"初时本少用多,恒形竭蹶,常年周转,既赖官款接济,亦赖商款流通。职道……当时谬承众商见信,凡有往来,如取如携,毫无难色。十余年来,统计每年年终结欠庄款及绅商存款,常有百余万两之多……"③

---

① 《招商局第三届帐略》,转引自胡政、李亚东点校:《招商局创办之初(1873—1880)》,中国社会科学出版社2010年版,第98页。

② 《光绪七年正月十五日两江总督刘坤一奏》,中国史学会主编:《洋务运动》第六册,上海人民出版社2000年版,第41页。

③ 徐润:《徐愚斋自叙年谱》,台湾商务印书馆1981年影印版,第177页。

从上述这些资料的记载中可知,招商局在获取站稳脚跟和初步发展的资金时,钱庄对其的融资不说具有决定性作用,重要性也是不言而喻的。

汉冶萍煤铁股份有限公司是中国近代规模最大的钢铁煤炭联合企业。这家企业兼采矿、炼铁、开煤三大端,集勘探、冶炼、销售于一身,"创地球东半面未有之局"[①]。从1890年汉阳铁厂设立到清末,中间经过1890年到1896年的官办、1896年至1908年的官督商办和1908年之后的股份制商办时期,其间体制的改变和经办的艰难,大多与资本不足有关。其中对解决汉冶萍燃料至关重要,可谓汉冶萍生命线的萍乡煤矿的勘探和开发资金,就几乎完全依靠钱庄的融资支持。1898年萍乡煤矿设立,在成立及头几年的营运中,资本周转几乎全靠钱庄贷款维持:"开办之初,并未领有资本,起首用款,即皆贷之庄号。""至所收股本,乃二十五年以后事,且系陆续零交,指作还款,不能应时济用,势不得不辗转挪移,以为扯东补西之计。"[②] 表1-7是萍乡煤矿成立七年后即1905年1月时萍乡煤矿向外借入款项的明细表。

表1-7　1905年萍乡煤矿借入款项明细表　　单位:库平银两

向银行借入	数　额	向钱庄借入	数　额	向官银钱号借入	数　额
通商汉行	95 429.46	协成号	36 068.2	萍乡官银号	120 000.00
道胜行	131 971.44	仁太庄	34 431.242		
大仓行	262 639.7	元大庄	131 310.22		
		惠怡厚	83 900		
		万丰隆	33 389.13		

---

① 张之洞:《铁厂招商承办议定章程折》,苑书义主编:《张之洞全集》第2册卷44,河北人民出版社1998年版,第1167页。

② 张赞宸:《奏报萍乡煤矿历年办法及矿内已成工程》,转引自湖北省档案馆编:《汉冶萍公司档案史料选编》(上),中国社会科学出版社1994年版,第205页。截至光绪三十年十二月(1905年1月),萍乡煤矿"先后股本库平银一百万两"。见上书第204页。

续 表

向银行借入	数 额	向钱庄借入	数 额	向官银钱号借入	数 额
		豫康庄	4 259.6		
		和丰庄	19 096.2		
		载昌记	9 370.1		
		庆安庄	3 744.29		
		颐记号	6 775.5		
		福 记	5 034.5		
		升 记	4 685.1		
		张凯记	1 885.26		
合计	490 040.6		416 115.242		120 000.00

说明：在"向钱庄借入"一栏中，可能包括部分私人借款在内。
资料来源：张赞宸：《奏报萍乡煤矿历年办法及矿内已成工程》，转引自湖北省档案馆编：《汉冶萍公司档案史料选编》(上)，中国社会科学出版社 1994 年版，第 205 页。

从表 1-7 的数字可知，至 1905 年时，萍乡煤矿所获得的融通资金中，钱庄的数额依然举足轻重，仅略低于中外银行合计的贷款数额。

1908 年，汉冶萍公司改为股份制企业，在留存下来的账略报告中，第一至第八届汉冶萍公司欠银行钱庄的融通资金情况如表 1-8 所示。

表 1-8　汉冶萍煤铁厂矿有限公司商办第一至第八届对外融通资金情况表　　单位：洋例银两

年份	汉冶厂矿			萍乡煤矿			本矿官钱号存款
	资本	上海银行钱庄及各户存款	汉口银行钱庄及各户存款	资本	上海银行钱庄及各户存款	汉口银行钱庄及各户存款	
1908	3 543 750	3 350 611	2 418 859	2 129 274	2 379 303	1 679 678	306 467
1909	4 740 513	3 986 912	3 559 024	3 163 150	1 491 913	2 227 559	531 527
1910	5 260 618	5 339 501	5 651 285	3 509 886	1 965 733	2 899 644	1 802 156

续 表

年份	汉冶厂矿			萍乡煤矿			本矿官钱号存款
	资本	上海银行钱庄及各户存款	汉口银行钱庄及各户存款	资本	上海银行钱庄及各户存款	汉口银行钱庄及各户存款	
1911	5 626 596	8 759 240	3 215 772	3 753 871	2 838 636	2 472 113	547 729
1912	6 609 367	8 974 563	2 658 760	3 753 871	3 865 936	4 063 987	519 358
1913	6 566 127	11 011 326	2 737 161	4 380 226	4 242 089	4 023 291	617 335
1914	7 216 141	11 657 138	2 111 354	4 813 568	6 758 739	1 927 890	507 443
1915	7 780 419	12 786 621	2 399 498	5 189 753	6 961 501	1 828 741	759 837

说明：(1) 萍乡煤矿除与银行、钱庄有金融往来外，与汉冶厂矿相比，还与官钱号有往来，1912年后该栏目改为"本矿各户往来"。(2) 本表金额数字均取整数，整数后面四舍五入。

资料来源：《汉冶萍煤铁厂矿有限公司商办第一届至第八届帐略》，原书无出版社及出版时间，原件藏北京中国社会科学院经济研究所图书馆。

因原资料没有将银行、钱庄及私人存款的具体数字分别统计，因此表1-8中的数字只有汉冶厂矿、萍乡煤矿分别欠上海银行、钱庄和汉口银行、钱庄的银两总数，难以看出汉冶萍融资中钱庄在其中所占的比例。但银行、钱庄等金融机构给汉冶萍公司的融资数额之大仍然给人留下深刻印象。如果说上表的资料中无法区分钱庄在给汉冶萍放款中的比例，那么从下面引用的资料，即1915年汉冶萍公司在"欧战延长，铁价飞涨，公司利益畅旺"[①]的情况下，仍然存在大量债款，仅在汉口一地就欠37家钱庄35万余银两来看（见表1-9），此前的这八届账略中，钱庄贷给汉冶萍的资金不会少则是可以肯定的。

---

① 湖北省档案馆编：《汉冶萍公司档案史料选编》（下），中国社会科学出版社1994年版，第726页。

表 1-9　1915 年底止汉冶萍欠汉口钱庄债款明细表

单位：洋例银两

钱庄名	所欠银两	钱庄名	所欠银两
百川盛	9 063	保泰庄	3 371.12
履康庄	158 755.11	仁太庄	5 705.49
大丰庄	9 202.5	春元庄	284.68
晋裕庄	15 060	谦益庄	2 528.69
晋昌庄	9 202.5	谦大庄	1 901.9
仁太庄	3 042	公顺庄	1 293
丰成庄	6 084	隆泰庄	482.13
春元庄	3 031.5	福生恒	908.66
同裕祥	4 587.67	丰泰庄	1 836.74
百川盛	1 091.68	慎昌庄	2 877.56
大丰庄	1 203	庆昌隆	1 744.89
新昌庄	209.6	晋裕庄	3 024
其昌庄	2 053.98	衡源庄	9 714
晋昌庄	2 281.78	裕通庄	9 360
晋裕庄	3 992.39	裕恒益	46 620
源盛庄	575.9	大丰庄	12 384
丰成庄	68.67	晋昌庄	3 042
玉成庄	2 171.54	协成银号	3 065.2

资料来源：湖北省档案馆编：《汉冶萍公司档案史料选编》(下)，第 727 页。

值得注意的是，表 1-9 中出现的钱庄放贷给汉冶萍的数字，有些数量很少，有些则有零有整，为何如此，尚没有找到有关的说明史料，笔者推测，这应该是在归还债款后的余留数，否则一般不会出现这种情况。因为当时一般企业每年都要归还旧账、筹借新账。笔者作此推测，除债款数量少和有零有整外,还有就是这张表的时间是 1915 年,是在"欧战延长,铁价飞涨,公司利益畅旺"情况下的负债表,因此应该说这种推测有一定的可能性。

近代中国重要的机器工业中,棉纺织业无疑占有最显眼的位置。近代机器棉纺织业普遍兴起是在 1895 年中日甲午战争后。在中国近代机器棉纺织业兴起过程中,钱庄业的作用同样不能低估。南通大生纺织系统企业是中国近代兴办较早的棉纺织企业集团,大生一厂从 1895 年开始筹办,直至 1899 年才得以开机,"前后五载,阅月四十有四,集股不足二十五万"①。在兴办过程中因资本难招、资金缺乏,几次面临夭折的处境②。查阅大生一厂的账略,1911 年前帮助大生一厂给予资金融通的金融机构只有钱庄。1911 年之后,才有银行融资的记录(见表 1-10)。

表 1-10 1900—1910 年大生一厂向钱庄融资情况统计表

单位:规元两

年 份	钱庄融资数	年 份	钱庄融资数
1900 年 5 月前	85 652.7	1905 年	154 000.0
1900 年 5 月后	23 638.0	1906 年	308 403.2
1901 年	37 800	1907 年	270 901.6
1902 年	108 705.5	1908 年	135 699.0
1903 年	80 681.9	1909 年	94 459.6
1904 年	110 350.1	1910 年	107 174.0

资料来源:南通市档案馆、南京大学、江苏省社科院合编:《大生企业系统档案选编》(纺织编Ⅰ),南京大学出版社 1987 年版,第 3—70 页。

---

① 张季直先生事业史编纂处编:《大生纺织公司年鉴》,江苏人民出版社 1998 年版,第 84 页。

② 大生一厂在招股集资中的种种艰难状况,1907 年大生一厂在召开第一次股东常会会议时,张謇向各位股东作了回顾,并以经历"四险"的方式作了总结。见张季直先生事业史编纂处编:《大生纺织公司年鉴》,第 78—86 页。

在 1900 年 5 月前,大生一厂除获得南洋商务局官机 2 万锭折股 25 万两外,通过招股筹集的商股资金只有 195 100 两,这时获得的钱庄融资有 85 652.7 两,占商股 195 100 两的 43.9%①。此后在 1906 年和 1907 年,大生一厂获得的钱庄融资分别有 30 万和 27 万余两(见表 1-10),可见这时钱庄在中国近代资本市场上的重要地位和作用。严中平先生在研究 1913 年前的中国棉纺织史时认为:"这时工厂融通资金的主要对象不是银行,而是钱庄。"②实际不仅棉纺织厂如此,其他兴办的企业也是如此,"清末民初新式银行开设不多,亦不做商业往来。工商业资金融通完全依靠钱业"③。

《上海钱庄史料》一书中收录了福康、福源、顺康、恒兴、恒隆和存德六家上海钱庄清末至民国时期对新式工业的放款表和其他史料,在钱庄资料存世不多的情况下,是十分难得而珍贵的史料。这六家钱庄每一家都对这期间中国新成立的工商企业有大范围的放款和投资,反映出钱庄业在近代中国资本市场上的重要作用。下面我们就以资料保存较多、最有代表性的福康钱庄为例,来观察一下钱庄对近代工商企业的放款情况。下表即为清末至抗战全面爆发前福康钱庄对工商企业放款的基本状况。由于当时的钱庄放款分为信用放款和抵押放款两大类,这里也将福康钱庄的两大类放款情况分别以两个统计表表示。

表 1-11　上海福康钱庄 1899—1937 年工业企业信用放款统计表

年别	资本	工　厂　户　名	币别	放款总金额	放款总金额占资本百分比(%)
1899	20 000	纺织局、瑞纶丝厂	银两	25 358	127.0
1900	20 000	恒昌丝厂	银两	80 000	400.0

---

①　大生一厂在 1900 年 5 月时所招的商股数只有 195 100 两。见南通市档案馆、南京大学、江苏省社科院合编:《大生企业系统档案选编》(纺织编Ⅰ),南京大学出版社 1987 年版,第 3 页。
②　严中平:《中国棉纺织史稿》,科学出版社 1955 年版,第 146 页。
③　《钱远声、王仰苏访问记录》,中国人民银行上海市分行编:《上海钱庄史料》,第 170 页。

续表

年别	资本	工 厂 户 名	币别	放款总金额	放款总金额占资本百分比(%)
1902	20 000	燮昌火柴厂	银两	5 000	25.0
1903	20 000	纶华丝厂	银两	10 315	50.7
1904	20 000	瑞顺丝厂、纶华丝厂	银两	50 720	253.6
1906	20 000	又新纱厂、汉冶萍局	银两	20 517	102.6
1907	20 000	公益纱厂、汉冶萍局、又新纱厂、启新洋灰公司、华兴面粉公司	银两	71 311	356.6
1925	300 000	统益纱厂、大有余油厂、振新纱厂、阜丰面粉厂、鼎新染织厂、振泰纱厂、达丰染织厂	银两	81 815	27.3
1926	396 000	大有余油厂、统益纱厂、阜丰面粉厂、鼎新染织厂、鸿章纱厂、福裕纱厂、达丰染织厂、振泰纱厂	银两	96 863	24.5
1927	396 000	阜丰面粉厂、三星棉织厂、大有余油厂、福新面粉厂、振泰纱厂、达丰染织厂	银两	65 650	16.6
1928	396 000	大有余油厂、江南制纸公司、阜丰面粉厂、振华纱厂、振泰纱厂、溥益纱厂	银两	102 794	26.0
1929	396 000	大有余油厂、江南水泥公司、阜丰面粉厂、大德新油厂、振华纱厂、久泰丝厂、振泰纱厂	银两	116 715	29.5
1930	396 000	大德新油厂、阜丰面粉厂、大有余油厂、福新面粉厂、振泰纱厂	银两	87 039	22.0
1931	396 000	阜丰面粉厂、亚浦耳灯泡厂、福新面粉厂、茂新面粉厂、申新纱厂、振泰纱厂	银两	65 261	16.5

续表

年别	资本	工厂户名	币别	放款总金额	放款总金额占资本百分比(%)
1932	462 300	福新面粉厂、永安纱厂、大有余油厂、振华纱厂、阜丰面粉厂、家庭工业社、振泰纱厂	银两	121 693	26.3
1933	646 573	振华纱厂、阜丰面粉厂、大有余油厂、华福帽厂、天厨味精厂、民生纱厂、长丰面粉厂、振泰纱厂	银元	126 360	19.5
1934	643 357	振华纱厂、大有余油厂、阜丰面粉厂、华福帽厂、丽明染织厂、天厨味精厂、五和织造厂、无敌皂厂、振泰纱厂、天原电化厂	银元	210 851	32.8
1935	800 000	嘉丰纱厂、华福帽厂、丽明染织厂、阜丰面粉厂、大有余油厂、无敌皂厂、振华纱厂、五和织造厂、天原电化厂、振泰纱厂	法币	165 906	20.7
1936	800 000	华福帽厂、阜丰面粉厂、无敌皂厂	法币	45 834	5.7
1937	500 000	华福帽厂、五和织造厂、鼎新染织厂	法币	47 734	9.5

说明：(1) 据《上海钱庄史料》第776—777页记载，"福康钱庄1894年创立时资本为2万两，系由程觐岳、程蔼士出资合伙组织。1912年资本增为8万两，1920年再增为10万两，1922年起又陆续增加，至1932年废两改元前增为396 000两。表中1926—1934年资本数额有奇零，系根据红账编制，因此与该庄对外发表的数字小有出入。该庄历次增资都是由历年积存盈余及财产升值中提拨一部分作为新增资本，股东没有缴交现金"。1935年资本改为法币80万元，到1937年抗战发生，"该庄为了弥补战时损失"，"曾一度减为伪法币50万元，旋于1941年又恢复原资本额"。(2) 据《上海钱庄史料》第774页记载，福康钱庄的资料中间有几次断续，该资料书收集到的有1896年、1898—1907年、1925—1939年、1943—1951年共35年的红账和资产负债表。此处引用的是1937年前的资料，1908年至1924年之间的资料即因为断续而缺失。(3) 原资料书是将福康钱庄每一年的每一笔放款单独列出，这里将每一年对企业的放款工厂户名集中列出，将所有该年的放款相加在"放款总金额"栏中列出。(4)"放款金额占资本百分比(%)"一栏为笔者根据"放款总金额"与"资本"栏计算，百分比保留小数点后一位，小数点一位后四舍五入。

资料来源：中国人民银行上海市分行编：《上海钱庄史料》，上海人民出版社1970年版，"资本"栏资料见第774—776页，其余栏资料来源见第785—787页。

表 1-12　上海福康钱庄 1902—1937 年工业企业抵押放款统计表

年别	资本	工　厂　户　名	币别	放款总金额	放款总金额占资本%
1902	20 000	瑞顺丝厂、丰记油厂、纺织局	银两	107 259	536.3
1903	20 000	瑞纶丝厂、宝昌丝厂	银两	140 000	700.0
1904	20 000	恒昌丝厂	银两	44 000	220.0
1905	20 000	恒昌丝厂	银两	33 223	166.1
1906	20 000	又新纱厂	银两	20 000	100.0
1925	300 000	元元丝厂、统益纱厂、和兴铁厂、崇新纱厂	银两	266 521	88.9
1926	396 000	元元丝厂、崇新纱厂、赵节记丝厂、和兴铁厂	银两	319 973	80.8
1927	396 000	溥益纱厂、元元丝厂、鸿裕纱厂、鸿章纱厂、上海水泥公司、和兴铁厂	银两	656 498	165.8
1928	396 000	溥益纱厂、鸿章纱厂、赵节记纱厂、天隆毛织厂、元元丝厂、元丰丝厂、裕经丝厂、崇信纱厂、宝经丝厂、上海水泥公司、和兴铁厂	银两	1 130 941	285.6
1929	396 000	经纶丝厂、鸿章纱厂、元元丝厂、崇信纱厂、统益纱厂、宝经丝厂、赵节记丝厂	银两	468 161	118.2
1930	396 000	赵节记丝厂、鼎丰染织厂、振业棉织厂、经纶丝厂、鸿章纱厂、统益纱厂、阜丰面粉厂、元元丝厂、维裕棉织厂、宝经丝厂、华福帽厂、振丰丝厂、通纬棉织厂	银两	1 134 624	286.5
1931	396 000	赵节记丝厂、维益毛纺厂、元元丝厂、经纶丝厂、双山丝厂、纬余棉织厂、鸿章纱厂、阜丰面粉厂、福新面粉厂	银两	818 087	206.6

续 表

年别	资本	工 厂 户 名	币别	放款总金额	放款总金额占资本%
1932	462 300	鸿章纱厂、元元丝厂、经纶丝厂、民生纱厂、双山丝厂	银两	457 500	99.0
1933	646 573	鸿章纱厂、元元丝厂、纬通棉织厂	银元	545 705	84.4
1934	643 357	元元丝厂、丽明染织厂、大隆染织厂、达隆棉织厂、中华针织厂	银元	319 643	49.7
1935	800 000	庆丰纱厂、纬通棉织厂、丽明染织厂、中华厂、华福帽厂、中华帽厂	法币	506 634	63.3
1936	800 000	庆丰纱厂、嘉丰纱厂、华福帽厂、华阳染织厂、丽明染织厂	法币	187 624	23.5
1937	500 000	源康丝厂、维纶织造厂、华福帽厂、大东织造厂、丽明染织厂	法币	344 923	69.0

说明:(1)资本数和币别与上表一样,均根据《上海钱庄史料》第774—776页表格。其余栏资料来源见784—785页。(2)放款金额是该年向各户工厂放款的总和数。(3)"放款金额占资本百分比(%)"栏为笔者计算,百分比保留小数点后一位,小数点一位后数字四舍五入。

资料来源:《上海钱庄史料》,第774—776、784—785页。

从统计表看,无论是信用放款还是抵押放款,上海福康钱庄的数据都很醒目。除信用放款1908年到1924年、抵押放款1907年到1924年之间因为资料缺失无法考察外,其余年份每年均有向新式工业企业的放款,其中抵押放款的数额又远比信用放款的数额大得多,甚至大多数年份远超自己的资本数,其中钱庄之所以能够在放款总数额上超过资本总数很多,是因为这时的钱庄放款还是短期放款数占相当比例,同时钱庄筹资的能力也不容小视的缘故。但是也可以看出一个变化,就是不管是信用放款还是抵押放款,进入民国后特别是到20世纪二三十年代,钱庄对新式工业的放款呈现逐渐降低的趋势,其中的原因固然不会是一种,但是随着近代华资银行业的发展壮大,在资本市场上的地位和作用逐渐凸显,其成为钱庄业放款的竞争对手应该是其中重要的原因吧。

在以上的事例中有一个明显的特点,即一家钱庄对企业投资,对象可达几十家(福康钱庄对企业放款达 22 家即为一例),一家企业获得的融资亦由几十家钱庄贷款组成(上述汉冶萍公司在汉口一地即欠 37 家钱庄贷款即为一例)。通过这些事例的分析,如果我们下一个断语,即晚清时期钱庄在中国近代资本市场上几乎占有垄断地位并发挥了重要作用,应该与历史事实相去不远。

二、华商银行业兴起后钱庄在资本市场上的地位和作用

1897 年中国第一家华商银行——中国通商银行成立后,中国的银行业有了迅速的发展。到 1937 年抗战爆发为止,中国的华商银行总行已有 164 家,分支行 1 627 家[①],资本总数 40 050 万元[②],已成为近代中国社会经济生活中强大的一支金融力量。那么,在华商银行业兴起后,钱庄在中国近代资本市场上的情况又如何呢? 这里我们同样先举一些实例进行考察分析。

1927 年,刚成立的南京国民政府欲将轮船招商局收归国有,派人组成"国民政府清查整理招商局委员会"进入清查招商局。同年底,该清查委员会公布了查账结果:在 1926 年的招商局资产负债表上,招商局的债款中除借有外债外,国内债款中欠银行规元 1 807 000 两,欠钱庄规元 989 000 两,钱庄的债款约占银行债款的 55%[③]。1929 年 7 月 15 日,上海 29 家钱庄、9 家银行在内的 40 家金融机构联合致函上海银钱两公

---

① 中国银行经济研究室编:《全国银行年鉴》(1937 年),第 A7—8、A10 页。
② 中国银行经济研究室编:《全国银行年鉴》(1936 年),第 A19 页。
③ 《国民政府清查整理招商局委员会报告书》(上册),该报告册无出版社及出版年,第 162 页。

会,要求两公会出面请求南京政府交通部,"立饬上海轮船招商总局迅将欠上海各行庄等款项本利一并清偿",函中说,招商局积欠上海各行庄等款项共计本息银 177 万余两,1927 年 9 月底展期 6 个月,到期后又过了近 1 年半时间,一直没有归还①。就在该年,招商局在向永亨银行和四明银行分别抵押借款 20 万元和 70 万两外,"又以泰顺、遇顺、广大、广利四轮及其客脚收入,定约后十个月长江各轮之全部收入,北、中、华三栈除开支外之收入,向恒隆钱庄押借二十万两,月息九厘,为期一年"。1935 年,又"向同余钱庄以上海南头地产 6.043 亩,押借规元十八万两,月息九厘,一年为期"②。

1917 年 8 月 21 日,汉口 30 余家钱庄联名向汉冶萍总经理去函,要求汉冶萍早日归还所欠债款。函中称"尊处欠款拖延已经数载,函电交驰,舌敝唇焦"③,并附有汉冶萍欠这 30 余家钱庄共 350 374.66 两的债款明细表(见上述表 1-9)。

从以上这两个事例可以看出钱庄在已成立的新式工矿企业资金运营中发挥了维持周转的作用。在这种事例中体现出来的特点有点像"群狼战术",就是一家企业的营运周转资金中,有众多钱庄的融资,这与单个钱庄资本有限且一年一结的经营制度有关。但聚沙成塔,由众多钱庄小额融资汇聚起来的融资总数,仍然是不可忽视的力量。

近代中国,在内外压力下诞生的新式工矿企业的经营过程起落不定,"低落时向钱庄短期借款,稍有盈余时遂即还清"④。招商局在回顾

---

① 上海档案馆藏档,转引自杜恂诚:《中国近代钱业习惯法——以上海钱业为视角》,上海财经大学出版社 2006 年版,第 126—127 页。

② 招商局编:《国营招商局七十五周年纪念刊》,1947 年版,第 40 页"本局债务清偿记"。

③ 湖北省档案馆编:《汉冶萍公司档案史料选编》(下),中国社会科学出版社 1994 年版,第 726 页。

④ 《战前向银行抵押借款及胜利后清偿债务之经过》,轮船招商局编印:《国营招商局产业总录》,1947 年 5 月印行,第 14 页。

自身债务情况时总结出来的这句话,实际是当时许多工矿企业经营困难时求助于钱庄的共同写照,形象地描绘了钱庄在近代中国资本市场上特别是在企业短期资金周转上的作用,这种地位和作用并未因银行业的兴起有大的改变。

除了这种对已有企业融资以维持其经营运作的作用外,在中国近代企业的发展史上,我们还发现了钱庄发挥的另外一种作用,这就是企业在新成立时遭遇巨大资金困难,而得到钱庄融资方才得以成立运营的类型。这种类型中,以上海华商水泥厂和大生三厂的成立最具有代表性。

上海华商水泥厂是民营资本刘鸿生企业集团旗下的一家企业,筹建于 1920 年。可是上海水泥厂从成立开始就面临着一个巨大的困难:资金不足。也就是筹建和营运水泥厂的资金短缺数额巨大。1922 年 8 月 13 日上海水泥厂第一届股东会议记录中,据发起人之一的李翼敬说明,上海水泥厂"在开业前需用款二百万元,已为万不可少之数"。但是,"公司资本仅有 120 万元",为此,1921 年 2 月 20 日股东会曾形成议案,议决"加 30 万元,合为 150 万元"。但即使这样,也还短洋 50 万元。为解决此困难,李翼敬提出不如根据概算书将资本"再加 50 万,合为股本 200 万元"[①]。该提议虽获得会议通过,但此后事实却是资金的短缺问题始终得不到解决,原因主要是因为"股东中大都是商人和买办,他们感到办实业并不如做生意买卖赚钱容易,因此对该厂兴趣不大,信心不强"。也因此,"厂里在初创时期资金缺乏,几次通过招股增资,结果大家都不肯拿出钱来。董事会几次讨论、议决、追缴,还是不能解决"[②]。

很明显,上海水泥厂在筹办期间资金的短缺是一个严重问题,甚至导致总经理韩芸根因资金困难问题而向董事会辞职。1922 年 9 月,韩芸根经挽

[①] 《1922 年 8 月 13 日华商上海水泥公司第一届股东会会议纪录》,上海社会科学院经济研究所编:《刘鸿生企业史料》上册,上海人民出版社 1981 年版,第 162 页。

[②] 《奚安斋口述,1960 年 4 月》,《刘鸿生企业史料》上册,第 163 页。

留无效辞职后,刘鸿生只得出任总经理继续筹备建厂工作,"以竟事功"①。此后,可以看到,在招股增资这条道路走不通之后,向金融机构借贷就成为总经理刘鸿生解决上海水泥厂资金运营困难的最主要途径。

1922年11月18日,上海水泥厂与安康钱庄签订借款合同,"借用九八(规)元计三十五万两,除以水泥公司机器、厂屋、地皮全部财产(另附龙华厂基地皮清单壹纸)作为抵押品外,并以上海联记公司所有董家渡北栈英册第五五七七号道契作为担保,兼负保息、保赎之责任。言明以六个月为限期,利息按月一分照算"②。

这是上海水泥公司向金融机构融资的开始,1923年5月,"以押借款项将于15日到期而急用之款甚多,为了驾轻就熟,由安康钱庄联合其它行庄合借规元六十五万两,仍照原合同条件续借一年","次年到期,又经展期一年,借款总额增至规元一百一十万两正"。1925年11月,"为了减轻借款利息,商得四明银行同意,以同一抵押品及担保品转向该行押借规元一百一十万两,期限一年。次年到期,改为九十五万两,继续押借一年"③。

下表统计的是到1933年为止上海水泥厂向钱庄、银行的借款情况。

表1-13 上海水泥厂向各钱庄、银行主要
借款统计表(1922—1933年)　　　　单位：规元

借款日期	借款行庄名称	借款金额(万两)	借款期限	借款利息	股本总额(万两)	借款占股本比例(%)
1922年11月	安康钱庄	35	6个月	月息1分	120.0	29.2
1923年5月	安康联合其他行庄	65	1年	月息1分	120.0	54.2

---

① 《上海水泥公司档案》,《刘鸿生企业史料》上册,第164页。
② 《1922年11月18日华商上海水泥公司与安康钱庄签订的借款合同》,《刘鸿生企业史料》上册,第164页。
③ 《上海水泥厂第一全宗历史考证(1920—1937年)》,上海档案馆馆藏档案Q414-1-502(2)"9、财务情况"。

续 表

借款日期	借款行庄名称	借款金额(万两)	借款期限	借款利息	股本总额(万两)	借款占股本比例(%)
1924年5月	安康联合其他行庄	110	1年	月息1分	120.0	91.7
1925年11月	四明银行	110	1年	年息1分	120.0	91.7
1926年11月	四明银行	95	1年	年息1分	140.2	67.8
1927年11月	四明银行	95	1年	年息1分	150.0	63.2
1928年11月	四明银行	70	1年	年息1分	150.2	46.6
1929年11月	四明银行	70	1年	年息1分	163.3	42.9
1930年2月	四明银行	60	1年	年息1分	163.3	36.7
1930年10月	四明银行	80	1年	年息1分	163.3	49.0
1931年10月	四明银行	80	1年	年息1分	163.3	49.0
1932年10月	四明银行	80	1年	年息1分	163.6	48.9
1933年2月	四明银行	80	1年	年息1分	163.6	48.9
1933年2月	中国企业银行	40			163.6	24.4

资料来源：前四栏数字见"上海水泥厂第一全宗历史考证（1920—1937年）'9、财务情况'"，上海市档案馆馆藏档案Q414-1-502(2)。"借款利息"栏中钱庄和银行的利息数字见《刘鸿生企业史料》上册，第180页。"股本总额"栏中的数字1925年前来源为"上海水泥厂第一全宗历史考证(1920—1937年)"，1926年后的数字为上海社科院经济所中国企业史资料中心藏刘鸿记账房档案03-009："华商上海水泥股份有限公司第五期—第十五期贷借对照表,(1926—1936年)"。"借款占股本比例(%)"栏中数字为笔者计算。

从上表的统计数字看，十余年的时期里，上海水泥厂始终存在向金融机构的融资借贷，借贷资金1923年8月投产前就存在，投产后的头两年最多，借款占到股本的比例达91%以上，此后虽然随着股本的逐渐增多和银行借款的逐渐归还，使得借款数额有所减少，借款总数占股本的比例也在逐渐下降，但值得注意的是，在前三年也就是上海水泥厂最需要资金的时候，所获得的融资完全来自钱庄，且融资数额几乎等于资本总数。这些资金在上海水泥厂正常开工生产和维持运营上所起的决定性作用毋庸置疑。

张謇在江苏海门创办的大生第三纺织公司筹建于1914年,但因第一次世界大战影响,向英国定购的机器设备等不能按期交货,建厂开工时已到纺织业进入萧条期的1921年。因欧战影响,"工食物料较战前已昂,机价亦重议增加"①之故,1922年该厂召开创立会时,议决再加股100万两,1923年张謇在股东会议上说,因加股"交者寥寥,而营运需款,为救急计,以厂押款100万两"②。这是大生第三纺织公司与上海永聚钱庄订立的第一次借款。

从表1-14中可见,大生第三纺织公司向永聚钱庄的融资借款连续进行了6年后,为减低利息支出才改换为向银行融资。

表1-14 大生第三纺织公司向钱庄银行借款明细表

融资行庄	借款期限	融资金额	到期日期	利率	抵押品
上海永聚钱庄	1年	规银100万两	1924年阴历9月底	月息1.5%	地基、房屋、机器、生财
上海永聚钱庄	1年	规银100万两	1925年阴历9月底	月息1.5%	地基、房屋、机器、生财
上海永聚钱庄	1年	规银100万两	1926年阴历9月底	月息1.5%	地基、房屋、机器、生财
上海永聚钱庄	1年	规银100万两	1927年阴历9月底	月息1.5%	地基、房屋、机器、生财
上海永聚钱庄	1年	规银75万两	1928年阴历9月底	月息1.5%	地基、房屋、机器、生财
上海永聚钱庄	1年	规银65万两	1929年阴历9月底	月息1%	地基、房屋、机器、生财

---

① 南通市档案馆、南京大学、江苏省社科院合编:《大生企业系统档案选编》(纺织编Ⅰ),南京大学出版社1987年版,第429页。
② 南通市档案馆、张謇研究中心合编:《大生集团档案资料选编》第Ⅲ卷,方志出版社2004年版,第353—354页。

续 表

融资行庄	借款期限	融资金额	到期日期	利率	抵押品
上海商业储蓄银行	1年	规银130万两（定期）	1930年10月2日	月息9厘	棉花、制造品、物料
	1年	规银20万两（活期）	1930年10月2日		棉花、制造品、物料
上海商业储蓄银行	1年	规银70万两	1930年10月2日	月息9厘	地基、房屋、机器、生财
上海商业储蓄银行(95%)江苏银行(5%)	1年	国币100万元	1937年3月31日	月息9厘	地基、房屋、机器、生财

资料来源：南通市档案馆、张謇研究中心合编：《大生集团档案资料选编》第Ⅲ卷，方志出版社2004年版，第510—513页；第Ⅳ卷，方志出版社2006年版，第565—569、570—572、573—575、622—625页。

表1-13和表1-14中反映出来的钱庄给企业的融资贷款，有如下几个特点值得注意：

其一，这两家企业都是在成立的关键时期因缺乏资金向钱庄进行的融资，从钱庄获得的融资对企业的顺利设立和投产运营有决定性意义，说这时这种钱庄的贷款是企业的生命线也不为过。

其二，这两家企业获得钱庄贷款时，已经不是几十家钱庄一起贷款，而是由一家钱庄独自进行或由一家钱庄牵头联合其他金融机构进行大额融资，相对于此前的"群狼战术"，更像是"一柱擎天"。

其三，这两家钱庄对企业采取的都是抵押贷款，已经不是传统中习用的信用贷款，从中体现出来的信息是：大额贷款钱庄会采取抵押贷款方式，或者这时这种抵押贷款已经成为普遍实行的方式。

在近代资本市场上钱庄向工矿企业的融资类型中，还有一种类型值得关注，这就是企业家本身向钱庄少量投资，取得融资的优先权，然后在企业需要资金时掌握主动。这种类型中最典型的是上海的荣家企业。荣家企业在1931—1932年间，以荣宗敬名义投资的钱庄就有7家,每家钱庄投资额2万—5万两不等,他的理由是:"我搭上一万股子,就可以用他们十万、二十万的资金。"①因此,荣家企业在发展过程中从钱庄获得的融资数额相当大,据马俊亚教授研究,1933—1934年,钱庄向申新总公司提供的抵押借款总额为163.9万余两,银行向申新总公司提供的抵押借款总额为188.8万余元,钱庄向申新总公司提供的抵押借款相当于银行抵押借款的86.8%。但在信用借款方面,钱庄向荣家企业发放的借款相当于银行提供的2.5倍。若把信用借款和抵押借款相加,"钱庄对荣家企业的贷款总额为银行贷款总额的127.4%"②。

第三节 钱庄为适应资本市场需求所做的规章制度改变

作为传统金融机构代表的钱庄,其规章制度长期与小农经济孕育伴生,是农业文明时代的产物。近代机器大工业产生后,在资本市场上发挥重要作用的钱庄必然在规章制度方面有所改变和调整,这种改变和调整涉及的方面较多,主要的有以下几点:

其一,放款方式的改变。由过去的信用放款改变为抵押放款或二者兼行。在长期形成的习惯中,钱庄放款一般是凭据客户的信用,不收抵押。"钱庄之放款,类以信用放款及活期透支等为主。"③"钱庄之业务,不论其为存款放款,皆以信用为标准。"④钱庄的信用放款,"为放款中最受商人欢迎之放款","商人以其自己之信用,而能向钱庄借贷,纯

---

① 上海社会科学院经济研究所编:《荣家企业史料》(上册),上海人民出版社1980年版,第553页。
② 马俊亚:《混合与发展——江南地区传统社会经济的现代演变(1900—1950)》,社会科学文献出版社2003年版,第216页。
③ 中国人民银行上海市分行编:《上海钱庄史料》,第174页。
④ 《钱庄与信用放款》,《钱业月报》第11卷第11号,1937年11月15日。

为中国商人一种固有之道德，故对物资抵押，认为有碍体面之举"①。正如上海钱业公会会长秦润卿所说："银钱两业虽同为金融机关，然实有根本不同之点。盖钱业放款，凭对方信用，故称信用放款，历来如是。"②但从表1-11上海福康钱庄1899—1907年的工业企业放款中我们却可以看到，20世纪初，福康钱庄的放款方式中已经出现抵押放款，尽管这时抵押放款的企业数量还远赶不上信用放款的企业数量多，但已经说明历来的放款方式已经有了改变。此后钱庄的放款特别是大额放款，多半都是采用抵押放款，上海华商水泥厂和大生第三纺织公司的事例都是很好的证明。

其二，在放款时间上的改变。钱庄的定期放款"大都以三月、六月或一年为限。而以每年废历（阴历）三、九两月底（国历四、十月两月）为长期银盘放用收归之期。到期照数归还"③。资本市场的资金融通期限一般是一年以上，在这里，我们看到钱庄的变通应对方法：这就是每当期限到时，即废弃此前的放款合同，重新签订一张新的放款合同，此前的放款和抵押品均不变，如有新的条件或变化，则在新订的合同中注明。大生第三纺织公司1928年10月与永聚钱庄签订的贷款合同中，对此前几次的资金贷借和归还情况有一个回溯，清楚具体地说明了这一点（在此合同中，大生第三纺织公司被简称为借户，永聚钱庄被简称为借主）：

> 今因借户于民国十二年即旧历癸亥年四月二十八日开第二次股东特别会议，以公司需款，议决将自置地产、房屋、机器、生财等为保证品，抵借元一百万两，于同年旧历九月底，借户与借主订立合同（后文称第一次合同），由借主贷与借户九八规元一百万两（后

---

① 施伯珩：《钱庄学》，上海商业珠算学社1931年版，第三编第四章，第60页。
② 中国人民银行上海市分行编：《上海钱庄史料》，第215页。
③ 施伯珩：《钱庄学》，第三编第四章，第61页。

文称借款),以一年为期,其本利担保办法均载明于第一次合同内。旋于甲子年九月底届期,借户除将已到期之利息付清外,对于本银无力归还,经借户与保人向借主商请,将借款展期一年,当经借主允许,将第一次合同取消,另订合同(后文称第二次合同)为凭。嗣于乙丑年九月底期满,而借户所借之款尚未归还,又经借户与保人向借主商请,将借款再展期一年,亦经借主允许,将第二次合同取消,重订合同(后文称第三次合同)为凭。后于丙寅年九月底期满,而借户所借之款仍未归还,经借户与保人向借主商请,将借款仍展期一年,借主亦已允许,将第三次合同取消,重订合同(后文称第四次合同)为凭。于丁卯年九月底,第四次合同期满,借户除将已到期之利息付清外,仅付还借主九八规元二十五万两,其余九八规元七十五万两无力清偿,又经借户与保人向借主磋商,将此七十五万两于一年之内归还,毋庸重订合同,所有第四次合同所载之各条件一律有效,借主亦已允可。本年阴历九月底一年期满,借户除将已到期之利息付清外,仅付还借主元十万两,其余六十五万两无力清偿。复经借户与保人向借主磋商,将尚欠之元六十五万两准予展期一年,仍以本合同第二、第三附表内所载之地产、房屋、机器、生财等为保证品(后文称保证品),以担保此六十五万两借款本利及本合同其他欠款之清偿,借主亦已允许,将第四次合同取消,重订本合同,而借户公司业已招集董事会会议,并已通过本合同所载之各条件……①

这段引文很长,但却把当时大生第三纺织公司向永聚钱庄借款规元一百万两以及其后几年间连续延期归还的手续和方式说得很清楚。

其三,资本组织方式上的改变。传统钱庄的组织方式是独资和合

---

① 南通市档案馆、张謇研究中心合编:《大生集团档案资料选编》(纺织编Ⅳ),方志出版社2006年版,第565—566页。

伙,清末民初时,资本数额超过10万两的很少。但到1933年废两改元时,已有部分钱庄资本数大幅增加,如上海福康钱庄1933年时资本数达64.6万余两,公积达34万两。富源钱庄资本在此时已达50万元,加上历年公积50万元,"共为100万元"①。在资本金大幅增加的同时,钱庄的组织形式亦在发生变化,逐渐出现股份有限公司组织形式。北洋政府时期北京地区注明资本组织形态的各类银钱组织共169家,其中独资组织129家,约占总数的76%,合伙组织32家,约占19%,股份有限公司8家,约占5%。抗战胜利后(1945—1948年),在注明资本组织形态的46家银钱组织中,除1家为合伙组织,其他皆为股份有限公司②。上海的钱庄较多出现股份有限公司是1940年以后,1940年有福利、金源两家钱庄改组为股份有限公司钱庄,到1942年,上海的53家汇划钱庄中,独资的钱庄4家,约占7.5%,合伙钱庄32家,约占60.3,股份有限公司钱庄17家,约占32.0%③。

钱庄资本组织形式的改变,是在新形势的冲击下,为增强实力、分散风险和改进业务压力下进行的变革,也是为适应近代中国资本市场对资金的需求所做的努力。

总之,通过以上的分析,可以看出,在近代中国资本市场上,传统中国金融组织代表钱庄的地位和作用不能低估,晚清洋务运动时期钱庄在资本市场上占有垄断性的地位,中国近代新式华商银行业兴起后,钱庄在近代中国资本市场上的地位和作用有所下降,但仍然是重要的一支力量,这一点过去很长时期学界有所忽视,现在需要重新给予认识和评价。

---

① 《上海钱庄史料》,第776—777、797页。
② 于彤:《北洋政府时期北京银钱业一览》《战后北平的钱庄业一览》,《北京档案史料》1989年第2—4期,1996年第2—4期。转引自刘兰兮主编:《中国现代化过程中的企业发展》,福建人民出版社2006年版,第194页。
③ 日本横滨正金银行上海支店编:《上海金融事情讲话》,1943年版,第154页。

第四节　全面抗战时期及战后的钱庄业

1937年抗日战争全面爆发,作为中国资本市场上的重要力量之一,钱庄在这期间同样经历了大起大落的变化。这里以抗战前金融最发达的上海为例。首先从数量看,1937年抗战爆发之际,上海的汇划钱庄总计有46家。1938年减为43家,1939年又减少2家,总数降为41家。到1941年春季,"上海的汇划钱庄数目共计39家,各家钱庄的资本总额为1 600万元,每家平均资本约为40万元"①。表1-15是1934年至1940年上海钱庄基本状况统计表。

表1-15　1934—1940年上海钱庄基本情况统计表　　　　　　　　　资本单位:千元

年别	资本总额	钱庄家数	每家平均	资本额	1936年	1937年	1938年	1939年	1940年
1934	22 700	65	349	10万元以上	4	1	1	1	1
1935	19 382	55	351	20万元以上	17	12	12	12	12
1936	18 384	50	368	30万元以上	12	10	7	7	5
1937	19 120	46	416	40万元以上	5	8	7	6	7
1938	17 760	43	413	50万元以上	4	7	9	8	8
1939	16 940	41	413	60万元以上	3	3	3	3	3
1940	17 580	41	429	70万元以上	2	2	2	2	3
				80万元以上	3	3	2	2	2
合计					50	46	43	41	41

资料来源:寒芷主编:《战后上海的金融》,香港金融出版社1941年版,第147—148页。

① 民国丛书续编第一编《申报年鉴》,1944年第二册,上海书店2012年版,第639页。

从表 1-15 中显示的 1934 年到 1940 年期间上海的钱庄业家数、资本、每家钱庄资本数等方面看,战前战后大体上没有什么大的变动。战后钱庄业虽出现过短期的衰落,但因战时损失不大,也因此没有受到过多的冲击。

但是,到了 1943 年 3 月底时,上海一地的汇划钱庄的家数骤增 108 家之多,其中资本额在 100 万元以上的有 61 家,50 万元以上的有 47 家,50 万元以下的有 8 家。但这种钱庄数量猛增的趋势并未结束,到了当年 12 月 10 日,加入钱庄业同业公会的会员钱庄"竟达 193 家之多"①。十分明显,这期间钱庄数量骤增的原因,主要是为了利用战时时局混乱物质短缺和金融变动进行投机。

上海的钱庄中,除了汇划庄外,还有一种营业注重于货币兑换的钱庄,此种钱庄营业范围较窄,俗称"钱兑"。这种钱庄因资本较小,调整较易,战事发生以后,经历了短暂的调整期,在 1938 年 3 月以后就迅速地发展起来。"最初以经营汇划及票据贴现为主。以后买卖日钞,更进而经营公债、现金、纱花等暗市交易,营业之佳,获利之厚,均甚于战前。故投机商人纷纷集资开设,一时风起云涌,四川路一带,钱兑店星罗棋布,有如雨后春笋。廿七年度盈余,自数万至十余万不等。尤以三泰、实康、谦泰、天成等庄,获利最多。因之廿八年度上市等,竟达六十三家之多。"②此后钱兑庄的数量继续增长,"根据上海市钱兑业公会在民国三十年三月发表的报告,加入公会的钱兑庄共计一百二十四家"。而实际上同样性质的钱庄,随时随地多有创设,"根据私人的估计,在民国三十年初,上海一市的钱兑庄数目当在二千至三千之间"③。

钱兑庄大都为合伙组织,也有少数为股份有限组织。有的名为钱庄,有的名为银号,名称虽然不同,但其主要业务则都为买卖金银、外

---

①③ 民国丛书续编第一编《申报年鉴》,1944 年第二册,第 639 页。
② 王季深等编:《战时上海经济》第一辑,上海经济研究所 1945 年版,第 18 页。

汇、外币、公债和股票等。太平洋战争爆发后,因为公债、外汇、外币的买卖业务都相继遭到禁止和限制,盛极一时的钱兑庄业务因为缺乏营业对象,难以支持而相继歇业,但也有改弦更张、扩大范围,改组成为汇划钱庄者,这种情况也屡见不鲜。

此后,汪伪政权认为钱庄创设过滥,实力不足,制定了一个将钱庄的资本总额提高至 300 万元才算合格的规定,并要求在 1943 年 8 月以前将钱庄的组织都必须改组为股份有限公司,"若不符部令规定者,即勒令停业"。因此导致上海市的钱庄业面貌大变,"近来市上各家钱庄纷纷增资或合并,俾求自保"[①]。具有长久历史的中国传统金融机构钱庄,在 1943 年后的组织形式一改而为股份有限公司。

在整个抗战时期,上海的钱庄业业务重心偏向于投机,在资本市场上发挥的作用反而不如战前。

抗战结束后,在日本投降时上海钱庄一共有 226 家,比银行家数多。其中战前经财政部核准有营业执照的 16 家,战前设立未经核准而在战时仍继续营业的有 32 家,其余 178 家停业清理,1945 年年末时上海钱庄为 48 家。此后加上国共内战,时局动荡,直至 1949 年中华人民共和国成立为止,上海的钱庄业也未能再现过去的繁华,在近代中国资本市场上曾占有的地位和作用,最终成为一去不复返的图景。

---

① 民国丛书续编第一编《申报年鉴》,1944 年第二册,第 639 页。

第二章
新式金融机构银行业的演变及作用

银行是资本市场上重要的一支力量,这在各国发展的历史上都是一样。近代中国是中国银行业登上历史舞台并得到初步发展的时期。在这段时期,近代中国银行业的数量逐步增多,实力逐渐增强,在多个领域中发挥了重要作用。从资本市场的角度观察,由于发展阶段、内外战争等因素影响,近代中国银行业的作用前后侧重点有所不同。本章首先考察近代中国银行业的数量和内部演变以及在华外资银行业的概况,然后考察其作为重要的金融力量在近代中国社会经济和资本市场上的地位和作用。

第一节　近代中国银行业的发展与整体概况

甲午战争前,外国侵略者已在中国通商口岸开设了多家银行和分支机构。尽管有不少变动,但到清末时仍然有英、德、日、法、俄、荷等帝国主义国家的银行15家和大量分支机构[①]。在华外国银行的设立是资本主义列强对华经济渗透的结果。鸦片战争后,外国在华银行从对外贸易结算和汇兑入手,逐渐扩展领域,通过多种活动,垄断了

---

① 参见叶世昌、潘连贵:《中国古近代金融史》,复旦大学出版社2001年版,第200、201页统计表6-4。

中国的国际汇兑和操纵了中国的金融市场,甲午战争后还通过提供大量贷款而逐渐控制了清政府的财政。外国在华银行的活动,使洋务派认识到中国原有的旧式金融机构已不能适应社会经济的发展需要,自办银行的呼声逐渐高涨,出现要求通过设立银行来缓解财政经济困难、印造钞票、兴办铁路、调节和汇解官款等构想。这些构想集中反映在盛宣怀的言论中。盛宣怀在一封奏稿中说:"西人聚举国之财,为通商惠工之本,综其枢纽,皆在银行。中国亟宜仿办,毋任外人银行,专我大利。"他认为,"中国银行既立,使大信孚于商民,泉府因通而不穷,仿借国债可代洋债,不受重息之挟制,不吃镑价之亏折,所谓挽外溢以足国者,此其一也。……非急设中国银行,无以通华商之气脉,杜洋商之挟持"①。又说,"承汇官商款项,必须格外迁就招徕,每千两汇费必少,甚至当差无利,亦需承接……汇丰银行汇票不赚不做,通商银行汇票不赚亦要收"②。为争取官款汇兑业务,盛宣怀请求清政府通令各省关,"嗣后凡存解官款,但系有中国通商银行之处,务须统交银行收存汇解"③。

盛宣怀要求自办银行的奏议最终得到清朝政府的批准,这也使得中国自己兴办的银行终于得以诞生并逐渐有所发展。

一、近代中国银行业的发展轨迹

1897年5月,中国第一家华资银行中国通商银行成立,标志着近代中国银行业的正式诞生。中国通商银行资本额初定500万两,先收250万两。盛宣怀掌管的轮船招商局和电报局分别投资80万两和

---

① 陈旭麓、顾廷龙等编:《中国通商银行——盛宣怀档案资料选辑之五》,上海人民出版社2000年版,第3页。
② 《通商银行董事会文件》第1卷,转引自中国社会科学院近代史研究所中华民国史研究室编:《中国第一家银行——中国通商银行的初创时期》,中国社会科学出版社1982年版,第120页。
③ 盛宣怀:《愚斋存稿》第2卷,第30—32页。

第二章 新式金融机构银行业的演变及作用

20万两,盛宣怀私人名下及其代表的股金共达73万两。盛宣怀还拉进李鸿章、王文韶、张振勋、严信厚等清廷重臣和富商巨贾等数十万两股金。中国通商银行名为商办,实际却系"奉特旨"开办,并享有"户部拨存生息公款二百万两"[①]的特权,是国家资本企业性质的银行。

中国通商银行最初几年的存款主要来源于清政府的存款,其次是官督商办企业的间歇资本,再次是各地关道和道台的待解款以及少数买办、官僚的私人存款。清政府批准该行拥有发行钞票特权,俨然享有国家银行的权利。中国通商银行内部组织和经营管理模仿英国汇丰银行,设有"洋大班"管理体制,但同时又带有浓厚的封建衙门习气,因此经营状况并不算理想。

中国通商银行成立之后,1904年清户部以中国向无国家银行,对"国用盈虚不足资以辅助",加之正拟改革币制,需有银行为推行之枢纽,因而奏请设立"户部银行"[②]。该行是清政府试办的正式国家银行。设立该行的目的有二:一是辅助空虚的国库,二是执行币制的改革。该行奏准的试办章程第一条规定,该行资本库平银400万两,分为4万股,每股100两,由户部认购2万股,余2万股,无论官民人等,均准购买。章程第二十条规定,该行拟印纸币,分库平银及元两种。章程还规定,该行有铸币、代理部库和代募公债等特权。又规定银行之总办、副总办均由户部选派。

1908年,户部改为度支部,户部银行也改为大清银行。另订大清银行条例24条,股本增为库平银1 000万两,分为10万股,清政府认

---

① 陈旭麓、顾廷龙等编:《中国通商银行——盛宣怀档案资料选辑之五》,上海人民出版社2000年版,第57页,"中国通商银行大概章程"[光绪二十三年正月十九日(1897年2月20日)]。

② 《光绪朝东华续录》第186卷。转引自张郁兰:《中国银行业发展史》,上海人民出版社1957年版,第25页。

购 5 万股,余 5 万股限中国人认购。截至 1911 年 6 月,该行共设有分行 21 处,分号 35 处①。辛亥革命后的 1912 年,该行改名为中国银行。

1908 年,清政府邮传部又奏准设立交通银行,这是晚清时期中国的又一家重要银行。邮传部在申请设立的奏文中说:"本部所管轮、路、电、邮四政,总以振兴实业挽回利权为宗旨,即如借款所办各路,存放款项向由汇丰、道胜、华比等行分储,各立界限,此盈彼绌,不能互相挹注;且由欧汇华,由华汇欧,又不能自由汇划,坐受各银行取利,而镑亏之折耗,尤其显著者也。……故轮、路、电、邮四政互为交通,而必资银行为之枢纽。"②可见,清政府创设交通银行的出发点是便利轮、路、电、邮四政的金融周转。

交通银行的资本额定为 500 万两,由邮传部认购 200 万两,余 300 万两招募商股。交通银行名义上是官商合办,但章程第 36 条却规定:"邮传部既认 2 万股,即为最大股东,可以选派总协理。"第 20 条又规定:"总协理均听邮传部堂官命令。"③显然政府控制着实权。该行总行设在北京,并在天津、上海、汉口、厦门、镇江、广州等地设立分行。但该行开业后直至辛亥革命时为止,营业状况并不佳。

中国人自己兴办的银行,在 1912 年中华民国建立之后,特别是在第一次世界大战和第二次世界大战之间的这段时期,进入了发展的快车道。

为有一个具体的数量变化概念,现将中国出现首家银行至 1937 年抗战全面爆发前四十余年间各年设立和停业的银行数目列表如下:

---

① 许涤新、吴承明主编:《中国资本主义发展史》第二卷,人民出版社 1990 年版,第 625 页。
② 交通银行总行、中国第二历史档案馆合编:《交通银行史料》第一卷上册,中国金融出版社 1995 年版,第 7、8 页。
③ 同上书,第 174、176 页。

表 2-1　1896—1937 年中国银行历年设立数量统计表

年　度	设立银行数	现已停业数	现存数
1896 年	1		1
1902 年	1	1	1
1905 年	1	1	1
1906 年	2	2	1
1907 年	3		4
1908 年	4	3	5
1909 年	1	1	5
1910 年	1		6
1911 年	3	2	7
1912 年	14	10	11
1913 年	2	1	12
1914 年	3	1	14
1915 年	7	5	16
1916 年	4	3	17
1917 年	10	9	18
1918 年	10	6	22
1919 年	16	9	29
1920 年	16	14	31
1921 年	27	18	40
1922 年	27	19	48
1923 年	25	20	53
1924 年	7	5	55
1925 年	9	7	57

续　表

年　度	设立银行数	现已停业数	现存数
1926 年	7	7	57
1927 年	2	1	58
1928 年	16	5	69
1929 年	11	3	77
1930 年	18	6	89
1931 年	16	6	99
1932 年	13	4	108
1933 年	15	3	120
1934 年	22	4	138
1935 年	18		156
1936 年	5		161
1937 年	3		164
年月不明者	50	50	
合计	390	226	164

说明：(1) 这里所指的中国银行，指除在华外国银行以外的本国华资银行。(2) 唐传泗和黄汉民先生曾对 1925 年以前成立的本国银行数量进行过考察(见《试论 1927 年以前的中国银行业》，载《中国近代经济史研究资料》第四辑，上海人民出版社 1985 年版)。据他们研究，1925 年前成立、停业和存在的银行数量都比此处引用的《银行年鉴》的数量要多。因此处引用的《全国银行年鉴》的资料在 1927 年前的变化趋势与唐、黄两先生的一致，且时段上更长，故仍然引用此资料。(3) 中国的第一家银行即中国通商银行的成立时间，一般都以 1897 年即正式开业为准。这里统计表中出现的时间是 1896 年，推测是以清朝政府批准的时间为准。(4) "现存数"一栏为笔者计算。

资料来源：中国银行经济研究室编：《全国银行年鉴》(1937 年)，第 A7—8 页。

　　从统计表看，在这四十余年中国银行业的发展过程中，晚清时期华资银行的数量不足十家，总体说无足轻重。1937 年抗战全面爆发前有两段时期是银行创立的高峰期，一段是 1917 年至 1923 年，一段是 1928 年至 1935 年。前一段时期显然受第一次世界大战的影响，即与这次大战从外部给中国资本主义发展造成了难得的机遇有关。第二段即南京国民政府时期,这段时期是银行业数量增长的又一个高峰。1937年《全国银行年鉴》在分析这十年的银行业发展时总结说:"在此十年中,新设之银行达一百三十七家,其中已停业者仅三十一家,现存者达一百零六家,占现有银行三分之二强,易言之,现有银行一百六十四家,其中三分之二,均成立于最近十年之内。可见此短短十年实为我国银行史上之重要阶段。"[①]同时,这时期与上一个高峰期相比还有明显的一点差异,即1917年至1923年成立银行131家,停业95家,停业率达72.5%;1928年至1935年成立银行129家,停业31家,停业率只有24%,明显低于1917年至1923年时期,表明银行业在第二个高峰期的发展性和稳定性均好于上一期。

表2-2显示了1934年后分类银行和分支行的数量演变情况。

表2-2 银行业分类、分支行及行员数变动情况表

银行类别	总行数			分支行数			行员数	
	1934年	1936年	1937年	1934年	1936年	1937年	1936年	1937年
中央及特许	3	4	4	255	390	491	7 341	9 195
省市立	20	25	26	226	331	464	4 329	5 540
商业储蓄	80	80	73	372	383	408	8 917	8 903
农工	20	31	36	86	147	173	2 529	2 515
专业	13	15	15	46	51	56	1 356	1 243
华侨	10	9	10	53	30	35	1 180	1 482
共计	146	164	164	1 038	1 332	1 627	25 652	28 878

说明:(1)1934年的"类别"原有10类,现将"国立和特许"银行合为"中央及特许"银行。将"省立"和"市立"银行合为"省市立"银行。将"实业"银行归入"农工"银行之中。故现分类为6类。(2)1934年的统计中无行员数。

资料来源:1934年的资料见《全国银行年鉴》(1934年),第A4页;1936年和1937年的见《全国银行年鉴》(1937年),第A10页。

---

① 《全国银行年鉴》(1937年),第A5页。

从表2-2看,这几年银行总行的数量变化不明显,除农工银行数量有较大增长外,其他银行数量的变化不大,商业银行的数量甚至减少了几家,但分支行的数量却有很大变化。其中,除华侨银行的分支行数减少外,其他银行都有不同程度的增加,尤其以中央银行、特许银行和省市立银行的分支行数增加明显,行员数量也有较大增长。特别是中央及特许银行本行只有4家,但分支行数和行员数均占第一位,远远超过其他银行,表明1927年南京政府成立后,通过设立中央银行和改编中国银行、交通银行和中国农民银行为特许银行等手段,在银行业中的实力有了明显增强,进而对银行业也有了更强的控制能力。当然,从总体上看,银行业的发展仍然保持着覆盖范围继续扩大、稳中有增的趋势。

在上述两个统计表中,银行数量的演变情况大体已有反映。下面我们再从资本数量、储蓄存款及纯利润等几个银行资力方面的指标进一步考察这期间银行业的实际演变情况。

表2-3　1927—1936年银行实收资本统计表　　单位:万元

类别	1927年	1928年	1929年	1930年	1931年	1932年	1933年	1934年	1935年	1936年
中央及特许银行						5 343	5 343	13 372	15 972	15 972
指数						100	100	250	299	299
省市立银行						3 708	4 206	3 209	3 716	5 499
指数						100	113	86	100	148
商业银行						5 778	6 564	7 209	7 462	7 908
指数						100	114	125	129	137

续 表

类别	1927年	1928年	1929年	1930年	1931年	1932年	1933年	1934年	1935年	1936年
储蓄银行						344	349	350	250	350
指数						100	102	102	79	102
农工银行						1 773	2 224	2 637	2 870	3 339
指数						100	125	149	162	188
专业银行						1 984	1 837	1 855	1 846	1 954
指数						100	93	93	93	98
华侨银行						2 560	4 560	4 788	4 731	5 028
指数						100	178	187	185	196
共计	11 705	14 416	14 903	15 020	15 578	21 490	25 084	33 419	36 847	40 050
指数	100	123	127	128	133	184	214	286	315	342

说明：(1) 1927—1931 年的资料为全国 28 家重要银行的数字，因无具体的分类项目，故只有"共计"一栏数字。(2)"共计"栏下的指数为笔者计算。(3) 原表单位为"元"，这里改为"万元"，万元后的数字采取四舍五入的方式处理。

资料来源：1927—1931 年的数字见中国银行总管理处经济研究室编：《中国重要银行最近十年营业概况研究》，新业印书馆 1933 年版，第 311 页。1932—1936 年数字见《全国银行年鉴》(1936 年)，第 A19 页。

表 2-4 1927—1936 年银行业各项存款、各项放款及纯益统计表

单位：元

年度	各项存款	指数	各项放款	指数	纯益	指数
1927 年	976 122 496	100	908 019 930	100	11 442 000	100
1928 年	1 123 470 646	115	1 056 358 175	116	13 530 294	118
1929 年	1 320 151 727	135	1 221 940 222	135	18 967 392	166
1930 年	1 620 261 033	166	1 420 540 837	156	21 591 571	189

续　表

年度	各项存款	指数	各项放款	指数	纯益	指数
1931 年	1 860 656 525	191	1 603 905 114	177	21 065 553	184
1932 年	2 115 667 462	217	1 857 406 025	205	29 225 972	255
1933 年	2 594 129 555	266	2 327 086 912	256	32 522 819	284
1934 年	2 981 377 182	305	2 606 902 211	287	39 317 532	344
1935 年	3 779 417 705	387	3 185 424 460	351	36 567 302	320
1936 年	4 551 268 962	466	3 195 598 763	352	49 916 318	436

说明：(1) 1927—1931 年为中国近代 28 家重要银行的统计数字。(2) 各项指数均为笔者计算。

资料来源：1927—1931 年的数字见《中国重要银行最近十年营业概况研究》，第 314、315、326 页。1932—1935 年的数字见《全国银行年鉴》(1936 年)，第 A56、A61 页。1936 年数字见《全国银行年鉴》(1937 年)，第 A47、A53、A57 页。

上述这两个统计表中的实收资本、存款放款和纯益数字，均呈现出稳定的增长。其中，十年间实收资本和放款增加 2 倍多，而存款和纯益增加 3 倍多的情况，从不同的侧面和角度体现了这期间中国银行业的快速发展状况和增长水平。下面再将全国银行资产总额的变化情况制成统计表 2-5，从中可以对银行的实力得到更清晰的印象。

表 2-5　1932—1936 年全国银行资产总额统计表　　单位：元

年　度	资产总额	指　数
1932 年	3 003 282 010	100
1933 年	3 657 736 575	122
1934 年	4 295 587 071	143
1935 年	5 428 652 719	181
1936 年	7 275 890 751	242

资料来源：1932 年至 1935 年的数字见《全国银行年鉴》(1936 年)，第 A52 页。1936 年数字见《全国银行年鉴》(1937 年)，第 A42 页。指数为笔者计算。

据统计表2-5,1932年时全国银行资产总额在30亿元左右,此后各年均以每年十多亿元的速度增长,1936年时,资产总额已增长到72亿元左右。时隔4年资产总额增长一倍半左右,增速不可谓不快。

以上统计显示出的是银行业的快速发展情况,但是,这期间银行业发展的缺陷和不足也相当突出,其中最明显的仍然是银行资本金额的普遍不足和银行地域分布的不平衡。表2-6对1934年以后银行资本级别数的变动情况作出了统计。

表 2-6　全国银行资本级别统计表　　单位:万元

资本级别	1934年		1936年		1937年	
	行数	百分数	行数	百分数	行数	百分数
5万元以下			7	4%	5	3%
5万元以上	16	9.4%	12	7%	13	8%
10万元以上	59	34.7%	35	22%	34	21%
50万元以上	33	19.4%	36	22%	36	22%
100万元以上	38	22.4%	58	35%	56	34%
500万元以上	10	5.9%	8	5%	9	5.5%
1 000万元以上	7	4.1%	7	4%	9	5.5%
未详者	7	4.1%	1	1%	2	1%
共计	170	100%	164	100%	164	100%

资料来源:1934年的数字根据吴承禧《中国的银行》(商务印书馆1934年版)第11页数字计算。1936年、1937年数字见《全国银行年鉴》(1937年),第A44页。

从统计表2-6看,直到本期下限的1936年和1937年时,资本在100万元以上的银行数量与1934年相比,虽有一定的增长,但到1937年时,资本在100万元以上的银行数仍然只有74家,仅占银行总数的45%,不到银行总数的一半。资本在500万元和1 000万元以上的银行分别只有9家。银行总体资本的薄弱状况仍然是一目了然的事实。

除银行资本的普遍薄弱外,银行地域分布的不平衡现象更为严重。以下整理出的三个统计表对银行分布不平衡的状况从不同的角度进行了反映。

表 2-7 银行在全国各省的分布情况表

省 别	1925年调查	1934年统计	1937年统计 总行	1937年统计 分支行
江苏	44	75	66	421
浙江	9	19	24	151
河北	37	13	10	189
山东	9	7	4	58
河南	1	1	1	72
山西	4	2	1	40
陕西	1	1	2	48
甘肃	1			5
江西	6	3	3	79
湖北	7	2	3	69
湖南		1	4	40
四川	1	8	15	110
福建	2	6	4	70
广东	9	6	7	52
广西		1	2	42
云南	1	1	1	6
辽宁	4	8		18
吉林	1	6		9
黑龙江		1		3
热河	1			

续 表

省　别	1925年调查	1934年统计	1937年统计	
			总行	分支行
察哈尔	1			4
绥远	2	1	1	10
安徽			1	79
西康			1	
贵州				4
新疆			1	8
海外（香港、新加坡、马尼拉等）		8	7	12
其他			5	24
共计	141	170	164	1 627

资料来源：1925年和1934年的数字见吴承禧：《中国的银行》，商务印书馆1934年版，第12页。1937年的数字见《全国银行年鉴》（1937年），第A17—18页。

从统计表2-7看，在全国分布的银行中，江苏、浙江两省拥有的银行数中，总行占90家，占全国总数的一半多；分支行占572家，也占全国的三分之一强。全国银行分布不平衡的状况，仅举这样一个例子，就可以得到充分的反映。而银行在各大城市的分布情况，可通过表2-8进行观察。

表2-8　九大城市银行数量统计表

城市	1925年	1934年	1936年	
			总行	分支行
上海	33	59	58	182
北京	23	2	3	56
天津	14	10	8	58

续 表

城市	1925年	1934年	1936年	
			总行	分支行
汉口	7	2	4	29
重庆	1	8	9	17
杭州	8	6	6	15
广州	1	6	6	16
青岛			3	20
南京			2	51
合计	87	93	99	386
其他	54	77	65	946
总计	141	170	164	1 332

资料来源：1925年、1934年的数字见吴承禧：《中国的银行》，商务印书馆1934年版，第12页。1936年的数字见《全国银行年鉴》(1936年)，第A16页。

根据表2-8,1936年时上海一地之银行总行即达58家，占全国银行总数的35%；分支行182处，占全国分支行总数的13.7%。如以上述九城市银行数量合计论，则总行达99家，占全国银行总数的61%，分支行386处，占全国分支行总数的29%。如以江浙二省所占的银行数量，再以土地人口所占的比例加以比较，这种不平衡的状况在表2-9中反映得就更为明显。

表2-9 全国银行分布比例表

地域	总行百分数		分支行百分数		人口百分数	土地百分数
	1936	1937	1936	1937		
江浙两省	59%	55%	36%	35%	16%	3%
其他各地	41%	45%	64%	65%	84%	97%
共计	100%	100%	100%	100%	100%	100%

资料来源：《全国银行年鉴》(1937年)，第A19页。

当时江浙二省人口约占全国人口的16%，土地面积约占全国土地面积的3%，但1936年时，这两省拥有的银行总行数占全国总行总数的59%，1937年占55%；分支行1936年占全国分支行总数的36%，1937年占35%；仅占全国土地3%和人口16%的江浙二省，其拥有的银行数量竟占如此大的比例，则当时中国银行业分布不平衡的状况，实在令人印象深刻。显然，这种现象与当时中国经济发展总体不平衡的状况密切相关，但是有一点我们应当注意，就是从1936年、1937年两年的统计数字看，这种不平衡的状况已开始略有一点改变，这种现象说明什么问题，值得进一步进行探讨。

以上主要是通过统计数字对两次世界大战期间尤其是1927年至1937年银行业发展演变的情况所作的一个大概的考察。从这些统计表来看，尽管这期间银行业的发展还存在不少问题，但中国银行业作为一种新型的金融机构，正处于一个快速的发展阶段则无可置疑。还在1925年即北洋政府统治的末期，中国华资银行的实力大体就能够与在华外资银行和中国钱庄业相抗衡，成为鼎足而三的一方[①]。1927年至1937年，中国银行业的快速发展与外资银行业的基本停滞和钱庄业的衰退更形成鲜明的对照。那么，导致这期间中国银行业快速发展的决定性因素是什么？这期间中国银行业的快速发展反映出什么问题？在前人对此的研究和回答中，还有没有关注不够或者遗漏的地方？提出这样一些问题并进一步深入探讨，无疑对深化认识这期间中国银行业的发展乃至这时期的中国社会有着明显的意义。

梳理已有的前人研究成果可以发现，在对这期间银行业的状况进行分析时，大部分都认为这时的快速发展是一种不正常的现象，是一种畸形的"繁荣"。例如，桑润生编著的《简明近代金融史》第110页就用

---

① 参见唐传泗、黄汉民：《试论1927年以前的中国银行业》，《中国近代经济史研究资料》第四辑，上海社会科学院出版社1985年版。

"中国银行业的畸形发展"作为这一节的标题。西南财经大学出版社1993年出版的高等院校金融类教材《中国金融史》在叙述这期间金融和银行业发展时,所用章节的标题是"第一次世界大战后中国金融业的迅速发展和战后的畸形发展"。中国金融出版社1985年出版的高等财经院校试用教材《中国近代金融史》,除在第168页用"银行业的畸形发展和倒闭风潮"作为标题外,还指出其畸形的原因为:"从1928年起,曾一度出现过银行的畸形发展。其主要原因是国民党政府滥发公债引起银行业的公债投机,以及从事房地产投机所形成的。"上海人民出版社1957年出版的张郁兰编写的《中国银行业发展史》,在第66页指出这期间银行业发展的原因是:"随着帝国主义经济侵略的加深和反映帝国主义矛盾的军阀混战的激烈化,一方面造成国民经济日益陷入破产的境地,另一方面造成都市金融的畸形'繁荣',银行业就在这个基础之上,依然干其投机业务而发展起来。"

上述这些研究成果,在分析这期间中国银行业快速发展的原因时,基本是从这期间内地农村破产、现金大量流向城市尤其是沿海大城市后导致城市游资增多;国民党政府成立后高折扣大数量滥发债券,银行从中获取丰厚利益;国民党政府形成金融垄断网,获取超额利润以及银行业从事房地产业投机获取利益等几个方面进行分析的[①]。应该说,这些分析从不同的侧面和角度触及了这期间中国银行业快速发展的某些要因,都有其符合事实的一面。但是,与此同时,我们也发现这些研究还存在共同的一个特点,即这些对银行业发展原因进行的研究,大体是从社会环境和外部条件出发进行的分析,对直接影响和涉及银行业发展的另外一些因素特别是内在因素却重视不够,例如,国民政府成立后经济金融政策是如何制定的,银行业快速发展在国民党政府统治期间

---

① 其中代表性的著作如张郁兰:《中国银行业发展史》,上海人民出版社1957年版;桑润生编著:《简明近代金融史》,立信会计出版社1995年版;《中国近代金融史》编写组:《中国近代金融史》,中国金融出版社1985年版等。

表现得特别突出与这些政策是否有关,这期间银行业自身出现了哪些变化,这些变化对银行业自身发展的状况有什么影响,这期间中国银行业的经营理念和经营方式有什么特点和变化等。也就是说,对直接涉及银行业制度和银行业内部变化等方面的因素探讨很少,这些方面的问题并没有引起研究者足够的重视。但是,这些因素不仅直接影响近代中国银行业的发展变化,而且与近代中国资本市场的发展也密切相关。因此可以说,过去在探讨银行业发展演变的因素时还留有空白,特别是在探讨银行业内在因素方面的空白还较多,这种状况势必导致研究结果不够全面甚至某些结论可能出现偏差。为此,这里针对这些制度因素和内在变化进行一些分析,目的是使我们对这段历史的了解,能够更为客观和全面。

二、影响银行业发展的制度和政策因素

美国新经济史学派的代表人物道格拉斯·C.诺思特别强调制度变迁对经济发展的作用,认为即使在技术没有发生变化的情形下,通过制度创新或变迁也能提高生产率和实现经济增长。他认为,尼德兰和英格兰地区之所以首先在西方世界兴起,是因为那里最早进行了产权结构方面的变革,从制度上激发和保护了经济领域内的创新活动,法兰西和西班牙没有做到这一点,因此它们才在竞争中失败并大大落伍了[①]。诺思所指的制度,并非"体制",而是经济学上的制度,"是一系列被制定出来的规则、守法程序和行为的道德伦理规范"[②]。不管我们是否同意他的看法,经济制度变革因素在经济发展中的作用确实应当给予足够的重视,特别是在一个社会变动剧烈的时期更是如此。

---

① 参见道格拉斯·诺思和罗伯特·托马斯:《西方世界的兴起》,厉以平、蔡磊译,华夏出版社1988年版;道格拉斯·诺思:《经济史中的结构和变迁》,陈郁、罗华平等译,上海人民出版社1997年版。

② 诺思:《经济史中的结构和变迁》,第225—226页。

如果我们拿此期的银行业与此前的银行业进行比较，我们会发现，1927年后的银行业与此前银行业的最大不同，是银行体制方面发生了相当大的变化。这些变化最直接的外在表现，是形成了以中央银行为首的国家银行和地方银行、专业银行等的不同银行组织体系（尽管这种组织体系仅仅是初步形成），以及一系列有关银行业法律法规的颁布和金融领域中的种种变动如币制改革等。导致这些变化的原因，又与南京国民政府的经济金融政策有直接的关系。

1. 经济金融政策的影响

经济金融政策对银行业发展的影响具有整体性和强制性的特点。这期间南京政府经济金融政策的后果之一，是直接推动形成了新的银行业组织体系。我们知道，银行作为一种金融组织形式，是近代中国人在与西方打交道后引进的一种与过去钱庄票号等传统中国金融组织不同的新型金融组织，中国人自己的银行从晚清末年开始兴办，到南京国民党政权成立之前的三十余年间，虽然在数量上已发展到几十家，但彼此之间并不成系统，也无特色，相互之间也很难说有分工和统属关系。也就是说，虽然有了银行，但还处于发展的起步和幼稚阶段。但是，我们看到，本时期这种情况有了相当的改变：一是形成了以中央银行为首的国家银行体系，与国际汇兑银行、地方银行、专业银行构成了上下左右的银行层次，初步形成了近代中国的银行体系；二是在银行的专业领域中初步建立了分工。尽管这些变化与规范意义上的银行组织体系的建立和专业分工的状况相比还有相当大的差距，但与此前相比，毕竟有了很大的不同。追溯其原因可知，这种状况与南京国民政府成立后的经济金融政策有直接的关系。

在江浙财团支持下建立起来的南京国民政府，与此前的北洋政府相比有很大的不同，特别是在抗战爆发前的这十年间，其资本主义色彩更为浓厚应该说是一个不争的事实。这个特点，在经济金融政策方面反映得更为明显。他们了解金融的重要性，也深知银行是掌控金融的关键。因此,国民党政权建立后,不久即召开的全国经济会议和全国财政会议的重要议题之一,就是从制度上对银行业进行宏观规划和改造。例如,在全国经济会议上提出的金融议案中,首先就强调银行对国家的重要性,把金融与国家的关系比喻为血液与人身体的关系,认为"金融之于国家,犹血液之于人身,未闻血液浑浊而人身壮健者也,未闻金融紊乱而国家富强者也"。指出,"方今国事渐平,训政肇始,整顿金融,自属亟不容缓之事",而"欲期整顿金融,先应规定银行制度,厘定统一币制,整顿纸币办法,斯为急务……"①

由于认定银行的"组织之健全与否,与金融之安稳有极大关系",因此会议形成决议,认为中国的银行制度应"分国家银行、地方银行及普通商业国际汇兑银行等"类型建立;认为"国家银行组织之健全,为整理金融之前提,其要点在经理国家之收支"。而建立地方银行,则是"因国家银行之设立,太半系在中心地点,不能不有地方银行辅助之"。针对普通商业银行当时已经"设立甚多"的情况,会议提出,"当特设条例以规定之"。至于国际汇兑银行,会议认为,应当"以雄厚之资本作汇兑之事业,免为外国银行所垄断"②。会议提交的议案中,对于国家银行和国际汇兑银行特别给予强调,认为"整理币制、改良圜法、统一财政及调济全国金融,均非有健全之国家银行不可"。至于国际汇兑银行,会议将其定位在掌控对外金融方面,认为"国际上关系当以贸易为最重要","非亟谋发展之道不可","而发展之方简洁言之,又非以提倡国际汇兑银行不为功"③。并从对外汇款、汇票贴现、对外借款和调节金银进出口等几个环节进一步阐述设立国际汇兑银行的理由。

会议还分别议决了国家银行案、地方银行案、国际汇兑银行案、储

---

① 全国经济会议秘书处编:《全国经济会议专刊》,上海商务印书馆1928年版,第175页。
② 同上书,第40页。
③ 同上书,第91、106—107页。

蓄银行条例草案、农工银行条例草案和银行条例草案等议案。在随后召开的全国财政会议上,财政部提出的"整理财政大纲"议案中,同样将改良银行制度置于突出地位,明确提出:"银行政策恒与全国金融息息相关",认为"今日为中国谋银行之发达,须行左列数事……"即组织中央银行、筹备汇业银行、提倡储蓄银行①。"确定银行制度"作为新政府经济政策的重要一环,紧接着被纳入会议制定的《财政部十七年度财政施行大纲》中推行,具体规定是:"甲、组织国家银行以代理国库、发行钞币、整理金融为唯一任务。乙、筹备汇业银行以为国内外汇款划抵周转之枢纽。丙、筹设农工银行以发展农工事业。"②

应当注意的是,这是中国历史上第一次以国家权力对银行体系——这个近代中国社会中新式金融组织的发展进行整体规划和改造,对当时中国银行业发展的规范和作用不可忽视,对近代中国资本市场的建立和发展的意义更是具有重要作用。此后,作为国家银行的中央银行于1928年11月成立,资本金2 000万元,1935年增加到1亿元,全属官股,由财政部发行公债抵充,享有经理国库、铸发国币、经理内外债和管理其他银行存放款等权利。同时将中国银行和交通银行分别改组为国际汇兑银行和实业银行,1935年又进一步增加官股,分别取得中国银行和交通银行50%和55%的股权。同年将1933年设立的豫鄂皖赣四省农民银行改组为中国农民银行。此外还于1930年成立了邮政储金汇业局,专营储蓄汇兑。1934年成立了中央信托局,控制各种出口物资的收购业务和经办信托保险业务。这样就完成了对国家银行体系的建立和改造。其他银行的分类和规划,也没有脱离这两次会议的思路和框架。而且,由于被赋予掌控对内对外的金融功能,国家银行和国

---

① 详见《整理财政大纲案》,全国财政会议秘书处编:《全国财政会议汇编》,上海大东书局1928年版,审查报告一,第18页。
② 《财政部十七年度财政施行大纲》,全国财政会议秘书处编:《全国财政会议汇编》,第二类,第4页。

际汇兑银行始终占有特殊的位置。

可以说,对于银行体系的规划和设置,是本时期银行制度变化的一大特点。并且,这种对银行制度的干预和规划,并非一时一事的权宜之计,而是贯穿于整个南京政府时期。除上述提到的种种内容外,1935年,国民党政府还由财政部出面推出了一个"银行整理大纲",并把整理银行的步骤设定为三段:"第一段,先确立银行之性质,将现存银行加以区分;第二段,平均经济保管权限,使资金不致全部集中都市;第三段,实行联立政策,使银行业规率化合理化。"此后,至1937年抗战全面爆发前约两年的这段时期内,这个大纲已经在逐步推行。如"关于第二项。各银行之纷在内地设立分支行,已可证明其趋势,而苏浙各地之先后设立县乡银行,尤为此种政策之结果"。第三项"联立制度"是"为实行(银行)合并政策"而采取的"初步之折衷办法",实行的目的是要使"银行的资本增加、势力雄厚",是使"支出亦可减少"的措施。换言之,这是对1935年金融危机采取的一种应对办法。"自廿五年七月后,其合并方法与助长计划已在逐渐发动","廿五年江浙商业储蓄银行之并于中汇银行,廿六年太平银行之并于国华银行;川康殖业银行、重庆平民银行、四川商业银行合并为川康平民商业银行;广东实业银行、丝业银行之并于广东省银行","乃其先导也"[①]。显然,在抗战爆发前,国民党政权对银行业的规划、改造和控制,一直没有停止。

考察本时期国民政府的一系列经济金融政策,其导致的直接后果之一,就是政府对金融业尤其是银行业的控制能力明显加强。截至抗战前,中国银行业的资本总额"共达四万一千二百八十五万余元,其中由中央政府、地方政府独资经营,及由政府与民间共同出资者,已超过两万五千万元以上,约占全国银行总资本额之大半。足证近年我国政

---

① 沈雷春编:《中国金融年鉴》,1939年版,台湾文海出版社1979年影印本,第107、116页。

府,对于为金融机关中枢之银行业,颇有控制之实力"①。

在学术界对近代中国金融业的研究中,有不少人对南京国民政府统治时期的经济金融政策提出批评。其中,尤以对以"四行二局"为中心的金融垄断体制提出的批评为多。笔者认为,对于这时期国民政府的经济金融政策,不应采取简单化的方式进行评价,我们在同意其对民族资本银行业的发展有一定压制作用,有利于实现国民党一党一府独裁统治的同时,也应当看到国民政府的经济金融政策对我国近代银行体系的制定和建立,对这时期整个中国银行业的规划和发展都有一定的推动作用。实际上,成立以中央银行为首的国家银行体制,符合当时银行业发展的国际潮流,设立后,其作用也并非都是负面的。例如,如无这时期国家银行体系的建立和对银行业的整体规划,中国银行业不可能在短短的时期里脱离发展的幼稚期而成为"重要的发展阶段"。同时,这期间金融业中的重大变化,如20世纪30年代在金融史上占有重要地位的两次币制改革,即统一货币的废两改元和以纸币取代金属货币的法币改革,如无国家银行体系的建立和货币发行权的集中,在实施的过程中也将会遭遇更多的艰难且路程更为漫长。

2. 银行业法律法规的变化

在分析这时期银行业的演变时,还应当特别关注银行业法律法规的变化状况。因为,银行业法律法规既是国家经济金融政策作用于银行业的直接反映,同时也是银行业内在变化的直接体现,更关乎近代中国资本市场的建立和发展。这时期制定颁布的银行法律法规数量较多,但居于中心地位的法律是1931年颁布的《银行法》。它与1908年颁布的《银行通行则例》和1924年颁布的《银行通行法》,共同构成近代中国银行业法律法规演变的三个阶段。也就是说,从银行法律法规内容变化的这一侧面,我们可以探索到晚清、北洋和南京政府时期中国银行

---

① 沈雷春编:《中国金融年鉴》,1939年版,第114页。

业演变的某些轨迹和这期间中国银行业快速发展的原因①。

1931年颁布的《银行法》共51条,与1908年《银行通行则例》的15条、1924年《银行通行法》的24条相比,在数量方面首先有了明显增加。据主持制定《银行法》的著名学者马寅初介绍,他是从七个方面确定这部《银行法》的立法原则的,即:(1)营业范围的确定;(2)银行资本的充实;(3)稳健的经营;(4)保护储户的利益;(5)监督调剂银行业;(6)防遏不当的竞争;(7)谋取银行的改善和进步②。因此,这部《银行法》的很多内容,尤其是在覆盖范围、监督内容及手段等方面,与过去相比,都有了更加具体明确的规定。

除此之外,明显的变化还表现在以下几方面:(1)组织。《银行法》一改前此两个银行法组织范围包罗万象的做法,明确规定,银行应为公司组织。具体形式可分为股份有限公司、两合公司、股份两合公司和无限公司四种。同时规定,凡创办银行须注册者,应先订立章程,载明银行名称、组织、总行所在地、资本总额、营业范围、存立年限、创办人的姓名住所等,如系招股设立的银行,还应订立招股章程,呈请财政部核准才得招募资本。(2)资本。《银行法》规定,股份有限公司、两合公司、股份两合公司组织的银行,其资本额至少须达50万元。无限责任公司组织的银行至少须达20万元。同时规定,股份有限公司的股东及两合公司、股份两合公司的有限责任股东,应负所认股额加倍的责任。

摈弃独资、合名和合资的组织方式,明确规定银行必须是公司组织以及规定银行开办的最低资本额,显然是从规范银行业发展的角度提出的,体现了规则制定者"谋取银行的改善和进步"以及"图银行资本充实"的意图。如果说这种规定与过去相比只是在内容上更进一步,更严格、明晰的话,以下条文的规定,却是以往的银行法中没有出现过的新

---

① 这三部银行法可参见《全国银行年鉴》(1934年)第五章"银行法规"部分。
② 《普通银行法草案具体说明》,《马寅初经济论文集》第一集,商务印书馆1932年版。

内容,更值得关注。

《银行法》第十四条规定:"无限责任组织之银行应于其出资总额外,照实收资本缴纳百分之二十现金为保证金存储中央银行。前项保证金在实收资本总额超过五十万元以上时其超过之部分得按百分之十缴纳,以达到三十万元为限。前二项之保证金非呈请财政部核准不得提取。"第十六条规定:"有限责任组织之银行于每届分派盈余时,应先提出十分之一为公积金,但公积金已达资本总额一倍者不在此限。"第三十四条规定:"银行对于任何个人或法人团体、非法人团体之放款总额,不得超过其实收之资本及公积金百分之十。但有左列情形之一者不在此限:一,超过部分之债务有各种实业上之稳当票据为担保者;二,超过部分之债务附有确实且易于处分之担保品者。"①也就是说,在没有抵押的情况下,银行的放款总额不能超过实收资本及公积金的百分之十。

我们知道,钱庄、票号等传统中国金融组织的经营习惯,或者可以说是中国悠久商事习惯的特点,一是每年获利都分给股东,不作公积金积累;二是讲究商业传统,重视对人的信用,表现在经营上就是重视信用放款,不重视抵押贷款。应该说,这种习惯长期行之有效,但它适应交往相对简单、规模有限的农业社会,是农业社会的产物。而银行是西方引进的制度,是工业化时代的产物,讲究的是对物不对人,因此注重抵押贷款;讲究的是扩大再生产,因此注重公积金的积累。《银行法》的制定者把抵押贷款和公积金积累的规定纳入法律之中,用条款作出明确规定,显然已经有了明显的进步。而且,制定者还因为有中西方习惯上的差异,因此在规定中照顾到商业习惯而划出了一定的非抵押放款百分比,这显然是考虑到国情不同而采取的一种因应措施。无论如何,这种规定是对过去金融传统在制度上的一种突破,是一种创新,对这期

---

① 《全国银行年鉴》(1934年),第五章,第E3—E5页。

间银行业的稳定和实力的增强显然有积极的作用。

3. 银行业理论的普及与银行业的发展

在分析近代中国银行业的发展和银行制度变革的因素时，社会上对银行理论、银行制度引进、介绍和讨论的作用常常被忽视，实际上，这种理论和舆论方面的准备，对推动银行业在社会上的普及和银行制度建设方面的作用不应低估。

西方银行理论自晚清开始传入中国，至北洋政府时期有了新的发展，国民政府建立后由于十分重视金融银行，同时也由于中国资本主义工商业有了一定程度的发展，市场扩大、商品流通增长，对资金信贷的需求大大增加，钱庄等旧式金融机构由于自身体制的缺陷无法满足新兴产业对资本的巨量需求等原因，客观上造成了中国银行业发展的良机，也从理论上增强了了解银行业的需求。这段时期，理论界、银行界除引进介绍许多西方银行的理论外，也出现许多针对中国银行制度如中央银行制度问题、银行专业化问题、省县和地方银行建设等问题的讨论，这些讨论反过来又推进了社会对银行体制、组织、类型等的认识和接受，从理论上为这时期银行业的发展奠定了基础。

据统计，北洋政府时期共出版了 18 部银行学著作，国民政府时期则出版了 42 部。其中翻译欧美名著 15 部，国人自撰 27 部，1937 年前的十年中出版的占绝大部分。这时期理论和银行界对银行理论和制度建设的注意力集中在两个方面，一是注意翻译、介绍欧美的银行名著，如童致桢译自柯谋的《美国联邦准备银行制度》(1930 年)、李达理译自甘奈·马键的《欧美银行制度》(1934 年)、上海银行调查部经理资耀华编著的《英美银行制度及其银行业之现状》(1936 年)以及北京大学教授刘冠英编著的《现代银行制度》(1937 年)等。另一个是苏联的金融政策、理论和银行制度的著作也被翻译介绍过来。苏联的银行理论和银行制度在中国的传播，开阔了中国人的视野，使国人在探讨银行体制的构建时，不再仅仅拘泥于从欧、美、日等西方国家的银行理论中寻找理论根据,而是将世界银行制度分为资本主义的自由银行制度和社会主义的计划银行制度两种类型,并从这两种类型的对比分析中讨论中国银行体制的弃与取。不少人还得出结论,认为这两种银行制度均存在缺陷,中国不能照搬任何一种类型的银行制度,而应建立适合中国国情和经济制度特点的银行制度。马寅初、吴其祥、吴承禧、崔晓岑等人还对中国自清末以来建立的银行制度进行了检讨,揭示其存在的问题和发生的原因,提出了自己对中国银行建设的看法①。

当然,这时期中国银行业的发展,最终以国民党"四行二局"垄断金融体制的建立而结束,但我们切不可忽视此前理论界、银行界对西方、苏联银行理论和制度的引进、介绍及讨论,以及在此基础上对创建适合中国国情银行制度的探讨和追求。正是这些努力,或直接或间接地奠定了中国近代银行业发展的基础,推动了这期间中国银行业的快速发展。

三、银行业内在因素的变化与银行业的发展

第二次世界大战爆发之前国际经济形势的诸种变化,加上中国民族资本主义工商企业的快速发展,客观上给中国银行业的发展提供了难得的机遇。但是,事物发展变化的规律往往就是这样,外在的条件和环境再好,也需要有内在因素的呼应和配合,否则难以获得好的效果或取得成功。

从内在因素的角度分析 1937 年前的中国银行业,可以发现有几个值得重视的特点,而这些特点对于这期间中国银行业的发展演进,具有相当明显的影响,而且这些特点带有明显的中国社会特色,可以说是特定时期的特定产物。

一支由本国人组成的、数目可观并掌握现代西方银行制度、经营和

---

① 参见程霖:《中国近代银行制度建设思想研究》,上海财经大学出版社 1999 年版,第 123 页。

管理方式的银行家队伍初步形成,可以说是这时期中国银行业内在因素中最大的变化和其他变化的基础。仅仅在 40 年前,当中国第一家银行——中国通商银行成立时,当时的现状是,中国人对西方银行了解还不多,对怎样管理和经营新式银行更是一知半解,因此,无论在章程还是用人办事上,都是以英国在华的汇丰银行为样板。1896 年盛宣怀在向清朝政府上奏申办通商银行时,他就明确声明:"银行用人办事,悉以汇丰章程为准则。"通商银行成立时,在其制定的章程中也公开表示:"本银行奏明,用人办事悉以汇丰为准。"也因此,"京城及通商大口岸均用西人为大班,生意出入银钱均归大班主政……"通商银行在上海总行的大班就是"延定英人美德伦"担任①。可以想见,之所以用高薪延聘外国人②,还要将银行经营大权拱手相让,实在是因为缺乏具有专业银行知识的人才不得已而为之的举措。这种"华人不知务此"③,"务此"又无人材的尴尬局面,经过多方努力,在 20 世纪 30 年代抗日战争全面爆发前已有了明显改观。如前所述,这时,中国自己的银行已从 1 家发展到 164 家,在这些中国自己的银行企业中,一批年轻的中国银行家已成长起来。据统计,在近代银行界崭露头角的 110 名银行家中,出生于 1880 年以后的有 73 人。这些银行家中,多数受过高等教育,还有 48 人有留学海外经历④,系统接受过西方经济学、财政学、商学和货币银行学等现代专业训练,其中不乏获得学士、硕士乃至博士学位之人⑤。被誉为银

---

① 见陈旭麓、顾廷龙、汪熙主编:《中国通商银行——盛宣怀档案资料选辑之五》,上海人民出版社 2000 年版,第 4、49、50 页。

② 在通商银行与美德伦签订的合同中规定,美德伦每年的薪金为规银九千两,两年后可涨到一万二千两。见陈旭麓、顾廷龙、汪熙主编:《中国通商银行——盛宣怀档案资料选辑之五》,第 52 页。

③ 盛宣怀语,见陈旭麓、顾廷龙、汪熙主编:《中国通商银行——盛宣怀档案资料选辑之五》,第 3 页。

④ 徐矛、顾关林、姜天鹰主编:《中国十银行家》,上海人民出版社 1997 年版,第 3 页。

⑤ 见徐矛、顾关林、姜天鹰主编:《中国十银行家》,上海人民出版社 1997 年版。在该书"附录"中,附有 100 位银行家小传,加上书中的 10 位共 110 位。

行界"四大名旦"的张嘉璈、陈光甫、李铭和钱新之,都是海外归来的留学生。这些人除了年轻、受过西方现代教育、掌握西方现代金融银行知识以外,还不乏立志支持民族工商业发展、与外商争夺市场的有识之士。他们期望以金融资本为核心,结合工矿业、航运、商业等产业,形成大的金融资本集团,走富国强民之路。这些人既有远大的抱负和开拓精神,又有民族感情和爱国情怀,再加上熟悉国情民风和中国文化,能够在掌握西方现代金融知识的基础上,根据中国的国情文化对银行的经营管理进行变通和改进。他们的知识结构和经营理念,具有这个特定时代的特定痕迹,因此使得这时期中国银行业的整体素质与此前相比有了明显提高。可以说,这是这时期中国银行业能够快速发展不可或缺的前提条件之一。

近代中国银行业整体内在素质的提高,必然在其经营文化和经营理念上得到体现,这也使此期的中国银行业表现出与在华外商银行和传统中国金融机构不同的特色,很值得我们注意和总结。

例如,他们提出了前所未有的提倡服务社会的经营理念。这时期中国银行业的特点之一,就是提出了服务社会的口号,他们把服务社会、服务对象民众化作为自己银行经营的定位。如新华信托储蓄银行的总经理王志莘认为,"凡储蓄信托一切业务所以运用之者,皆当以平民为目标"[①]。上海商业储蓄银行总经理陈光甫多次强调该行的宗旨是"服务社会"。他认为,"本行以社会民众为立场,今日有此地位,是社会民众所赐予,换言之,吾人衣食所需,开支所出,亦为社会民众所赐予……"[②]因此他给上海商业储蓄银行定的行训是"服务社会,辅助工商实业,发展国际贸易"[③]。金城银行总处则在致津、京、沪行的函件中告

---

① 转引自程霖:《中国近代银行制度建设思想研究》,上海财经大学出版社1999年版,第196页。
② 上海商业储蓄银行编印:《陈光甫先生言论集》,1949年版,第103页。
③ 中国人民银行上海市分行编:《上海商业储蓄银行史料》,上海人民出版社1990年版,第58页。

诚:"近来银行开设日多,对于顾客莫不力图便利,以广招徕。我行业务现尚未臻繁盛,亟应从各方面努力进行,以求发展。便利顾客一端,尤属不可忽视……"①把顾客看成衣食父母,把服务社会作为银行经营宗旨的提法,是在华外商银行和中国传统金融业都没有也不可能提出的口号。这种口号由近代中国银行家的口中提出,与他们所受的教育和所处的时代环境有紧密的关系,也与第一次世界大战前中国"银行钱庄,在经济上绝无势力,均仰鼻息于外国银行",而在华"外国银行及其买办之骄人气焰,实难向迩"有关。这一点,陈光甫的经历就很有代表性。他在留美归国创办上海商业储蓄银行之前,任职于江苏银行,"苟至汇丰汇款,必从后门进内,欲见买办固所不能,即欲见帐房亦不可得……十时即往伺候,须至四五时方得办妥"。这种经历,使他痛感"上海之金融势力,实无华人立足之地位"。因此,1915年他在创办上海商业储蓄银行时,便立志改变这种状况,"于是时提倡服务社会之宗旨,凡事不专以牟利为前提,而必须以代人服务为目的……我行之提倡服务,实开风气之先……"由于这种经营理念得到社会的广泛欢迎,上海商业储蓄银行也取得很好的业绩回报。因此,这种经营理念不仅在中国银行业中迅速得到响应和效仿,而且扩展至其他行业,"不特银行均以服务为标榜,即香烟厂亦以服务为号召,无论大小商店无不以服务为言,甚至学校政界亦言服务矣"②。

其次,在经营方针上,根据"服务社会"的经营理念和中国社会实际,他们实行与外商在华银行和传统金融机构钱庄不同的经营措施。措施之一,是将目光聚焦在分散的社会闲散资金哪怕是点滴资金上。为此,他们推出创新的"一元储蓄"方式,大力吸收社会零散资金。提倡存款哪怕是点滴资金的存款,遂成为这时期中国金融业经营中前所未

---

① 中国人民银行上海市分行金融研究室编:《金城银行史料》,上海人民出版社1983年版,第124页。

② 上海商业储蓄银行编印:《陈光甫先生言论集》,第138—139页。

有的特色之一。中国传统的金融机构钱庄,特点之一是轻视吸收平民存款尤其是社会中的零散资金,在华外商银行也不屑进行这方面的业务,这就给新兴的中国银行业留下了发展的余地和空间。银行这种金融组织的行业特点之一,是支付利息,将分散的社会资金集中起来,再加上贷款利率贷放出去,赚取存贷之间的差价。因此,如何吸收存款和是否能吸收到存款,是银行业能否存在和发展的首要条件。眼光对准传统钱庄和在华外商都不注意的社会民众,努力吸收社会游资特别是广大平民的小额资金,提倡储蓄,不仅成为这时期中国银行业服务社会的重要内容,而且成为中国银行业获取利润获得发展的重要途径。

"一元开户"在当时是一项振聋发聩的举措,首创者是第一家私营信成银行。一开始此举曾被外商银行和中国钱庄嘲笑,也不被国人理解。上海商业储蓄银行就遭遇过"某地钱庄以100元来索开储蓄折100扣以事讥讽"之事。但因社会反响良好,这一举措在众多华商银行中迅速得到响应和普及,"不数年,同业均依照办理,成为通常之惯例"。金城银行还到冯玉祥的军队中去开办军人储蓄,一元起存,"吸收存款约五十万元左右"[①]。为鼓励储蓄,上海商业储蓄银行特意"添制储蓄盒分发储户","即未满一元者,亦可领用储蓄盒,逐日将可储蓄之铜元银毫积贮其中,得有成数即送交本行收入折内",并将此种办法"多方宣传,使民众了解储蓄之功效,鼓舞储蓄之兴趣"[②]。为宣传储蓄,金城银行也"印了宣传的小本子到公园或戏院去散发,以为提倡"[③]。这时期中国银行业还开办了形形色色的储蓄品种,如零存整取、整存零取、存本付息、教育储蓄、婴孩储蓄、婚丧嫁娶礼券储蓄等。上海商业储蓄银行还到大中学校去开办学生储蓄。另外,这些银行还代收牛奶费、水电费、学费等,想尽办法设立了各种灵活方便的储蓄品种和服务种类,其中不少都

---

①③ 《金城银行史料》,第146页。
② 《上海商业储蓄银行史料》,第111页。

是首创。

此外,他们还打破过去银元存款不给息的惯例①,通过建立和加强与洋商大户及国外银行的联系发展国内外汇兑业务等,为自身成长发展开辟道路。为规避经营风险,在经营中厚提公积以及实行高额准备的华商银行也不在少数。

中国银行业实行的这些举措,有很多不同于在华外商银行和传统中国金融机构,使人耳目一新,也使得中国银行业的储蓄存款额得以持续上升,实力不断壮大。如上海商业储蓄银行1915年成立时资本总额仅10万元,实收不过8万余元,1927年存款即达3132万余元,1936年更达16901万余元,是同期资本金500万元的33倍多②。

四、国家银行垄断资本的形成

在1937年抗战全面爆发前,近代中国银行业发展演变中还有一个重要的变化或者说是转折,这就是南京政府时期以国家资本银行建立为中心的金融垄断资本的形成。而这种国家资本为中心的垄断资本对近代中国资本市场的直接与间接影响,同样不能忽视。

国民政府建立和扩张国家银行垄断资本,是通过筹组中央银行,确立中央银行、中国银行、交通银行和中国农民银行以及中央信托局、邮政储金汇业局的"四行二局"国家银行体系来实现的。国民政府中央银行的产生,经历了一个筹划、实施和变化的过程。

建立中央银行,通过中央银行驾驭和支配全国金融,是孙中山和国民党的一贯主张。1913年拟定的《国民党政见宣言》即明确指出要建立

---

① 过去商业惯例,存款一般按规元记账,不按银元收受存款,钱庄即使在"迫于事实需要及顾客情面,有时亦收受银元存款"时,经同业公议,也"不能计给利息",且"牢守旧例,不肯改变"。上海商业储蓄银行为吸收存款,首开规元和银元均可开户的方法,并且银元存款也给利息,"银元付息,本行实开其端"。且上海商业储蓄银行实行以后"无一家银行有对银元存款不给息之说"。上述引文均见《上海商业储蓄银行史料》,第95、96页。

② 《上海商业储蓄银行史料》,第701页统计表6。

"规模宏大之中央银行",并"集中纸币发行权于中央银行",使之"有支配全国金融界之能力"①。从1924年开始,孙中山和国民党政权先后三次改组中央银行。

1924年,孙中山即在广州首创中央银行。

1926年9—10月,北伐军攻克武汉三镇,12月,国民政府在汉口开始第二次筹建中央银行。该行暂行组织法规定,银行业务由武汉政治分会、财政委员会监督指挥。武汉国民政府财政部以湖北官钱局产业担保发行公债,以公债转向汉口各商业银行抵借现钞316.8万元,作为该行资金。1927年1月20日,中央银行汉口分行开业。该行代理国库、省库,发行印有"汉口"字样的一元、五元、十元、五十元、一百元等五种兑换券。开业之初,银行存贷活跃,信誉良好。一季度共存现洋四百八九十万元,兑换券可随时兑换现洋,"十万元以上之数,立即照兑。故中央钞票销数骤加,而兑现者,反日见寥寥"。但到4月,武汉国民政府为应付非常开支,封存各行现金,停止兑现,只准中央、中国、交通三家银行的纸币流通,其他银行纸币一律禁用,同时增发纸币,6月又代理发行国库券1 339万元,导致市面纸币充斥,价值低落,银行信誉陡降。

7月武汉国民政府迁往南京,宁汉合流,情况日坏。到9月23日,银行库存仅剩35 262元。后筹款200余万元,收兑中央、中国、交通三行汉钞,但实际仅兑出51万余元,其余均被财政委员会陆续提用。9月24日,唐生智下令汉口中央银行停业,由民政厅长进行整理,企图借此为军队筹款。11月12日,唐生智第四集团军将银行库存抢劫一空,整理中止,亦无法继续营业。11月24日,湖北省政府指派金庸、胡忠民为央行保管员,会同该行经理南夔办理结束保管事宜。同时,南京国民政府财政部委派黄肇基为汉口中央银行行长,到行接收。

---

① 《国父全集》,台北1973年版,第80页。

到1927年11月底,汉口中央银行共发行兑换券19 633 728元,但并无现金准备及保证准备;往来透支共37 588 942.39元,其中财政部透支36 648 031.89元。该行资产负债表内,现金多系纸币,银行信用基础已经动摇,难以继续维持。据此,黄肇基向南京国民政府提出三项整理和补救办法:一是以武汉三镇房捐在两个月内将该行钞票回收;二是鄂省征收机关搭收该行钞票;三是筹集现款百万元,进行整理。但南京政府已决定放弃,对此未有理会,汉口中央银行无形中结束[①]。

鉴于中央银行在控制全国金融、财政,筹措款项,巩固国家政权上的极端重要地位,南京国民政府一成立,即将筹组中央银行作为头等大事。在筹划过程中,国民政府曾试图通过某种捷径成立中央银行,先是准备整理和接收汉口中央银行,但该行被抢劫一空,资不抵债,只得作罢;继而欲将中国银行改组为中央银行,但又遭该行激烈反对;最后才决定另起炉灶,筹建中央银行。

在1928年6月召开的全国经济会议上,筹组中央银行、建立国家银行体系被正式提上日程。会议分别议决了国家银行案、地方银行案、国际汇兑银行案、储蓄银行条例草案、农工银行条例草案和银行条例草案等议案。在随后召开的全国财政会议上,财政部草拟的"整理财政大纲"议案提出:必须着手组织中央银行,筹备汇业银行,提倡储蓄银行[②]。随后被纳入会议制定的《财政部十七年度财政施行大纲》,将"确定银行制度"作为政府经济政策的重要一环,具体措施和步骤有三:一是组织国家银行以代理国库、发行钞币、整理金融为唯一任务;二是筹备汇业银行以为国内外汇款划抵周转之枢纽;三是筹设农工银行以发展农工事业[③]。

---

① 参见《武汉市志·金融志》,武汉大学出版社1989年版,第84—86页。
② 全国财政会议秘书处编:《全国财政会议汇编》,审查报告一,上海大东书局1928年版,第18页。
③ 全国财政会议秘书处编:《全国财政会议汇编》,第二类,第4页。

1928年10月5日，国民政府颁布《中央银行条例》20条，宣布中央银行为国家银行，由国民政府设置经营，资本总额国币2 000万元，"由国库一次拨足"。中央银行享有下列特权：（一）发行兑换券；（二）铸造及发行国币；（三）经理国库；（四）募集或经理国内外公债。同时，中央银行还得以进行以下七项业务：经理国库证券及商业票据之买卖、贴现或重贴现；办理汇兑及发行期票；买卖生金银及各国货币；收受各项存款并代人保管证券、票据、契约及其他贵重物品；以金银货及生金银作担保品举行借款；代理收解各种款项；以财政部发行或保证之证券作担保品举行活期或定期借款①。

1928年11月1日，中央银行在上海正式开业。财政部长兼中央银行总裁宋子文在中央银行开幕词中宣称："创设中央银行的目的有三：统一国家的币制；统一全国之金库；调济国内之金融。"②

在设立中央银行的过程中，国民政府对中国银行和交通银行改组，将其纳入政府控制的工作也在同时进行。

中国银行是当时国内最大的银行，与交通银行实际承担了国家银行的职能，具有代理国库、经理和募集公债、发行钞票、铸造银币等职权。交通银行则同时还经理交通部所属轮、路、邮、电四政的收支款项。由于中国、交通两行历史悠久、信用卓著，在国内金融界和企业界享有很高的声望，在国民经济中具有举足轻重的地位，南京国民政府成立后即对其怀有兼并之心。宋子文曾提议将中国银行改为"中央银行"，因遭到中国银行反对而作罢，但染指中国银行和交通银行的企图并未放弃，具体措施是采取加入"官股"的方式进行渗透并逐步控制。1928年10月26日和11月16日，国民政府相继颁布《中国银行条例》和《交通银行条例》，宣布对两行实行改组，将中国银行定为国际汇兑银行，交通

---

① 财政部财政科学研究所与中国第二历史档案馆编：《国民政府财政金融税收档案史料(1927—1937年)》，中国财政经济出版社1997年版，第454页。

② 《中央银行开幕志要》，《银行月刊》8卷11号。

银行定为发展全国实业之银行。中国银行资本总额定为 2 500 万元,其中加入官股 500 万元;交通银行资本总额定为 1 000 万元,其中加入官股 200 万元,均由商办转为官商合办。

两行改组后,总行迁往上海,财政部指派李铭为中国银行董事长,张嘉璈为总经理;卢学溥为交通银行董事长,总经理原拟由唐寿民充任,后因银行界钱新之等人力荐,经蒋介石同意,由董事会推选胡祖同担任。胡原为交通银行上海分行经理,曾使该行在政治变革中保持一定的独立性,任总经理后,交通银行朝商业银行发展,实力明显增强,1928—1932 年间,存款和发钞数额均大大超过中央银行。为了加强对交通银行的控制,1933 年 4 月,国民政府再次对该行进行改组,终由唐寿民取代胡祖同,充任总经理。并撤销上海分行,并入总行,又增设总行业务部和发行部,由唐兼业务部经理。唐系宋子文亲信,自中央银行成立,即为该行董事及经理。唐接管交通银行后,该行成为经理政府债券的重要机构,国民政府对交通银行的控制也大为加强[1]。不过,由于两行中的官股比重不大,董事会中官方代表不多,国民政府实际并没有完全掌握两行的控制权。

国民政府因财政异常拮据,凡有用项,每多仰赖中央、中国、交通三行。尤其是 1933 年 11 月孔祥熙继宋子文任财政部长后,"每月筹款,弥补收支不足,必须向中央、中国、交通三行通融借款"。中央银行虽在财政部的掌握中,但"实力较逊",而中国银行"实力虽丰,惟不能事事听命,取求如意"[2]。在这种情况下,扩充中央银行,完全控制中国、交通两行,是南京政府解决财政问题的前提。

1935 年,国外银价高涨,国内金融枯竭,实行币制改革是摆脱金融

---

[1] 参见许涤新、吴承明主编:《中国资本主义发展史》第三卷,人民出版社 1993 年版,第 80 页。

[2] 姚崧龄编著:《张公权先生年谱初稿》上册,台湾传记文学社出版社 1982 年版,第 140 页。

和市场危机的唯一出路。而欲使改革顺利推行,"必须先置中央、中国、交通三行,于财政部直辖之下"①。于是,国民政府通过扩充中央银行资本,增加中国、交通两行官股的措施,大大增强了中央银行的实力,并完全控制了中国银行和交通银行,国家金融体系由此得以初步确立。

1935年3月,国民政府未与中国银行和交通银行的商股股东商量,也未同中国银行的总经理张嘉璈通气,即以救济国内金融为名,发行金融公债1亿元,用来增加中央银行资本和中国、交通两行官股,以实现政府对银行的控制。其中中国银行现有资本2 500万元,内政府官股500万元,再增官股2 500万元,合计5 000万元,内官股3 000万元,商股2 000万元,后应中国银行请求,将新增官股减为1 500万元,连原有官股500万元一起,"俾官商股本各为2 000万元"②。交通银行现有资本1 000万元,内政府官股200万元,再增官股1 000万元③,合计2 000万元,内官股1 200万元,商股800万元。同时对中国银行架构、人事进行大规模调整,中国银行原任董事长李铭及总经理张嘉璈辞职,财政部派宋子文为董事长,由宋子文聘请宋汉章为总经理④;又改总经理制为董事长制,总经理秉承董事长之命办事。交通银行因1933年已作重大改组,原董事长胡笔江(1932年改派)、总经理唐寿民继续留任。

至此,中国银行和交通银行的改组工程,即国家资本化工程全部完成,两行同中央银行一样,成为国民政府国家银行体系的重要组成部分。

国民政府在完成对中国、交通两行改组的同时,又扩充成立了中国农民银行。中国农民银行的前身是"豫鄂皖赣四省农民银行"。1932年

---

① 姚崧龄编著:《张公权先生年谱初稿》上册,第140页。
② 《国民政府财政金融税收档案史料(1927—1937年)》,中国财政经济出版社1997年版,第508页。
③ 同上书,第473页。
④ 姚崧龄:《中国银行二十四年发展史》,台湾传记文学出版社1976年版,第195页。

6月,蒋介石自任"豫鄂皖三省剿匪总司令",对苏区开始发动第四次军事"围剿"。为了筹措军费和在"围剿"中推行"三分军事,七分政治"的反革命策略,蒋介石在"剿总"设立"农村金融救济处",以郭外峰为处长,1933年4月1日正式成立豫鄂皖赣四省农民银行,以郭外峰为总经理,额定资本750万元,实收250万元,由鸦片烟税拨充。总行设于汉口,另设汉口分行办理业务。该行虽以豫鄂皖赣四省地方政府的名义筹办,实际上直接控制在蒋介石手中,最主要的任务是为蒋介石筹措"剿共"军费和其他军需物资;为军队代购军粮,代垫军费。根据蒋介石"围剿"的需要,该行甚至提出"军队开到哪里,机构设到哪里"的口号[①],完全成了蒋介石的"随军银行"。

豫鄂皖赣四省农民银行成立后的头件大事是发行纸钞,且其数额随"剿共"军费的增加而不断扩大,1933年上期为74万元,下期增至200.8万元;1934年上期复增至338.34万元,下期达560.34万元。又于1934年1月同湖北省银行合组两行公库,以湖北省行名义发行兑换券,历时11个月。同时,该行还是经理鸦片税的总账房。按照蒋介石的指令,两湖禁烟机构被改组为"军事委员会禁烟督察处",专征烟税,所得税款统统以"特税"科目存入该行。并招揽军政存款,此项存款约占存款总额的80%。该行作为"农民银行",为了装潢门面,成立初期也曾派员赴武昌、汉阳、黄陂三县指导信用合作社组建工作,并给予少量贷款。另外,该行除支持地主富户、土豪劣绅开办典当外,还自办抵押贷款所(简称"农贷所"),实际上是市民、农民抵押衣物的场所,其经营方式、抵押品内容与旧式典当无二[②]。

1934年7月,中国工农红军组建北上抗日先遣队,开始突围西征;10月,中央红军撤离中央苏区,实施战略大转移,开始长征。蒋介石等

---

① 《武汉市志·金融志》,武汉大学出版社1989年版,第87页。
② 同上书,第86—87页。

对红军围追堵截,军事活动范围扩大。豫鄂皖赣四省农民银行根据"军队开到哪里,机构设到哪里"的经营方针,营业区域大幅扩展。1935年春,该行陆续设立分行15处、支行4处,办事处、分理处及农贷所数十处,大大超出了鄂豫皖赣四省范围,银行名实不符。同时,蒋介石因调集全国军队大范围追"剿"红军,军费开支大幅增加,四省农民银行太小,扩大规模,在所必然。

1935年4月1日,蒋介石将四省农民银行扩大改组和更名为中国农民银行,额定资本1 000万元,实收750万元,由国民政府财政部和各省市政府分别认股,徐继庄继续担任总经理①。该行除经营一般银行业务外,还享有发行"兑换券""农业债券"和"土地债券"等特权。在徐继庄的大力扩充下,该行迅速膨胀,1937年已有分支机构87处,总行亦由汉口迁往南京,成为国民政府国家资本第四大银行。

按照1935年6月4日公布的《中国农民银行条例》,该行宗旨为"该给农民资金,复兴农村经济,促进农业生产的改良与进步",冠冕堂皇,实则同四省农民银行一样,首要目的仍是为蒋介石筹集军费,"围剿"和镇压工农红军。直至1936年,该行的主要活动一直是调运军饷,购买军粮,发行钞票和参与鸦片专卖以充军费。其钞票发行,不仅数额迅速增加,从1933年的200余万元增至1935年的3 000万元,而且从不考虑和依法报告发行准备。因此这年11月实行币制改革时,李滋罗斯不同意将该行钞票列入法币,徐继庄只得求助于蒋介石。财政部鉴于该行没有无限制买卖外汇以维持币值的能力,但慑于蒋介石的威势,只好采取折中办法,即该行不作为法币发行银行,但其钞票可"与法币同样使用"。因而法币改革后,该行继续进一步扩大纸钞发行,至1937年6月,发行额已达2.08亿元。同时,该行一向积极参与鸦片专卖,经手鸦片买

---

① 因郭外峰病故,徐继庄已于1934年7月接任四省银行总经理。

卖收入，其利润每年高达2亿元，供蒋介石挹注军费①。

中国农民银行同其前身四省农民银行一样，不是一个普通的金融机构，只从事一般的银行和金融业务，而是负有"围剿"和镇压工农革命、扶持和壮大封建地主势力、恢复和强化国民党政权阶级基础的政治使命，全力推行蒋介石军事"围剿"的"安抚"政策。蒋介石认为，军事进攻必须辅之以经济上的安抚，对地主、富农发放救济贷款，以"安定人心"，即所谓"本军事三分、政治七分之主旨，念农业之复兴，首在救济农村经济"。财政部钱币司司长徐堪在该行的"训词"中说，中国农民银行"不仅须发展本身业务，更要协助政府，推行国策，伸入农村，宣扬主义，以防止异党思想在农村活动"。中国农民银行"应致力防止阶级斗争，实现永久和平"②。中国农民银行这种强烈的政治色彩，颇遭同行蹙额。1937年初，随着国内政治形势的变化，财政部长孔祥熙不得不于4月对该行进行改组，自任董事长，以中央信托局局长叶琢堂任总经理，并将总行迁往上海，开展农贷，以使其名实相符。

国民政府国家银行和金融体系中除中央、中国、交通、中国农民四行外，还有邮政储金汇业局、中央信托局两局。

中国邮政原来已办有汇款和储蓄业务。早在1898年，大清邮政为同民信局竞争，即已开办汇兑业务；1919年又开始兼办储蓄存款业务，邮政局门口增挂"邮政储金局"招牌，柜台单开储蓄窗口，邮政总局设储金股，会计另设储金专账，储金业务所需的各项开支按比例摊分，然后拨还邮局，但汇兑业务未设专门账户。1929年时，全国通汇的邮政局所已有2 374处，全年开发汇票总额达1.3亿元，邮政部门兼办的汇兑储蓄业务已经伸展到全国各地，储汇成为邮政重要财源之一。这年，邮政总

---

① 参见许涤新、吴承明主编：《中国资本主义发展史》第三卷，第81页。
② 中国人民银行金融研究所编：《中国农民银行》（油印稿），转见许涤新、吴承明主编：《中国资本主义发展史》第三卷，第81—82页。

办刘书蕃出席伦敦国际邮政会议期间,代理总办林实以汪精卫和改组派张群为靠山,勾结邮政工会中的黑帮,猛烈抨击刘书蕃。刘见势不妙,使用"金蝉脱壳"手法,呈请交通部将储金和汇兑业务从邮局分离出来,另立储金和汇业局。刘书蕃的呈请与国民政府建立和扩充国家银行资本的策略不谋而合。1930年1月,邮政储金汇业总局在上海正式成立,直属交通部,刘书蕃任总办(后改称局长)。储金和汇兑业务与邮政脱钩,但人员和机构不变。1931年,南京国民政府政务院公布《邮政储备金法》和《邮政国内汇兑法》,又设上海、南京、汉口等三个邮政储金汇业局。邮政储金汇业总局的主要业务是开办各种形式的储蓄、汇兑、放款、贴现,购买公债或库券,经营仓库,办理保险等,无异于银行,并规定一切政府款项,凡中央、中国、交通三行未设有分行的地点,均由邮汇局转饬当地邮局办理。

储汇从邮政分离后,邮政即由盈转亏,导致邮政员工不满,一度发生罢工风潮。为此,国民政府一度将邮政和储汇重新合并,1932年,邮政储金汇业总局改为邮政储金汇业局,隶属邮政总局,由总局副局长兼任储金汇业局局长。但合并后,情况未见好转,两者纷争依旧不断。1935年3月公布《邮政储金汇业局组织法》,将原邮政储金汇业总局和上海局合并改组为邮政储金汇业局,隶属邮政总局,将南京、汉口两局改为分局。

邮政储备金汇业局利用遍布全国城乡的邮局机构及其设备,经营公私款项的储汇,成本低,收入高,盈利丰厚,业务发展迅速,1935年全国通汇局增至9500处以上,1936年6月资产达8520万元,成为国民政府吸收大量存款和汇兑资金的有力工具。

中央信托局成立于1935年10月,总局设在上海,各地设有分局或代理处。该局系由中央银行负责筹备组建,资本总额1000万元,全部由中央银行拨付,并由中央银行总裁孔祥熙兼任董事长,张嘉璈任局长(不久改由中央银行常务理事叶琢堂接任)。该局成立时为中央银行的一个业务局,但对外独立营业。因二者关系密切,当时被称为"行局一家"。

南京国民政府军费开支庞大,其中很大一部分是从国外购买军火,初由在华洋行经手,1932年孔祥熙赴欧美考察后,改由中央银行经理。但中央银行作为代理国库的国家银行,直接经理政府委托的商业事务,在体制和手续上诸多窒碍,有必要在中央银行之下,组建一个独立的信托机构,承办中央银行经理的军火购买以及其他信托事务。因此,国民政府于1935年10月公布《中央信托局章程》,宣布成立该局。章程规定,中央信托局的业务主要是办理公有财物及政府机关重要文件契约等的保险及保管事务,经理国营事业或公用事业债券、股票的募集和发行,经收公共机关或公共团体的信托存款并代理运用,办理各种保证事项和委托代理事项等。不过更主要的业务是采购军火和垄断出口物资的收购,尤其是和纳粹德国以锑钨等稀有金属换取军火的易货贸易。该局一成立,就因拥有特权和雄厚资本而成为国内最大的信托机构,被称为"信托之霸王",其他信托公司和银行信托部的信托业务皆受影响和排挤。1936年3月,该局又设立中央储蓄会,办理有奖储蓄。到年底,该局资产共值8360万元,储蓄会有资产8000万元[①]。

这样,到1935年末,中央、中国、交通、中国农民四行和邮政储金汇业、中央信托两局(史称"四行二局")全部创建或改组完毕。"四行二局"的产生,标志着银行和金融领域国民政府国家垄断资本的正式形成,以"四行二局"为核心的国家银行和金融体系随之确立。

除了"四行二局",国民政府国家银行资本还包括中国国货、农商、中国通商、中国实业、四明商储等商业银行和省市地方官办银行。

中国国货银行成立于1929年,总行在上海,官商合办,官股占

---

① 《全国银行年鉴》(1937年),第559、579页。

40%。农商银行1921年设立于北京,曾获准发行兑换券。1929年因时局影响停业,1933年复业,改为官商合办。上海被称为"小三行"的中国通商、中国实业、四明商储三家银行,在1935年"银行风暴"中,因发生挤兑风潮,国民政府财政部乘机迫使其负责人辞职,随即将其改组:中国通商银行董事长由青帮头子杜月笙接替;中国实业银行交发行准备委员会接管,总经理由中央银行国库局局长胡祖同兼任;四明商储银行总经理由中央银行常务理事叶琢堂兼任。1936—1937年分别减值增资,三行原有商股每百元折合15元,即贬值85%,然后视减值后的商股数额多寡,加入官股,使其资本额全部达到400万元①。经过减值增资和加入官股,三行由商办转为官商合办,且官股比重达到86.9%—91.6%,商股只剩下一个零头②。于是,国民政府对三行负责人再作调整:中国通商银行由杜月笙续任董事长,胡以庸任总经理;中国实业银行由溥汝霖任董事长,周守良任总经理;四明商储银行由吴启鼎任董事长,李嘉隆任总经理。其中,吴系财政部统税署署长,胡、傅、周、李均为中央银行高级官员。1934年三行资产总额已达3亿元,加入官股1 061万元后,即全部由中央银行直接控制③,虽名为官商合办,实与完全官办无异。

从资本性质和结构看,国家银行资本由中央官办和地方官办两部分组成,前者是核心和主体,后者是必要的补充,是国家银行资本伸向全国城市和农村的触角,二者构成一个完整的整体。表2-10反映了这一时期国家银行资本的发展、扩张过程和在全国银行业中所占的比重。

---

① 参见沈雷春主编:《中国金融年鉴》(1938年),第B1—B13页,中国金融年鉴社1939年版;谢菊曾:《一九三五年上海白银风潮概述》,《历史研究》1965年第1期。

② 详见刘克祥、吴太昌主编:《中国近代经济史(1927—1937)》,人民出版社2012年版,导言,第134页表0-1。

③ 谢菊曾:《一九三五年上海白银风潮概述》,《历史研究》1965年第1期。

表 2-10　1926—1937年国家银行资本及其在全国银行业中的比重

单位：万元

年份	总计		国家资本						国家资本占总数比重(%)	
			中央官办		地方官办		小计			
	行数	资本	行数	资本	行数	资本	行数	资本	行数	资本
1926	177	23 576	2	2 747	18	912	20	3 659	11.3	15.5
1927	171	24 278	2	3 243	18	1 152	20	4 395	11.7	18.1
1928	185	26 102	3	5 343	27	1 718	30	7 061	16.2	27.1
1929	192	27 245	4	5 843	26	1 971	30	7 814	15.6	28.7
1930	207	30 019	4	5 843	31	4 369	35	10 212	16.9	34.0
1931	215	29 901	4	5 843	32	3 573	36	9 416	16.7	31.5
1932	210	30 372	4	5 843	38	4 908	42	10 751	20.0	35.4
1933	226	31 902	5	6 142	42	5 176	48	11 318	21.2	35.5
1934	247	41 910	5	15 822	46	5 151	52	21 033	21.1	50.2
1935	254	43 357	7	17 823	48	5 203	55	23 026	21.7	53.1
1936	257	45 476	8	17 717	50	5 704	58	23 421	22.6	51.5
1937	246	48 063	9	18 750	52	8 274	61	27 024	24.8	56.2

资料来源：据刘克祥、吴太昌主编《中国近代经济史(1927—1937)》(人民出版社2012年版)第1901—1902页表7-15计算编排。

国家资本银行资本在其发展过程中有两次跳跃式的扩张：一次是1928年，国民政府通过建立中央银行，参股、改制中国、交通两行，一些省市建立地方官办银行，使国家资本的银行和资本比重分别由上年的11.7％和18.1％上升到16.2％和27.1％。另一次是1934年，国民政府大幅扩充中央银行资本，由原来的2 000万元增至1亿元，使国家资本所占比重由上年的35.5％跃升至50.2％，首次超越民营资本。此后，随着中国、交通两行官股的增加和机构的彻底改组，中国农民银行和中央信托局的建立,中国通商、中国实业、四明商储三家银行的接收和参股改制,以及地方官办银行的增加,国家资本的比重进一步升高。到1937年,其银行达到61家,占总数的24.8%,即四分之一弱;资本总额达2.7亿元,占总额的56.2%。再加上国民党政权的强制力量,国家资本在全国中资银行业中已占绝对支配地位。

国家资本银行凭借资本优势和政策的庇护、干预,业务经营发展迅速,很快排挤了商办银行。表2-11、表2-12所列是部分年份中央及特许银行、省市地方官办银行经营状况的一些基本指标及其变化。

表2-11 1934—1936年中、中、交、农四行营业状况统计

单位:万元

年份	资产总额		各项存款		各项放款		发行兑换券		库存现金	
	金额	百分比(%)	金额	百分比(%)	金额	百分比(%)	金额	百分比(%)	金额	百分比(%)
1934	190 493	44	126 751	42	112 176	43	40 894	66	9 081	32
1935	307 269	56	210 626	56	178 317	56	67 684	78	16 714	40
1936	428 815	59	267 637	59	191 385	55	127 022	78	80 695	75

说明:表中的百分比,系占全国中资银行相关总数的百分比。
资料来源:《全国银行年鉴》(1937年),第一章,第A44—55页。

表2-12 1934—1936年省市地方官办银行经营状况统计

单位:万元,1934=100

年份	资产总额		各项存款		各项放款		发行兑换券		有价证券		纯益	
	金额	指数	金额	指数	金额	指数	金额	指数	金额	指数	金额	指数
1934	27 947	100	15 098	100	15 873	100	7 086	100	1 129	100	365	100
1935	45 681	116	25 878	171	19 328	122	13 420	189	1 621	144	602	165
1936	81 125	290	31 569	209	26 314	166	32 350	457	6 019	533	1 224	336

资料来源:据《全国银行年鉴》(1937年)第A42—57页相关统计综合编制。

如上表所示,无论中、中、交、农四行还是省市地方官办银行,存款、放款、发行兑换券以及银行资产总额,均明显增长。短短3年间,除放款一项外,增幅在1倍以上。1935年币制改革后,由于强制收兑银币、厂条、生银、银锭及各种银块,中、中、交、农四行的库存现金更是猛增,在全国银行库存现金总量中的比重从32%升至75%。省市地方银行的有价证券发行增幅亦较大,盈利丰厚。随着业务的迅速扩张,国家资本银行各项业务指标在全国银行业中的比重进一步升高,如表2-13所示。

表2-13 1934—1936年中央和省市官办银行营业状况综合统计

单位:万元

年份	资产总额		各项存款		各项放款		发行兑换券	
	金额	百分比(%)	金额	百分比(%)	金额	百分比(%)	金额	百分比(%)
1934	218 440	51	141 849	47	128 049	49	47 980	77
1935	325 590	64	236 508	63	197 645	62	81 104	94
1936	509 940	70	299 206	86	217 699	63	159 372	98

说明:表中的百分比(%),系占全国中资银行相关总数的百分比。
资料来源:据表2-11、表2-12综合计算编制。

各项存放款、兑换券发行及银行资产总额在全国银行业所占比重,已接近或超过50%,1935年后,已全部在60%以上,最高达98%。如加上邮政储金汇业局和中央储蓄会的存款,存款所占比重当更高。这说明国家资本在全国银行业中的绝对支配和垄断地位已经确立,并不断巩固。

第二节 近代在华外国银行的兴衰轨迹

在考察近代中国银行业的同时,我们还有必要观察和了解一下近代在华外国银行业的演变状况。因为在近代中国,外国在华银行业始终是一支重要的金融侵略势力①,凭借不平等条约和租界的保障,它们在中国经营存贷款、把持汇兑、发行钞票、投资企业以及通过对中国政府的贷款等手段,成为帝国主义国家从金融上控制掠夺中国,把中国变成殖民地半殖民地的重要工具,也直接或间接影响了近代中国资本市场的发展和演变。

在考察近代在华外国银行业的情况时,我们也会看到,外国在华银行势力的发展演变并非一成不变,而是依时代及国别的不同而有起伏。特别是南京国民政府成立后,外国在华银行业的演变出现两种趋势:一是关内的外国在华银行除了日本的势力有所增强外,在种种因素的影响下,其他国家的银行势力出现了某些停滞以及衰退的迹象。另一种趋势是,日本金融势力在日本政府对华侵略政策的支持下,在关内和关外都有明显增强,在关外发展更是迅速。1931年九一八事变后,关外日本银行势力在此前凶猛增长的基础上,进一步扩张形成一统金融的局面。1937年全面抗战爆发后,关内沦陷区也逐步成为日本金融垄断的区域。

一、外国在华银行业的演变

外国在华银行业的活动,可以追溯到19世纪40年代。中国出现的最早的外国金融机构是英国的丽如银行。1845年,英国占领香港仅仅三年,英商丽如银行就在香港设立了分行,在广州设立了分理处。1847年,丽如银行继续北进,在上海又设立机构,而当时刚开埠的上海,"还只有三名外国医生,律师们的脚步还没有踏上这块土地"②。中国第一家银行——中国通商银行1897年成立时,距这家英商外国银行在上

---

① 这里所指的外国在华银行,不包括中外合办的银行。
② 《字林西报》1867年1月16日。转引自汪敬虞:《十九世纪西方资本主义对中国的侵略》,人民出版社1983年版,第185页。

海的成立已整整落后了半个世纪。在丽如银行之后,相继设立开业的是英商麦加利银行和汇丰银行的分行。1900年以前,除了这几家银行以外,其他外国银行在中国境内设立分行的还有法国的东方汇理、英国的有利、德国的德华、日本的正金、俄国的华俄道胜等六家银行。1900—1912年之间,美国的花旗银行、比利时的华比银行、荷兰的荷兰银行、日本的台湾银行又相继在中国成立分行①。第一次世界大战之后,外国银行增加的数量更多,其中重要者如英国的大英银行、沙逊银行,美国的大通银行、运通银行、友华银行、友邦银行,日本的住友银行、三井银行、三菱银行,荷兰的安达银行,意大利的华义银行等,大部分都在1925年前来到中国。

除日本外,1936年前外国在华银行历年设立情况可见统计表2-14。

表2-14 外国在华银行历年设立情况统计表

年代	英国 总	英国 分	美国 总	美国 分	法国 总	法国 分	德国 总	德国 分	俄国 总	俄国 分	意大利 总	意大利 分	比利时 总	比利时 分	荷兰 总	荷兰 分	合计 总	合计 分
1894年前	4	12			1	1	2	2									7	15
1895—1913		5	1	4	3	12		11	1	14	1	1	2	8	1	1	9	56
1914—1926	2	9	9	25	2	11					2	3			1	2	16	50
1927—1930			2	4													2	4
1931—1936	2	2	1	1													3	3
历年设立总数	8	28	13	34	6	24	2	13	1	14	3	4	2	8	2	3	37	122
1936年存在数	5	25	5	16	2	7	1	5	1	1	1	1	1	1	2	7	18	63

说明:(1)表中"总"代表外国在华银行的"总行","分"代表外国在华银行的"分行"。(2)表中未包括"中外合办银行"的统计数。

资料来源:统计表中的数据除"历年设立总数"和"1936年存在数"栏外,均转引自吴承明:《帝国主义在旧中国的投资》,人民出版社1956年版,第40页。"1936年存在数"一栏数据为笔者据1936年《全国银行年鉴》第九章"外商银行"的统计资料计算。

---

① 参见吴承禧:《中国的银行》,商务印书馆1934年版,第105页。

日本在华银行的设立情况大致如下：1894年前有1家总行、1家分行；1895—1913年有4家总行、29家分行；1914—1930年有28家总行、75家分行；根据吴承禧《中国的银行》一书"附录二"中所载，1934年日本在中国（包括东北）的银行总行有32家，分行有71家；1936年日本银行数根据该年《全国银行年鉴》的统计，关内有9家银行总行和42家银行分行；据1937年出版的《财政金融大辞典》"附录五"的统计表，日本在华银行（包括东北）有29家总行、71家分行，另有8家信托公司和1家储蓄会①。

以上的数据来源不一，未必精确，但仍有两点值得注意：一是从表2-14看，1926年可以看成是除日本外外国银行在中国势力的一个转折点。在1926年以前，无论是外国银行的总行还是分行，其数量在所列的几个时间段上均保持着强劲的增长势头。但到1927年后，外国银行的这种强劲的增长势头受到了抑制，1927年到1936年的十年间，外国银行的总行仅增加了5家，分行增加7家。到1936年，外国银行除日本以外的实际存在数，为总行18家、分行63家，分别是外国银行历年设立总数的一半，也就是说，到1936年为止，历年在中国设立的日本以外的外国银行，已减少了一半。数据可能不太精确，但这种趋势大体是成立的。二是上面的分析没有包括日本。实际上，所有的外国银行中，增长最快的是日本。如上所述，1894年以前，日本在中国只有一家银行，到1934年，日本的银行在中国已发展到总行32家、分行71家，到1936年时，不算日本控制的伪满洲国，在关内也有9家总行、42家分行，可以说是进入20世纪后所有在华外国银行中势力增长最快的一个帝国主义国家。

除日本在东北伪满洲国设立的银行外，据《全国银行年鉴》所载的资料，笔者整理出1936年时外国在华银行的简略状况，如下表所示。

---

① 关于日本银行，1934年前的数据引自吴承明：《帝国主义在旧中国的投资》，人民出版社1956年版，第40页；1934年的日本银行数据引自吴承禧《中国的银行》一书"附录二"；1936年的数据根据1936年《全国银行年鉴》第九章的统计计算。另见张一凡、潘文安主编：《财政金融大辞典》，世界书局1937年版"附录五"。

表 2-15　1936 年外国在华银行统计表

银行名称	国籍	额定资本	总行所在地	在华设立第一家分行年份	在华分行所在地
大英银行	英国	500 万镑	伦敦	1922	上海、香港
有利银行	英国	300 万镑	伦敦	1915	上海、香港
沙逊银行	英国	100 万镑	香港	1930	上海
麦加利银行	英国	300 万镑	伦敦	1857	上海、香港、汉口、天津、广州、北平、青岛、哈尔滨
汇丰银行	英国	5 000 万港元	香港	1867	上海、广州、厦门、烟台、大连、天津、福州、汉口、哈尔滨、沈阳、北平、青岛
大通银行	美国	500 万美元	纽约	1921	上海、天津、香港
友邦银行	美国	50 万美元	上海	1930	香港
天津商业放款银行	美国	5 万法币	天津	1932	
花旗银行	美国	1 275 万美元	纽约	1902	上海、天津、汉口、北平、香港、哈尔滨、大连、广州
美国运通银行	美国	600 万美元	纽约	1917	上海、天津、北平、香港
三井银行	日本	1 亿日元	东京	1917	上海、大连
三菱银行	日本	1 亿日元	东京	1916	上海
上海银行	日本	10 万法币	上海	1918	
天津银行	日本	250 万日元	天津	1920	北平
正隆银行	日本	1 200 万日元	大连	1915	旅顺、营口、鞍山、抚顺、沈阳、开原、四平街、公主岭、长春、哈尔滨、安东、天津、青岛

续　表

银行名称	国籍	额定资本	总行所在地	在华设立第一家分行年份	在华分行所在地
住友银行	日本	7 000万日元	大阪	1916	上海
朝鲜银行	日本	4 000万日元	汉城	1918	上海、天津、青岛、龙井村、傅家甸、哈尔滨、长春、四平街、开原、铁岭、沈阳、辽阳、营口、旅顺、大连、安东
汉口银行	日本	100万日元	汉口	1930	上海
台湾银行	日本	1 500万日元	台湾	1899	上海、福州、厦门、汕头、香港、广州、大连、汉口
横滨正金银行	日本	1亿日元	横滨	1900	上海、汉口、青岛、天津、北平、香港、广州、大连、沈阳、长春、营口、哈尔滨
东方汇理银行	法国	12 000万法郎	巴黎	1899	上海、天津、北京、汉口、香港、广州、昆明
汇源银行	法国	200万法币	上海	1921	
安达银行	荷兰	3 300万荷盾	阿姆斯特丹	1920	上海、香港、厦门
荷兰银行	荷兰	3 500万法郎	阿姆斯特丹	1902	上海、香港
华比银行	比利时	2亿法郎	布鲁塞尔		上海、天津、汉口、香港
华义银行	意大利	100万美元	上海	1920	天津
德华银行	德国	644万法币	上海	1918	北平、汉口、天津、青岛、广州
莫斯科国民银行	俄国	25万镑	伦敦	1924	上海

续　表

银行名称	国籍	额定资本	总行所在地	在华设立第一家分行年份	在华分行所在地
仪品放款银行	法国、比利时	7 000万法郎	比利时布鲁塞尔	1910	天津、汉口、上海、香港
中法工商银行	法国、中国	5 000万法郎	巴黎	1922	北平、天津、上海、香港
合计：外国银行总行30，分行127					

说明：(1) 统计表中日本银行共有十家，其中只有正隆银行的总行设在东北大连，其分行绝大部分也设在东北，可看成是设在东北的日本银行。其他外国银行也存在分行设在东北的情况，但数量少且总行均不在东北。(2) 1936年《全国银行年鉴》中，"在华设立第一家分行年份"栏的数据不全，所缺部分据1934年《全国银行年鉴》第九章数据补充。(3)《满洲开发四十年史》下卷第256页所载，日本横滨银行1900年在中国营口设立分行。(4) 中法工商银行的前身是中法实业银行，该银行于1922年停业，于1925年改组为中法工商银行，因此，此处的"在华设立第一家分行的时间为1922年"应该有误。关于中法实业银行停业一事可参见李一翔《中法实业银行停业风波始末》一文（载张忠民、陆兴龙主编：《企业发展中的制度变迁》，上海社会科学院出版社2003年版）。

资料来源：据《全国银行年鉴》(1936年) 第九章"外商银行"数据整理。

二、外国在华银行势力的兴衰

　　进入20世纪以后，中华民族的觉醒，救亡图强、收回利权运动和中国民族资本主义企业的发展以及本国银行业的兴起等，都对外国在华银行的势力兴衰演变产生了影响，这在表2-14中外国金融力量的发展受到一定遏制中已有体现。特别是中国银行业实力在20年代后的增强，更成为制约外国在华银行扩张的重要力量[①]。在这种大的时代背景下，中外银行企业之间的力量对比和发展趋势方面，逐渐出现了某些值

---

① 参见王业键：《中国近代货币与银行的演进》，台北1981年版，第三章。宫下忠雄：《支那银行制度论》，严松堂书店1941年版。宫下忠雄更认为，南京政府时期国家银行地位的增强和发展，是对外国在华银行取得优势地位的重要原因（见该书第三部分）。中国银行业的发展情况也可参见拙文《两次大战间的中国银行业》，《中国社会科学》2002年第6期。

得注意的动向和变化。

首先,这种变化明显地体现在中外银行数量的对比上。

例如,1900年前,中国自己兴办的银行只有中国通商银行一家,经营实权还操纵在外国人手中。而同期在华外国银行已有英、德、法、俄、日等国的银行7家;但是到了1936年时,中国的银行数量已达到总行164家、分行1 332处①,与表2-15中显示的外国在华银行(不包括东北)的总行30家、分行127处相比,就数量而言,以往那种喧宾夺主之势显然已有明显改观。

其次,从中外银行的实力来看,由于中国银行的发展较快,到1925年时,据唐传泗、黄汉民先生的研究,从银行资力的角度看,中国银行、外国在华银行和中国的钱庄业之间大体就已形成了一种三足鼎立的局面。中国银行的力量已可与在华的外国银行抗衡。唐、黄先生所作的统计表如下所示。

表2-16 中外银行和钱庄资力的比较(1925年)

类 别		实收资本与公积金		资力估计	
		金额(百万元)	百分比(%)	金额(百万元)	百分比(%)
外国在华银行	外商银行	193.8	35.4	1 141.2	32.1
	中外合办银行	48.2	8.8	162.7	4.6
	小计	242.0	44.2	1 303.9	36.7
中国银行	中国、交通银行	40.0	7.3	540.8	15.2
	其他156家银行	165.5	30.2	912.9	25.6
	小计	205.5	37.5	1 453.7	40.8

---

① 《全国银行年鉴》(1937年),上篇第一章,第A10页。1937年分行数进一步增加到1 627处,从业人数从1936年的25 652人增加到28 878人。见《全国银行年鉴》(1937年),上篇第一章,第A10页。

续 表

类　　别	实收资本与公积金		资力估计	
	金额（百万元）	百分比（%）	金额（百万元）	百分比（%）
钱庄	100.0	18.3	800.0	22.5
合计	547.5	100.0	3 557.6	100.0

原表注：(1) 资力包括实收资本、公积金、盈利滚存、存款和发行兑换券之和。(2) 资力估计，大多数主要银行根据各该行当年资产负债表计算，一部分中型银行因缺乏资产负债表，系根据实收资本数参照其他银行资力对实收资本的比例数推算。外商银行以外币计算，按当年实际汇率折算。在中国部分的比重，以日人调查的1936年实际比重为标准。(3) 本国银行的其他156家中包括省地方银行在内，因资料不足，未剔出。

资料来源：唐传泗、黄汉民：《试论1927年以前的中国银行业》，《中国近代经济史研究资料》第四辑，上海社会科学院出版社1985年版。

从上表看，1925年时，中国银行的实收资本与公积金数量与外国在华银行的实收资本与公积金数量相比虽略有不如，但在资力估计一栏已超过在华外国银行，达40.8%，如再加上钱庄的资力，则在近代中国金融势力的力量对比中，1925年时，在中外力量的对比天平上，已出现了向中国一方的倾斜。

南京国民政府成立后，由于以下几种因素的出现和作用，这种倾斜变化应该说就更加明显了。

首先，南京国民政府成立后，由于种种因素的制约，能够借到的外债很少，弥补财政赤字的方式主要转为依靠发行内债来进行，过去外国在华银行多次组成多国银行团对中国政府进行借贷，从巨额外债中获取利益和特权的渠道已基本消失[①]。

其次，作为以往中国政府财政主要收入来源之一的关税和盐税，由于成为过去抵借外债的抵押和还债的基金，长期以来被汇丰、道胜、德

---

① 关于南京政府成立前在华外国银行团的活动，可参见汪敬虞：《外国资本在近代中国的金融活动》，人民出版社1999年版，第349—367页。

华、汇理、正金等外国在华银行保管,后来基本上落入英国汇丰银行之手保管,这不仅提升了外国银行尤其是汇丰银行的信用,还无形中给其提供了一大笔无利息的流通资金,供其以低利放贷,发展对其有利的在华投资。但是,被汇丰银行长期保管的这笔关、盐税收,在关税收回自主的运动中逐步得以收回,1930年后,这笔税收资金已基本被中央银行收回保管①,使得这项利权转入中国银行业手中。

第三,过去长期被外商银行垄断并获取厚利的外汇汇兑业务②,也开始逐步转到中国银行业方面。1934年中国银行经手的国外汇兑业务总量已达98 900余万元,比1933年的95 600余万元增加330余万元。1935年比1934年又增加70%以上。1936年达144 700余万元③。中国银行能够取得这些成绩,与南京国民政府1928年将中国银行定为特许国际汇兑银行后,在国内外多处设立分支行发展国内外汇兑有关。1934年后南京政府征收白银出口平衡税和成立外汇平准委员会等措施,对中国银行外汇业务的发展也有帮助。在多种因素的共同作用下,"就连强大的外国银行也难以同中央银行相抗衡,这就攻破了外国银行多年经营难以摧毁的堡垒的正门,(中国方面)终于大部分收回了外汇方面的利权"④。从时任日本三井银行上海分行行长土屋计对此发出的感叹中,我们可以感受到中国银行业确实取得了一定的进步。

第四,外国银行在华发行的纸币数量被迫减少。纸币发行本是一国主权政府独有的特权。外国银行在中国发行纸币,既无条约规定,又未得

---

① 参见吴承禧:《中国的银行》,第107页"脚注"。
② 据陈光甫《上关税会议意见书》中所言,从民国十年到民国十四年5年间,"吾国受汇丰结算上之损失,达189万余两之巨"。而且,"此仅就汇丰经理各债而言,余债尚未列入也"。转引自杨荫溥:《上海金融组织概要》,商务印书馆1930年版,第184页。
③ 见中国银行民国23、24、25年度营业报告,《全国银行年鉴》(1935年),第9章,第84页;《全国银行年鉴》(1936年),第22章,第V6页;《全国银行年鉴》(1937年),第22章,第V4页。
④ 宫下忠雄:《支那货币制度论》,第45页。参见久保亨:《币制改革以后的中国经济》,《中国近代经济史研究资料》第5辑,上海社会科学院出版社1986年版,第58页。

到中国政府特许,实是一种侵犯中国国家主权的行为。外国银行在中国发行纸币,是"吸收吾国现金之唯一良法","以一纸钞币流通市面,以吸收资金另为周转,流弊孰甚";外国银行发行钞币是"希冀厚利为唯一目的"。因此,外国银行在中国发行纸币历来受到中国有识之士的反对。杨荫溥曾总结过外国银行发行纸币的六大弊害,呼吁中国政府予以禁止[①]。

据中国有关方面调查,1935年初外国在中国发行钞票的银行,"计有汇丰、汇理、花旗、麦加利、正金、华比、荷兰、有利、德华等九家",其发行的钞票数目,"以民三至民十为最盛,总额约达一万万元……截至现在止,九家流通市面钞票,共为五百万元,以汇丰最多,约在五十万元以上"[②]。另据日本方面调查,从1930年到1935年外国银行在上海发行的纸币情况如下表所示。

表2-17 上海外国银行纸币发行额

时间	发行额(元)
1930年12月	5 185 000
1931年12月	3 981 000
1932年6月	4 000 000
1933年6月	3 174 000
1934年2月	2 060 000
1935年1月	2 976 000
1935年2月	3 571 000

资料来源:宫下忠雄:《支那银行制度论》,严松堂书店昭和十六年(1941)版,第177页。《上海纸币流通现状》,《银行周报》第757号。

从统计表看,外国银行在上海发行的纸币总体是逐步减少的。从1930

[①] 杨荫溥:《上海金融组织概要》,商务印书馆1930年版,第195—197页。
[②] 《外行发行钞票概数》,江西省政府秘书处统计室编:《经济旬刊》第四卷第六期,1935年2月25日,"经济要闻"第11页。

年的500余万元逐步减少到1934年的200余万元,1935年1—2月增加的原因,主要是作为"与白银恐慌相伴出现白银外流的对应措施,汇丰和麦加利两行增发纸币"以弥补现金之不足,但这"只不过是一时的现象而已"。"从1925年开始,外国银行发行银行兑换券(纸币)就进入了衰颓的时期。"①

据当时学者唐庆永估计,1933年时上海纸币流通数额约在三亿二千万元左右,"而外国银行纸币仅占百分之一,与清末民初时之盛况实不可同日而语"②。

长期在上海日本金融机构中任职的滨田峰太郎认为,外国银行在华发行纸币减少的主要原因是"中国银行业的基础逐步稳固,中国国民民族观念日益浓厚"③这两种因素导致的结果。实际上,除"中国新式银行的兴起也是减少外钞发行的原因"④外,外国银行信用的下降⑤和"五四""五卅"等反帝爱国民族运动因素的作用,也是重要的原因。例如,正金、台湾、朝鲜等三家在华实力最为雄厚的日本银行就是由于反帝爱国运动拒用日货的影响,导致民众拒用日本钞票,使得这三家在华日本银行不得不"早在数年前就停止了钞币的发行"⑥。

根据宫下忠雄收集的资料进行观察,到1937年时,外国银行势力在我国的分布情况如表2-18所示。

---

① 宫下忠雄:《支那银行制度论》,第177、176页。
② 唐庆永:《近几年来吾国之纸币》,《经济学季刊》七卷四期,第143页。转引自卓遵宏:《中国近代币制改革史(1887—1937)》,台北"国史馆"1986年版,第211页。
③ 滨田峰太郎:《中国最近金融史》,东洋经济新报社1936年版,第168页。
④ 王承志:《中国金融资本论》,光明书局1936年版,第125页。
⑤ 杨荫溥在《上海金融组织概要》(商务印书馆1930年版,第194页)中指出:"自德华以欧战受接收,中法以总行停闭受牵累,菲律宾银行以货币买卖而停闭"之后,其结果是外国银行的信用"遂受一大打击"。相反,由于1916年中国银行断然拒绝袁世凯"停兑令",继续兑现,以中国银行为首的华资银行的信用"获得增大,与此相伴,还可以看到从外国银行取出存款转移到华资银行的现象"。见宫下忠雄:《支那银行制度论》,第101页。
⑥ 滨田峰太郎:《中国最近金融史》,东洋经济新报社昭和十一年(1936)版,第167页。上引杨荫溥《上海金融组织概要》第195页也有"上海正金、台湾等行之钞票,自中日交涉,拒绝行使,市上且已绝迹"的记载。

表 2-18　1937 年时外国银行在我国的分布

国　别	满洲	华北(北平、天津、青岛、烟台)	华中(上海、汉口、厦门、福州)	华南(香港、广东、九龙、汕头、昆明)	合计
日　本	71	11	12	6	100
英　国	2	7	9	8	26
美　国	5	6	6	5	22
法　国	2	2	3	3	10
德　国		2	2	1	5
荷　兰			3	2	5
法比合办		1	2	1	4
比利时		1	2		3
俄　国	2		1		3
意大利		1	1		2
合　计	82	31	41	26	180

资料来源：宫下忠雄：《支那银行制度论》，严松堂书店昭和十六年(1941)版，第 180 页。

从统计表看，在中国银行业快速发展的这段时期[1]，外国在华银行的整体扩张势头虽已不如此前凶猛，其长期称霸中国金融业的局面在 20 年代后受到中国银行业的有力挑战，尤其是 30 年代后，发展势头受到一定的遏制，但是，外国银行的实力仍然不可小视，仍然是中国国土上一支强大的金融侵略力量[2]。特别是从上表看，日本银行

---

[1] 关于中国银行业尤其是南京政府时期快速发展的状况，可参见拙文《两次大战间的中国银行业》，《中国社会科学》2002 年第 6 期。

[2] 例如，1932 年上海一·二八事变后，"上海银行业所组织之联合准备委员会，亦推举汇丰银行经理郝区、花旗银行经理哈格、麦加利银行经理莱纳加入保管委员。民国 22 年政府废两改元后组织之审查新币委员会，又聘请汇丰、麦加利、花旗、东方、汇理、华比、意华、德华、荷兰、沙逊等银行之经理加入为委员"。"这些事实无非说明中国金融资本与财政都非依助于外资不可，而外资正是中国金融与财政的操纵者。"见王承志：《中国金融资本论》，光明书局 1936 年版，第 52、53 页。

在华北和华中都占有明显的优势,尤其是在日本控制的伪满洲国,更是占有垄断的地位。可以说,外国在华银行中,日本银行势力无论在数量还是地区分布上,都已取代过去的霸主英国,形成在华外国银行中一国独大的状况,这种状况尤为引人注目。英法银行势力在华中和华南、美国银行在华北和华中也有一定的优势。而且美国紧随英国,已成为在华第三大金融势力。这些现象和数字说明,中国银行业虽然有了一定的发展,但仍然没有取得对外国在华银行的明显优势地位。因为这些外国银行在中国的优势地位,是以其"本国在中国政治、经济地位形成的实力地盘为基础"①而建立的,因此,这种局面不改观,外国在华金融势力的地位是不可能从根本上得到改变的。

日本金融势力在东北的扩张就十分典型和突出地证明了这一点。

三、日本银行势力在东北的迅猛扩张

日本银行势力的扩张可分为以下几个阶段。

1. 1931 年九一八事变前日本在东北金融势力的扩张

1900 年 1 月,日本横滨正金银行在牛庄开设支店,这是最早进入中国东北的日本金融机构。1903 年正金银行开始发行银行券,成为日本在东北最早发行的钞票。当时在东北的外国货币中,俄国货币占有最大份额。1904 年日俄战争时,日本政府发行了 1.9 亿元的军用手票,在满铁一线流通。以此为契机,当年 8 月在大连,第二年 5 月在奉天设立了正金银行的支店。1906 年,日本政府发布敕令 247 号,作出调整,由正金银行发行一元为基础的银行券,兑换和收回日俄战争时期的军用票,强制在东北通用。正金银行遂"成为日本在满洲名实相符的代表机关"。此后正金银行又陆续增设了旅顺、辽阳、铁岭、安东、长春和哈尔

---

① 宫下忠雄:《支那银行制度论》,第 180、181 页。

滨等地的支店①。

在横滨正金银行之后,陆续又有多家日本银行在东北成立或进入东北。截至1930年底,日本在东北的金融机构计有银行本店15处,分店及出张所49处,经营地产的金融业1处(东洋拓殖株式会社),"无尽业者"(与中国民间自发集资轮流使用的做会机构相似)9家,当铺约240余家,南满、安奉沿线金融合作社20余处。其中,主要银行机构的情况如下表所示。

表2-19　1930年底日本在东北银行机构情况统计表
（资本及公积金单位为日金元）

银行名称	设立时间	已交资本	公积金	本店所在地	在东北主要支店
正隆银行	1908	5 624 375	109 602	大连	哈尔滨南满安奉沿线共十一处
满洲银行	1923	2 906 662	565 000	大连	永吉及南满安奉沿线共十五处
大连商业银行	1918	2 000 000	277 000	大连	
大连兴信银行	1900	200 000		大连	
长春实业银行	1917	400 000	165 486	长春	
满洲殖业银行	1920	500 000	8 700	沈阳	
南满银行	1919	375 000	28 931	鞍山	
安东实业银行	1913	125 000	116 101	安东	
协成银行	1918	250 000	100 872	安东	
商工银行	1913	275 000	10 900	辽阳	
振兴银行	1918	500 000	139 050	营口	

---

① 上述见满洲事情案内所报告36:《满洲通货及金融的过去和现在》,满洲事情案内所发行,1936年版,第53页。陈经:《日本势力下20年来之满蒙》,上海华通书局1931年版,第109页。

续　表

银行名称	设立时间	已交资本	公积金	本店所在地	在东北主要支店
日华银行	1918	500 000	53 819	铁岭	
吉林银行	1920	75 000	21 600	永吉	
平和银行	1920	200 000	53 622	永吉	
哈尔滨银行	1921	500 000	59 320	哈尔滨	
正金银行	1880	100 000 000	117 292 830	日本横滨	哈尔滨及满铁沿线共六处
朝鲜银行	1909	25 000 000	2 901 026	朝鲜京城	滨江及南满安奉沿线共十一处
东洋拓殖株式会社		50 000 000		日本东京	哈尔滨、大连、沈阳
无尽业者		435 000	142 227		共九处均在满铁沿线

资料来源：雷雨：《东北经济概况》，北平西北书局 1932 年版，第 50—51 页。

到 1930 年底，东北的金融业者中，"中国方面大小共计约一千五百处，外国方面大小共计约五百五十处；但中国方面之资本，估计不过约一万万元现大洋，外国方面有数字可考者，即已有四千八百万元左右（内日人方面估二千二百万元，即三千五百余万元现大洋）。约及中国者之半。存放款项及汇兑数目，大抵同此比例"[①]。也就是说，在 1931 年九一八事件爆发前，日本在东北的金融势力一直处于持续和迅速的增长之中。

日本在东北的金融势力进展之快和力量之强，还可从朝鲜和正金两家日本银行发行日币钞票的情况中得到证实。1917 年，为全面实行对中国的经济侵略，日本政府对中国东北的日本金融机构进行了整合

---

① 雷雨：《东北经济概况》，第 53 页。

和分工,将横滨正金银行的金券发行权及日本国库事务"均移归朝鲜银行管理"①。由此,朝鲜银行遂成为日本在中国东北金融侵略势力的领头羊。此后,朝鲜银行发行的纸币成为日本在东北钞票的主要代表。正金银行尽管减少了发行数量,但发行钞票的行动并未完全停止。

朝鲜银行在1918年至1927年十年中发行钞票的情况如下表所示。

表2-20 日本朝鲜银行在东北发行钞票情况表(1918—1927年) 单位:千元

年度	在东北发行额	总发行额	东北发行占总发行的比例
1918	19 098	115 523	16.5%
1919	37 066	163 600	22.7%
1920	42 342	114 034	37.1%
1921	46 775	134 360	34.8%
1922	34 251	100 544	34.2%
1923	39 174	110 233	35.5%
1924	45 190	129 113	35.0%
1925	42 190	120 540	35.0%
1926	38 829	110 939	35.0%
1927	43 584	124 527	35.0%

说明:"东北发行占总发行的比例"一栏为笔者计算。
资料来源:陈经:《日本势力下二十年来之满蒙》,第115页。

从上表显示的朝鲜银行发行货币的情况看,朝鲜银行从1918年开始在东北发行金票,当年数额就达到1 900余万元,从1920年之后,在东北发行的钞票数额一直稳居于其总发行数额的35%左右。到了1927年,朝

---

① 陈经:《日本势力下二十年来之满蒙》,上海华通书局1931年版,第110页。

鲜银行发行的金票数额已达到4 000余万元,正金银行发行的银券数量也达到400余万元,而我国中国银行和交通银行在东北发行的钞票加起来"只达到四千与五千万余元",与这两家日本银行在东北发行的钞票大体相等,加上日本在中国东北的整体实力,"从此日本就操纵着满蒙金融界的实权,而把纵断的南满铁道沿线做扩充一切经济的根干","在满蒙皆推行使用金票,以尽量扩大它的货币势力",在1931年九一八事变爆发之前,实际上已成为"垄断了满蒙货币的势力"①。

总起来看,从20世纪初开始到20世纪30年代初,从通货史的角度进行考察,东北金融领域中的大体演变脉络是:首先,俄国和日本分别在自己掌握的东北北部和南部铁路沿线设立金融机构和发行钞票,构筑扩大自己的势力范围。与此相对,中国的通货金融在日俄势力范围之外地区也有一定的推进。这时,大体北部铁路沿线是俄罗斯,南部铁路沿线是日本,其他地区是以东北官银钱号为中心的中国金融控制区域。然而第一次世界大战和俄国革命使得情势为之一变:俄罗斯势力后退,日本金融势力北进,分别与北部张作霖主持的"哈大洋票"系统和南部张学良主持的"现大洋票"系统发生冲突②,在此时期爆发的九一八事变,导致此后伪满洲中央银行设立,中断和掠取了中国方面此前金融方面的发展和成果,使得整个中国东北的金融被纳入日本的势力圈。可见,"东北中国货币之受日金支配,则为整个之财政及政治问题,非仅金融一方面所能包括矣"③。

2. 九一八事变后日本金融势力在东北的扩张

九一八事变后,东北日本金融势力的扩张大体循着两条线路发展:

---

① 上引均见陈经:《日本势力下二十年来之满蒙》,第115页。
② 据安冨步的考证,20世纪20年代以后,张作霖在北满以"哈大洋"票、张学良在南满以"大洋票"试图统一币制的努力都取得了一定的进展。见安冨步:《"满洲国"的金融》,日本创文社1997年版,"序章"第29—33页。
③ 雷雨:《东北经济概况》,第53页。

一是建立日本控制的伪满洲中央银行,用以统合东北中国方面的各种金融机构以及币制,目的是"确立日本方面对金融的支配"[①]。另一条是日本本国金融势力在东北的发展,其中又可分两个阶段:1935年10月前确立以朝鲜银行发行的钞票占据统治地位,此后朝鲜银行的钞票退出满洲,由日元与伪满洲中央银行按1∶1的比例直接挂钩,最终将伪满洲中央银行钞票纳入日本货币圈,完成了对中国东北金融的彻底改造和控制。

先看中国方面金融机构的演变:九一八事变发生时,东北境内的中国金融机构有被称为四大金融机构的东三省官银号、吉林永衡银钱号、黑龙江省官银号和边业银行。中国银行和交通银行在东北也设有支行。这些金融机构都发行钞票,且钞票种类很多,加上地方小银行和钱庄等发行的纸币和硬币等,币制十分复杂。九一八事变爆发时,日本关东军迅速封锁和接管了中国的这四大金融机构,并决定设立伪满洲中央银行来接收和领有这些金融机构。同时将这些银行的发行准备强行集中,作为伪满洲中央银行成立时的准备。"这次接收的成功使得满洲中央银行的成立和其后的活动变得容易。"[②]1932年1月,关东军统治部设立的"币制及金融咨问委员会"发布《货币及金融制度方针案》和《货币及金融制度关系法案》,在朝鲜银行、横滨正金银行和满铁的协助下,3月15日通过了伪《货币法》《满洲中央银行法》《满洲中央银行组织办法》,决定发行称为"国币"的伪满洲国中央银行纸币,并以之统一满洲的中国货币[③]。

1932年7月1日,以被强行改组的中国四大金融机构为基础设立的伪满洲国中央银行正式成立。总行设于长春,并在沈阳等大城市设立分行,县以上城市设立支行和办事处,"总分支机构达128处。该行

---

① 安富步:《"满洲国"の金融》,第48页。
② 同上书,第40页。
③ 同上书,第39—41页。

成立时资本定为伪币3 000万元,实交750万元,最后又增资到伪币10 000万元,实交2 500万元"①。在伪满洲中央银行筹备成立期间,伪《货币法》也在1932年6月11日公布。伪《货币法》规定,货币的制造及发行之权归伪满洲政府,"由满洲中央银行行使之"。伪满洲中央银行的货币采用银本位制,一元纸币含纯银23.91公分,发行百元、十元、五元、一元、五角五种纸币,铸造一角、五分、一分和五厘等四种辅币②。在这里,没有纸币可以兑换现银或外汇的规定,因此这种伪满洲中央银行的货币可以看成是依靠政权力量强行推行的纸币。

伪满洲中央银行成立后,即将所谓整理回收过去的旧币定为首要的任务。7月1日伪满洲中央银行开业当日,即颁布实行《旧货币整理办法》,规定从即日起,在两年内收兑原四大金融机构发行的15种货币,其他各种钞币也限期收回。东北原流通的营口过炉银、安东镇平银也禁止发行和流通,并限期兑换成伪满洲中央银行的纸币。但"在收缴'旧币'中,有意压低兑价",如东三省官银号发行的奉天票被强行按50∶1(后又改为60∶1)的比价兑换;吉林永衡官银钱号发行的"官帖",流通额约有103.1亿吊,被日伪极力贬低价值,规定360吊换伪币1元,几天后又规定500吊换伪币1元,仅此一项,东北人民即被盘剥了800多万元(以伪币计)③。对黑龙江省官银号发行的"官帖",更以1 680吊比伪币1元的比价收兑。到1934年,伪满收回各种旧币合伪币14 223余万元。此外,还收兑了大量白银,仅在整理安东镇平银时,就用伪币搜刮白银500万两④。

---

① 洪葭管主编:《中国金融史》,西南财经大学出版社1993年版,第260页。
② 满洲事情案内所报告36:《满洲通货及金融的过去和现在》,满洲事情案内所发行,1936年,"附录·货币法"。
③ 吉林省金融研究所编:《伪满洲中央银行史料》,吉林人民出版社1984年版,第9页。
④ 洪葭管主编:《中国金融史》,第263页。前引满洲事情案内所编:《满洲通货及金融的过去和现在》,第93—97页。

伪满洲国的成立对东北金融的影响是巨大的。在日本政府控制支配我国东北金融的侵略政策下,这种所谓货币兑换实际已变成了对中国人民的一次掠夺。到1934年6月时,原有的各种东北旧币已被收回93.1%,1935年6月收回率更高达97.1%[①]。这时,日本政府通过伪满洲中央银行及其强制推行的钞票,已控制并掌握了我国东北的金融机构和金融命脉。

在日本侵略者通过成立傀儡政府伪满洲国和成立伪满洲中央银行,对九一八事变之前存在的中国东北方面的金融机构实施控制的同时,原有日本在中国东北的金融机构和势力中,除有代表性的两家银行朝鲜银行和正金银行外,1935年6月时,以正隆银行为代表的日本其他民间银行共有13家。这13家银行共有实收资本1 913万元,公积金246万元,各项存款中金票26 000万元、钞票897万元、国币2 540万元;各种贷出项目中金票24 000万元、钞票603万元、国币3 066万元[②]。与记载1930年时日本银行数量的统计表2-19相比,日本民间银行的数量减少了两家,但日本政府的代表银行朝鲜银行的势力却有明显的增长。从1931年6月末开始到1936年末,朝鲜银行在东北开设了8家支店,使得朝鲜银行在满洲的支店数达到22家,职员数从215名增加到329名。1935年12月时,朝鲜银行发行的金票总数额中有60%即一亿二三千万元在满洲流通[③]。与统计表2-20显示的1927年时朝鲜银行在东北流通的钞票4 000余万元相比,增加了2倍。1932年12月到1936年12月间,朝鲜银行的存款从1.23亿元增加到2.71亿元,贷款从6 000万元增加到1.22亿元,在4年间均

---

① 安富步:《"满洲国"の金融》,第41、48页。
② 这些数字中的金票为朝鲜银行发行的以金为本位制的货币,钞票为正金银行发行的以银为本位制的银元券,国币为满洲中央银行发行的货币。上述数字见满洲事情案内所报告36:《满洲通货及金融的过去和现在》,第201页。
③ 满洲帝国政府编:《满洲建国十年史》,原书房1969年版,第503—504页。转引自安富步:《"满洲国"の金融》,第96页。

增长了 1 倍左右①。1934 年时,在对东北特产品领域的贷款中,正金银行占 46%,朝鲜银行占 26%,而伪满洲中央银行只占 1%②。由此可以想见,日本通过本国银行对东北物产的直接控制已达到了完全垄断的程度。

然而,即使如此,日本政府仍然认为不满足,利用 1934—1935 年白银上涨、日元放弃金本位制的机会,日本大藏省次官津岛寿一和伪满洲国财政部长星野植树发表共同声明,宣称在 1935 年 12 月 10 日开始的"这个时点",将"满洲国编入日本元金融圈"③。这个声明实际上是直接将满洲的金融纳入日本金融势力范围中,与日本金融合成一体的公开宣布。

1931 年的九一八事变进一步改变了中国东北的金融局面,通过九一八开始的赤裸裸的侵略,日本使用暴力强行切断了中国东北和内地的联系,将中国东北变成了自己的殖民地。在此过程中,日本金融势力从过去通过满铁沿线,以大连为中心的"点和线"的势力分布,一改而为通过伪满洲国从"面"上直接占支配统治的格局。仅仅通过伪满洲中央银行和日本的朝鲜银行,日本就已经实现了"全面掌握满洲金融"④的目的。

四、抗战期间关内的外资银行

抗战期间关内的外资银行主要分为两个部分,一是华北地区的日伪银行;二是汪伪政权建立的以伪中央储备银行为首的傀儡银行体系。现分别简介如下。

---

① 朝鲜银行研究会编:《朝鲜银行史》,东洋经济新报社 1987 年版,第 440—444 页。转引自安冨步:《"满洲国"の金融》,第 97 页。
② 满洲国实业部临时产业调查局编:《特产交易事情》(上卷),1937 年版,第 530、538 页。转引自安冨步:《"满洲国"の金融》,第 97 页。
③ 安冨步:《"满洲国"の金融》,第 98 页。
④ 同上书,第 44 页。

1. 七七事变后的华北地区金融业

1937年八九月间,日军侵入内蒙古、张家口、大同和归绥一带。这些地区原来的货币状况十分复杂,除中国、交通两银行发行的钞票之外,尚有当地金融机构发行的各种钞票。日军侵入后,为控制当地金融,采取了一系列措施:首先是在1937年8月底成立所谓"察南自治政府",9月23日宣布设立察南银行,同年10月1日该行正式开始营业,其后为加强实力计,进一步扩大该行的组织,改为蒙疆银行,于同年11月13日宣布成立,12月1日正式接收察南银行,开始营业。该行的成立实际是作为全蒙疆的中央银行,成为统一发行钞票及统制全蒙疆地区的最高金融机关①。

蒙疆银行成立后,即以"银行之银行"的地位,利用各地钱庄共同出资(各出资百万元),在各自政府所在地设立一家实业银行,由蒙疆银行操纵指挥,各行负责人均以参加股份钱庄的代表担任。此外尚设日籍指导员一人,由蒙疆银行指派、管导一切行务。

蒙疆银行控制指挥下的傀儡银行共有三家,具体情况如下表所示。

表2-21 日伪蒙疆银行控制下的
傀儡银行详情表

单位:元(蒙银券)

行名	资本定额	实交	总行地点	分行处所在地
晋北实业银行	1 000 000	蒙银:500 000 各钱庄:116 250	大同	阳高、天镇、左云、岱岳镇、口泉镇、朔郡、应郡、浮源、泽源、广灵
察南实业银行	1 000 000	蒙银:500 000 各钱庄:379 000	张家口	宣化、蔚县、阳原、怀来、涿鹿、赤城、淮安、龙关、沙城镇、紫沟堡、张家口上堡、张家口桥东等处
蒙古实业银行	1 000 000	蒙银:500 000 各钱庄:345 500	归绥	包头、集宁、丰镇、萨拉斋、厚和、新城、旂下营

资料来源:谭玉佐编著:《中国重要银行发展史》,台北联合出版中心1966年版,第523页。

---

① 谭玉佐编著:《中国重要银行发展史》,台湾台北联合出版中心1966年版,第522页。

此后 1942 年 5 月间,这三家银行改组合并成为同和实业银行,"资本 500 万元,于三十一年(1942)六月正式设立"。据调查,控制这几家傀儡银行的蒙疆银行,"总裁为日人宗田征夫……监理官一职,系由日人柴山兼任。该行原定资本为一千二百万日元,后增为四千五百万元,但大部现金准备(硬币)早经运日,而以牛、羊、马及乳酪等实物为基金,发行钞券"①。

另一家重要的日伪银行是 1938 年 3 月成立的伪中国联合准备银行。1937 年 12 月,汉奸王克敏在日本的扶植下于北平组织成立了伪中华民国临时政府。在伪临时政府成立前的 9 月 12 日,如上所述,日本内阁会议就决定了《华北金融对策要纲》。这项"要纲"的计划很明显,就是不仅要积极利用河北省银行,而且要加以扩充,实现由中国人开设的各银行共同出资建立联合准备制度的目标。但只过了两个月,11 月 26 日,日本内阁会议上原来的《华北金融对策要纲》中积极利用河北省银行的方案,就被调整为《华北联合银行设立要纲》,规定银行资本由伪华北政权和在华北的中国各银行分别出资半数,伪临时政府的出资由日方援助。日本此时的打算,是将华北联合银行"作为伪临时政府的中央银行,负有华北通货金融统制机关的职能"来设计和定位了。该银行"设置预定由日本人担任的顾问制度",目的是保证能够由"日本金融当局掌握联银的权力"②。

以这项"要领"为基础的联合银行营业条例于 1938 年 2 月 5 日正式公布,当天由正金、朝鲜、日本兴业三家日方银行向伪临时政府提供总额 1 250 万元的贷款以助其成立。而联合银行的组织及业务方案,均由日方创立委员会拟定,目的就是要伪中国联合准备银行"必须按日本方面的基本方针强制贯彻执行"。

伪中国联合准备银行于 1938 年 2 月 11 日成立,于当年 3 月 10 日

---

① 谭玉佐编著:《中国重要银行发展史》,第 524 页。
② 〔日〕浅田乔二等:《1937—1945 日本在中国沦陷区的经济掠夺》,袁愈佺译,复旦大学出版社 1997 年版,第 185 页。

正式开业。伪临时政府于3月11日立即公布下述有关法令：(1) 规定联银发行的纸币为国币；(2) 公布旧通货的整理办法；(3) 关于扰乱金融取缔办法；(4) 规定联银券对外价值与日本元等价①。伪中国联合准备银行总行设于北平，另在各重要城市设立分支处，同时仿照蒙疆银行的做法，在各重要城市里从中策动，另行筹设地方银行，由伪中国联合银行担任资本半数，余则就地征集，以树立其统制金融的权威。

伪中国联合准备银行总行和分支行设立情况如下表所示。

表2-22 伪中国联合准备银行总分支行设立情况表

总行设立地点及日期	分行设立地点及日期		办事处设立地点及日期
北平(1938年3月10日)	天津（1938年3月10日）	青岛（1938年4月6日）	威海卫（1939年2月6日）
	济南（1938年4月6日）	石家庄（1938年4月15日）	龙门（1939年6月5日）
	唐山（1938年4月20日）	太原（1938年11月1日）	秦皇岛（1939年10月14日）
	烟台（1938年11月1日）	山海关（1938年11月28日）	塘沽
	新乡（1939年2月8日）	临汾（1939年2月18日）	
	运城（1939年2月23日）	开封（1939年4月20日）	
	徐州（1939年5月16日）	海州（1939年6月1日）	
	秦皇岛（1939年10月17日）		

资料来源：谭玉佐编著：《中国重要银行发展史》，台北联合出版中心1966年版，第524—525页。

---

① 〔日〕浅田乔二等：《1937—1945日本在中国沦陷区的经济掠夺》，第186页。

伪中国联合银行除了直接设立的分支行处外,还有一批由其出资帮助成立和受其控制的银行,这些银行大部分都在 1939 年后成立,其中各家银行一半的资本金都由伪中国联合准备银行出资设立,这些银行的具体情况可参见表 2-23。这些银行中,"河北及冀东两行在日本帝国主义占领华北之前就已接受日本方面的参加;中国、交通两行在太平洋战争爆发后被接收编入联银伞下,其余的银行都是由联银全部或半数出资,其中的山东农业银行是以旧山东省民生银行为基础;1944 年设立的华北工业银行是以发展轻工业为目的并继承中华汇业银行债权和债务的银行。其余的四家据称是'分别由山东、河南、山西各省有力人士提出新银行计划而由本行(指联银——引者)援助创立的'"。这些联银控制的地方银行的职能,主要是分担联银"地方农业、工业和商业等方面的业务,并代理联银执行供应货币和吸收存款的业务"[①]。

表 2-23　伪中国联合准备银行控制下的银行概况表　　单位:百万元

行　　名	设立年月	实收资本	联银出资	存款	放款
河北省银行	1929 年 3 月	3.0	1.5	46.8	57.8
冀东银行	1936 年 11 月	2.5	1.25	28.3	29.3
大阜银行	1939 年 8 月	1.5	0.75	17.9	13.0
鲁兴银行	1939 年 9 月	1.5	0.75	16.4	12.3
河南实业银行	1940 年 8 月	0.5	0.25	7.5	3.8
山西实业银行	1941 年 7 月	1.5	0.75	7.6	2.0
山东农业银行	1942 年 3 月	5.0	2.5	3.2	1.9
中国银行	1942 年 10 月	6.0	3.0	19.0	11.2
交通银行	1942 年 10 月	5.0	2.5	17.1	7.7

① 〔日〕浅田乔二等:《1937—1945 日本在中国沦陷区的经济掠夺》,第 227 页。

续 表

行　名	设立年月	实收资本	联银出资	存款	放款
华北储蓄银行	1943年3月	1.0	1.0		
华北工业银行	1944年10月	10.0	5.0		
合计		37.5	19.25	163.8	138.9

说明：(1)河北省银行原为河北银行，1942年7月改名为河北省银行。(2)存款放款数字均为1942年底数字。
资料来源：联银顾问室：《中国联合准备银行五年史》(1944年)，第65—66页。转引自浅田乔二等：《1937—1945日本在中国沦陷区的经济掠夺》，第226页。

伪中国联合银行成立后，在开业的同时即开始对其他所谓旧通货进行清理，清理的主要对象是法币。其对此前通货的主要清理办法规定如下：

第一条　中国联合准备银行发行之货币定为国币，一切款项之支付必须使用之。

第二条　原来流通之中国银行及交通银行发行之纸币（券面印有天津、青岛或山东字样）、河北省银行及冀东银行发行之纸币限于本办法施行之日起满一年内得以流通。前项列举之纸币对国币暂时按一元对一元之比率流通。

第三条　原来流通之中央银行发行之纸币及前条印有地名以外之中国银行及交通银行发行之纸币限于本办法施行之日起三个月内得以流通（下略）。

第四条　原来流通之纸币在第二条及第三条未予列举者，按前条办理，限于三个月内得以流通……[①]

1938年6月10日，中国、交通两行的北方券及河北省、冀东两银行以外的银行券一律被禁止流通，同年8月7日对中、交两行北方券实行

[①] 联银顾问室：《中国联合准备银行五年史》(1944年)，第8—9页。转引自浅田乔二等：《1937—1945日本在中国沦陷区的经济掠夺》，第187页。

贬值10%,到12月31日又强行贬值30%,同时精心策划对法币的进攻。1939年3月10日,河北省、冀东银行券以及法币也一律被禁止流通。与此同时,也在积极回收在华北流通的属于日系通货的日银券、朝银券、满洲中央银行券和蒙银券等,极力推动联银券的使用,也因此,伪联银券的发行额得以急剧增加。表2-24中的数字就显示了这一点。

表2-24 日军占领地区通货发行额统计表　　　单位:百万元

时　间	蒙银券	联银券	军票	华兴券	储备券
1937年12月	13		1		
1938年6月	18	59	1		
1938年12月	36	162	36		
1939年6月	32	264	131	0.6	
1939年12月	60	458	151	5.1	
1940年6月	57	599	160	5.6	
1940年12月	93	715	248	5.6	
1941年6月	66	690	271		65
1941年12月	114	964	244		237
1942年6月	83	937	251		1 172
1942年12月	143	1 581	381		3 477
1943年6月	176	1 949	471		9 122
1943年12月	379	3 762	487		19 150
1944年6月	418	5 995	436		38 359
1944年12月	1 058	15 841	671		139 699
1945年6月	1 818	55 391	1 494		738 723
1945年8月	3 600	132 603	2 516		2 697 231

说明:发行额各种资料数字多不一致,据(1)日银统计局《战时金融统计要览》(1947年)第157—158页(《日本金融史资料》昭和篇第30卷),(2)兴亚院经济部第四课《华中通货情况参考书》(1942年6月)[秋元文书(54)]。

资料来源:转引自浅田乔二等:《1937—1945日本在中国沦陷区的经济掠夺》,第188页。

从统计表中的数字可知,上述这些日系银行,在1937年全面抗战爆发后,其纸币发行数字都有明显的增长。但是,其中发行纸币增长速度最快的有两家,一家是伪中国联合准备银行,另一家就是华中汪精卫政权控制下的伪中央储备银行。

在1941年12月太平洋战争爆发之前,日军虽可以通过这些金融机构进行金融上的劫持,但对于英美等国在华北地区的金融机构和势力尚有顾忌。自太平洋战争爆发后,日军遂毫无顾忌,1942年1月上旬对平津两地的英国汇丰、麦加利,美国的花旗、大通和我国之中央、中国、交通等银行全数接收,国民政府存于天津英租界的白银亦被攫去,充作伪中国联合准备银行之资金。到三四月间,更是假借整饬金融为名,对平津等地银钱业实行彻底之清查,规定每庄号资本最低额需在50万元以上,并限定以资本之半数存放于伪联合准备银行。就天津一地而论,以不符规定致被迫停业之钱庄数达六十余家,其余能够继续经营者,亦在严酷操纵下苟延残喘而已。

在平津一带为中心的华北地区,自伪中国联合储备银行成立并发行联银券后,日伪即以其作为主要的通货使用。伪联银券发行之初,与日钞等价行使,并与国民政府发行的法币等值联系,其对外汇价早期系随日元对英镑连锁制,每元银联券合英镑一先令二便士,其后以战局关系,于1939年12月14日改随日元与美元相联系,每百元折合二十三美元又十六分之七。

伪联银券发行后,进入社会和市场流通主要采用以下的这些方式:

(1)充作财政支出,以军饷和政府所发薪资的方式进入社会及市场。

(2)伪联合准备银行以联银券分送各银行,强迫各银行接受,以为存款。

(3)收购物资,经营实业。利用敌伪统制机关以伪钞收购货物,设立各种公司(如华北交通、华北盐业等),以伪钞充作资本经营各种实业。

（4）以伪钞充作其他伪行及合作社资本。如伪联银曾贷款 800 万元给"冀东银行"，充作该行营运资金。同时还担任河南实业银行、青岛大阜银行及济南鲁兴银行资本之一部分。另外，当日伪在华北设立合作社时，伪联银券也被充作资本。

（5）日军同样要求日侨使用伪钞。驻留平津的日人，需向日本银行或伪行以日元兑换伪联银券使用，日人间的交易，亦禁止使用日钞，日人到华北地区旅行者，亦需兑换伪联银券使用。①

2. 汪伪政权控制下的金融业

上面提到，在日本占领区日系银行发行纸币最多的有两家，分别是伪中国联合准备银行和汪精卫汉奸政权成立的伪中央储备银行。1940 年 3 月 20 日，汪精卫集团在日本帝国主义扶植下，以"还都"为口号在南京建立起伪政权"国民政府"。1940 年 12 月 19 日，在日本的直接策划、指导和干预下，汪伪政府公布了《中央储备银行法》，该法共 6 章 31 条，规定：该行为伪国民政府设立之"国家银行"，资本总额为 1 亿元，由"国库"拨足；可招募商股，但不得超过 40%；主要业务为发行本位货币、辅助货币、兑换券，经营"国库"，经理接收内外债券及本利支付结算，经理收付"国营"事业资金，管理"全国"银行储备并经理各行间汇拨结算事宜，代理地方公库及公营事业资金之收付，汇收存款及"国库"证券、公债息票之贴现，国内银行承兑票、国内商业汇票及期票重贴现，买卖国内外银行到期汇票、支票，买卖生金银及外国货币，抵押贷款、放款等②。

1941 年 1 月，作为汪伪政权中央银行的伪中央储备银行在南京设

---

① 谭玉佐编著：《中国重要银行发展史》，台湾台北联合出版中心 1966 年版，第 527 页。

② 中国第二历史档案馆编：《中华民国史档案资料汇编》第 5 辑第 2 编附录（下），江苏古籍出版社 1997 年版，第 952—958 页。

立,随后分别在上海、苏州、杭州、蚌埠、宁波等城市设立分行,并在芜湖、南通、无锡、嘉兴、扬州、日本东京等城市设立办事处。伪中央储备银行由伪政权行政院副院长兼财政部部长周佛海担任总裁,金城银行大连分行经理钱大櫆担任副总裁。理事会、监事会也同时成立,周佛海、钱大櫆分任正副主席,罗君强任监事会主席。伪中央储备银行总行及重要支行设顾问室,日本人木村增太郎、吉川智慧丸为总行顾问室顾问。总行之下设业务局、发行局、国库局、外汇局、总务处、稽检处、秘书处、无线电台等,并在上海设立金融检查事务处,在南京设分处,统一管理金融检查事务。

伪中储行设立后,立即发行伪中央储备银行券(以下简称伪中储券),伪中储券发行时规定流通范围为华北、华中和华南,但华北地区暂缓实行,故实际流通范围只有华中(包括南京、上海等华东地区)和华南。

伪中储行是汪伪政权在金融领域中最重要的金融机构,汪伪政权希望通过其设立达到以下几个目标:首先是与西撤到西南地区的国民政府争夺政权的正统地位和合法性。汪伪政权打着承继南京国民政府"党统""法统""三民主义建国方略"的幌子,在不抵触日本的前提下,保留绝大部分原南京国民政府的政治体制,再按照1937年3月国民党中央政治会议通过的改组中央银行为中央储备银行的决议,将筹建中的伪中央政权的银行定名为"中央储备银行",以示自己政权的正统性和合法性。其次,是想通过设立伪中央储备银行来奠定和维持伪政权的财政问题。当时,华中经济惨遭破坏,日本军票在日本军部的控制下大肆掠夺,而把持华中沦陷区财政的日本,又拒绝将存于横滨正金银行的江海关关税返还于汪伪,"汪伪政权成立前,只准以借款形式借4 000万元",而根据1940年3月30日汪伪政府财政部长周佛海与日本横滨正金银行上海支店经理岸浪义质签订的《四千万元借款契约》和《谅解事项》规定,这4 000万元法币存在横滨正金银行的存款账户上,可分四次提取,分别是3月30日1 500万元,4月30日1 000万元,5月30日

1 000万元,6月30日500万元,汪伪政府在"提取该款时要告知正金银行数额和现金种类,并且同意接受军票和华兴券"。再加上这时江、浙、皖三省的统税和整个华中地区的盐税也掌握在日本的手中①,汪伪政权要筹集和维持伪政府运作的资金,不得不从设立自己能够掌控的银行着手,中央储备银行就是在这样的背景下出笼的。汪伪政权是企图通过设立伪中央储备银行来复兴华中经济,进而实现解决政府财政问题的目的。其三,对抗坐镇重庆的国民政府。汪伪政权借日本之力成立伪政权,目的便是逐渐成为中国的"合法"政府。所以除了在"名分"的"正统性"上与重庆国民政府相抗之外,也在经济举措上与之对抗,对其施行打压行动。伪中储行的设立形成了国民政府、汪伪政府与日本政府三方金融势力角逐的局面。其中日本与汪伪从总体上是相互利用的关系,他们联合起来与国民政府对抗,"从全局角度看,重庆国民政府是守方,汪伪政府和日本政府是攻方"②。

伪中央储备银行的业务是典型的殖民地银行,业务大权完全掌握在日本手中,一切重大决策和业务活动均需受命于日本对华进行经济侵略的统帅机关"兴亚院"。日本则通过如下几种手段对其进行控制:首先是顾问制度。日本先后派进伪中央储备银行的顾问、副顾问和顾问辅佐有37人③。顾问的权力很大,伪中储行对外数额较大的贷款、借款、放款,都必须经顾问室审核批准,伪中储行业务局和上海分行仅仅是办理手续而已。伪中储券的印刷发行都由顾问室筹划决定,连发行局局长也无权过问。其他如重要规章制度的建立、对外重要文件的签发、科长以上人员的任免等,都要事先请示顾问同意后方可办理。副顾

---

① 朱佩禧:《寄生与共生:汪伪中央储备银行研究》,同济大学出版社2012年版,第17页。
② 朱佩禧:《角力上海:伪中央储备银行成立及其原因探析》,《江苏社会科学》2007年第5期,第158页。
③ 《历史档案》1982年第4期,第132页。另一说有40多人,见政协上海市委员会:《文史资料选辑》总34辑(1980年第5辑),上海人民出版社,第155页。

问大久保太三郎还兼任日本银行驻上海办事处处长,他们幕后策划各种金融措施,通过上海的横滨正金银行和伪中储行贯彻执行,以控制沦陷区的金融。其次,日本方面规定"中央储备银行"的外汇收入必须存入日本银行。这样,伪中央储备银行的外汇就全部都转为日元,实际上由日本银行调度使用。其三,1942年8月,正金银行上海支行与伪中央储备银行签订《军用票与中储券之互相存放款契约》,名义上是互相存放款,但根据契约规定,正金银行上海支行需要中储券时,只要在账面上空收一笔军用票作为伪中央储备银行的存款,而后者就得对等地按18∶1的比例折合中储券,作为正金银行上海支行在伪中央储备银行的存款,由正金上海支行任意支用。第四,日本各级军政和特务机关可对"中央储备银行"进行经常性的检查和监督①。

中央储备银行设立后,配合日本方面的计划,首先的攻击目标就是国民政府货币体系中最重要的一环——法币。日伪攻击法币的过程分为以下几个阶段:

伪中储券首先在成为"孤岛"的上海投放,并宣称"所发钞票皆为法币,举凡纳税、汇兑及一切公私往来,一律行使",并规定"关于现在流通之各种法币(指此前中、中、交、农银行发行的钞票),皆准与中央储备银行券等价流通"②。这时日伪允许原来的老法币与伪中储券等价流通使用,一是借助法币威信推广伪中储券的发行,二是利用法币套取外汇。日本的意图在于以中储券套取法币,利用法币与外汇的挂钩关系套取外汇,在驱逐法币的同时掠夺中国的物质。

汪伪政权极力推动中储券的流通和使用,但中储券没有现银准备,又是伪政权发行的纸币,要与老法币等价行使,难度不小,特别是在以上海为中心的华中地区受到老百姓的抵制。汪伪政权不得不制定《妨

---

① 姚会元:《日本对华金融掠夺研究(1931—1945)》,武汉出版社2008年版,第236页。

② 洪葭管:《中国金融通史》第四卷,中国金融出版社2008年版,第368页。

害新法币治罪暂行条例》,又硬性规定关盐税等"中央"税收一律只收伪中储券,日军支出的军费和日商收购物质的资金均用伪中储券支付。

但是,伪中储券的推广却并不顺利。这期间,伪中储券难以推进流通的原因还有重要的几点:一是英美国家对中储券的态度有所抵制,而且中储券无法兑换英镑或美元;二是中储行本身受日方顾问室、大使馆、军部、兴亚院的多头指导,这些部门本身存在部门利益和矛盾,影响政令实行;三是重庆国民政府坚决抵制中储券,宣称中储行是日本的"傀儡银行",不予承认。使得英美列强和沦陷区民众拒绝接受中储券,直接影响到其流通。中储券发行后,四联总处饬令中、交两行上海分行拒收伪券,并要求在上海的外国银行(英国汇丰银行、美国花旗银行等)不给中储券挂牌,拒绝承认中储券为法定货币[①]。也因此,中储行设立后,中储券的发行并不顺利。

1941年12月太平洋战争爆发后,国内外形势又发生巨大变化:上海在太平洋战争爆发前的"孤岛"时期,战前开业的所有外国银行业务上基本不受大的影响,仍继续开业,只有英国的大英银行于1939年并入麦加利银行。英国的汇丰银行、麦加利银行和美国的花旗银行、大通银行除了经营一般的银行业务外,还应中国财政金融当局之托,在法币的外汇储备和汇价的维持方面提供了一些合作和支援。汇丰银行和麦加利银行还参加了1939年中英货币平准基金,分别出资300万镑和200万镑[②]。

1941年12月8日日本偷袭珍珠港,太平洋战争爆发后,日军立即占领了上海租界,在租界的外国银行被日军强行接管和清理。这些银行中,包括英国的汇丰银行、麦加利银行、有利银行和沙逊银行,美国的花旗银行、大通银行、运通银行和友邦银行,荷兰的荷兰银行、安达银行和比利时的华比银行均被日军接管。此时在上海的外国银行,除了德法意的几家

---

① 朱佩禧:《寄生与共生:汪伪中央储备银行研究》,同济大学出版社2012年版,第53页。

② 洪葭管:《中国金融通史》第四卷,中国金融出版社2008年版,第361页。

银行外,其余均是日本籍的银行。其中上海银行、天津银行、汉口银行、济南银行系地方性小银行,三井洋行、三菱银行、住友银行系其日本国内大银行的分行,横滨银行、朝鲜银行和台湾银行三家银行的许多业务活动则更是直接为日本军国主义的经济金融侵略服务,尤其是横滨正金银行在为日军提供军费、霸占关税、抢购外资、垄断信贷等方面发挥过重要作用。这时这三家日本银行也代表日本军方去接管英美籍的大银行,其分工是:三井洋行接管麦加利银行,三菱银行接管花旗银行,住友银行接管大通银行。本来就是日本政府用于发展对外贸易、扩张对外势力而设立的横滨正金银行,这时更成为军方依赖的重要角色。它一家接收的就有最重要的汇丰银行、沙逊银行、华比银行等8个机构。它在霸占金融市场、掠夺金融资源、垄断信贷、抢购物资等方面起了独特的作用①。正如它自己宣称的:"大东亚战争在各地的制胜,说它的成功大多是由于正金为之付出了巨大的努力,也是不过分的。"②

太平洋战争爆发后日军进入上海租界"接管"外国在华银行的情况,如下表所示。

表 2-25 太平洋战争爆发后日本在沪银行"接管"外国在华银行和金融机构情况表

被接管的外资银行和金融机构名称	负责"接管"的日本银行名称	备 注
(英)汇丰银行	横滨正金银行	
(英)沙逊银行	横滨正金银行	
(英)通济隆公司	横滨正金银行	有发行旅行支票等银行业务
(美)美国运通银行	横滨正金银行	

---

① 洪葭管:《中国金融通史》第四卷,第361—362页。
② 中国人民银行吉林省金融研究所编:《横滨正金银行史料》,中国金融出版社1992年版,第4页。

续 表

被接管的外资银行和 金融机构名称	负责"接管"的 日本银行名称	备 注
(美)美丰银行	横滨正金银行	实已停业,在清理中
(英)达商银行	横滨正金银行	
(英)汇众银公司	横滨正金银行	银公司,未加入银行公会
(英)麦加利银行	三井洋行	
(美)花旗银行	三菱银行	
(美)大通银行	住友银行	
(荷)荷兰银行	台湾银行	
(荷)安达银行	台湾银行	
(美)友邦银行	台湾银行	
(英)有利银行	朝鲜银行	在东北的朝鲜银行合并为满洲兴业银行,在上海的朝鲜银行尚在营业

资料来源:洪葭管主编:《上海金融志》,上海社会科学出版社2003年版,第184—185页。

太平洋战争爆发后,日军在进占上海租界和香港,"接管"外国在华银行的同时,也关闭了国民政府在上海租界的中央、中国、交通和农民银行。外国在华银行被"接管"和国民政府在上海租界中的银行被关闭,导致法币外汇市场消失,利用法币套取外汇的功能亦随之结束。因此,日伪决定从华中和华南驱逐法币。1942年1月31日,兴亚院制定了《大东亚战争开始后华中通货金融临时处理要纲》,其主要内容如下:

> 以打倒旧法币为目标,当前应积极采取压迫的姿态,同时切断新旧法币的等价关系;在将旧法币向敌区驱逐的计划下,应逐渐积极扩大各部门、各地区强制行使新法币的范围,借以促进旧法币逐渐禁止流通的措施;中央储备银行应立即竭力压缩新法币对旧法

币的兑换……中央储备银行应立即取消新法币与旧法币的等价交换,同时取消日元对旧法币的兑换牌价……

为使中央储备银行成为银行之银行得以指导华中的金融,亟需加强该行对中国人开设的银行及钱庄的统制力,为此采取以下措施:A. 中央储备银行应从速在各地开设分支机构,不仅限于长江三角洲地带,汉口地区亦应开设。B. 从速实行贸易及汇兑管理,剥夺旧法币的贸易通货机能……南洋地区的汇兑由中央银行集中办理。

鉴于储备银行必须尽可能早日成为我方筹措军费及其他必需资金的银行起见,应即相应对该行顾问制度进行调整扩充,进一步加强我方对该行的控制,同时使该行的经营得以全面配合我方的政策。由于这种关系,为我方便于获得新通货起见,中央储备银行必须更积极地向日本方面的银行存款或放款……①

在此政策指导下,1941年5月12日,日本"兴亚院"制定《关于华中通货整理措施的规定》,"对旧法币的攻击进一步彻底进行,使新法币(指伪中储券)及早成为华中唯一的基本通货"②。实际上,还在3月23日时就将法币与中储券等值的比价改变,规定老法币100元只能兑换伪中储券77元,以后进一步快速贬值,5月20日100法币可兑换伪中储券74元,5月22日66元,5月23日60元,5月25日53元,5月26日50元③。从3月23日开始,短短两个月时间里,日伪将法币与伪中储券的比价由等价贬值到2∶1。在这种贬值和打压的过程中,中国民众遭受的损失无法计算。《通货整理措施》中,还对华中地区流通的日本军票兑换中储券的比价固定为中储券100元兑换军票18

---

① 《中国事变军票史》,第232—233页。转引自浅田乔二等:《1937—1945日本在中国沦陷区的经济掠夺》,第232—233页。
② 浅田乔二等:《1937—1945日本在中国沦陷区的经济掠夺》,第235页。
③ 同上。

元,从 3 月 21 日开始按照这项固定比价进行交易。"从此以后原来从属于法币、跟着法币转动的中储券,在军票＝日本元这一虚构的关系上,也就以 18 元的固定比率加入日本元的领域,到日本战败为止,名义上一直维持这一比率。这样,中国整个占领地也就被囊括进入了日元领域。"①

1942 年 5 月 12 日日本兴亚院制定《关于华中通货整理措施的规定》时,对于法币的全面兑换以及禁止流通,规定了具体措施。措施规定,兑换业务由中储行执行,对于回收的法币采取付给公债或以储备券存款转账的办法,"以抑制储备券的发放"。5 月 31 日,汪伪政权公布了《整理旧法币条例》,规定回收的法币除了辅币之外以中央、中国、交通三行发行的法币为限,回收的地区收缩为苏浙皖三省及上海、南京两特别市。同时还公布了《金融稳定公债条例》,均从 6 月 1 日起施行。这项公债条例是企图使法币转化为中储券面额的公债,来抑制中储券的供给数量。公债年息五厘,20 年还本,并规定不得转让,发行条件极为苛刻和不利。兑换时限规定从 6 月 1 日起到 21 日,到了 6 月 23 日,汪伪政权公布《禁止旧法币使用办法》,即日起施行,首先在南京、上海禁止使用法币。其他各地的兑换和禁止法币流通也在同样进行,但由于各地的兑换和禁止是分地区、分时期进行的,以至于法币流通被禁止的时间并不相同。"蚌埠、芜湖等地禁止流通是在 12 月 1 日,汉口是在 8 月 24 日,九江、南昌等地则是在次年 2 月 15 日。"各地回收的法币共计 112 800 万元,"其中回收的 75％集中在上海"②。

在推进伪中储券的过程中,涉及日本在占领区流通的日元、军用票和伪维新政府发行的伪华兴券。1937 年 11 月 5 日日军在杭州湾登陆后开始发行军用票,军用票发行的依据是日本内阁决定的军用票管理

---

① 浅田乔二等:《1937—1945 日本在中国沦陷区的经济掠夺》,第 235 页。
② 同上书,第 236—237 页。

办法第一条:"政府为便于供应军费开支,在预算范围内发行军用手票","对于军票发行额及发行准备都没有任何规定。"①军用票与日本通货间也不能进行兑换,两者之间名义上维持等价,实际上这种没有发行准备且不能兑换的军用票,是一种便于日本侵略军掠夺中国物资的手段,军用票与日元等价的说法不过是一种欺骗。

1937年12月,上海和南京设立军用票交换所,以便于与日本控制的通货相交换,同时成立军用物质交换所,"真实目的是推广军用票发行,以备军费开支和军需物质的套购"②。1938年底,军用票的发行额为3 600万元,以后逐渐增多,1941年底为24 400万元,1943年底为48 700万元,1944年底为67 100万元,1945年8月一举猛增至251 600万元③。这种没有发行准备且大量印刷流通的军用票的使用,实际是一种明目张胆的掠夺。特别是如前所述,1941年日本兴亚院制定的通货整理措施中将中储券对军用票的比价固定为100∶18,这种比例一直维持到日本战败投降为止没有改变,就更是一种大规模的抢劫行为。

伪华兴券是1939年5月日本扶植的以梁鸿志为首的伪维新政府在上海设立的华兴银行所发行的货币。这种伪华兴券以法币为发行准备,名义上属日元集团,与伪满中央银行券、伪联银券、伪蒙疆券等无联系,其用心是不排斥法币并与之等价流通,以便于掠夺物质,套取外汇,但后来脱离法币的汇价水平,自己单独订立汇价,由于并无外汇储备,难以取得成效,等到汪伪中央储备银行成立,这家汉奸银行也就很快被取代了。它已发行的钞票,按照"伪华兴券100元折合伪中储券240元的比率,全数由该行(中储行)收回。此后经营一般商业银行业务,直至

---

① 清水善俊:《中国事变军票史》,第4页。转引自浅田乔二等:《1937—1945日本在中国沦陷区的经济掠夺》,第192—193页。
② 洪葭管:《中国金融通史》第四卷,第369页。
③ 浅田乔二等:《1937—1945日本在中国沦陷区的经济掠夺》,第188页。

日本投降后由国民政府接受清理"①。伪华兴券和法币被收兑完毕,伪中储券便成为华中地区唯一的基本通货。

而如前所述,1942年8月,正金银行上海支行与伪中央储备银行签订了《军用票与中储券之互相存放款契约》,成为华中地区唯一基本通货的伪中储券,也就更容易按照日本侵略者的意志成为侵略军的军费、汪伪政权的政务费以及日本收购物品和资源的货币。

五、外资银行与近代中国资本市场的关系

从总体上回顾和考察,外资银行在近代中国的出现,比中国自己创办的银行早了近半个世纪。依托于成熟的体系、雄厚的资本和不平等条约的庇护,外资银行很长的时间里一直在近代中国的金融领域中处于统治和操控的地位,是帝国主义者对华经济侵略的首要工具和中心机关。他们对华的种种侵略措施,很大部分是依仗着这个金融机关来执行和实现的。这一点,正如学者吴承禧所总结的那样:"自从1865年以来,中国历次所借的外债,有几次不是通过外籍银行的手而取得的?中国目今所有的铁路,几乎全部都是依赖外国资本而建筑的,然而,历来的铁路借款,又几曾有一次和外国的银行或是银行团脱离关系?在华的进出口洋行,几乎完全包办了中国的进出口贸易,然而,这些洋行又有哪一家不是和他们各该国在华银行相依为命?"②

而且,外资银行更因为通过种种不平等条约以及通过种种政治借款和铁路电讯等的投资,在很长一段时期里直接间接地控制了中国的国家财政,把持了中国财政收入的重要部门,如关税与盐税;攫取了中国各种矿山的开采权;占据了中国基本工业的重要部门,如煤与

---

① 洪葭管主编:《上海金融志》,第173—174页。
② 吴承禧:《中国的银行》,商务印书馆1934年版,第106—107页。

铁;操纵了中国各地的交通命脉,形成了所谓各国在华经济的势力范围等。

正因为如此,在近代中国资本市场上,外资银行的直接或间接影响都十分巨大。譬如,在近代中国,外资银行凭借不平等条约的保障,趁着中国的金融组织与信用制度还没有发展起来的时候,已经发行了巨量的纸币,流通国内,赚取国内的资财[①]。其次,外资银行趁着中国国内政治局面的混乱不安,从晚清到民国,收受了遗老大臣和军阀官僚的大量存款。第三,凭借着经收外债借贷与对外赔款的缘故,外资银行曾经把持了经收保管我国大部分关税与盐税二十余年,而这些税收资金成为外资银行资金的挹注,使得外资银行的资力更加充实和灵活,从而有更多底气对近代中国的金融和其他事情进行干预。

具体而言,外资银行依仗自身雄厚的资金和在中国赚到的资财,进一步用在攫取更大收益和增强其本国在中国利权的多个领域。第一,它们会把资金用于接济辅助各该国在华的进出口商人,一方面以在一定数额内可以随时向银行透支款项的方式,资助出口洋行金融,使其得以按时有利地收买中国的土产出口;另一方面外资银行又与国外的银行互通信息,互相联络,给洋行进口运销外货提供各种方便。第二,它们直接或间接地投资于中国铁路的建筑。第三,它们贷款给中国政府,有时候还对卖国肥己的腐败官僚们作种种暧昧的政治借款。第四,它们扶持外国在华工矿业,尤其是轻工业的发展。第五,它们经营中国各大都市的房地产,尤其是租界里的房地产买卖。第六,它们还与各国在华的保险业、航运业往来,支持它们的发展,使其成为外国商品侵略的先锋队。

投资铁路、往来于航运、扶持外国人在华企业和进出口贸易等,结果都是推进和发展了先进殖民地国家在落后近代中国的市场关系,压抑了

---

① 参见本章表2-17和表2-20。

近代中国的经济和企业成长,也自然压抑了近代中国资本市场的发展。

进一步分析外资银行在近代中国的投资重点和关注领域,前后并不一致,从中也可看出其某些方面的变化。

先看下面的统计表2-26。

表2-26 外资对中国各业投资表　　单位:百万美元

业　别	1914年	百分比(%)	1931年	百分比(%)	1936年	百分比(%)
进出口及商业	143	8.8	484	14.9	409	13.5
金融业	6	0.4	215	6.6	754	24.9
交通及运输业	531	33.0	846	26.1	436	14.4
制造业	111	6.9	376	11.6	291	9.6
矿业	59	3.7	129	4.0	60	2.0
公用事业	27	1.7	129	4.0	116	3.8
不动产	105	6.5	339	10.5	484	16.0
一般政府借款	330	20.5	428	13.2	477	15.8
其他	298	18.5	297	9.1	—	—
合计	1 610	100.0	3 243	100.0	3 027	100.0

资料来源:吴承明:《帝国主义在华投资》,《吴承明全集》第一卷,社会科学文献出版社2018年版,第99页。表中1914年和1931年的数字来源于雷麦:《外人在华投资》,蒋学楷、赵康节译,商务印书馆1953年版,第51页。

表中分别统计了1914年、1931年和1936年三个年份外国人在华投资的数据。从统计表中的数据看,大约有将近半数以上的投资是用在商业掠夺性的领域中,也就是进出口和与其相关的运输、银行、保险等领域,工矿生产事业所占比重很小。1931年以前,一直是以运输部门投资最大,尤其是轮船,与内河航权相结合,成为外国商品进入中国和中国土产出口的"先锋部队"。其次是铁路,与筑路权相结合,筑起外国商品倾销和国内商品出口的基础干线。外国人铁路资产,包括附属事业,达全部直接投资的22.5%。而战前所谓"国有"铁路的外债,每公里达10余万元[1]。至1937年七七事变前,金融业跃居了首位,这和这时期日本在我国东北和关内大力扩展金融势力有关。金融、运输和贸易三项合计,1914年占投资总数的42.2%,1931年占总数的47.6%,1936年增至52.8%。生产方面,工矿合计(不计东北)始终不过占百分之十几。"试与印度比较,印度的外资以投于矿业者最多,1929年占总数23.3%,又工程投资占11.7%,而运输业只占10.6%。因此外资对中国工业化的破坏作用也特别大。"[2]

下面我们再具体分析一下表2-26各栏中的数据。"进出口及商业"一栏数额中,1931年的绝对数额比1914年增加3倍,到1936年时比1931年略有下降。"交通及运输业"的投资绝对数额1914年和1931年都是外人在华投资总额中最高的,1936年时仍然维持在4亿以上的高位。"制造业"和"公用事业"情况与"进出口及商业"大体相同,都是1931年比1914年有所增加,到1936年时有所回落。

在上述三个年份中,外资对近代中国的投资绝对值一直增加的有三类,即金融业、不动产和一般政府借款。但是在外资投资总比重比例指数中一直增加的只有金融业和不动产业,其中最为引人注目的是"金融业"。金融业从1914年外资只有600万到1931年增加到2.15亿,此后再过5年,到1936年剧增到7.54亿,以连续翻倍的速度往上增长。这种现象的出现,正如前面所述,最主要的因素是日本这段时期在近代中国的势力突飞猛进,力图通过对金融业的投资控制近代中国的金融和经济命脉的缘故。

日本在近代中国投资迅猛增长的情况,还可以通过表2-27各国投

---

[1] 参见吴承明:《帝国主义在华投资》,载《吴承明全集》第一卷,第98页。
[2] 同上。

资数字的变动得到证明。

表 2-27　各国在华投资指数表(1914 年的企业投资总数为 100)

国　别	1902 年	1914 年	1931 年
英　国	37.5	100.0	240.8
日　本	0.5	100.0	434.7
俄　国	93.1	100.0	115.5
美　国	41.7	100.0	369.3
法　国	49.3	100.0	158.3
德　国	62.5	100.0	55.1
合　计	46.4	100.0	228.2

说明：这里的投资"包括各该国所有政府借款与企业投资两项"。见雷麦：《外人在华投资》，第 73 页。

资料来源：雷麦：《外人在华投资》，第 74 页。

在上表中，除德国外，1931 年各国的对华投资指数比 1902 年均有增长。英国、日本和美国的增长都十分醒目。其中日本的表现尤其突出。用雷麦的话来说，就是"假如 1902 年至 1914 年是英国的时代，则 1914 年至 1931 年是日本的时代。英国直到 1931 年居于主要国家的地位，是由于在上海的惊人发展。而促使日本地位上升的，则为在东北与上海的惊人发展"[①]。

回顾这个过程，我们可以清楚地看到，外资银行业在近代中国资本市场上的作用经历了一个演变过程：早期通过与中国钱庄结合开展业务，特别是通过提供钱庄资金融通和"拆票"的方式，对近代中国的资本市场形成影响和干预。这点在第一章中有过一定的叙述和分析。此后通过在中国发行钞票，给中国政府提供借款，直接投资中国工矿业和铁

---

① 雷麦：《外人在华投资》，第 75 页。

路、轮船等行业,控制进出口贸易等,直接或间接地在近代中国资本市场上发挥影响和作用。1931年到1937年全面抗日战争爆发前,甚至力图控制和取代中国金融势力在资本市场上的作用。这一点,在1931年后的东北已经得以实现,在关内日本银行业的迅猛发展则证明了这种野心。

从以上各节介绍的史实可知,在南京国民政府时期,由于多种因素的交互作用,特别是中国银行业力量的增强和民众爱国图强意识的觉醒,外国在华银行业的发展状况在一定程度上和某些领域内受到了一定的遏制。但是,无论在关内还是关外,享有不平等条约特权并依托本国强大实力支持的外国在华银行的统治地位并未得到根本的改变,仍然是重要的金融侵略势力。得到日本政府大力支持的日本银行业的迅猛扩张和对近代中国资本市场控制的企图,更是这期间极为引人注目的现象。1931年后,从性质上看,伪满洲中央银行已成为日本的殖民地银行,而日本在东北设立的本国银行,更成为全面统治垄断东北的金融力量。这些在华外资银行特别是东北日资银行的主要活动,是奉持本国政府对殖民地的政策对金融进行控制,因此很难说在近代中国资本市场方面发挥了什么积极作用。

虽然外资在华银行业的消长变化,仍然在很大程度上影响和制约着近代中国资本市场的发展和演变。但是,在多种因素的影响下,近代中国银行业在资本市场上的影响和作用仍然出现了与此前不同的变化。下面我们继续分析这个问题。

第三节　近代中国银行业与企业筹资

近代中国银行业作为一支资本市场上的重要力量,在其发展的过程中,经历了晚清、民国北京政府和南京国民政府三个时期,由于其数量的前后变化,也因为内外环境演变的不同,导致这支资本市场上的力量带有多种因素影响的特点。梳理下来,其中两个特点比较突出:一个是与政府财政关系密切,但这种密切关系在工商企业有所发展以及银行的努力下逐渐松解;另一方面就是与近代中国企业的关系从疏离到逐渐密切的演变过程。

一、近代中国银行业与政府的财政关系

这一点应该说是近代中国银行业从诞生开始就带来的特质。1896年,盛宣怀在向清政府奏请筹设中国通商银行时,就特别强调设立银行对财政具有"泉府因通而不穷,仿借国债可代洋债,不受重息之挟制,不吃镑价之亏折"①的作用。1897年4月2日,盛宣怀在答复总理各国事务衙门"闻英国国家设有要需,或数百万,或数十万,以一二厘利息责成汇丰,便可唯嗟立办,现在银行开设后,能否照此办理"的咨文中,进一步解释设立中国通商银行的作用时说:"总董公议,现立银行将来如能信孚中外,气局宽展,自可援照西例,国债数千百万,由银行代官筹办,印发债券,本息归行代收代付。至于银行现在资本仅二百五十万,收足亦只有五百万,即使全借于国家,亦属无济。故外国银行,系代国家出票借债,是聚天下之财力以银行为经手,并非专恃本行之资本借与国家,至于利息多寡,应照随时市价核议。"②1908年,清政府将户部银行改组为大清银行时,在《大清银行条例》中也特别强调:"代公家经理公债票及各种证券为主要业务。"③从中国通商银行设立时具有的"仿借国债可代洋债",气局宽展后"可援照西例,国债数千百万,由银行代官筹

---

① 《盛宣怀奏呈自强大计折附片》,载陈旭麓、顾廷龙、汪熙编:《中国通商银行》(盛宣怀档案资料选辑之五),上海人民出版社 2000 年版,第 3 页。
② 中国社会科学院近代史研究所中华民国史研究室主编、中国人民银行上海市分行金融研究室编:《中国第一家银行——中国通商银行的初创时期》,中国社会科学出版社 1982 年版,第 75、79 页。
③ 沈雷春编:《中国金融年鉴》,文海出版社 1939 年版,第 104 页。

办,印发债券,本息归行代收代付",再到清政府强调大清银行"代公家经理公债票及各种证券为主要业务"等,都说明近代中国银行业诞生之时,其具有的功能和定位中就被打下了帮助政府缓解财政困顿、与政府财政紧密联系的基因。

因此,在近代中国银行业此后的业务经营上,与政府财政密切的关系在多方面表现出来,其中,向政府垫借款项和承办公债就是明显的两种表现。以下对这两方面情况进行一下简单的梳理。

向政府垫借款项,顾名思义,就是"中央政府或地方政府机关在入不敷出之时,向各银行要求先行垫借以解燃眉之急的临时性垫款或借款。这种垫借金额大小不一,少者数万元,多则几十万元,甚或上千万元亦有之。但垫借名目繁多,日积月累,以致各银行垫借之款往往占放款总额的三分之一以上"①。据千家驹研究,自1912年至1926年,根据北京财政整理会的计算,北洋政府向本国银行的借款和银行给北洋政府的垫款情况如下:"内国银行短期借款(此类借款有有抵押品的,有无抵押品,以向京津银行界所借为多,大抵息重期近,条件苛刻,在北洋政府只求有款可借,不顾一切,而银行则贪求厚利,尽量盘剥,一旦政府还不了债时,银行即要倒闭)截止1925年底止,积欠本息38 904 282.27元。"而各银行向北洋政府的垫款(此项垫款以中国、交通两银行为最巨,其他各行亦有),"截止1925年底止,积欠本息30 333 399.26元",两项合计69 237 681.53元。而这"仅仅是截至1925年底止未清偿的债务,其已偿还的与1925年以后的数字是没有记载的"②。

这里,我们再分别考察一下中国银行和交通银行这两家银行对政府的垫借款情况,毕竟这是两家代表性的重量级银行,而且是"垫款以

---

① 王强:《近代中国银行业资金运用研究》,中国政法大学出版社2014年版,第99页。

② 千家驹编:《旧中国公债史资料》,"代序",第11—12页。

中国、交通两银行为最巨"的银行。表 2-28 显示的是 1913 年至 1926 年中国银行对政府的放款情况。

表 2-28　中国银行对政府(机关及财政部)放款一览表(1913—1926 年)　　　单位：千元

年份	放款总额	其中对政府放款	对政府放款占总放款比例(%)
1913	17 500	1 440	8.23
1914	49 970	4 060	8.12
1915	86 950	6 540	7.52
1916	101 890	37 610	36.91
1917	139 500	91 700	65.73
1918	143 430	113 440	79.09
1919	184 050	117 350	63.76
1920	178 430	103 370	57.93
1921	172 300	102 790	59.66
1922	183 730	99 180	53.98
1923	180 090	129 730	72.04
1924	201 800	142 300	70.52
1925	266 530	131 710	49.42
1926	311 340	141 040	45.30

说明：表中 1913 年、1914 年、1915 年三年对政府放款仅指对财政部放款，其他政府部门放款未统计在内。

资料来源：施伯珩：《上海金融市场论》，商业珠算学社 1934 年版，第 28 页。转引自王强：《近代中国银行业资金运用研究》，中国政法大学出版社 2014 年版，第 100 页。

从表中数字显示出来的情况看，中国银行对政府的放款比例相当高，1916 年后除极个别年份外，都在各年放款总额的一半左右，最高的 1918 年、1923 年、1924 年都在放款总额的 70%以上。

表 2-29 是 1923 年至 1928 年交通银行放款中政府欠款的比率。

表 2-29 交通银行放款中政府欠款明细表　　单位：万元

年份	政府欠款	其他放款	放款与政府欠款合计	政府欠款占总放款的百分比(%)
1923	4 302.0	4 481.8	8 783.8	48.98
1924	4 610.0	5 181.4	9 791.4	47.08
1925	5 208.8	4 550.4	9 769.2	53.32
1926	5 642		11 043	51.09
1927	6 286		12 340	50.94
1928	6 597		12 206	54.05

说明：表中数字 1923 年至 1925 年原单位为千元，此处改为万元。1926 年至 1928 年的"放款与政府欠款合计"和"政府欠款占总放款的百分比(%)"为笔者计算。

资料来源：《交通银行史》编委会编：《交通银行史》第一卷，商务印书馆 2015 年版，第 276、319 页。

显然，表中 1923 年至 1928 年政府欠款的数字在银行总放款中始终占一半，1925 年以后超过一半比例的状况，已经证明交通银行在北洋政府财政中所占关系的重要性了。"从 1912 年到 1926 年，交通银行的放款总额增长了 3.42 倍"，"交通银行的放款总额之所以能有三四倍的增长，关键在于与政府的紧密联系。不论是梁士诒、曹汝霖等新旧交通系之把持，还是张謇、钱新之等新派力量之主政，交通银行这十多年的放款对象，皆以对政府借款为主。1915 年交通银行的政府垫款达到 3 115 万元。从 1923 年到 1928 年，对政府放款每年都在 4 000 万元以上，均占各年放款总额的 50% 左右"[①]。

下面再看看 1933 年和 1934 年全国银行对工商农业的分类投资情况（见表 2-30）。

---

① 《交通银行史》编委会编：《交通银行史》第一卷，商务印书馆 2015 年版，第 326 页。

表 2-30　全国银行对工商农业分类投资占比统计表(1933—1934 年)

类　　别	1933 年(%)	1934 年(%)
商业	27.02	29.77
工业	12.08	13.25
银行同业	6.56	2.15
政府机关	43.90	41.91
团体	0.73	1.08
个人	2.52	3.23
交通	1.41	2.15
农业及农产品	4.81	5.38
公用事业	0.97	1.08
合计	100.00	100.00

资料来源：王承志：《中国金融资本论》，光明书局 1936 年版，第 44—45 页。

上面是 1933 年和 1934 年全国银行对各领域投资所占百分比的统计表。从统计表看，1933 年银行对工业、农业和交通业等生产领域的投资合计不过 18.3%，对政府机关的投资占 43.9%，对商业的投资占 27.02%，均远远超过对工业、农业和交通业的投资。1934 年工业、农业和交通业合计占比稍有增加，达到 20.78%，对政府机关的投资略有减少，但银行对政府机关的投资额占比仍然远远超过其他各领域，高居银行投资的第一位。商业投资的占比也有一定的增加。也就是说，直到 20 世纪 30 年代中期，银行对政府的投资仍然是政府能够存在和支撑下去的主要因素之一。

除了向政府垫借大量款项外，银行业还大量承揽购买政府发行的债券，这除了从另一个侧面展现出银行业与政府财政具有的紧密关系外，还展现了近代中国资本市场上主要力量之一的银行业并非以产业投资活动为主的特点，这一特点在 20 世纪 30 年代中期之前一直没有大的改变。

据学者千家驹统计,"自 1912 年(民国元年)到 1926(民国十五年),北洋政府总共发行了二十七种内债,发行总额达 876 792 228 元","综计自 1927 年到 1936 年这十年之内,南京政府发行了二十六亿元以上的内债"①。也就是说,在 1937 年抗日战争全面爆发之前的这段时期,北洋政府和南京政府总计发行了 35 亿元左右的内国公债。这些政府发行的债券绝大多数都被国内银行所承销,也成为银行业投资的大头。而且,国内银行界对承销政府发行的债券持积极态度,这是因为承销政府债券有利可图。千家驹即指出了银行所获利益以及以中国、交通两行为首与其他行庄组成的利益网:"当时北洋政府发行的公债,大多由中国、交通银行承销,公债折扣最低的八五折,加上利息,平均为三分左右。中、交两行向政府垫款,即以公债为抵押品。中、交两行因头寸不足,又向市场拆款,私营行庄则靠公债投机和拆放款以生存。中、交两行吃政府,私营行庄又吃中、交两行。市场利率当民国六七年间为月息七八厘,银行成本平均为四厘,故有五厘即有利可图。而购买公债,利达三分。由于公债利率高,随之市场利率也提高了",这种情况"对于中国的产业资本是一个打击"②,但这也是近代中国资本市场上的突出特点之一。

到了南京政府时期,政府所发债券数量不仅没有减少,反而进一步增加,在银行总资产中的比例也进一步扩大。表 2-31 是 1921 年到 1931 年间银行证券数字增长的状况反映。

表 2-31 1921—1931 年银行所持证券数字及在总资产中所占百分比统计表

年份	兑换券保证准备额	有价证券共计	占总资产之百分比(%)
1921	36 762 052	91 073 183	11.99
1922	43 587 167	99 466 776	12.13

---

① 千家驹编:《旧中国公债史资料》,"代序",中华书局 1984 年版,第 10、23 页。
② 同上书,"代序",第 14 页。

续　表

年份	兑换券保证准备额	有价证券共计	占总资产之百分比(%)
1923	52 227 457	103 574 902	11.79
1924	58 867 515	118 923 797	12.22
1925	78 797 168	143 527 396	11.94
1926	87 789 289	177 847 424	12.78
1927	99 480 378	203 804 595	13.94
1928	117 834 415	234 056 188	14.37
1929	134 403 751	276 267 503	14.23
1930	159 505 496	381 816 685	16.43
1931	154 318 486	393 545 460	15.32

资料来源：王承志：《中国金融资本论》，第24页。

从表2-31看，1931年度银行持有的有价证券数字几达4亿元之巨，在银行总资产中所占比例为15%以上。在银行对政府公债的投资方面，政府控制的几家大银行又占有最大的份额。例如，1934年各银行对有价证券的投资，总计三亿八千万元，"其中中央银行最多，计一亿五千五百万元，四行准备库次之，计四千二百余万元，中国、交通又次之，计二千四百万元左右，金城、中实、大陆约在一千四百万元左右，盐业、浙实、上海、浙兴、新华等约在七百万元左右。其他各行各在数百万或数十万不等"。这些有价证券中，"包含公债、公司股票、道契……等等，然而百分之七十以上是公债。而这些公债中，又以中央政府公债为最多。因此，我们可以知道，银行对于财政的帮助是如何大"①。

银行对于债券大量购买的原因有二，一是"银行投资公债，每有一分以上甚至二三分的厚利，而对工商业放款，不仅利微，且时有倒账受损的危险，所以银行的投资，必然的走到公债方面"；二是一般银行发行钞票，

---

① 王承志：《中国金融资本论》，第25—27页。

"按条例皆需十足准备,其中十分之四五可以债券充当,这样债券就随着发行的膨胀而大量的积蓄在银行的准备库里了"①。在银行放款中,各项放款与有价证券投资的总比例是观察这期间银行业务状况的又一个指标:"据中国银行经济研究室的报告,一九二一年二十八家重要银行之各项放款加有价证券之总金额为五六九,六二八,三〇一元,各项放款所占总额之百分数为九〇.四七,有价证券所占总额之百分数则为九.五三。至一九三一年,前者增至一,九一九,四九八,一一八元",但在各项放款所占总额的百分数为 87.42,而有价证券所占总额之百分数则"增至十二.五八"。其中,政府债券又占了其中的"大宗"。"是项投资以民国十六年以次为最盛。查民国十年至十五年增加指数不过一六六,至二十年则骤增至四四一,二十一年无出入,二十二年又增至五〇六,全国银行之有价证券数,约当全国银行实收资本之数,甚至有超过之趋势。"②

下表即是 1932 年至 1933 年全国银行有价证券与银行实收资本比较表。

表 2-32　1932—1933 年全国银行有价证券与实收资本比较表

年份	有价证券	银行实收资本
1932	23 927 553	235 316 109
1933	261 325 180	260 846 332

资料来源:据《全国银行年鉴》(1935 年)第一篇,转引自王承志:《中国金融资本论》,第 32 页。

在银行持有的有价证券中,"三分之二是公债,而三分之二的公债,也就相当于全国银行实收资本三分之二了。这个数字指明:中国各银行的业务,主要的偏在于公债,而公债的发行,又非为生产事业之用,因

---

① 王承志:《中国金融资本论》,第 25、31 页。
② 同上书,第 31、32 页。

此,银行的主要业务,是以非生产事业为对象。而公债的用途,也不在于生产事业,这样,一方面,造成了财政的混乱,他方面,则使银行更趋于畸形的发展"①。

在以上的史实梳理中,我们可以清楚地看出,截止到20世纪30年代,总体看资本市场上的重要力量银行业的投资,无论是垫借款项还是承购债券,都是以政府为主要对象,而政府获取的银行资金,又并非为生产事业而用,这种现象对于近代中国工业化的进行无疑是不利的。

二、近代中国银行业与企业的关系

在与中国资本主义近代工矿企业间的关系方面,近代中国银行业经历的是一个逐渐密切的发展过程。第一次世界大战前,与中国传统金融机构相比,中国近代银行业对企业的资金支持力度并不占优势。其中原因除了此时中国近代工矿企业的数量不是太多,银行业的力量也相对有限外,还与银行业被政府的财政所挟持,以及中国悠久的商业历史中,传统金融机构已经奠定下雄厚基础并创立了一套顺应中国商人经营的习惯等因素有关。

第一次世界大战期间及其后,中国近代资本主义工商企业和银行业都经历了一个快速发展时期。在这个过程中,如前所述,中国近代银行业已具有相当规模,并在中国近代金融市场上逐渐占据了主导地位。此时,在与政府的财政关系方面,总体来看仍然保持着紧密的联系,但在某些银行家的认识和银行的经营方针上出现了改变。特别是体现在与近代中国工商企业的关系方面,出现了积极的变化。如金城银行1919年对工商企业和铁路的放款为281万元,1923年增为759万元,1927年又增为1 532万元②。上海商业储蓄银行1926年末对工矿企业

---

① 王承志:《中国金融资本论》,第32页。
② 中国人民银行上海市分行金融研究室编:《金城银行史料》,"前言"第14页。

的放款也达 360 万余元,"占全部放款总额的 19.9%"[1]。这种势头在 1927—1937 年的这十年中继续得以保持,这种变化势头中,除对近代中国工商企业的支持外,还表现在银行业的业务范围被不断拓宽、与国民经济的联系越来越密切上。

因此,作为近代中国资本市场上重要的一支力量,这期间近代中国银行业最值得肯定的一点,是对中国工商企业放款的增加。

从下表 1926 年和 1934 年 28 家重要银行的资本实力与业务经营的状况比较中,我们可以看出这期间银行业状况的大体变化。

表 2-33　1926 年和 1934 年中国 28 家重要银行的资本实力与业务状况

项目	金额(元)		指数(%)	
	1926 年	1934 年	1926 年	1934 年
实收资本	114 996 890	254 439 976	100	221
公积金	39 893 009	57 167 496	100	143
存款	934 821 402	2 751 362 925	100	294
放款	887 344 434	2 253 966 384	100	254
有价证券	90 058 145	475 563 949	100	528
纯利	16 914 797	31 248 221	100	185

资料来源:中国银行总管理处经济研究室编:《民国二十三年中国重要银行营业概况研究》,第 1—2 页。转引自李一翔:《近代中国银行与企业的关系(1897—1945)》,台湾东大图书公司 1997 年版,第 62 页表 12。

从上表看,1934 年与 1926 年相比,中国 28 家银行的各项主要业务指标都有相当的增长。其中尤以各银行持有有价证券的数量指数增长最快,8 年时间增加了 4 倍多,这与我们上面对银行投资债券时的分析一致。但是除有价证券之外,这些银行的放款指数也

---

[1] 中国人民银行上海市分行金融研究所编:《上海商业储蓄银行史料》,第 161 页。

增长了一倍半,从中可知有相当部分是各银行对企业投资有所增长产生的。这一点,我们从下表的数字变化中可以得到更清楚的证明。

表 2-34　20 世纪 30 年代上海 15 家
重要银行的工矿企业放款　　　　单位:元

行　　别	1930 年 金　额	1933 年 金　额	1933 年 比1930年增长百分数(%)	1936 年 金　额	1936 年 比1933年增长百分数(%)
中国银行	24 782 000[a]	42 455 468	71.32	80 221 000	88.95
交通银行		9 250 000		69 220 000	648.32
上海银行	23 000 000[b]	34 576 000	50.33	38 732 000	12.02
金城银行	9 655 115	13 409 601	38.89	20 988 067	56.51
中南银行	5 948 232	9 072 428	52.52	15 929 616	75.58
盐业银行	10 256 578	8 272 437	-19.34	11 023 183	33.25
大陆银行		3 820 380		4 216 380	10.44
新华银行	202 111	219 288	8.5	1 805 390	723.30
中国通商银行		2 697 817		3 400 738	26.06
浙江兴业银行	13 074 774	26 413 615	102.44	20 591 599	-22.04
浙江第一银行	4 728 649	5 653 094	19.55	13 307 316	135.40
中国垦业银行	668 748	3 553 490	431.36	4 533 213	27.57
四明银行				5 653 278	
中国实业银行	2 276 401	3 506 974	54.06	1 371 259	-60.90

续　表

行　别	1930年 金　额	1933年 金　额	1933年 比1930年增长百分数(%)	1936年 金　额	1936年 比1933年增长百分数(%)
国华银行	541 427	488 356	-9.80	262 414	-46.26
合计	91 499 093	163 388 948	178.57	291 258 453	178.26

注：a为估计数；b为1931年数字。
说明："合计"中的"1933年比1930年增长百分比数"和"1936年比1933年增长百分比数"为笔者计算。
资料来源：转引自李一翔：《近代中国银行与企业的关系（1897—1945）》，第65页表13。

从表中合计的数据看，1930年时15家银行向工矿企业放款共计9 149万余元，1933年时增长为16 300万余元，增长率为178%，其后时隔三年的1936年，又增长1亿多，达到了29 100万余元，在1933年的基础上又增长了178%左右。这是抗战全面爆发前较为完整的数据，体现出这期间银行业与近代中国工商企业相互支持靠拢的趋势。需要注意的是，这15家银行中，没有包括中央银行。向工矿企业放款最多的主力银行还是中国和交通以及上海、金城等银行，不仅放款增长幅度大，而且绝对数额增加也很快。尤其是交通银行，1933年时放款总额不过925万元，可到1936年时一下子增长为6 922万元，三年增长了648%，仅次于增长幅度最大的新华银行，不过因为新华银行放款绝对数额较少，与这期间放款额减少的中国实业银行和国华银行一样，因为放款规模不大，无关大局而已。其中浙江兴业银行1936年的放款额也比起1933年有所减少，不过考虑到该银行1933年比1930年放款增长了一倍的状况，1936年应该是其他原因导致数额有所减少。

表2-35是4家银行对工矿企业1928年至1937年的放款占全部放款数额百分比的统计表，由此可以进一步看出银行业的演进趋势。

表 2-35　1928—1937 年 4 家银行对工矿企业
放款占全部放款额的百分比(%)

年　份	中国银行	金城银行	上海银行	浙江兴业银行
1928 年		22.45		37.10
1930 年	6.57			
1931 年	10.14		34.29	47.90
1932 年	11.40		37.59	46.30
1933 年	12.08	19.48	31.55	49.80
1934 年	13.25		29.18	49.40
1935 年			34.57	59.30
1936 年			32.39	61.90
1937 年 6 月		25.12		

资料来源：转引自李一翔：《近代中国银行与企业的关系(1897—1945)》，第 67 页表 14。

在上表所列 4 家银行中，中国银行对工矿企业的放款额占全部放款额的比重虽然偏低，可是各年却一直呈稳定增长趋势，加之中国银行放款的绝对额很大，因此这一稳步增长的趋势意义很大。金城银行虽有起伏，但是都在 20% 左右到 25% 左右徘徊。上海商业储蓄银行和浙江兴业银行对工矿企业的放款比重都比较大，上海银行进入 1930 年代以后，其对工矿企业的放款基本稳定在 30% 以上，浙江兴业银行更是在 40% 以上，最高的 1936 年竟达到 61.9%。总起来看，进入 20 世纪 30 年代以后，数量和实力都上了一定规模后的中国银行业出现的第一个变化，就是某些有远见的银行家试图与近代中国实业发展建立一种相互支持的关系，而逐渐摆脱与政府财政紧密联系的困局。例如居于上海金融资本家领导核心地位的中国银行，在张嘉璈的带领下，其经营方针与国民政府靠发行公债和向银行贷款弥补财政亏空的赤字财政政策之间,逐渐产生了严重的分歧。

张嘉璈认为,银行的财力应该被引导到帮助遭受萧条打击的中国经济上去,而不应该拿去积压在政府公债上。他认为,"公债代表一种制造之信用,其所得资金,若不用于生产之途,徒增消费之膨胀,物价之腾贵",应当"排除一切不生产的信用之膨胀,节减一切不必要之消费"①。他从依靠发行公债刺激金融市场绝非繁荣经济的正常之道和银行不能以投资公债作为发展根本的认识出发,希望政府能改弦更张,安定政治,发展生产,"渐悟培养民力之切要"。他主张,"政府必须有真知灼见,分别缓急,削减一切不急务之消费"。他对内地农村的经济衰落状况十分忧虑,认为"农村衰落所表显之结果,其最显著者为内地现金之流出,农民或以田亩荒芜,或以农产落价……仅有之资金,已倾囊殆尽……于社会经济,已成为一极严重之问题"。因此,"政府必须制定一项计划来改善内地经济情况"。他对股东说:"上海不能以内地之衰落,而谓可独保其繁荣;不能以内地资金保藏银行之手,而谓可藉以增进上海之繁荣。""今既知非内地健康无以增进国民经济之繁荣,宜寻觅安全之途径,以集中之资金,散而还诸内地。"②

他对于政府厚利发行的公债"用之军费者,居其大半"的现象很不满,指出:"社会仅有之资金,悉为厚利之公债所吸收,而人人叹息痛恨于建设生产资金之缺乏。"他公开呼吁,"补救之策,惟有政府切实大减军费,屏除不急之支出;减少公债发行,增加生产建设资金"③。张嘉璈不仅如此说,而且更是带头如此做,他采取的一个明显的措施,就是自行与南京政府的公债政策拉开距离。这种拉开距离的情况可从表 2-36

---

① 《中国银行民国二十一年度营业报告》,《中国银行行史资料汇编》上编(三),第 2055、2056 页。

② 上引均见《中国银行民国二十一年度营业报告》,《中国银行行史资料汇编》上编(三),第 2094、2076、2077 页。

③ 《中国银行民国二十二年度营业报告》,《中国银行行史资料汇编》上编(三),第 2129、2130 页。

中得到证明。

表 2-36　1931—1934 年上海几家主要银行
持有投资用证券数量变化表　　单位：百万元

银　行　名　称	1931 年	1932 年	1933 年	1934 年
中国银行	72.0	64.5	32.0	25.4
交通银行	21.4	26.0	29.9	29.3
上海银行业公会的其他会员银行	145.8	148.4	212.9	265.5
中央银行		0.3	0.2	155.4
合计	239.2	239.2	275.0	475.6

资料来源：刘大钧：《上海工业化研究》，长沙 1940 年版，第 300 页；徐农：《中国国民经济的全貌》，《新中华》第 4 期，1936 年 5 月 25 日，第 2 页。转引自小科布尔：《上海资本家与国民政府》，杨希孟译，中国社会科学出版社 1988 年版，第 210 页。

从统计表看，其中有两家银行一增一减背道而行的趋势十分明显：这就是在中央银行大力增持政府债券的时候，中国银行持有的债券却逐年下降，从 1931 年的 7 200 万元一直减少到 1934 年的 2 540 万元，三年减少了 4 660 万元。在大力减少持有政府债券的同时，中国银行对工商企业的放款出现了大幅的增加。进入 30 年代以后，中国银行的"工商业贷款每年增加投放 3 000 万—5 000 余万元。1936 年底的余额，工业贷款 8 022 万元，商业贷款 4 亿元"[①]。交通银行也保持了相同的趋势："截至二十五年度年终止，全体工商放款总额为 6 922 万元，比较二十四年度激增至 3 555 万余元，以与二十一年度总额相比较，则增多之数，竟达十倍左右。"[②]

　　[①] 中国银行行史编辑委员会编著：《中国银行行史（1912—1949）》，中国金融出版社 1995 年版，第 255 页。
　　[②] 交通银行总行、中国第二历史档案馆合编：《交通银行史料》第一卷上册，中国金融出版社 1995 年版，第 289 页。

因此这时中国资本市场上出现的第一个特点,就是银行业与中国工商企业相互趋近相互支持发展的势头有所显现。

此时近代中国资本市场上出现的第二个特点,是近代银行在放款给近代中国企业的同时,增加了对企业的投资。典型者如金城银行,其具体经过大体是先与企业发生放款关系,之后根据情况再收购企业发行的股票或承购其发行的公司债,在此基础上进一步扩大放款规模进行对企业的投资。之所以出现这种现象,主要有两方面原因:一是在外来资本主义和本国封建主义的内外摧残和制约下,有些企业遭遇种种困境难以摆脱,不仅丧失了发展前途,并且日趋萎缩,为挣扎求存,不惜以高利向银行融通资金,勉强支持。在这种情况下,银行为避免遭受更大损失,不得不根据情况购买这种企业的股票进行投资,或者注入资金对其进行代管,以保障整个资金的安全。另一方面的原因,则是这期间随着银行收受的存款增多,除运用于购买债券进行投机外,主要出路在于放款,但是在当时的内外环境下,又顾虑放款不易收回,因此较为可靠的办法是对放款企业进行投资或收买,以便参与或直接进行管理,达到保障资金安全的目的。例如,30年代后,中国纱厂业发生危机,有些纱厂不得不走上以厂抵债的道路,金城银行就与中南银行合作,以放款转化为资本的方式,在1931年收购了上海溥益纱厂,1936年收购了天津的北洋纱厂,又代管天津恒源纱厂。对大生纱厂也作了大量投放,参与管理。而且,金城银行和中南银行还专门组织了一家名为诚孚信托公司的机构,对这些收购和代管的纱厂进行管理。与此同时,金城银行还参与华北农产研究改进社,从事棉花购储运销业务,对华北地区一定范围内的棉纺产运销业务,"有过一整套的打算"[①]。

表2-37是截至1937年6月金城银行工矿企业放款中有投资关系户按行业区别的统计表。

---

① 以上内容均见《金城银行史料》,第364—365页。

表 2-37 1937 年 6 月金城银行工矿企业放款中有投资关系户统计（按业别）

业别	金额（元）	占放款总额比重	其中金城有投资关系户的详情 户数	其中金城有投资关系户的详情 金额（元）	其中金城有投资关系户的详情 占总额比重(%)	其中金城有投资关系户的详情 占本栏比重(%)	其中没有投资关系户的详情 户数	其中没有投资关系户的详情 金额（元）	其中没有投资关系户的详情 占总额比重(%)	其中没有投资关系户的详情 占本栏比重(%)
总计	24 154 216	100	23	18 501 978	76.60	100	145	5 652 238	23.40	100
纺织	12 820 858	53.08	10	11 351 114	46.99	61.35	19	1 469 744	6.09	26.00
化学	4 096 476	16.96	3	4 031 061	16.69	21.79	6	65 415	0.27	1.16
煤矿	3 973 775	16.45	6	2 710 182	11.22	14.65	17	1 263 593	5.23	22.36
面粉	160 062	0.66	2	49 527	0.2	0.27	5	110 535	0.45	1.96
造船	467 009	1.94	1	61 424	0.25	0.33	3	168 339	0.70	2.98
打包	210 745	0.87	1	61 424	0.25	0.33	3	149 321	0.62	2.64
钢铁	492 388	2.04	—	—	—	—	8	492 388	2.04	8.71
其他	1 932 903	8.00	—	—	—	—	86	1 932 903	8.00	34.19

原表注：本表仅就工矿企业放款户进行分析。如果包括"商业放款""其他放款"各户在内（也就是全部放款中剔除政治性放款和个人放款），其中有投资关系户的放款比重更为突出。根据快算表统计，这三项放款金额共为 45 437 317 元，有投资关系的 35 户计 26 260 261 元，占 57.79%。一般放款 1 346 户，计 19 177 056 元，占 42.21%。

资料来源：中国人民银行上海市分行金融研究室编：《金城银行史料》，上海人民出版社 1983 年版，第 369 页，表 3。

从统计表的数据中可以看出,截至1937年6月为止,金城银行对工矿企业放款在有关系企业中的投资金额占总投资额的比重为76.6%;没有投资关系企业中的投资额只占总投资额的23.4%。金城银行的投资不管是有投资关系的企业还是没有投资关系的企业,都集中在纺织工业、化学工业和煤炭工业三大行业中,这三大行业占金城银行总放款额的比重为86.49%,在金城银行有投资关系的23家中占19家,在金城银行有投资关系的放款金额中的比重为97.79%。

这种现象并非只有金城银行一家才有,只是金城银行较为典型而已。这种现象也说明,这期间中国资本市场上出现的一种现象,就是金融资本与产业资本出现了相互融合的趋势,这可以说是这期间资本市场出现的第二个特点。

这期间中国资本市场上出现的第三个特点,是银行接受或者说是融合了传统中国社会中已有的某些经验,改变了西方银行的经营传统。其中,根据中国国情在放款中采取信用放款和抵押放款相结合的方式就是典型的一例。

在银行业的放款活动中,除放款额稳步增加外,放款时还根据中国国情,根据时间、对象和环境的不同实行抵押和信用放款相结合等灵活多样的方式。抵押放款是以货物、证券、土地、房屋或机器、厂房、生产资料等实物为凭信,将来借款人如不能按期归还借款,债主可以处分抵押品以之抵债的放款方式,这种放款属于"对物"信用的类型。信用放款则并无任何抵押品为之保证,纯凭借款人之信用为保证,属于"对人"信用类型。与西方注重抵押放款不同,信用放款在我国具有悠久历史,一直为中国传统金融机构所实行。这一点正如前面提到,上海钱业公会会长秦润卿所说:"银钱两业虽同为金融机关,然实有根本不同之点。盖钱业放款,凭对方信用,故称信用放款,历来如是。"[①]

---

① 中国人民银行上海市分行编:《上海钱庄史料》,第215页。

为适应中国社会的经商习惯,不少银行自己设立调查处,对贷款对象进行信用调查,在有一定把握的情况下,即对放款对象实行信用放款和透支业务。这种做法,不仅增大了业务范围和服务对象,也为自己的发展开辟了更多的途径。30年代,"沪津汉各埠银行同业,更设有中国征信所,专任各业信用之调查,报告银钱同业,以备参考"①。

据资料显示,上海商业储蓄银行从1915年成立开始到1934年,一直是抵押放款和信用放款同时进行,而这种做法也是当时银行放款时习惯的做法,只不过是根据各家银行的具体情况,抵押放款和信用放款的比例有所差异而已。下面我们就取上海商业储蓄银行和金城银行的资料进行对比,从中可以看出这期间各家银行的不同差异(表2-38)。

表2-38　上海商业储蓄银行放款分类统计表　　单位:元

年份	总计		抵押放款		信用放款	
	金额	比重(%)	金额	比重(%)	金额	比重(%)
1915	510 513	100.00	390 609	76.51	119 904	23.49
1916	1 164 809	100.00	957 789	82.23	207 020	17.77
1917	1 297 717	100.00	1 139 634	87.82	158 083	12.18
1918	2 638 758	100.00	2 016 862	76.43	621 896	23.57
1919	4 116 145	100.00	2 795 690	67.92	1 320 255	32.08
1920	6 406 251	100.00	4 514 505	70.47	1 891 746	29.53
1921	7 383 582	100.00	5 911 075	80.06	1 472 507	19.94
1922	8 296 991	100.00	5 693 040	68.62	2 603 951	31.38
1923	10 265 682	100.00	6 228 484	60.67	4 037 198	39.33
1924	9 946 941	100.00	6 369 328	64.03	3 577 613	35.97
1925	17 355 006	100.00	8 553 737	49.29	8 801 269	50.71

---

① 杨荫溥:《中国金融研究》,商务印书馆1936年版,第159页。

续表

年份	总计		抵押放款		信用放款	
	金额	比重(%)	金额	比重(%)	金额	比重(%)
1926	19 194 822	100.00	11 545 793	60.15	7 649 029	39.85
1931				55.12		25.40
1932				61.07		24.43
1933				64.10		21.60
1934				65.00		19.50

说明：原资料1931年至1934年后栏目数字有"票据贴现"等类，这里只取了"抵押放款"和"信用放款"所占百分比数字，故两栏数据相加不到100%。

资料来源：中国人民银行上海市分行金融研究所编：《上海商业储蓄银行史料》，第264、627页。

从表中数据看，从1915年上海商业储蓄银行成立始，到1934年为止，该银行的放款始终是抵押放款和信用放款并行，只不过抵押放款的比例大于信用放款而已。表2-39统计的金城银行的放款情况，与上海商业储蓄银行一样，各年同时存在抵押放款和信用放款并行，但不同的是，信用放款的比例数却大于抵押放款的比例。

表2-39　1917—1937年金城银行放款分类统计表　　单位：元

年份	放款总额		抵押放款		信用放款	
	金额	比重(%)	金额	比重(%)	金额	比重(%)
1917	3 782 700	100.00	644 230	17.03	31 388 470	82.97
1918	6 513 704	100.00	2 732 643	41.95	3 766 061	57.82
1919	6 958 968	100.00	1 604 682	23.06	4 961 429	71.30
1920	8 515 765	100.00	2 807 281	32.96	5 622 596	66.03
1921	10 516 927	100.00	2 919 302	27.76	7 321 818	69.62
1922	13 282 829	100.00	3 797 663	28.60	9 267 998	69.77

续 表

年份	放款总额		抵押放款		信用放款	
	金 额	比重(%)	金 额	比重(%)	金 额	比重(%)
1923	15 114 394	100.00	3 231 764	21.38	11 494 767	76.05
1924	17 109 922	100.00	4 306 693	25.17	12 739 229	74.46
1925	23 478 604	100.00	7 801 620	33.23	15 574 635	66.33
1926	25 843 662	100.00	8 677 693	33.58	17 021 225	65.86
1927	27 295 378	100.00	9 648 713	35.35	17 547 559	64.29
1928	32 692 720	100.00	11 816 524	36.14	20 822 986	63.69
1929	38 241 765	100.00	12 772 407	33.40	24 965 747	65.28
1930	46 443 965	100.00	16 710 457	35.98	28 967 225	62.37
1931	45 273 946	100.00	16 395 388	36.21	28 551 645	63.07
1932	51 831 704	100.00	18 613 981	35.91	32 716 720	63.12
1933	68 855 428	100.00	27 496 922	39.94	40 427 324	58.71
1934	89 580 596	100.00	39 335 689	43.91	49 284 871	55.02
1935	93 197 150	100.00	41 978 540	45.04	50 549 260	54.25
1936	114 508 344	100.00	59 431 843	51.90	53 254 107	46.51
1937	110 829 797	100.00	58 796 668	53.05	50 532 564	45.59

资料来源：根据中国人民银行上海市分行金融研究室编《金城银行史料》（上海人民出版社1983年版）第156页"放款增长情况"和第367页"放款种类统计"表制作。

上海商业储蓄银行和金城银行都是当时有实力且对工矿企业放款较多的代表性银行。从上表中的统计数字看，两家银行始终都存在抵押放款和信用放款，只是各自占有的比例不同，估计是银行根据自身习惯、放款对象和其他原因所致，但无论如何，吸收传统经商习惯推进自身业务开展应该是这期间中国银行业具有的特点之一，也是近代中国资本市场具有的特点之一。

第四节 抗战时期及战后的银行业与资本市场

抗战全面爆发对整个近代中国的金融业带来了巨大的冲击。这期间,金融转入战时形态,中央、中国、交通和农民银行合组"四行联合办事处总处",为金融业提供贷款、贴现以及为企业提供撤往大后方的资金,同时为政府财政提供无限制垫款等①,此外还在后方建立了更多金融机构,为农村成立合作社提供贷款帮助。但从资本市场的角度观察,最大的变化是银行业直接投资兴办企业,尤其是其中的国家资本银行直接投资设立企业,成为这一时期资本市场上最大的特点。这一点,直接与南京国民政府的政策有关:1937年10月,蒋介石发布训令,于军事委员会设工矿、农业、贸易三个调整委员会,"对各项事业加以严密的组织,适当的调整,给以有力的援助"。调整工矿的任务,一是"协助所有国营厂矿资本不足运用或新设国营工矿资本尚待筹措者",二是"对于原有或新设立民营厂矿采用接管或加入政府股份办法,由政府统筹办理或共同经营之"。时隔一年,1938年10月6日,又公布《非常时期农矿工商管理条例》,其中规定47种农工矿主要产品为战时管理物品,三项产业即战时必需之工矿业、制造军用品之工业和电气事业得"收归政府办理或由政府投资合办";其他"为生活日用所必需者",经济部亦可"直接经营之"②。

一、国家资本银行直接投资兴办企业

在此政策引导下,加上战时物资需求扩大等因素,抗战期间后方的

---

① 仅中央银行为财政部垫款,"从1937年10月的1.4亿元增至1944年12月的2 208.8亿元,增达1 544倍"。见洪葭管主编:《中央银行史料》(下卷),中国金融出版社2005年版,第753页。

② 许涤新、吴承明主编:《中国资本主义发展史》第三卷,第492、493页。

国营工业和民营工业都得到了较快的发展。根据 1948 年出版的《中华民国统计年鉴》的数字,到 1944 年为止,后方公营(包括中央政府和地方政府设立)的企业几乎从无到有,发展到 502 家,工人数 105 066 人,资本额为 167 600 万元。民营企业数也达到 4 764 家,工人数 254 597 人,资本额 312 500 万元[①]。可以想见,在短短的时间里要改变原来工业基础十分薄弱的大后方状况,奠定和发展起能够支撑战时需要的工业基础,必须有相当大的投入。下表就是作为当时国家金融代表机构的中、中、交、农四行联合总处对外贷款的状况,从中可以略窥一斑。

表 2-40　1937—1945 年四联总处的贷款统计表

单位:法币百万元

类别	1937.9—1939	1940	1941	1942	1943	1944	1945
工矿	43.2	103.0	209.3	923.1	6 557.2	23 821.5	37 435.9
百分比(%)	9.3	14.8	13.5	34.7	59.1	72.1	49.4
交通	21.2	17.3	193.9	274.6	1 446.6	908.9	4 653.3
百分比(%)	4.0	2.5	12.6	10.3	13.0	2.8	6.1
盐务	51.8	184.1	841.8	419.5	1 014.1	4 694.9	15 518.5
百分比(%)	9.7	26.4	54.5	15.8	9.2	14.2	20.5
粮食	16.4	56.2	152.8	237.6	800.5	901.1	2 926.7
百分比(%)	3.1	8.1	9.9	8.9	7.2	2.7	3.9
贸易	16.6	270.1	107.2	664.0	551.8	1 969.8	5 699.8
百分比(%)	3.1	38.8	6.9	24.9	5.0	6.0	7.5
其他	377.0	65.7	40.3	143.2	725.4	728.3	9 570.3
百分比(%)	70.8	9.4	2.6	5.4	6.5	2.2	12.6
贷款总额	532.3	696.4	1 545.3	2 662.0	11 095.6	33 024.5	75 804.5
折战前币值	352.3	135.8	119.2	68.3	88.5	76.5	46.5

说明:(1) 不包括对政府的垫款、农贷和四行自己进行的普通贷款。(2)"其他"栏包括地方财政金融借款,军事机关借款,行政、金融、教育文化单位的借款。

资料来源:中央银行经济研究处:《中央银行月报》新 2 卷 6 期(1947 年 6 月),第 102 页。转引自许涤新、吴承明主编:《中国资本主义发展史》第三卷,第 482 页表 4-17。

---

① 许涤新、吴承明主编:《中国资本主义发展史》第三卷,第 519 页续表。

从表中数据可以清楚地看出，从 1937 年 9 月开始到 1945 年为止，四联总处的贷款总额直线上升。尽管折算成战前币值处于下行之中，可是其中对工矿企业的贷款除少数年份低于盐务类别外，基本处于稳定的第一位，从 1943 年开始，连续三年在 50% 左右或以上，1944 年甚至占到整个投资总额的 72.1%，可见这期间对工矿企业的支持扶助力度。其中贷放给国营企业的数额又大大多于贷放给民营企业的数额，例如 1941 年四联工矿业贴现和放款总额"达二亿五千三百余万元，其中公营事业贷款计一亿八千六百余万元，民营事业贷放仅六千七百余万元"[①]。

下表是 1937 年至 1945 年国家资本银行在存放款中的比重示意表，从中可以看出这期间银行业发生的变化。

表 2-41　1937—1945 年国家资本银行在银行存放款中的比重示意表　　单位：百万元

年份	各项存款				工商业贷款			
	国家银行		省银行、商业银行		国家银行		省银行、商业银行	
	金额	比重(%)	金额	比重(%)	金额	比重(%)	金额	比重(%)
1937	2 191	66.3	1 115	33.7	1 471	66.3	749	33.7
1938	2 987	71.9	1 166	28.1	1 696	66.6	851	33.4
1939	4 626	76.3	1 433	23.7	2 578	71.8	1 014	28.2
1940	6 002	76.1	1 884	23.9	28.1	71.8	1 102	28.2
1941	10 932	79.1	2 883	20.9	3 095	60.4	2 029	39.6
1942	19 797	86.2	3 164	17.8	7 606	71.0	3 111	29.0
1943	31 089	87.0	4 656	13.0	15 950	75.6	5 140	24.4

---

① 洪葭管主编：《中央银行史料》（下卷），中国金融出版社 2005 年版，第 667 页。

续 表

年份	各项存款				工商业贷款			
	国家银行		省银行、商业银行		国家银行		省银行、商业银行	
	金额	比重(%)	金额	比重(%)	金额	比重(%)	金额	比重(%)
1944	95 556	90.7	9 803	9.3	29 481	78.2	8 227	21.8
1945	527 172	98.9	10 740	2.0	151 142	90.3	16 201	9.7

说明:(1)各项存款包括活期存款、定期存款、储蓄存款。(2)贷款为年底余额,不包括农业贷款和对政府的垫款。

资料来源:国家银行据四联总处报告,省银行、商业银行为推算数。见张公权:《中国通货膨胀史》,杨志信译,文史资料出版社1986年版,第116、122页。此表转引自许涤新、吴承明主编:《中国资本主义发展史》第三卷,人民出版社1993年版,第490页表4-19。

从表中数据可以看出,1937年至1945年,国家银行存款一直处于稳定的上升通道中,到1945年更是达到各项存款总数98.9%的高位。与此相应,国家银行对工商业的放款,除个别年份外,也是处于基本维持和逐步增长的态势中,到1945年时占到放款总额的90.3%。这种状况说明,抗战时期国家银行的垄断地位十分稳固,在资本市场上也是处于独占的地位。

抗战爆发前,南京国民政府虽然建立起了以"四行二局"为中心的金融垄断体系,但可以说这个体系并未彻底完成,货币依然分由中、中、交、农四家银行发行就是明显的一例。战前出于统制经济的需要,南京国民政府已有将货币发行权进一步集中于中央银行的计划。财政部长孔祥熙在"关于改革币制实施法币政策发表之宣言"中,就明确表示要把已有的中央银行改组为中央准备银行,而这个由中央银行改组的中央准备银行,"并不经营普通商业银行之业务,惟于二年后享有发行专权"[1]。此后由于抗战爆发,这个计划未能实行,但是,通过加强中央银

---

[1] 中国第二历史档案馆编:《中华民国史档案资料汇编》第五辑第一编(四),第317页。

行职能对经济进行统制和控制金融,一直是南京政府没有改变的目标。

抗战爆发后,四联总处的成立使其成为高居四行之上的最高金融领导机构,并得以用行政权力驾驭四行,在四联总处的扶持和推动下,中央银行的力量和职能进一步得到了发展和完善,成为逐步取代四联总处行使职能的国家银行。

通过国家资本银行的大量投资和贷款扶植,这期间一批国家资本性质的企业得以诞生和壮大,其中包括地位重要的资源委员会,花纱布公司,农产、工矿、贸易三个调整委员会,复兴公司,富华公司,中茶公司,后期的战时生产局、中纺公司等国家资本经济组织实力迅速扩张。据统计,"抗日战争前的1935年,国营工矿企业固定资产仅占整个工矿企业11%,1943年占69%,解放前夕已占80%"①。

这里,我们可以通过具体的典型企业——资源委员会在战时的发展和演变,深入观察和了解国家资本企业在此期间发展壮大的特点,以及这期间资本市场的运动状况。

资源委员会的前身是设立于1932年11月1日的国防设计委员会,为一秘密国防研究机构,工作以调查、统计、研究、设计为主,其后历经军事委员会、经济部阶段。从1938年3月开始,至1945年8月为止,进入兴办工矿企业的实际建设时期。1935年,资源委员会制定重工业"五年计划",其中分冶金工业、燃料工业、化学工业、机器工业及电气工业五个部门,预算经费27 000余万元。该年夏,"政府……指拨重工业经费1 000万元后",资源委员会筹设以下事业:(1)冶金工业,有中央钢铁厂、茶陵铁矿、灵乡铁矿、江西钨铁厂、彭县铜矿、阳新大冶铜矿;(2)燃料工业,有高坑煤矿、天河煤矿、万县煤矿、四川油矿、植物油提炼轻油厂、煤气车推行处;(3)机器工业,有机器制造厂;(4)电气工业,有电工器材厂、无线电机制造厂、电瓷制造厂及四川水力发电厂。1937

---

① 洪葭管主编:《中央银行史料》(上卷),"前言"第24页。

年,"预算中复经指拨 2 000 万元,建设计划大体继续上年,事业稍有增改"。事实上,自 1935 年获得经费后,1936 年建成的有锑业管理处、钨业管理处、中央钢铁厂、中央机器制造厂、中央电工器材厂等 12 单位。1937 年设立的企业有湘潭煤矿、四川油矿、水口山铅锌矿、云南锡矿、中央炼铜厂(后改称昆明炼铁厂)等 11 单位。同年并成立国外贸易事务所,掌理钨锑出口贸易。"以上各种事业,大部分由国库拨款建设,小部分以钨、锑盈余为资金。"①

此后,资源委员会不断扩展,到 1945 年 8 月抗战胜利为止,"有 131 个单位,是年之 4 个月内,无大变动,年底有 128 个单位。以经营方式分,其中独资及投资主办者 110 单位,投资不主办者 18 单位。以事业性质分,计工业 57、矿业 33、电业 29,服务及联系 9"。具体情况如下表所示。

表 2-42 截至 1945 年底资源委员会支配的单位

事业部门	合计	独资	投资主办	投资不主办
工业部分	57	30	17	10
冶炼	9	5	2	2
机械	8	2	4	2
电工	5	2	3	—
化工	35	21	8	6
矿业部分	33	19	9	5
煤	14	3	6	5
石油	2	2	—	—
铁钢铅锌	4	3	1	—

---

① 上引均见国民党资源委员会编:《资源委员会沿革》,油印本,1947 年版。转引自陈真编:《中国近代工业史资料》第三辑,第 836—839 页。

续 表

事业部门	合计	独资	投资主办	投资不主办
钨锑锡汞	10	8	2	—
金	2	2	—	—
矿产勘测	1	1	—	—
电业部分	29	14	12	3
电力	28	13	12	3
水力工程	1	1	—	—
服务及业务机构	5	5	—	—
区域联系机构	4	4	—	—
合计	128	72	38	18

资料来源：摘自国民党资源委员会编：《资源委员会沿革》，油印本，1947年版。转引自陈真编：《中国近代工业史资料》第三辑，第853页。

到1947年12月底止，资源委员会的实力又有增长，达到"生产事业96个单位，各单位之下又有附属厂矿，共计291单位，总共职员32 917人，内技术人员13 343人，管理人员19 574人。工人190 858人，内技术工人94 089人，普通工警96 769人"[①]。这时期资源委员会的生产能力在全国都占相当地位："以民国36年生产量而论，电力占全国50%以上，煤矿占25%，石油则国内之生产及提炼全部由本会经营，在市场中，供应全国需要量20%。钢铁除上海有炼钢能力日25吨，山西有产铁炼钢能力年3万公吨外，其他均属于本会，约每年产20万公吨。"资源委员会各单位生产事业生产价值，"在36年共为52 400余亿元(按7月份价格计算)"[②]。

---

① 摘自国民党资源委员会编：《复员以来资源委员会工作述要》，1948年1月。转引自陈真编：《中国近代工业史资料》第三辑，三联书店1961年版，第873页。

② 同上书，第878页。

在能源和重化工业中占据举足轻重地位的资源委员会,其资本来源中,"除创建经费是由政府拨款举办外,所需营运资金,历年都由国家行局贷助"[①]。许涤新、吴承明主编的《中国资本主义发展史》第三卷第512页根据陈真编的《中国近代工业史资料》第三辑收集的资料,对20世纪30年代开始至1948年时国家行局对企业投资的状况进行了分类统计。具体情况如下。

表 2-43　20 世纪 30 年代至 1948 年国家银行投资企业资本额占比统计表

国家银行投资占企业资本额比重	家数	企业资本额（万元）	银行投资额（万元）	银行投资平均所占比重(%)
100%	3	5 500	5 500	100
50%—99.9%	9	16 840	10 980	65.2
30%—49.9%	7	8 884	3 153	35.5
不足 30%	19	33 680	5 301	15.7
合计	38	64 904	24 934	38.4

资料来源:许涤新、吴承明编:《中国资本主义发展史》第三卷,人民出版社 1993 年版,第 512 页。

表中所引数据是许涤新和吴承明先生根据陈真所编资料书中四家国家银行投资企业记录所作。国家银行投资企业数量很多,数量达数百家,上表记录的是资料较全、较大的 38 家工矿企业的情况。

从上表可以看出,在这 38 家重点企业中,完全由银行投资设立的企业数量虽然不多,但这些企业都是在战时地位十分重要的企业。而且如上所述,大多数企业的特点是:"创建经费是由政府拨款举办外,所需营运资金,历年都由国家行局贷助。"这种情况固然是由战时

---

① 摘自国民党资源委员会编:《复员以来资源委员会工作述要》,1948 年 1 月。转引自陈真编:《中国近代工业史资料》第三辑,第 892 页。

统制经济体制所致,但也反映出这期间资本市场上的突出特点:战时统制经济特点突出,政府干预大于市场作用,国家资本银行地位更加凸显。

二、民间资本银行处于配角和辅助地位

与此相对,这时民间资本银行大体处于配角和辅助地位,在资本市场上更是如此。重庆是战时的陪都,是大后方的经济中心和金融中心。通过对战时重庆民间银行业放款的考察,可以清楚地了解这期间资本市场上民间银行业的状态。1944年6月,《四川经济季刊》第一卷第三期刊登了康永仁《重庆的银行》一文,对了解这期间民间资本银行在资本市场上的地位和作用有重要的参考作用。康永仁通过来源不同和统计手段不同的五种资料,对1939年银行和钱庄的放款情况进行了分析,在这五种资料中,对工矿两业的放款最高的为27%强,最低的不足1%。其中,按类别算,对商业的放款最多,最高的有97%,最低的也有41%。当然,造成这种情况的原因多种多样,"有的统计,将个人放款及其他放款或是个人放款一并包括于商业放款之内";"有的统计,银行家数较多,或完全是银行,而未列钱庄,而有的统计,则钱庄家数较多,而银行家数较少";"有的统计列有同业放款,有的统计则剔除了同业放款"[①]。种种情况导致了统计数据的很大差距,因此,这里我们再引用康永仁的另外一个表,这个表的资料来自四联总处秘书处,反映的是1941年2月止17家商业银行的放款情况,这个统计中列有同业放款,因为都是银行,同时将私人及其他放款单列出来,加上该统计表中商业放款占全部放款的47%强,工业放款则是几种统计资料中最高的27%强的数字,从中能够更有代表性地看出民间银行在此期间的放款状况。

---

① 康永仁:《重庆的银行》,《四川经济季刊》第1卷第3期,1944年6月,第126页。

表 2-44　1942 年 2 月底止 17 家商业银行放款对象明细表

单位：千元

银行名称	金　额	商业放款	工业放款	同业放款	私人及其他放款
总计	143 771	67 812	39 042	29 621	7 296
百分比(%)	100	47.16	27.15	20.06	5.09
上海银行	32 203	12 410	19 661		132
浙江兴业银行	65	54		9	
中国国货银行	1 254	155	999		100
中国实业银行	12 079	2 260	9 600		219
金城银行	4 446	1 689	2 120		637
大陆银行	86	30			56
盐业银行	275	100	80		95
中南银行	2 160	385	413		1 362
聚兴诚银行	9 754	3 373	2 020	3 591	970
四川美丰银行	30 721	14 611	460	14 325	1 325
和成银行	14 094	9 816	100	2 396	682
亚西实业银行	17 849	9 581	893	7 370	5
四川建设银行	3 013	1 945		940	130
长江实业银行	7 838	4 987	540	990	1 321
江海银行	1 005	358	414	200	33
大川银行	1 901	1 852	50		
开源银行	5 030	4 209	592		229

资料来源：康永仁：《重庆的银行》，《四川经济季刊》第 1 卷第 3 期，1944 年 6 月，第 127—128 页。

观察上表可知，17 家银行中，既有外来的银行，也有川籍的银行，放款最多的对象是商业放款，总共为 6 781.2 万元，占放款比例的 47.16%；

工业放款 3 904.2 万元,占比为 27.15%。其中,上海商业储蓄银行在工业放款中遥遥领先,放款数字为 1 966.1 万元,占整个工业放款 3 904.2 万的 50.36%,其次是中国实业银行的 960 万元和金城银行的 212 万元,都是外籍银行。川籍银行中,在工业放款中数量最多的是聚兴诚银行,放款 202 万元,数量最少的大川银行只有 5 万元。由此表中的数据可以看出这期间各家银行的经营重点和活动情况。

为比较这期间民间金融机构钱庄和民营银行的各自经营侧重点,下面制作了截至 1942 年 3 月底止 24 家银行和 54 家钱庄的放款状况。

表 2-45 1942 年 3 月底止民间银行和钱庄放款对象及数据明细表

单位:千元

行号	合计	商业放款	工业放款	矿业放款	交通事业放款	同业放款	个人放款	其他放款
总计	206 617	133 426	14 625	7 227	3 895	33 317	10 146	2 981
百分比(%)	100	64.58	7.80	3.49	1.88	16.12	4.92	1.93
银行总计	115 264	53 990	13 035	5 201	3 158	26 690	9 485	3 706
百分比(%)	100	46.28	11.31	4.51	2.74	23.16	8.23	3.23
钱庄银号合计	91 353	79 436	1 590	2 028	737	6 627	661	275
百分比(%)	100	86.96	1.74	2.22	0.81	7.25	0.72	0.30

说明:(1)原表附注:表中数据根据各行庄放款旬报。(2)原表中各家银行和各家钱庄的具体数据这里略去,这里只取了总计和银行及钱庄的合计数据和百分比。
资料来源:康永仁:《重庆的银行》,《四川经济季刊》第 1 卷第 3 期,1944 年 6 月,第 128—131 页表 35。

从表中数据可知,在银行和钱庄总计的放款中,商业放款仍然是最大的对象,所占百分比为 64.58%,工业放款占比只有可怜的 7.8%,加上矿业的 3.49%,只有 11.29%,如再加上交通事业的放款 1.88%,则三项一共合计占 13.17%,连放款总金额的五分之一都不到。而在银行和钱庄的数据比较中,银行在投资工矿企业中的表现又远超过钱庄与银号,银行对工业和矿业企业的放款占其总放款额的 15.82%,如再加上在交通事业中的放款 2.74%,则三项合计占其总放款额的 18.56%。而 54 家钱庄、银号这三项的合计不过占总放款额的 4.96%。两者相较,差距很大。

由此我们可以得出结论:在抗战开始后,民间金融机构中的民营银行在资本市场上对工矿企业的放款大幅下降,在资本市场上无法与国家银行相比。而传统金融机构钱庄和银行的地位和作用相比更是下降明显,与晚清和民国前期无法相比。

这种状况一直到抗战结束后也没有发生根本的变化。

第三章
近代中国的证券市场

证券市场是资本市场的重要内容之一。证券市场是指有价证券(政府债券、公司债券及股票)的发行和流通的市场,是信用制度和商品经济发展到一定历史阶段的产物。具体而言,证券市场是指在一定的时间、一定的场所,按照一定的法律,通过一定的方式,对有价证券进行交易的场所。证券市场是按照上述规定,通过证券的发行和流通,以达到活用资金,促进经济发展的目的。证券市场上买卖的商品包括股份公司为筹集资金发行流通的股票、是政府和企业为筹集资金发行和流通的债券。

在近代中国时期,证券市场的发生发展具有以下三个特点:第一,企业发行股票在市场上筹集资金的行动远早于证券交易所的成立;第二,对于设立证券交易所,民间的积极性远超过政府的积极性;第三,纵观整个近代时期,证券市场在促进企业筹资和推进工业化发展方面所起的作用并没有想象中那么大。

第一节 近代中国证券市场的发展轨迹

在近代中国证券史上,1872年是一个具有里程碑意义的年份。这一年,中国第一家新式股份制企业轮船招商局诞生,同时发行经过清政府批准的股票,股票可以公开在市面上进行买卖。这件事不仅意味着近代中国通过学习西方,在转向工业化的道路上迈出了重要的一步,而且标志着中国资本市场的发展进入了证券交易时代。此后到1914年,

《证券交易所法》得以颁布。又经过数年,1918 年,中国第一家证券交易所才正式成立。而且,证诸近代中国的经济发展历史,近代中国的证券市场真正与新式企业发展产生密切关系,并推动近代中国工业化的发展,主要是晚清洋务运动时期和抗战爆发后的汪伪政权时期,但时间都不长,都只有短短的几年。

一、19 世纪中叶中国证券业的兴起

近代中国证券业的兴起,是在西力东渐、外资企业在华诞生发展、中西商战的大背景下开始兴起的。1872 年,得到清政府批准,制定章程并通过市场发行等价股票筹集资金的轮船招商局成为近代中国第一家新式股份制企业。在招商局成功兴办后,经过不到十年时间的发展,1880 年前后,又先后有近 40 家企业通过在市场上发行股票筹集资金得以成立,掀起了洋务运动中兴办新式股份制企业买卖股票的一个小高潮,同时也揭开了近代中国证券业发展的大幕。

1872 年底成立的轮船招商局是中国近代第一家股份制企业。招商局的成立,开启了近代中国公开通过向民间发行等额股票(当时被称"股份票")"招商集股"、筹集资金兴办企业的大门。此后,这种性质的企业数量很快从一家增加到了几十家,形成了中国近代第一批股份制企业群体。公开企业章程,发行等额股票面向社会公开筹集资金,股票可以买卖和转让,企业具有法人地位,这样的新型股份制企业在中国历史上还是第一次出现,可以说是开启了中国企业史和经济史上的一个新时代。这一点,正如《申报》刊载的文章所总结的,是"招商局开其端,一人倡之,众人和之,不数年间,风气为之大开,公司因之云集,虽其中亦有成与不成之分,然其一变从前狭隘之规则"[①]。

---

① 《申报》1883 年 10 月 21 日。这里所说的"从前狭隘之规则",是指过去中国的企业组织方式只有独资和合伙两种方式。

无疑,这种"一变从前狭隘之规则"公开通过发行股票筹集资金兴办的西方新型企业的出现和特性必然给近代中国资本市场带来冲击并引起相应的变化。证诸史实,此后的经济史发展已经证明了这一点。因此这里很有必要通过这些企业发行的股票、股票刊载的内容以及这些企业制定的章程等,对19世纪后半期近代中国首次出现的这批股份制企业的状况和特点进行一些探讨与归纳,进而观察它们给中国资本市场带来的冲击和引起的变化。

这里需要说明的一点是,在中国近代最早建立的这部分企业群体中,虽然有少部分中小型矿业、企业是商办性质,但无论从成立时间、资本规模、社会影响以及对股份制企业组织形式的规范等方面来看,官督商办企业都占有无可动摇的统治性地位。

1. 中国近代第一批股份制企业的兴起

我们的目的是通过这批新型企业探讨近代中国资本市场的发展和状况,因此有必要对这批企业出现的时间和范围进行界定。前已谈到,自轮船招商局于1872年底成立后,经过十余年时间,从1882年开始,上海出现了一个兴办股份制企业的小高潮。因此,此处探讨的这批股份制企业,以1882年6月9日至1887年1月13日在《申报》上刊载过股票价格的企业为主。之所以如此界定,理由如下:(1)当时成立的新型股份制企业,无论厂址和矿址在哪里,绝大多数都以上海为中心募集资金和买卖股票,也使得近代中国证券市场一直以上海为中心,这一点在整个近代未改变。因此,以在《申报》这一上海同时也是中国当时最主要的中文报纸上刊载过股票价格的企业为主进行探讨,具有代表性。(2)1882年6月9日是《申报》刊载企业股票价格之始。《申报》能在1882年6月9日这一天刊载中国近代企业的股票价格,本身就证明1872年轮船招商局成立之后,历经十年,陆续成立的中国近代股份制企业发行的股票以及形成的股票交易市场在上海不仅存在,具有了一定规模,而且已经发展到可以在报纸上公开刊登行情的水准。(3)把

1887年1月13日作为"第一批"的下限,则是因为1883年底上海发生金融风潮后,部分新型股份制企业破产倒闭,股票交易转入低潮,兴办近代新型企业的热潮已大为降温,这一天也成为《申报》这期间刊载企业股票价格的最后一天。(4) 本章探讨的对象是通过公开发行股票筹集资金兴办的股份制企业,因此,尽管这期间成立的企业数远不止此①,为确保其性质为股份制企业,把考察的范围限定为此期在《申报》上刊载过股票买卖价格的企业,也比较准确。但这里也有两个例外,一是1882年9月以"为各项公司通径路而固藩篱",即为各公司买卖股票起中介作用而成立的上海平准股票公司,因其章程中明确有"本公司招股十万两,分为一千股,每股规银一百两"②的记载,故将其纳入考察的范围。二是笔者1998年10月30日在北京参观以于捷、张宏杰、赵善荣三位民间收藏家藏品为主的"中国百年证券收藏展"时,见到了一份光绪十一年(1885)山东莒州矿务总局发行的股票(关于该股票下文还将具体介绍),从这份股票显示的种种情况看,该企业在时间和性质上均属于本章考察范围,故也将其一并纳入考察。

表3-1是《申报》1882年6月9日至1887年1月13日刊载的新型股份制企业的部分情况和股票的部分市场价格。

从这张近代股份制企业简况及股价表中,可以注意到这样几个基本事实:首先,从速度方面看,1872年时,股份制企业只有轮船招商局一家,但到1887年时,在《申报》上先后公开登载过股票价格的企业数目已增至36家,如再加上上海平准股票公司和山东莒州矿务总局,则总数至少已达到38家。考虑到此前中国还从未有过这种新型股份制企业的事实,应该说这种增长速度还是相当快的,尤其是1882年6月到

---

① 据孙毓棠《中国近代工业史资料》第一辑下册(中华书局1962年版)第1166—1173页统计表和杜恂诚《民族资本主义与旧中国政府》(上海社会科学院出版社1991年版)后"附表"中的统计,同期成立的近代企业数均不止《申报》上刊载的企业数。
② 《上海平准股票公司叙及章程》,《申报》1882年9月27—28日。

第三章 近代中国的证券市场

表 3-1 20世纪80年代上海新型股份制企业简况及股价表

	资本(万两)	性质	1882年6月9日	1882年10月27日	1883年12月20日	1884年12月30日	1885年6月22日	1887年1月13日
平泉铜矿	34	官督商办	185	246(105)	48(105)	17(105)	25(105)	46(105)
开平煤矿	100	官督商办	242.5	218(105)	53(100)	37.5(100)	66(100)	49.5(100)
电灯	10	商办	160	105(100)	30(100)	10(100)	4(100)	3.5(100)
长乐铜矿	10	商办	160	220(100)	44(100)			
招商轮船	200	官督商办	260	255(100)	63(新100)	41(新100)	64(新100)	59(新100)
点铜			80元					
电线			210					
平泉			185					
织布	50	官督商办	117.5	103(100)				17.5(100)
济和	50		73	70.05(50)	34.5(50)	24.5(50)	30(50)	
牛乳					60元(100)	19元(100)	20元(100)	
仁和保险	50			71.5(50)	35(50)	24.5(50)	30(50)	
自来水				35镑(20)	29镑(20)	25镑(20)	30.25镑(20)	29镑(20)
赛兰格点铜				135元(100)	180元(100)	12.5元(100)	11元(100)	1.7元(100)

续表

	资本（万两）	性质	1882年6月9日	1882年10月27日	1883年12月20日	1884年12月30日	1885年6月22日	1887年1月13日
公平缫丝公司				94(100)	36(100)	10(100)	3(100)	
鹤峰铜矿	20	商办		177.5(100)	36(100)	20(100)		
中国玻璃股份				51.5(100)	80(100)	50(100)		
叭喇糖公司				43(50)	32(50)	15.5(50)	12(50)	14.5(50)
电报	80(万元)	官督商办		167.5(100)				65元(100)
顺德铜矿	20	商办		110(100)	70(100)			
驳船公司				109(100)	74(100)	50(100)	35(100)	
三源公司				51(50)				
新造纸公司				100(100)				
上海保险公司	50				31(50)	14.5(50)	23.25(50)	23(50)
旗昌浦东栈码头					90(100)		65(100)	98(100)
金州煤铁矿					46(100)	45(100)	58(100)	
池州煤矿	20	商办			20(25)	6.5(25)	11.5(25)	
沙岑开地公司					17(25)	7(25)	8.5(25)	1.5

续 表

	资本(万两)	性质	1882年6月9日	1882年10月27日	1883年12月20日	1884年12月30日	1885年6月22日	1887年1月13日
荆门煤铁矿					19(25)			
施宜铜矿	40	商办			25(100)	35(100)	40(100)	
承德三山银矿		商办			30(50)	5.55(50)	5(25)	
白土银矿					55元(70)	5元(70)	7(70)	
徐州煤铁矿	50	商办			60(100)			
贵池煤铁矿		商办			13(25)	14.75(25)	14(25)	
火车糖					100元(100)	50元(100)	50元(100)	
烟台缫丝					125(300)	25(300)	50(250)	

说明：(1) 表中数字的单位，除标明"万两""万""元""镑"的以外，均为"两"。(2) 各栏中的数字均为当时的市场价。括号中的数字为各公司发行股票的票面额价格。而且绝大部分都已按票面额收足，只有上海保险公司、池州煤矿和沙岑开地公司三家公司的数字较为特殊，这三家公司股票的票面额虽同为100两，但上海保险公司实际仅先收50两，池州煤矿和沙岑开地公司只先收25两，而且此后没有变化，因此这三家公司括号中的数字实际是实收额。(3) 括号中的数字，少数不为元的，后为元的；也有前为元，后为银两的，这种情况均按照资料的出处为准不作变动。(4) 轮船招商局在1882年底增发新股，每新股价格100两，1883年3月22日新股上市，故本表摘录的招商局1883年12月20日的股价以反此后的股票价格均为新股价。

资料来源：表中列出的企业"资本"和"性质"两栏内容据孙毓棠《中国近代工业史资料》第一辑下册，中华书局1962年版，第1166—1173页统计；表和汪敬虞《中国资本主义现代企业的产生过程》文后"附表"《载《中国经济史研究》杂志1986年第2期》。其余各栏据《申报》各年数字。

1883年底的一年半中,股份制企业数目从10家增加到29家,增长速度相当惊人,可以说出现了一个小高潮。

其次,从分布领域看,这些股份制企业分属交通、能源、金融、纺织、保险、民生和各种矿业,分布领域相当宽广,特别是矿业,所占比例在三分之一以上。从性质看,这些企业中有官督商办和商办两种类型。资本金数额大、性质重要且开办时期早的企业多是官督商办企业,如轮船招商局、开平煤矿和织布局等均是官督商办性质。商办的企业则以各种矿业为主①。

其三,从资本金看,现在表中已列出资本数字的14家企业的资本金共达774万两,加上其他二十多家未刊出资本数的企业,资本金总数估计在1 000万两上下大体不会有错。即使按1 000万两计算,也是一笔不小的数目,它已相当于当时清政府全年岁入的七至八分之一②。

也就是说,根据这张表,我们可以知道,19世纪七八十年代的十余年时间里,由于出现了股份制企业这种新的资本组织形式构成的投资渠道,中国社会中的资金流向出现了一种跟过去不同的新的变化,开始通过股票买卖进入新兴的股份制企业了。这种资金流向的变化,又与中国早期的工业化启动息息相关。

其四,我们还可以发现,这期间股份制企业的股票价格经历了一个大起大落的过程,1882年股票市场价格的高企与1883年新型企业数目的迅猛增长之间必然有着某种联系。而1887年上市企业股票只剩下12家且价格低落的现象则不仅说明中国近代第一批股份制企业的兴办高潮已成过去,而且从某种角度证实这期间中国整个社会结构和经济

---

① 在表中列出的部分商办股份制企业如荆门煤铁矿、承德三山银矿、徐州煤铁矿和贵池煤铁矿等,在张国辉所著《洋务运动与中国近代企业》(中国社会科学出版社1979年版)第295—299页的"官督商办中小型企业集资简况"一表中,性质却都被认定为是官督商办股份制企业,推测这是因为有些企业前后性质发生变化所致。

② 清政府1885年的全年岁入,也不过只有77 086 466两。见罗玉东:《光绪朝补救财政之方策》,《中国近代经济史研究集刊》第1卷第2期,社会调查所,1933年5月。

发展尚未能为股份制企业的成长准备好相应的条件。

其五,这期间的股票发行和买卖,是在没有相关法律和证券交易所的情况下的自发自为的活动。

这里还需说明的一点是,上表中列出的这批股份制企业,我们可以肯定大多数创办者是中国人,但并非完全由中国人创办,由于受史料限制,除自来水公司和电灯公司外,我们还无法弄清其他的并非中国人创办的企业的准确数量和资本金有多少。从已有的资料中,我们可以肯定的只有一点,即外国人创办的企业中也有中国人加入股份。例如《申报》1882年6月13日的文章中就有如下记载:"即西人创开之公司,华人亦有投入股份,并有因不得投入而心滋不悦者。如自来水公司、电灯公司,华人皆欲入股。"①但这种情况应该不会影响我们对中国近代股份制企业总体情况的考察,一来因为中国企业占绝大多数,且这些中国企业本身即是在向西方股份制企业学习的基础上创办的;二来我们下面介绍考察的不管是企业股票还是企业章程,都是以中国企业发行和制定的内容为考察的前提条件。

2. 股票形制、股票内容与第一批股份制企业

在对中国近代第一批股份制企业的整体情况有了一个大致的了解后,下面我们有必要进一步深入分析近代中国资本市场上出现的这些股份制企业特别是其中官督商办股份制企业的基本情况,以及它们是具有什么资格和组织情况才能进入资本市场的。首先需要弄清这样一些问题:在当时的社会环境条件下,成立股份制企业需要什么手续?有什么规定?股份制企业的股票什么样?有什么内容?通过什么途径或网络发行?又通过什么方式进行买卖?股份制经济作为一种商品经济和信用经济发展到一定阶段的产物,体现其权利的有价证券股票,其法律效用在当时是通过什么方式得以体现的?

---

① 《劝华人集股说》,《申报》1882年6月13日。

因为,在此前的中国社会中,兴办工商企业的组织方式一般不出以下两种:一种是"各出资本,各树旗鼓"即"独资"进行;一种是"合伙"的方式,即部分有共同目的的人"合众力而成"。独资的企业自可不必介绍,而这种合伙方式成立的企业特点则须注意。据考察,其特点有二:一是规模不大,二是即使"合开一铺,合创一行"的时候,"股东皆须在场,以资稽察"。股东"或有不亲到场者,亦必令亲信人为之监察","断未有从未谋面而可以入股者"[①]。那么,在几千年相沿成习的情况下,在当时清政府尚未对股份制企业制定相应规则措施,也没有《证券交易法》等法律法规的情况下,中国的这些股份制企业在打破此前的惯例后是怎样解决这些问题的?显然,分析和回答这些问题,对于我们了解近代中国资本市场上首次出现的这些股份制企业而言,是不能也无法回避的。因此,我们就从当时企业发行的股票开始进行分析。

根据已有史料,我们知道,当时股份制企业在发行股票招商集资时,刊刻发行的有关文件凭证有股票和存根(股份票存根是企业在股东购买股票时,收到股东股款付给股东股票的同时留存的原始凭证),还有招股企业的"局章"、股折式和股份收银单。其中,股折式又称"息折"或"息折式",是股东在购买了股票后从企业得到的今后领取"官利""余利"等股息的凭证。股份收银单是某些企业在发行股票时对股东采取分期收款方式,企业在分期收到股款时开具给股东的相应收据,是一种临时性的凭证。当股东按企业规定交足了认股资金后,须上交所有的有关"股份收银单",才能换得正式的股票。"局章"的主体是经过官方批复的"招股章程","局章"由企业在股东认股时随股票一并发给,这是认股的股东了解企业、享受权利和承担义务的法律依据之一[②]。

作为股份制企业发行和股东持有的最重要的权利凭证——股票,

[①] 《劝华人集股说》,《申报》1882年6月13日。
[②] 参见卢伯炜:《官督商办洋务企业股份票研究》,《苏州大学学报》1995年第4期。

由于年代久远和其他原因,原件能够留存到今天的已经相当少了。19世纪 80 年代之前发行的股票作为史料刊刻出版的股票影印件和临摹件笔者见到的有三份,原件有一份。年代最早的一份是 1872 年成立的股份制企业轮船招商局的股份票、股份票存根和息折式的影印件,这也是中国近代最早的一份股票影印件,刊载于徐润作序、光绪七年(1881年)"所有商局七年以来刊发总揭帐略及开办续订各章程""汇成一册"的刊刻本第 11、12 页①。从这份股份票冠以"轮船招商公局"的字样来看,这是轮船招商局成立初期即由朱其昂主持期间发行的股票,因 1873年 7 月招商局经过第一次改组由唐廷枢出任招商局总办时,唐廷枢作出的变动之一即是把"轮船招商公局"的名称改变成了"轮船招商总局"②。

另两份股票影印件和临摹件是 1879 年由北洋大臣李鸿章批准发行的湖北矿务总局股份票和股份票存根③和 1882 年成立的徐州利国矿务总局股份票、股份票存根和股折式④。除了以上提到的这些以外,在孙毓棠主编的《中国近代工业史资料》第一辑下册第 628—630 页和第 633 页上,刊载了 1877 年的"直隶开平矿务局章程"和"开平矿务局股份收银单",尽管没有股票的影印件,却也是保留下来的少数珍贵历史实物影印件之一⑤。

此期的股票原件笔者只见过一份,即上面提到的参观"中国百年证券收藏展"时见到的 1885 年发行的"山东莒州矿务股票"。从 1899 年的

---

① 原本藏招商局蛇口档案馆"历史档案·017 号"。
② 参见拙著《国家干预经济与中日近代化——轮船招商局与三菱·日本邮船会社的比较研究》,东方出版社 1994 年版,第 63、64 页。
③ 陈旭麓、顾廷龙、汪熙主编:《盛宣怀档案资料选辑之二:湖北开采煤铁总局·荆门矿务总局》,上海人民出版社 1981 年版,第 418 页。
④ 该企业于 1882 年 10 月 5 日正式成立。见余明侠:《徐州煤矿史》,江苏古籍出版社 1991 年版,第 53 页。
⑤ 孙毓棠编:《中国近代工业史资料》第一辑(下册),科学出版社 1957 年版,第 628—630、633 页。

史料"至莒州,系属煤矿,亦因多年停废积水甚深……"①的记载来看,这家企业应是一家煤矿,而且后来经营并不是很成功。

可能受最早成立的轮船招商局影响的缘故,这几家企业虽然成立年份不同,但几份股票在形制、格式和行文内容方面都相当一致。如票面形制都很朴素,除文字和标题外,没有更多的图案装饰,文字四周用线条圈围,圈围出来的票面形状与清代过去流行的当票、煤窑的窑照和盐商的执照等几乎完全一样。显然,新型股份制企业的股票采用这种历经官方认可又被社会熟知承认、具有法律效力的凭证和执照的形制,与从法律方面保障其有价证券性质的考虑分不开。它和下面介绍的股票文体中采用官方告示性语言以及在操作方面的严格规定一起,构成了股票作为有价证券的法律依据②。

从股票的格式方面看,标题名称均由右往左横书,其余文字竖排。股份票与股份票存根为二联票,二者并排印刷。股份票在左,存根在右,内容几乎完全相同,只是标题名称与行文中的个别文字有异。关于股票发行的有关规定和程序,最早成立的轮船招商局局规中有如下记载:"本局刊立股份票、取息手折,股各收一纸,编列号数,填写姓名、籍贯,并详注股份册,以杜洋人借名。其股票息折,由商总商董会同画押,盖用本局关防,以昭凭信。如有将股让出,必须先尽本局,如本局无人承受,方许卖与外人,一经售定,即行到局注册。但不准让与洋人。设遇股票息折遗失,一面到总局挂号,一面刊入日报,庶使大众咸知。俟一月后准其觅保出结,核对补发。"③轮船招商局的这些规定,实际上为此后成立的股份制企业树立了"范本",除"股各收一纸"即认购一股付给一张股票以及遗失股票需补发的规定看来因烦琐或过分严厉而被其

---

① 台湾"中研院"近代史研究所编:《矿务档》,1960年版,第1321页。
② 这一点,请参见卢伯炜:《官督商办洋务企业股份票研究》。
③ "轮船招商局局规",交通史编纂委员会编:《交通史航政编》第一册,1931年版,第143—144页。

第三章　近代中国的证券市场

他企业修改取消外,其他的内容包括禁止将股票卖给洋人的规定基本上都沿用了下来。

根据这些规定以及证诸史实,可知当时股东认购股份购买股票时,一般的程序是招股企业需分别在股票和存根的空白处填写相应文字,编上号码,加盖企业印章,然后从股票及存根之间,即自上而下的骑缝文字中间处裁开,股票交给股东,企业留下存根以为凭据。从这四份股票看,骑缝文字由各个企业根据自己的情况决定,虽然轮船招商局和山东莒州矿务总局股份票的骑缝文字只有一半,但依然可以辨认出轮船招商局的骑缝文字是"公字第　号壹股银五百两正"。山东莒州矿务总局股票的骑缝文字是"莒州矿务股票　字第　号"。湖北矿务总局股票的骑缝文字为"　字第　号收规银壹百两"。徐州利国矿务总局股份票和股份票存根虽然被分开影印成两份,但拼在一起仍然可以看出其骑缝文字为"矿字第　号　股银　两正"的字样。应该说这些骑缝文字的内容是大同小异的。

在这四份股票中,"轮船招商公局"的股票发行时间最早,同时也是中国发行时间最早的股票。"山东莒州矿务股票"是这四份股票中文字最多、反映内容最丰富的股票。为对当时发行的股票及其内容形式有更加清楚的了解,这里以"轮船招商公局"股票和"山东莒州矿务股票"为例进行一些具体的介绍。现先将"轮船招商公局"股票影印件的文字全文照录如下(标题及骑缝文字略,标点符号为笔者添加):

　　轮船招商公局　为给股份票事。奉　直隶爵阁督部堂李　奏准设局招商,置备轮船运漕揽载,札饬商办等因在案。当经本局议定召集股银壹百万两,分作千股,每股银壹千两。先收银五百两,每年壹分生息,闰月不计,另给息折。期至八月初一日,凭折给付。如本股出让,须遵定章办理,毋许私相授受。倘有故违,一经查出,即将本股停息,俟缴票到日,给本销册,以昭慎重。今据送到股本,合给联票壹纸、息折一扣、局章一本收执。须至股份票者。

  今收到　　省　　府　　县人　　壹股豆规银五百两正
同治　年　月　　日给　　商总商董（此处竖排并列）
  第　　号

"山东莒州矿务股票"的原件为雕版印刷件，长30厘米，宽20.5厘米。边框和形状与其他三种股票同。股票因年代久远，纸质已显暗黄，字迹虽略显浅蓝，仍然清晰可辨。全文如下（标题及骑缝文字略，标点符号为笔者添加）：

  山东莒州矿务总局为发行股票事。案查莒州矿务于光绪七年三月蒙前山东抚院周　奏明试办，　奉　旨允准在案。　现禀蒙　北洋大臣李山东抚院周（此处竖排并列）批准召集商股续行开采。计每股收银壹百两，先收一半银五拾两。有愿做半股亦听其便。以壹万五千股为足额。如果银已敷用，其下余之一半即不续收。并以收足股份之日为始计足一年，不计闰月，每股支给壹分利息，谓之官利。如有余利，亦于每年是日查照章程照股均分。除将办理章程刊刻通禀众周知外，今据　　系　　省　　州县（此处并列）人，即日交银　　两，作为　　股。合行发给股票息折收执为据。届期即持此股票息折赴就近之局支取利息可也。须至股票者。（下面另起一行字体略小一号）再查矿务系内地贸易，与通商买卖不同，应援照各局定章不准外国人入股。如有将此股票息折卖与外国人，或质押与外国人及外国人所开之银行洋行者，此股票息折即作为废纸，合并声明。

  光绪十一年　　月　　日　　经收人　　字第　　号

把这两份股票结合分析，再证诸徐州利国和湖北矿务的两份股票，可看出这些股票都共同包含以下四个方面的内容：第一，首先开宗明义表明该企业何时何地得到何级政府批准，即首先强调其合法性的不容置疑;第二,说明其为何设局发行股票以及以多少银两为一股、共召集多少股等股票发行的具体内容;第三,告知股息分配的相应规定,即何时开始计息、股息的数额、何时发放及如何领取;第四,收到股东购股银后付给股东凭证的相应规定,即"今据送到股本,合给联票一纸、息折一扣、局章一本收执"或"合行发给股票息折收执为据"。比较而言,轮船招商局股票正文的明显特点有二:一是每股的金额数特别大,"一百万两分作一千股,每股银壹千两,先收银五百两"(根据股票看,发行时是以每股五百两发行,直到唐廷枢、徐润接手后改为每股 100 两)。二是对股票的转让特别注重,规定较为严厉("如本股出让,须遵定章办理,毋许私相授受")。山东莒州矿务总局的股票在这四份股票中发行时间最晚,其中历经 1883 年底金融风潮的打击,因而出现了"愿做半股,亦听其便"的字样,看来这是当时招股不易状况的反映。"官利""余利"的字样明确印到股票上,看来也是以强调高收益分配的方式来吸引投资。该股票还把防止股权转移到外国人手中的相关规定明确标示到股票上,比轮船招商局停留在局规上又进了一步,想来是当时实业救国的意识比过去更加强烈的反映。

除了这些特点之外,这四份股票包含的四方面内容顺序完全相同,内容也基本一致。因此,可以认定这四份股票是中国近代第一批股份制企业所发行股票的典型代表。

从股票正文反映的内容看,当时招股集资兴办股份制企业,除要获得当地省一级政府的批准外,还要获得北洋大臣或南洋大臣的批准,轮船招商局和山东莒州矿务总局甚至还标有"奏准"和"奉旨允准"的字样,显示其兴办须获得晚清政府最高层的批准,可见并不容易。其次,值得注意的是,这几份股票每股的单位数额都很大,轮船招商局每股五百两,其余都以一百两为一股。从表 3-1 反映企业数较多的 1883 年 12 月 20 日的栏目来看,29 家企业中每股股价票面额定为 100 两或 100 两以上的就有 18 家,可见这是一种普遍现象。但是这样一来,企业总股数的数量都不可能多。轮船招商局按每股五百两计算总股数只有二千股。湖北矿务总局在资本总数定为十万两的情况下,总股数只有一千股。徐州利国矿务总局"分作五千股"。山东莒州矿务总局的总股数最多,也只有一万五千股。另外还需注意的是,这四份股票都规定了每年的股息比例。轮船招商局的股息是"每年壹分生息",湖北矿务总局是"按年八厘起息",山东莒州矿务股票说得更清楚:"计足一年,不计闰月,每股支给壹分利息","如有余利……照股均分"。徐州利国矿务虽然在股票上只标明"俟见煤铁之后,所得余利按股均分",但在《申报》1883年1月14日刊登的《徐州利国矿务招商章程》中,关于股息分配的第四条却明确规定:"每届一年结算一次,先提官利壹分,下余花红银两,以二成酬劳办事诸人,八成按股均分。"[①]另外,现在能够找到的当时企业发布的招商章程中,也都有分配固定股息的具体规定。这就是中国近代股份制企业在利润分配方面与西方很不相同的又一个特点[②]。

在当时的交通、信息和金融条件下,这些股份制企业是通过什么途径招商集股筹集资金的,又是通过什么方式进行股票买卖的呢？在我们探讨中国近代第一批股份制企业时,这些问题同样是不能忽略的。因为,发行市场和买卖市场对于股份制企业筹集资金和顺利营运的重要性不言而喻,在一个刚刚兴起而政府并没有在此方面发挥多少作用的领域里更是如此。

从这个角度进行观察,根据现有资料,我们发现,在股票的发行市场方面,至少有三种方式在发挥作用。一种是通过人际关系游说或人与人之间因利益关系进行的招募或推销,这种方式在早期即企业的收益前景不明朗时尤其显得重要。如经元善"溯招商开平股份,皆唐(廷

---

① 《徐州利国矿务招商章程》,《申报》1883年1月14日。
② 关于"官利"的更多情况,可参见拙文《引进与变革:近代中国企业"官利"制度分析》,《近代史研究》2001年第4期。

枢)徐(润)诸公因友及友辗转邀集"①的说法,就是对这种情况生动典型的一种总结和写照。上海机器织布局经办者之一、翰林院编修戴恒赴广东招募到股份290股,想来也与人际关系的协助分不开②。第二种是利用分布于各地的钱庄票号和招商局在各地的分局作为股银的代收点。如开平矿务局章程中明确载有"所有股份银两,可就附近各口岸交招商局代收。总合天津平色为准,以昭划一"③的规定。上海机器织布局因为"各埠来信询问交银不便,是否别处可以代收,庶易于就近挂号"的原因,从而在《申报》上刊登了委托代收银两、代售股票的钱庄票号名称和绅商姓名的启事:"本局现将挂号册寄托各埠绅商,代为存根填发。所交五成银两,俟各埠汇申,本局收到后,掣给收票为凭。"上海机器织布局委托的这些钱庄票号和"各埠绅商",包括国内几十个城市的钱庄票号、洋行、洋药局、官银号等机构,在境外城市香港、澳门、长崎、横滨、新加坡等地也设立了代理点④。第三种方式是登报公开招募。如上海机器织布局曾几次登报招股,并五次公开将招股情况刊登于《申报》⑤。经办人经元善认为:"凡公司起始,招股存银创建缔造,无一不可登报以昭大信。"他曾回忆此事道:"今之登报招徕,自愿送入者从此次始。初拟章程招四十万,后竟多至五十万,尚有退还不收。"⑥

  需要注意的是,这三种方式并非各自独立进行,而常常是并行不悖的。在上海机器织布局的招股过程中,这三种方式就都存在过。至于股票的买卖,从上引资料中已可看出,钱庄和票号在其中扮演着重要角

---

  ① 虞和平编:《经元善集》,华中师范大学出版社1988年版,第287页。
  ② 见"江苏上海机器织布局挂号股份收到五成银两"第一单、第二单,《申报》1881年1月13日、2月11日。注:戴子翁即戴恒。
  ③ 见孙毓棠编:《中国近代工业史资料》第一辑下册,第630页。
  ④ 同上书,第1048、1049页。
  ⑤ 分别见《申报》1881年1月13日、2月11日、4月30日、6月5日和1882年5月18日。
  ⑥ 虞和平编:《经元善集》,华中师范大学出版社1988年版,第288、287页。

色,洋行、洋药局、官银号等机构也能从事股票的买卖。"股本银两遴选股实钱庄交易"①,应是当时存在的普遍现象。

3. 出现证券交易所雏形的中介机构

经济学中有一种现象,就是"有需求就有市场"。虽然上面介绍了发行和买卖方面的三种方式,但是可以想象,市场的状况变化万端,中国地域又大,上面三种方式很难完全适应市场的需要。在没有证券方面的法律也没有证券交易所的情况下,经济学的规律自动发挥作用了,这就是这期间上海出现了类似于证券交易所雏形的专门以买卖股票为业的中介公司。

1885年6月22日至1887年1月13日以"公平易公司各股份价"名义在《申报》上刊登股票行情的这家"公平易公司",因限于资料,除了根据其名称可以推测是一家以经营股票买卖为业的公司外,尚难作出更多的判断。但是1882年10月27日至1883年4月12日以"平准公司各股份市价"的名义在《申报》上刊登股票行情的"平准股票公司",却因其1882年9月27和28日两天连续在《申报》上刊登《上海平准股票公司叙及章程》,而使人们对它的内情有所了解。从其章程中可知,这是一家资本金为十万两的以买卖股票为业的股份公司。其成立的目的是为了帮助新式公司建立筹集资金的渠道和巩固其基础,即"为各公司通经路而固藩篱",是为了方便社会上的人买卖股票和革除买卖股票中出现的弊端:"人见轮船招商与开平矿务获利无算,于是风气大开,群情若鹜,期年之内,效法者十数起。每一新公司出,千百人争购之,以得票为幸,不暇计其事之兴衰隆替也。然积而久焉,其弊有不可胜言者。今设一平准股票公司以维持之,其利有五……"在实际操作中,平准公司则准备打破此前股票买卖在价格评定方面的不足,采用向社会公开定价的做法:"大凡票价之低昂,视乎买卖之多少,多则日涨,少则日跌;

---

① 《上海平准股票公司叙及章程》,《申报》1882年9月27—28日。

涨,固足生各公司之色,跌,实大贻各公司之羞……今有平准股票公司确访底蕴,广采舆评,持平定价……逐日悬牌,定出真价,如兑换钱洋所依牌然,可一见而知。"①从组织形式上看,这家公司系采用股份公司的组织方式,章程中规定"招股十万两,分为一千股,每股规银一百两"。内部组织为:设董事数人,正副执事二人,常川驻扎,综理公司一切事务。此外聘请账房二人,跑街二人,翻译、书记及庶务各一人,学生二人。其业务范围根据章程18条观察,大体可分以下三方面:(1)确定股票市价并向社会公布,"逐日行情除写挂水牌外,送登《申报》",使买卖双方均得其益。(2)抵押股票。平准公司鉴于社会上存在着"每逢年节,各钱庄清帐之秋,藏票者或力量单薄……不得不贱售以清庄款"的情况,因而开展抵押股票业务,"今有平准公司可以押银,则渡过年关价仍复旧,不致受人挟制"。抵押股票时平准公司"给予收照一纸,以一个月为期,期满不赎,照市出卖,除去押息,盈亏向原主结算"。(3)代客买卖股票。"门庄买票者,欲买何项股票,定期限价,书立合同,定票如到期,而照限兑进,毋得毁议。如远处函托素昧平生者,须先付定银一成。"若想委托代售股票,则须"先将股票送到本公司,给予合同收票,定期限价代售,如欲先取几成银两,售出后照押款算息"。平准股票公司并以回扣来吸引顾客,不管股票是买进还是卖出,"公司均给予发票一纸,三个月后,凭发票来本公司扣还回用十成之二"②。从上述这些规定来看,其距现代意义上的证券交易所虽然还有很大距离,而且很多条款是根据当时上海和中国的特殊情况所作的规定,但我们不得不承认这已是一家在某些方面具有现代证券公司特点的雏形组织了。

二、1937年前的中国证券市场

在1937年抗战全面爆发前,上海证券市场上还出现过两次股票买

---

①② 上引均见《申报》1882年9月27日、28日。

卖的热潮。这就是 1910 年的"橡胶股票风潮"和 1921 年的"信交风潮"。

1. 1910 年的橡胶股票风潮

因为种种原因,特别是 1883 年上海金融风潮的直接作用,使得出现在 19 世纪 80 年代上海同时也是中国的第一次股票买卖高潮很快便结束。此后,中国的证券行业步入低谷,但股票在金融运动中所具有的奇特作用和在民间打下的印痕却难以轻易消除,在一定的时期和机会到来时还会重新显现。在时隔 19 世纪 80 年代股票买卖高潮近三十年之后的 1910 年,上海又出现了一次股票买卖的高潮,只不过不同的是这次买卖的对象不是中国自己的企业股票,而是中国人很不熟悉的远在国外的外国橡胶公司股票。关于这次外国橡胶公司股票成为买卖热点以致形成热潮,以及此后因投资失败直接酿成震惊中国金融界,被称为"橡皮股票风潮"的情况,根据目前搜寻到的资料其过程大体如下:

20 世纪初,随着人类文明的进步和交通工具的发展,特别是新兴汽车工业的迅速发展,国际市场上对于橡胶的需求量急剧增加,例如美国的橡胶进口值 1908 年为 5 700 万美元,1909 年就急增至 7 000 万美元左右①。英国橡胶进口值 1908 年为 84 万英镑,1909 年便增为 141 万英镑②。但当时天然橡胶的供应量有限而人工合成橡胶的技术尚未发明,因此,供求规律必然导致橡胶价格迅速上涨。事实确实也如此,据当时资料记载,从 1909 年开始,"在伦敦,橡胶热潮异常高涨,橡胶公司相继成立。到本年(1910 年)4 月已达顶峰,出现了橡胶每磅价值十二先令五便士的记录,把橡胶股票市场搞的一片混乱"③。而在正常情况下,橡

---

① 通讯《橡胶市场》,《北华捷报》1910 年 5 月 13 日。
② B. R. Michell, *Abstract of British Historical Statistics*, 1962, p.301。转引自张国辉:《晚清钱庄和票号研究》,中华书局 1989 年版,第 171 页。
③ 《通商汇纂》明治四十四年(1911)第 8 号《伦敦的橡胶行情》。转引自菊池贵晴:《清末经济恐慌与辛亥革命之联系》,载《国外中国近代史研究》第 2 辑,中国社会科学出版社 1981 年版。

胶价格即使加上充分的利润也不过每磅二至三先令左右①。在橡胶需求量和价格持续增长的背景条件下，投资橡胶产业很容易被看成是获取暴利的便捷途径。因此，到1910年初时，设在橡胶主要产地南洋（即东南亚的马来和爪哇一带）的橡胶公司，已达122家之多②。

国际市场上对橡胶需求的这种变化和价格增长情况，不可能不触动各国在上海的洋行，还在1903年，英商麦边洋行就在上海设立了以经营橡胶园、石油和煤以及采伐木材等为业务的兰格志（橡胶产地名）拓植公司，极力宣传其发行的股票获利前景光明。这家公司还得到外国银行的支持，获得其发行的橡胶股票可以按照票面额在上海外国银行押借现款的权利③。

此后，从1909年开始，到上海来招募股份发售股票的外国橡胶公司迅速增加。这些公司除了在上海的报纸上刊登广告进行宣传外，还通过上海的洋行具体经办和发售股票，并在上海的外国银行开户。如志摩合众橡树地产有限公司在《时报》上刊登广告，招募"股本英金壹拾壹万磅，计分二十二万股，每股英金十先令"，并由公益洋行经理，向德华银行开户④。爪哇橡树地产有限公司由汇通洋行经理，向麦加利银行开户⑤。英脱内训纳而橡树公司由进益洋行经理，在麦加利银行开户⑥。泰平橡树公司由壳牌洋行经理，德华洋行则"代客买卖各种橡皮股份"⑦等。

随着外国洋行的大力宣传和国际市场上橡胶价格上涨讯息的不断

---

① 《橡胶的未来》，《北华捷报》1910年8月19日。
② 据《时报》1910年4月3日广告。
③ 朱斯煌主编：《民国经济史》，银行周报社编，台湾1970年影印本，第46页。
④ 《时报》1910年5月5日。
⑤ 《新闻报》1910年4月8日。转引自闵杰：《上海橡胶风潮及其对江浙地区民族经济的冲击》，《中国经济史研究》1989年第1辑。
⑥ 《时报》1910年5月1日。
⑦ 见上引闵杰文。当时人习惯称橡胶为橡皮。

传入,种种因素的综合作用终于使得上海的橡胶股票交易逐渐升温并越来越热烈,不但一般商人,就是普通市民、地主以及一些完全没有股票交易经验和完全不懂橡胶知识的人,为获取利益,也争先恐后地加入到购买橡胶股票的行列中。到1910年三四月间时,股票交易的景气已上升到顶点,这时,虽然"可异者市中尚有不知橡皮为何物者",但是"橡皮市面大盛"的局面已经形成①。为了争购橡胶股票,甚至有人"投出多年的积蓄尚且不以为足,进而变卖家人的衣装、首饰等物,竞相购买橡胶股票"②。上海市面上还推出"南洋一百二十二橡皮公司中西名目股份原值表说"和"定价每本大洋二元"的《上海橡树公司一览表》等书出售③。而且,从这类书需提前交钱购买"预约券"的情况来看④,也可想象橡胶股票交易当时在上海已进入何等"热狂"的状态。这一点,正如其后有人描述的那样:"不知怎样,那时人心忽然对南洋树胶大发热狂,只要有一洋人,刊布一种计划书,说'在某处地方,购得一所橡胶园,或者还是一块待垦的荒地,可种橡胶若干枝,几年之后,可以获利若干万,而且利益是年年加增'",就"自然会有人辗转委托,向他加价买进股票,而且还加价卖得出去"⑤。

在这种情况下,上海橡胶股票的市场价格迅速攀升,投资演变成为投机就不是一件奇怪的事情了。据记载,1909年4月4日时,上海成立最早的橡胶公司兰格志在市场上的价格是每盘(每盘为十股)780两,时隔一个多月,到5月16日时就已涨到1 160两。1910年4月9日时更高达1 475两。地傍橡树公司的股票价格1910年2月19日时为25两,同样时隔一个多月,4月6日时即上涨一倍达到50两。柯罗麻公司的

---

① 《时报》1910年4月8日。
② 《上海经济界的恐慌经过》,《通商汇纂》明治四十三年第59号。转引自菊池贵晴上引文。
③ 《时报》1910年4月3日、5月30日。
④ 《时报》1910年4月3日。
⑤ 上引朱斯煌主编:《民国经济史》,第141页。

股票价也同样如此,1910年2月16日时为17.5两,经过一个月,到3月17日时就已上涨到36两①。这种橡胶股票价格在市场上猛涨的状况,又诱使更多认为购买橡胶股票有暴利可得的人参与进来,种种因素彼此作用,相互推进,使得上海橡胶股票市场更加升温。

在这场橡胶股票的大投机中,值得注意的是中外金融机构的参与和推波助澜。在华外商银行除前面提到的允许橡胶股票可按票面额押借现款外,不少外国银行还向中国的钱庄和个人发放了大量用于购买橡胶股票的贷款。同时允许中国钱庄用庄票作为购买橡胶股票的支付手段。这些做法加上上海橡胶股票市场的火爆,使得上海的钱庄主十分活跃,利用外国银行的贷款进行橡胶股票投机。尤其是具有洋行买办和钱庄庄主双重身份的人,更是利用自己的便利条件大肆进行这种交易,其中,既是茂和洋行、新旗昌洋行和利华银行买办,又是正元钱庄庄主的陈逸卿就是典型的一例。在橡胶股票的投机中,陈逸卿不仅倾出自己的全部家资购买股票,还利用自己是正元钱庄庄主、兆康钱庄股东的身份,调用大量资金套购橡胶股票,甚至不惜向汇丰、麦加利等外国银行借贷,大量进行橡胶股票的投机。

正元、兆康和谦余是上海钱庄业中很有实力的三家钱庄,这三大钱庄对橡胶股票的买卖,又影响和吸引更多的钱庄参与其中。这样一来的直接后果是"中国银行(钱庄)里的商业资本,几乎完全被投入橡胶股票的交易中去了,可用于正常商业活动的资金,却差不多完全陷于枯竭状态"②。据估计,在这场橡胶股票的投机买卖中,"正元收购该项股票竟达三四百万两之巨。尚有兆康、谦余等十余庄,亦有巨额购存,视为无上资产"③。毫无疑问,上海钱庄对橡胶股票的大肆投机,已脱离了正常的商业轨道,从而蕴藏着巨大的风险。

---

① 见《时报》各该年月日股票价格栏。
② 《上海的恐慌》,《支那调查报告书》第1卷第4号。转引自菊池贵晴上引文。
③ 上引朱斯煌主编:《民国经济史》,第46、47页。

在这场橡胶股票的买卖高潮——亦是投机中,中国人投入的资金数量到底有多少呢?这里有几个数字可供参考。《宣统二年通商各关华洋贸易总册》对当时上海橡胶股票交易情况的叙述为:"细核该股份之涨价,计达六七月之久。上海股票公所之名簿上,该公司(指橡胶公司)又加三十五,被攫资本银二千万两。且由上海兑款至伦敦购买该股分者,为数亦甚巨。"①日本东亚同文会的调查报告认为,橡胶股票的投资总额约为六千万两。其中,中国人的投资额约占70%—80%②。在中国人的投资额中,投入上海市场的数额约为 2 600 万—3 000 万两,投入伦敦市场的数额约为 1 400 万两③。合计约在 4 000 万—4 500 万两之间。综合各方面资料看,这个数字应该是可信的。

但是,在不长的时期里有如此巨额的资金用于股票投机,不仅会导致国内金融市场上金融涩滞,银根紧张,而且国际橡胶市场上只要出现变化,就必然会对上海造成直接的冲击。事实果然如此,就在上海橡胶股票价格景气达于顶点之时,一场因国际橡胶价格暴落而引发的巨大金融风暴袭击了上海。从 1910 年 7 月初开始,伦敦市场上橡胶行情急剧下落,4 月时每磅橡胶价格还高达十二先令五便士,到 7 月底便降到九先令三便士,随后更猛跌到六先令④。伦敦市场上橡胶价格的猛跌,起因于世界橡胶的最大主顾美国对橡胶实行了限制消费的政策⑤。其他国家也因橡胶价格过高而控制了使用。

国际市场上橡胶价格猛跌的讯息传到上海,立即引起了上海的恐慌,而这时,平时经常向中国钱庄提供贷款的外国银行,"看到市场上发生了混乱现象,便忙于催索贷款,结果使中国钱庄里的华商商业资本完

---

① 《宣统二年通商各关华洋贸易总册》,总论,第 1 页。
② 《上海市场的恐慌》,《支那调查报告书》第 1 卷第 9 号。转引自菊池贵晴上引文。
③ 上海的投资额见《通商汇纂》明治四十四年第 22 号,伦敦的投资额见《北华捷报》1910 年 9 月 23 日。均转引自菊池贵晴上引文。
④ 《伦敦的橡胶行情》,《通商汇纂》明治四十四年第 8 号。转引自菊池贵晴上引文。
⑤ 通讯《橡胶行情》,《北华捷报》1910 年 5 月 13 日。

全枯竭,各银钱业之间也完全无法融通了"①。外国银行这种落井下石的做法,"自六月望日至七月初旬凡半月间"达到了顶点,"无日不在迫索中"②。而这时钱庄亏欠贷款的总数已达一千一百三十六万两③,1910年7月21日,正元、兆康、谦余三大钱庄终于因资金周转不灵,支持不住而同时倒闭,同时连带使与它们有来往的数十家大小钱庄和商号受到连累一起倒账,从而引发了震惊上海、波及全国的金融风潮。到1911年时,其对上海钱庄业造成的影响正如当时人的评论:"自去年橡皮股票惹起市慌,一时风潮所及,震动全局,倒闭者有之,收歇者有之,驯至今年(即1911年),则只存30余家,比较上年减去十之五六。"④而这场1910年发生于上海的橡胶股票买卖高潮,也终于以一种惨痛教训的方式留在了中国的证券市场发展史上。

2. 1921年的上海交易所股票买卖高潮

进入20世纪后的1914年,新成立的北京民国政府正式颁布了规范证券交易的《交易所法》。又过了几年,直到1918年,才有北京证券交易所、上海证券物品交易所和上海证券交易所先后获得批准成立。此时,距1872年成立的轮船招商局发行股票筹集资金,已过去将近半个世纪。

在这期间,1904年和1918年曾有专营外国在华股票证券的西商众业公所和日本证券取引所在上海先后成立。中国商人也曾自发地在上海成立过上海股票商业公会,会所设于九江路渭水坊,为会员制,虽然进行有组织、有规则、有场所的证券交易,但并非正式的证券交易所。

中国的股票发行和买卖经历了近半个世纪之后才成立证券交易所,这一历程虽然相当长,却并不表明中国证券市场的发展进入了成熟

---

① 《上海的恐慌》,《支那调查报告书》第1卷第4号。
② 《时报》1910年10月8日。
③ 《时报》1910年10月7日。
④ 《上海钱庄史料》,上海人民出版社1978年版,第87页。另可参见上引闵杰文。

期。相反,中国证券交易所成立不久即在上海爆发"信交风潮"①,充分说明了直到20世纪20年代时,中国的证券市场尚处于幼稚和无序的发展阶段。

1920年7月1日,经北京政府1919年批准,又经过一年左右筹备期的上海证券物品交易所在上海正式开业了。它和1918年成立的北京证券交易所以及1921年5月开业的上海华商证券交易所一起,标志着中国的证券交易进入了证券交易所时代。

但是,就在1921年底,上海又爆发了一次滥设交易所和买卖交易所股票的高潮。这次滥设交易所,是上海证券物品交易所和上海华商证券交易所成立后经营状况较好,从而使得部分人以为成立证券交易所是赚钱的捷径而进行投机引起的。关于上海证券物品交易所和上海华商证券交易所成立后的经营状况,以及随后大批各种名目的证券交易所成立的情况,当时在上海担任日本中华证券市场株式会社调查课职务,同时负责《上海日日新闻》报经济版面的日本人滨田峰太郎,曾经在上海作过比较详细的调查,并把他的调查汇集成《支那的交易所》一书于1922年6月在上海出版。据滨田峰太郎的调查,上海证券物品交易所从1920年12月1日至1921年5月31日止的结算表中,收入达677 504.78元。其中,营业手续费收入达585 757.72元,扣除各种费用和给所员的奖励费以后,纯利达到368 696.77元。其股东的股利半年达到30%,创造了"同种事业中稀有的记录"。

受到这种好成绩的鼓舞,上海证券物品交易所第二次股东大会决定把股本总额从500万元增加到1 000万元。结果,从1921年6月1日到同年11月30日止的结算中,总收入上升到1 002 836.63元,其中,营业手续费达872 488.22元,纯收入达666 129.9元②。上海华商证券交

---

① 特指1921年上海因滥设交易所和信托公司引发的金融风潮。
② 上引见滨田峰太郎:《支那的交易所》,上海中华经济社1922年版,第85、86、88页。

易所成立后也取得了很好的成绩。1920年股东每股6.25元的股票,得到的收益是2.5元,实际相当于年利率40%[①]。

受上海证券物品交易所优厚成绩的鼓舞,该所一部分发起人和一部分中介开始组织成立另外的交易所。结果,上海杂粮油饼交易所和上海华商棉业交易所也相继成立,而且成立后效益也不错。杂粮油饼交易所从1921年1月至12月一年获得纯利71 333.57元,棉业交易所从1921年7月1日到12月底的半年中,获得纯利更达324 194.96元[②]。

当时,中国人自办的交易所在上海出现才一二年时间,绝大多数人对于交易所的性质和作用并不了解。见到这些先后成立的交易所利润丰厚,股票价格在市场上也随之迅速上涨的状况,便错误地以为成立交易所容易发财,更有一些人认为这是一个可以投机暴富的好机会。因此很快就出现了一个兴办交易所的高潮。一时"同声附和者,风起云涌,于民十(1921年)春秋之间极一时之盛,最多时上海交易所有136家。信托公司亦以民十(1921年)夏秋间为全盛时代,最多时上海一地即有12家"。对于这种一哄而起竞相成立交易所和抢购交易所股票进行投机的情景,当时人有一段文字刻画颇为生动:"一人唱之,百人和之。千百十万之股本,可于座谈之顷,抢认足额。盖公司之名称方出,公司之股价已涨。苟能侧身发起之林,抢认若干股,则一转瞬间,面团团作富家翁矣。"

在交易所热中,甚至出现"即仅挂一筹备招牌,其一元一股之认股证,执有者亦居为奇货"的现象,"至能得发起人之以原价相让时,则身受者恩感再造矣"[③]。但是,这期间设立的这些交易所,因为绝大多数都是为投机而设,因此,从行业上看,除公债、股票、标金、棉纱等之外,各种不管适合不适合的行业都成立了交易所,连布、麻、煤油、火柴、木材、

---

① 滨田峰太郎:《支那的交易所》,第99页。
② 同上书,第115、142页。
③ 上引均见《信交狂潮之反动》,《银行周报》第5卷第50号,1921年12月27日。

麻袋和烟、酒、砂石、泥灰等行业都成立了交易所，有的还不只一两家。从时间上看，除白日进行营业的交易所外，还有夜间和星期日进行营业的交易所。从资金上看，1921年一年间成立的交易所的总资本，就已超过截至1920年底成立的所有的银行资本数①。这种种奇景被当时人形容为："论名称，既集华洋海陆为一家；论人物，则冶娼优隶卒于一炉。光怪陆离，开中外未有之先河；变幻莫测，极天地未有之奇观。"②

更令人惊叹的是，仅在1921年10月至11月的两个月时间里，在上海外国领事馆里注册领照的交易所数量就达80余所③。其热狂的程度实在是无以复加。但是，当时中国工商实业的水平并不高，交易买卖总额本来就有限，再加上这些交易所成立的目的就是投机，因而炒买炒卖交易所本所股票就成了它们的主要业务。尤其是违反交易所条例中禁止本所股在本交易所上市买卖的条规，大肆炒作，哄抬价格，将之视为牟利的主要手段。"今之创办交易所者，其唯一目的，则在本所股买卖。"因此，当时出现的交易所业务范围有不兼营他种证券者，但"决未有不兼营本所股者"④。表3-2是滨田1921年9月交易所股票买卖高峰期时在上海对中国证券交易所和沪海证券交易所所做的调查，调查的对象是当时新设立的证券交易所实收的股价和在交易所的上市价。从调查表的数字看，上市价一般都比实收价高很多，高一倍以上是普遍情况，最高的达到五六倍之多。仅从这些数字中，我们也完全可以想象上海当时炒买炒卖交易所股票哄抬股价的状况，以及弥漫于上海证券市场上的明显的赌博投机心理。

---

① 上引《上海钱庄史料》，第118页。据统计，截至1920年，全国成立的银行总数不过82家，总资本51 987 077元。而1921年一年间成立的交易所就有一百多家，总资本14 855万元以上，"同期间信托公司设立者亦达12家，总资本8 100万元"。
② 《信交狂潮之反动》，《银行周报》第5卷第50号，1921年12月27日。
③ 滨田峰太郎：《支那的交易所》，第193、194页。
④ 《交易所之分析》，《银行周报》第5卷第44号，1921年11月15日。

表 3-2　1921 年 9 月上海交易所股价情况表　　　单位：元

证券交易所名称	实收股价	交易所股价	证券交易所名称	实收股价	交易所股价
沪江油饼	20	32.5	上海华商	12.5	27
沪海证券	10	25	证券棉花	12.5	27
上海棉布	12.5	28	中外货币	10	25
匹头证券	12.5	28	上海夜市	5	15
上海内地证券	10	13	上海五金	5	13
合众晚市	5	20	上海中外股票	20	41
上海棉纱	12.5	58	星期物券	20	60
上海烟酒	10	17.5	中美证券	10	22
沪商棉纱	10	18	上海纸业	20	26
中国证券	20	109	上海煤业	6.5	15.8
华洋证券	10	23	中国丝茧	10	21
上海丝茧	12.5	19.6	上海金业	20	40
华商证券	20	39	华商纱布	12.5	60
上海杂粮	12.5	58	上海面粉	12.5	80
华商棉业	20	39	上海证券物品	25	98

资料来源：滨田峰太郎：《支那的交易所》，第 184—185 页。

当时上海成立的交易所数量到底有多少家，准确的数字是不容易弄清楚的，《银行周报》第五卷第四十四号刊登的《交易所之分析》一文中列举了有名称、营业种类、资本额及地址的交易所 112 家[①]。滨田的调查列举了 117 家。滨田的调查中除名称、营业种类、资本额、地址以外，还举出了这些交易所的注册地。

---

① 《交易所之分析》，《银行周报》第五卷第四十四号，1921 年 11 月 15 日。

从滨田的调查中可知,这 117 家交易所中,符合正规手续向北京农商部立案的只有 7 家,未注册的 27 家,情况不详的 30 家,3 家在上海淞沪护军使署注册,剩下的 50 家都在上海的外国租界中向外国领事馆注册,而且绝大部分在租界开业。其中向法国总领事馆注册的最多,达 27 家;向西班牙领事馆注册的次之,为 19 家;向美国和意大利注册的各有 2 家。这么多的交易所之所以在外国领事馆注册,在租界落脚开业,是因为此前北京政府颁布的证券交易所法和物品交易所条例规定:一种类的物品或证券一个地区只能设立一所。这些滥设的交易所自知难以得到农商部的批准,便纷纷涌入除收手续费外没有其他限制的外国租界。而且,滥设交易所的这种风气很快就从上海扩散到其他城市,"信交的狂热不仅上海一地为然,且蔓延及于国内其他都市"①。

但是,为投机而设的交易所是难以维持的。虽然此前在上海当地工商业者的呼吁下,北京政府也曾发过禁止滥设交易所的文件,但因大多数交易所设于租界,因而收效甚微。但是,经济规律的作用却不受人们意愿左右。时近 1921 年底,上海金融市场上银根渐紧,一些交易所因钱庄和某些银行抵制,告贷无门,已感难以支持而不得不宣布倒闭。1922 年 2 月,当法国租界当局受到各方压力,不得不颁布实行整顿租界内交易所的措施时,这些滥设的交易所的结局,就只剩下破产一条路了。最后,经过这次风暴存留下来的交易所只有 6 家,即成立较早而又比较规范的上海证券物品交易所、上海华商证券交易所、上海华商纱布交易所、上海金业交易所、中国机制面粉上海交易所和上海杂粮油饼交易所②。

三、20 世纪 30 年代资本市场以债券交易为主

1921 年发生的"信交风潮",对诞生不久的中国近代证券市场是一

---

① 《上海钱庄史料》,第 118 页。这一点得到了滨田书的证实。滨田的书中列举了宁波、广州、汉口、天津、南京、镇江、苏州等地受上海影响成立的交易所概况。

② 朱斯煌主编:《民国经济史》,第 151—153 页。

个极大的打击,它不仅使刚刚诞生不久的幼弱的中国证券市场横遭摧折,更从根本上动摇了一般社会大众对证券交易所的认识。到1936年时,穆藕初创办的《交易所周刊》仍然留有"交易所经此次风潮后,一般社会人士,即莫不认为赌博场所,积习相沿,至今未改"①的记载,可见影响之大。

南京国民政府成立后,近代中国的证券市场在历经低谷后,出现了两个大的变化:一个是证券机构的变化,一个是证券市场上买卖标的物的变化。

1929年,南京国民政府公布新制定的《交易所法》,其中第二条规定,"买卖有价证券,或买卖同种物品之交易所,每一区域以设立一所为限"。按照这个规定,在证券市场最主要的所在地的上海,上海证券物品交易所的存在已不合法。应按照该法第55条规定:"现存之交易所如在同一区域内有同种营业者两所以上时,应自本法施行之日起三年以内合并。"否则,将遭到"不依前项规定合并者,统以本法施行后满三年为限,限满解散,不得续展"②的处分。三年期限原应到1932年,但恰逢1932年爆发一・二八淞沪抗日战争,遂延至1933年解决。

经上海证券物品交易所和上海华商证券交易所理事会的多次磋商,取得协议,并经两所股东会议决通过,上海证券物品交易所的证券部于1933年5月31日停止营业,合并于上海华商证券交易所,上海华商证券交易所进行改组,在原有资本120万元的基础上增加资本180万元,总额定为300万元,经纪人名额由55人增加至80人。营业场所迁入汉口路422号新修的7层大楼③(一楼大厅可容纳5 000人进行交

---

① 《本刊一年来工作之检讨》,《交易所周刊》第1卷第50期,1936年1月18日,第1页。
② 引自上海市档案馆编:《旧上海的证券交易所》,上海古籍出版社1992年版,第295、300页。
③ 中支那振兴株式会社调查课:《上海华商证券业概况》,昭和十六年版,第3页。前引《国民政府财政金融税收档案史料》,第708、709页。

易)。"多种经营的上海证券物品交易所退出交易市场,所有退出后的一切损失,均由单种经营的交易所来负担。"①从1933年6月1日起,上海地区所有的证券交易,即由上海华商证券交易所一家办理,这样,上海一地存在两家交易所经营证券业的局面就此结束。

南京国民政府成立后,与证券机构的改变相比,证券市场上更大的变化是买卖标的物的改变,也就是证券市场上买卖的标的物由此前的股票一变而为政府发行的债券,并占据了统治的地位。

受到1921年爆发的"信交风潮"的影响,风潮过后,带来的直接后果是"本所股停拍了,其他股票,交易甚少",社会民众对投资股票的信心受到极大打击,股票交易受此影响几乎断绝。但是这时候存留下来的华商证券交易所却"得了意外的救星",就是"袁世凯时期所发的六厘公债,及北洋军阀政府所发的各种公债"的买卖。由于当时战争不断、市场波动很大的缘故,致使"公债成为一种投机品,买卖频繁,居然维持了所用"②。

促使债券买卖日益兴旺的另一诱因,是南京国民政府成立后大量发行的内债。在1927—1937年的十年间,南京国民政府除了在1933年向美国借到5 000万美元的棉麦借款外(实际只用了3 000多万美元),无法借到其他更多的外债。为支付日益增加的内战军政费用和弥补财政赤字,只有依靠大量发行内债这条途径来解决财政困难。

据统计,在1927—1931年的5年间,南京国民政府发行的内债,债额已达10.58亿元,较北洋政府十六年内发行的公债额增加了几乎一倍。而在1927—1936年的这十年之内,"南京政府发行了二十六亿元以上的内债"③。公债发行额的扩大,推动了证券市场上债券交易的进

---

① 《证券物品交易所的结束》,《旧上海的交易所》,上海文史资料选辑第76辑,1994年版,第35页。
② 朱斯煌主编:《民国经济史》,第143页。
③ 千家驹:《旧中国公债史资料》,财政经济出版社1955年版,第19、23页。

一步活跃和兴旺。"国民政府北伐成功,发行公债愈多,证券交易所成了政府推销公债的大市场。靠了公债,华商证券颇有蓬勃的气象。""设置完备之证券市场,交易数字日益增加。此时上海之剩余资金,群以证券市场为尾闾。所做交易,百分之九十八为公债,故该所亦有公债市场之称。"①

当时上海证券市场上买卖的证券中,债券和股票具体数量各占多少,在现有留存下来的史料里,不仅记载较为分散,而且有完整和明确记载的并不多。这里借助当时日本人调查的资料,对南京国民政府时期证券市场上债券和股票交易的交易量情况,分别列表进行一下对比。

表 3-3 内债债券交易指数及交易量统计表(1926—1937 年)　　单位:千元

年 份	债券指数	证券交易所交易量	证券物品交易所交易量
1926		450 738	
1927		238 169	
1928		370 487	
1929		1 320 555	97 703
1930		2 341 820	90 615
1931	85.62	3 362 540	555 022
1932	60.68	901 710	303 939
1934	78.48	3 182 685	230 090
1935	97.94	4 773 410	
1936	98.25	4 909 980	
1937 年 1 月	93.94	146 365	
1937 年 2 月	94.91	118 360	

① 朱斯煌主编:《民国经济史》,第 143、152 页。

续 表

年　份	债券指数	证券交易所交易量	证券物品交易所交易量
1937年3月	97.28	197 600	
1937年4月	102.12	296 035	
1937年5月	103.02	231 325	
1937年6月	110.35	485 815	
1937年7月	106.91	604 260	
1937年8月	101.73	328 201	

说明：(1) 表中出现的"证券交易所交易量"栏目，是指上海华商证券交易所的交易量。"证券物品交易所交易量"栏目，指的是上海证券物品交易所的交易量。1934年的交易数字是两所合并后的数字，是财政会计的计算年度所致，表示的是1933年1—5月的交易量。(2) 债券指数以1938年7月的市价为100。(3) 1931年的债券指数是下半年的平均数。(4) 1932年的债券指数是1月和4—12月的平均数。

资料来源：中支那振兴株式会社调查课：《上海华商证券业概况》，第12—13页。

关于这时期股票交易的记载，留存下来的史料更少。表3-4统计了这期间股票交易的数量情况。

表3-4　股票指数、股票及债券交易量统计
（1931年至1937年8月）

年　份	股票指数	股票交易量统计（千股）	债券交易量统计（千元）
1931	99.76	7 269	
1932	80.28	4 338	20 299
1933	71.36	8 534	51 422
1934	65.29	18 453	44 059
1935	57.11	898	12 437
1936	57.66	9 658	16 413
1937年1月	48.30	3 135	1 068
1937年2月	46.72	3 684	1 956

续　表

年　份	股票指数	股票交易量统计（千股）	债券交易量统计（千元）
1937年3月	48.50	4 271	965
1937年4月	48.60	3 692	1 045
1937年5月	47.10	1 229	1 493
1937年6月	46.67	1 389	2 235
1937年7月	46.22	542	2 167
1937年8月	44.32	177	181

说明：(1) 股票指数以1931年7月的市价为100。(2) 1931年的数字为下半年的平均数。(3) 1932年的证券指数数字是1月、4—12月的平均数。

资料来源：中支那振兴株式会社调查课：《上海华商证券业概况》，第16—17页。

对上述两个统计表中的数字进行分析比较，值得注意的地方有几点：首先是指数的比较。债券的指数1932年最低，这固然是因一·二八淞沪抗日战争的影响，但根本的原因是南京政府提出公债延期还本、降低利息等丧失债信的措施而使其落到谷底，但经过债券整理后1934年稳步恢复，1935年就超过前期高点，到1937年3月后更是稳步攀升，创下新的纪录。而股票的指数则正好相反，从1931年后就呈持续的降低趋势，1935年、1936年在低位维持了一段时间后，1937年后进一步降低。这两个指数的不同变化趋势反映出的是债券市场的红火和股票买卖的低迷。再从交易量观察。债券的交易量因上面说到的原因1932年是一个低谷，此后迅速递增，1935年已增加到47亿元以上，1936年甚至达到49亿元以上（1937年前8个月的交易量也有24亿元）。而股票交易量首先给人的印象是起伏很大，最高的1934年有18 453千股，第二年1935年全年的交易量就只有898千股。虽然无法计算股票交易的总金额，但数量与债券的交易金额相差巨大是可以确定的。

这里需要强调的是,此时出现的"市场大势所趋",是"专注重国内公债之买卖",其原因一是因为"信交风潮"留下的恶劣影响仍未消退,风潮时股票价格"狂升疾退,瞬息千变,倾家荡产于旦夕之间者,不计其数"的状况,加上此后出现的国民制糖公司招股开办,但是,"开幕不久,即行倒闭,益使投资于股票者,大失信仰,望而生畏"之故,使得股票市场的交易大受打击。二是由于国民政府源源不断发行的内债,给证券市场提供了很好的交易标的物。加上投资者认为公债具有"担保确实,信用稳固,利息优厚,买卖便利"的特点,因此"皆以中国股票于不顾",而证券交易所和经纪人则"乐享现成,习于简易,对于股票交易,完全放弃,任其由少数捐客、小钱庄等代理经手","此时中国股票情况,已开倒车数十年,每日成交,不过一二笔,甚至数日方始成交一笔",买卖之时,"双方均须事先限价,经过短时期或相当时期,方能觅得对手,根本无所谓单位,成交数额,均属琐屑零星,其交易之形成,大致卖者需要现款,愿将股票脱手,买者则多数与公司直接间接有关之人物,熟悉公司内容,获知公司有发息分红消息,从事搜罗,故交易之发生,往往在公司决算之后,开股东会分红派息以前,较为活动"。

1935年起,上海证券交易所开拍的金融业股有中国、交通、浙江实业、浙江兴业、金城、盐业、中南、上海、新华、中国农工、统原、中国通商、中一、通易信托等,交易所股有金业、纱布、面粉及华商证券等;工商企业股有闸北水电、中国水泥、光华火油、大中华火柴、内地自来水、汉口既济水电、华商电气、华东煤矿、中兴煤矿、商务印书馆、中华书局等,"但以各方不感兴趣,成交数量之少,几不及当时公债成交数之千分之一"。"不但证券业视公债为利薮,即银行业投资项目中,益以公债为首位,而经济学者则称证交为公债交易所。要之,在此阶段,形成公债独占证券市场之局面,中国股票之冷落,恰与公债成为对照。"①

---

① 上引均见吴毅堂编著:《中国股票年鉴》,中国股票年鉴社1947年版,第3页。

这种红火的公债买卖给当时的上海证券交易所带来了优厚的收益:"该所初设时营业不佳,于民国十六年后,营业始渐见起色,及至民国二十三年后,营业更见旺盛,平均每日公债成交额约达二千余万元,每日经手费收入,平均约达七八千元,而每日开支平均仅约二千元左右,故每日除去开支外,盈余颇为可观。""估计自民国二十三年至二十五年中,每年约可盈余一百数十万元。"上海证券交易所的股东们于"营业鼎盛时,每年每股可得官红利十一二元,约合周息五六分"①。

对于公债买卖红火而公司股票买卖不发达的现象,当时有人认为原因是"我国公司组织尚未发达"之故,"公司营业发达者,股票恒在巨额股东手中。公司营业衰败者,虽贬价亦无人承受"。又说,"其私人经营公司商号所发行之股票,概不入市场买卖",因此,"我国证券市场,可谓清一色之公债市场"②。

尽管造成这种现象的原因有多种,例如国民政府可以大折扣将债券抵押给银行,银行在债券发行和承销上获利很多,还可以将债券作为发行货币的抵押金使用等,都推动了债券交易的流通和活跃。但这些原因都不能改变一个事实,即南京国民政府时期的证券市场是一个以解决财政困难为中心的债券买卖市场。

对于这一点,经济学家章乃器在分析时指出:"上海原来也有中国人办理的证券市场,就是华商证券交易所;然而,它所买卖的,却只有政府债券——它是财政证券市场,而不是产业证券市场。在资本主义先进国家里,政府债券自然也在证券市场上买卖,不过在地位上,产业证券是主,而政府债券是宾。现在我们是反过来,政府债券是主,产业证券连宾位都排不上。"又说,中国人设立的华商证券交易所,已"变成一

---

① 王相荣:《华商股票提要》,兴业股票公司1942年版,第2页。
② 财政部财政科学研究所、中国第二历史档案馆编:《国民政府财政金融税收档案史料(1927—1937年)》,中国财政经济出版社1997年版,第709页。

个专做公债买卖的'财政市场'"①了。

上海证券交易所的兴旺一直持续到抗日战争爆发,1937年8月13日日军进攻上海,上海华商证券交易所才奉命停业。

四、上海之外的证券交易所

近代中国证券市场除了上海之外,其他城市也先后存在过证券交易所。其中北京是近代中国最早成立证券交易所的城市。但是这些上海之外城市的证券交易所具有两个共同的特点:一是存在时间都不长,最长的北京证券交易所维持了15年,其他城市多的一年,少的甚至未等到正式成立就烟消云散了;二是这些城市成立证券交易所的目的都是为了进行债券的投机,很少是为了产业证券的交易而成立。

例如,1918年最早获得北洋政府批准的北京证券交易所,它的诞生就并非是因应近代中国产业发达的需要,而是适应北洋政府大量发行债券这一形势的产物。当时的背景是,"北洋政府的财政是破落户的财政",它"除了仰海关总税务司的鼻息,分润一点关余和盐余来维持开销外","完全靠借债过日子"。据统计,"自1912年到1926年,北洋政府总共发行了27种内债,发行总额达876 792 228元","其中绝大多数是在1914年以后发行的",特别是1918年、1920年、1921年三年发行最多②。

北洋政府发行的国内公债一般由银行承销,但需要通过证券市场进行流通。北京证券交易所向北洋政府农商部申请开业的呈文就清楚地说明了这一点。该呈文强调指出成立北京证券交易所的根本原因是北京"所有公债及一切有价证券之买卖渐见增多,但无统一机关为之评定,价值涨落毫无一定标准;且无稳固机关为之担保,故买卖

---

① 章乃器:《中国货币金融问题》,见章立凡选编:《章乃器文集》,华夏出版社1997年版,第425、438页。

② 参见千家驹编:《旧中国公债史资料》,财政经济出版社1955年版,第10、11页。

通常只可为现货买卖,而不能为定期买卖,以是关于证券之流转不无窒滞之处"①。可见,解决证券特别是公债"流转不无窒滞之处"的问题,是北京证券交易所成立的根本原因。也因此,"政府公债和国库券发行最多、最滥的时期,便是北京证券交易所最繁荣、最兴旺的时期"②。

但是,为交易政府债券而成立的证券交易所,基础并不牢固,还在上海证券交易所成为南京政府公债市场的同时,北京证券交易所就已经出现衰落并陷入了停顿。

如上所述,北京证券交易所成立时,北京是北洋政府的首都。北洋军阀政府为弥补财政亏空,不惜以高利大借内外债,由此刺激了北京金融业的发展,各种金融机构纷纷成立,也使得北京证券交易所买卖兴隆,公债投机盛行。1927年时,据观察,"在场交易证券,全部均为公债,如'九六'、'七长'、'整六'、'整七'、'五年'、'十四年'等,唯因时局不靖,内债有动摇之势,买卖稀少……"③但北京本身并不是一个工商业城市,没有发达的产业基础,因此北京金融业与交易所的发展更是与北洋政府的命运息息相关,这一点对北京证券交易所的命运有重要影响。

1927年国民政府建都南京,虽然还未建立统一的政权,但北洋军阀的失败已经震撼了北京证券市场,"证券市场因时局影响,大为震动,各种债票无不低落,其中以九六公债跌落尤甚,持票人损失甚巨"④。该年北京证券交易所的营业报告称:"本年上半期营业,自去冬九六债价暴跌,奉部令停市,直至五月四日始行开市。因停顿数月毫无收入,故将经常预算极力核减,以资撑节。唯开市后,虽尚照常交易,而营业之清淡,尤为从来所未有。下半期复因时局未靖,经纪人以买卖稀少,先后

---

① 《北京筹设证券交易所》,《银行周报》第2卷第11号,1918年3月26日。
② 中国人民银行总行金融研究所金融历史研究室编:《近代中国的金融市场》,中国金融出版社1989年版,第166页。
③ 杨荫溥:《中国交易所论》,上海商务印书馆1930年版,第46、47页。
④ 《北京金融·北京金融之状况》,《银行月刊》第8卷第4号,1928年4月。

陆续告退，取回保证金者不下二十余家。秋间九六债价忽又剧跌，交易市况仍属萧条……""综计全年情形，上期实际交易不及两月，亏耗实已不赀。下期六个月，幸未停市，尚有收入。统计全年经手费共收二万零四百六十四元四角。""就营业论，本年所收经手费较诸去岁有减无增。开支虽已减少，而所纳种种捐税尤复有加无已。且债价低落，时虞风潮，营业困难尤甚于往昔……"①这一年该所虽仍有利润，但营业已陷入困境，全年债券成交额仅 20 410.9 万元。此后，北京证券交易所的境况一年不如一年，从 1928 年起，北京证券交易所一直不能盈利，也"无税款缴解"，1933 年上半年 6 个月，证券成交额仅 1 677 万元，还不到上海证券交易所一天的营业量，收入已不能维持营业，北京证券交易所从此陷入停顿状态，终至抗战爆发为止，也未能恢复②。

此外，20 世纪 30 年代南京、宁波、青岛和汉口等国内城市也曾先后酝酿和成立过证券交易所。买卖南京政府发行的债券获取利润，同样是这些交易所发起成立的重要理由和原因。

1931 年南京中国银行经理许体萃、上海商业储蓄银行总经理陈光甫、国货银行总经理宋子良等南京上海各大银行头面人物 36 人曾发起成立南京证券交易所股份有限公司，在其向南京政府实业部上呈请求批准的呈文中，就代表性地反映了这一点。呈文中首先强调债券买卖的重要性："窃查有价证券之买卖，上关国家债券之流通，下系金融盈虚之调剂，故在泰东西通都大邑，无不有证券交易所之设立。而国都所在地之商埠如伦敦、巴黎、东京，其证券交易所规模之宏大，业务之开张，尤为环球经济界所重视。盖为一国财政经济脉络之所系者，实重且巨也。"呈文进而陈请在南京设立交易所的必要："自我国民政府定都以后，人口日益增多，商业日益发达，近来南北各大银行更纷往设立机关。

---

① 《北京交易所去年营业状况》，《银行月刊》第 8 卷第 4 号，1928 年 4 月。
② 参见中国人民银行总行金融研究所金融历史研究室编：《近代中国的金融市场》，第 452 页。

盖因环境之需要,进而为金融之重镇,已成自然之趋势。而独于证券之供求,任酌济盈虚之机关如交易所者,尚付阙如。凡证券之出入,仍须辗转买卖于上海,不惟感有形之阻滞,抑且受无形之损失……"该文进而指出:"更念我国民政府禀先总理遗教,建设之计划孔多,举凡资金之筹措,胥赖债券之发行,而此项发行,要必策源于首都,而藉以为推行流通之机关,独远托于特殊地点之上海,其在政策上或不克充分收臂指之效姑且不论,即以区域言,近年来内地人民对于债券,随政府债信为进步,已具有相当之信仰。顾近畿方圆数省之民商,虽有心购取证券,而左近无进出便利之机关,亦只有望而却步。发行即不免重受影响,其损失又何如乎?由此言之,关于证券之流通者如彼,关于发行者又如此,则首都之地,证券交易所之设立,可或缓哉?"①

从这份呈文强调指出设立证券交易所的重要性,特别是其强调指出没有设立南京证券交易所对债券发行流通造成"损失又何如"这一点来看,可以认为这些证券交易所设立的初衷是受利润丰厚的上海证券交易所的影响,力图分取一杯羹,改变"凡证券之出入,仍须辗转买卖于上海"的状况。但是,由于这些城市的工商业基础都不如上海发达,金融基础设施条件也远不如上海,再加上30年代国内外经济形势变化很大,国内幼稚的证券市场难以抵抗外来的冲击,因此,这些证券交易所有的胎死腹中,有的虽然成立,但生存时间都很短,成为昙花一现的事物。

在台湾中研院近代史研究所的档案馆中,比较完整地保存有20世纪30年代汉口证券交易所成立以及各月交易情况和最后亏损停业的档案资料,可以反映出这期间这些证券交易所的状况。

汉口的证券交易始于民国初年,到1931年1月,由胡云程、郭浩然、陈募山、吴诚安、杨月亭等人发起组织汉口证券业公会,有会员20

---

① 以上所引均见台湾"中研院"近代史研究所档案馆藏档案《南京证券交易所》,机关号17-23,宗号48-(5),1931年9—12月。

余人。会址设在汉口生成里,附设交易市场,由会员自由买卖,专做国内债券及其他有关证券交易。其中以省内发行的证券为主,并以现货为限。公会定有章程和市场规则,并呈请政府备案。1933年公会改组,会员增为50多人,经营范围仍以现货买卖为限,买户于议定价格及数量后,即付款换取证券,卖户于收款后即将证券交割。当时上市买卖的证券主要有一期、二期市政公债,一期、二期善后公债,湖北官票,河南善后公债,水电股票等[①]。

这里就以汉口证券交易所的档案资料为例,进一步对这些昙花一现的地方证券交易所的情况进行一下介绍。

1935年初,汉口证券业公会筹备改组成立证券交易所,于"二月十一日开本所创立会,当场选出理事、监察人",理事长为唐星三,常务理事为沈诵之、杨季谦,并得到湖北省政府和实业部的批准。汉口证券交易所"额定资本三十万元",并于4月8日"正式开幕实行营业"。汉口证券交易所开拍现货和期货,由于其按照当时南京政府实业部的要求,将交易营业状况逐月上报实业部,使得我们现在可以根据这些逐月上报的档案资料,对其成立后的营业交易情况有所了解。

1935年4月汉口证券交易所开市之初,因为"各省债票汉地向较活动且利息亦较厚"的缘故,"鄂湘豫各省债票成交总数量较中央债券为多"。但此后情况逐渐发生改变,"中央债券逐渐做开,交易日增,每日成交数反超过各省债票总数量甚巨"。4月"自8日下午开市至三十日止,总计营业十九天,现货成交共一百零三万六千元,期货共八百七十三万元,共收经手费五千一百三十六元六角六分"。5月份,"市场营业现货进出无多,仅既济水电公司股票暨平汉支付券略有交易。至期货交易,中央债券成交一千四百余万元,鄂湘豫各省公债一百余万元,两共票面一千五百九十八万元,较上月约增一倍"。"该月共计营业二十

[①] 参见上引《近代中国的金融市场》,第454页。

五天","共收入六千四百四十二元三角九分"。但是,这种向好的趋势仅仅只维持了4月、5月两个月,到此也就结束了。"六月下旬汉市发生金融风潮,影响所及,营业遂逐步衰落",此后直到11月份停业为止,各月的营业情况如下:

"六月份市场营业因受金融影响,债券价格日趋跌落,成交数目亦见减少。总计本月份营业二十三天,成交期货票面一千一百七十四万五千元,现货二万三千元。共收经手费四千五百零五元六角一分。""七月份市场营业因金融风潮尚未安定,忽又大水为灾,人心惊恐,市面亦增萧条。以至成交数量至为短绌,且有数日未能开市。总计本月份共仅营业二十一天,成交期货票面三百零二万五千元,现货十二万八千元,共收经手费一千四百四十五元一角六分。""八月份因汉市金融枯竭,灾情惨重,商困愈深,以至营业未见起色,成交数量较前月更为短绌。总计本月除星期休息及交割日外,共开市二十五天,成交期货票面一百九十九万元,现货七千元,共收经手费八百三十九元八角二分。"9月和10月汉口证券交易所营业状况更趋跌落:"因汉市商业凋敝,商力薄弱,成交数量异常短绌。总计九月份除星期休息及交割日外,共开市二十三天,成交期货票面三十三万五千元,现货一千元。共收经手费一百零三元六角八分。十月份仅成交票面一万元,收经手费一元二角六分。"

也就是说,汉口证券交易所在从4月开始到10月止不到6个月的时间里,营业衰落的速度极快。从5月份的约1 600余万元迅速减少到10月份的1万元,10月份的经手费收入只有区区的一元二角六分。到10月份时,"虽每日三盘照常拍板,而市场实未见一经纪人莅临……以故营业完全停顿,实非始料所及"。可以说,下降的速度和营业的萧条状况都达到令人难以相信的程度。因此,汉口证券交易所不得不在11月3日召集临时股东大会讨论办法,结果参加的80人中,有超过到会人数三分之二以上的68人投票要求解散,而希望继续营业的竟无一人。也就是说,在汉口证券交易所有营业记录的这7个月中,最后落到"纯损八万二千八百四十一元三角四分"的结局而不得不解散停业①。

汉口证券交易所的状况是如此,其他城市设立的证券交易所情况也大体相同。如1932年设立于宁波的四明证券交易所,1933年成交额仅为0.48亿元,1934年有所增加,但也仅为1.7亿元。青岛物品证券交易所1934年才开始营业,公债部于是年8月1日开拍②。重庆证券交易所于1932年秋天成立,虽有几家如民生公司、自来水公司等的股票,"但多有行无市",证券交易的主要对象,同样是"集中在政府债券",但却是"卖的人多,买的人少"。之后由于"变成了申汇投机的场所","受到社会各界谴责",不得不"于1935年1月被迫停业"。此后为发行第二期四川善后公债,1935年秋重庆证券交易所复业,并取得南京政府财政部的营业执照,但"仍然是观望者多,买卖者少",当交易所"再次开拍申汇之后",甚至连债券买卖也"无人问津"了③。到1937年抗日战争爆发,这些交易所都停止了营业。

北方的经济中心城市天津在1921年2月经北洋政府农商部批准立案,成立了天津证券花纱粮食皮毛交易所股份有限公司。"该所营业项目,名义上虽包括证券、花纱、杂粮、皮毛四种,实际拍板成交的以证券为主,俨然为一变相的金融市场。"1922年3月该所受上海"信交风潮"影响,暂停营业,迁延到5月后关门停业。此后到抗战时期天津沦陷的1943年末1944年初,日本占领军指令在天津成立"华北有价证券交易所",这是天津第二次正式成立证券交易所,但正式开业是在1945年8月,开业不久即被南京国民政府冀鲁察热区财政金融特派员接收,并最终于1946年4月停业。

---

① 以上所引汉口证券交易所的资料,均见台湾"中研院"近代史研究所档案馆藏《汉口证券交易所》,"呈报实业部每月营业情形市场状况"及汉口市证券交易所股份有限公司理事会"营业报告书"。机关号17-23,宗号47-(2),1934年5月至1936年11月。
② 参见洪葭管、张继凤:《近代上海金融市场》,上海人民出版社1989年版,第169页。
③ 参见上引《近代中国的金融市场》,第184、185页。

也就是说,近代中国的证券市场除上海外,存在的时间都不长。这些城市的证券交易所之所以与上海证券交易所的状况形成显著差别,一是这些城市本身工商业并不发达,南京国民政府发行的债券主要由集中在上海的银行及金融机构发行承购,上海证券交易所得地利之便,有地方金融市场难以企及的多种优势。二是30年代出现的经济危机导致大量资金流入沿海大城市特别是上海,在某种程度上促进了上海的证券交易,而地方城市却没有这种便利条件。三是1935年的金融危机对地方的打击远远超过对上海的打击,汉口证券交易所迅速衰落的状况就是最好的一个证明。但这种种史实同时说明,这期间的中国证券市场从总体看,仍然是一个基础薄弱、幼稚和畸形的市场。

第二节 抗战后的上海证券市场

1937年抗战全面爆发后,作为近代中国资本市场代表性地区的上海,证券业的发展前后经历了不同的几个阶段。先是上海华商证券交易所停业后,1937年至1941年太平洋战争爆发时为止,前已存在的上海西商众业公所独领风骚。太平洋战争爆发后,西商交易所停业,华商证券行业逐渐活跃,直至后来汪精卫政权时期伪上海证券交易所复业,创造了近代中国最独特的一段时期:证券市场上交易的全是华商股票,且上市交易的企业创造了近代中国的数量之最;不少企业在证券交易所的助力下快速发展,出现了多业经营的"企业集团",但时段并不长,随着1945年8月抗战胜利,最终成为昙花一现的存在。

一、"孤岛"时期的西商众业公所

上海西商众业公所(Shanghai Stock Exchange)是帝国主义列强在近代上海兴办的一所证券交易所,是外商尤其是英美商人创办和控制、以买卖外国及外商在华所设各公司股票和各种债券为主的证券交易所。值得深思的是,这家侵害中国主权兴办起来的外商证券交易所,却是近代中国证券市场上出现最早、历时最久、涉及范围最广的证券交易所①。

1937年抗日战争爆发后至1941年太平洋战争爆发前的这段时期,上海租界出现了历史上独特的一段被称为"孤岛"的时期②,就在上海租界成为"孤岛"的这段时期里,由于多种因素的共同作用,这里成为投机家的一大乐园,也在上海众业公所几十年的历史上留下了最为令人瞩目的一页③。

1. "孤岛"时期西商众业公所的基本情况

毫无疑问,西商众业公所是列强在华享有特权的突出表现,也是列

---

① 西商众业公所的来历,据1935年上海市年鉴委员会编《上海市年鉴》记载为:"上海有交易所之组织,始于西商。清光绪十七年(1891年)证券西商成立'上海股份公所'(Shanghai Sharebrokers' Association),实则西商证券掮客公会,已具交易所之雏形。至光绪三十年(1904年),西商又有组织上海证券交易所之动议,至次年而正式开办,定名为'上海众业公所'(Shanghai Stock Exchange),即证券交易所。宣统二年(1910年),遵照香港政府股份有限公司条例登记。民国十八年(1929年),'上海股份公所'并入'上海众业公所',前者之名称随以撤消。"转引自上海市档案馆编:《旧上海的证券交易所》,上海古籍出版社1992年版,第339页。另见杨荫溥:《中国交易所论》,上海商务印书馆1930年版,第37页,内容大体相同,稍有不同的是指出"光绪三十一年,遵照香港政府股份有限公司条例正式开办,定名为上海众业公所"。据上述史料,西商众业公所的历史如从1891年的"上海股份公所"起算,至1941年12月太平洋战争爆发日军进入上海租界,西商众业公所停业为止,整整存在了50年。如从1905年"上海众业公所"起算,也有36年,远超过中国自己兴办的证券交易所存在的时间(中国第一家证券交易所为1918年成立的北京证券交易所,1933年停业,存在15年。上海成立的第一家华商证券交易所为1920年开业的上海证券物品交易所,1937年奉命停业。抗战胜利后,1946年恢复上海证券交易所,但到1949年南京政府迁到台湾为止,全部时间加起来,也只有不到20年。其余证券交易所更是存在时间短暂,故各家证券交易所存在的时间都没有西商众业公所存在的历史长则是无疑的)。

② 1937年11月,国民党军队撤出上海。由于当时日本尚未与英美等国作战,尚未进入上海的"公共租界"和"法租界"等地,这些地区仍由过去的"工部局"管理。直到1941年12月太平洋战争爆发日军进入租界为止,这前后四年左右时期的租界,被称为上海的"孤岛"时期。

③ 截至目前,除洪葭管、张继凤所著《近代上海金融市场》一书中对这一段历史介绍稍多外,专文进行论述的似尚未见,原因可能与众业公所档案资料至今尚未发现有关。笔者撰写本文,有关资料主要是从日文和中文中获得,英文资料始终未见。

强在华获取特殊权益和中国成为半殖民地的标志之一①。抗战爆发前，在其历经半个世纪的发展过程中，西商众业公所已成为外商企业在华吸收中国人资本和扩张权益的集中代表之一。

西商众业公所经营的范围包括：（1）中国尤其是上海及远东各地的外商股票；（2）南洋各地的橡胶公司股票；（3）上海市政府以及公共租界、法租界各行政机关所发行的公债；（4）中国尤其是上海及远东各地的外商公司债券；（5）中国政府发行的金币公债②。其中，最重要和交易活跃的主要是第一和第二部分即中国上海及远东各地的外商企业股票和南洋各地的橡胶公司股票，"其他不过聊备一格而已"③。

1937年抗战爆发时，最重要和交易最活跃的第一部分即中国上海及远东各地的外商企业股票和第二部分即南洋各地的橡胶企业股票的基本情况，也就是这些股票的名称、国籍和资本数额等状况如表3-5和表3-6所示。

表3-5　众业公所上市外商一般企业基本情况统计表

种类	企业名称	国籍	发行资本额					备考
			法币(元)	银两(两)	英镑	美元	其他	
金融类股	中和产业	英	1 800 000					公司债
	中国证券	美	1 200 000					
	汇众银公司	美		普 2 000 000 优 1 025 625				

---

① 根据国际公例，独立主权的国家是不允许其他国家在自己领土内开办证券交易所的。
② 及川朝雄：《上海外商株式市场论》，上海三通书局1941年版；松本信次：《中国的证券市场》，载日本《经济志林》杂志15卷2号，1942年；《外商股票总诠》，美商环球信托公司经济研究部主编：《日用经济月刊》第2卷第6期，1940年。本目以下引用史料和统计图表如无特别说明，均引自此三种史料，不再注明。
③ 冯子明：《民元来上海之交易所》，载朱斯煌主编：《民国经济史》，银行学会编印，台湾1970年影印本，第153页。

续 表

种类	企业名称	国籍	发行资本额					备考
			法币(元)	银两(两)	英镑	美元	其他	
合计	58家公司		99 731 460 (24 种股票)	98 665 285 (32 种股票)	5 368 225 (8 种股票)	200 000 (1 种)	28 954 002.5 港币(2 种) 7 000 000 法郎(1 种)	11 种公司债

说明：(1)"普"为普通股；"优"为优先股。(2)"公司债"为另外发行的债券，在众业公所进行买卖。

资料来源：及川朝雄：《上海外商株式市场论》，上海三通书局1941年版；松本信次：《中国の证券市场》，载日本《经济志林》杂志第15卷第2号，1942年；《外商股票总诠》，美商环球信托公司经济研究部主编：《日用经济月刊》第2卷第6期，1940年。

表3-6 上海众业公所上市橡胶公司基本情况统计表

橡胶公司名称	国籍	发行资本额			
		法币(元)	银两(两)	英镑	荷兰盾
兰格志	兰印				2 500 000
苏门答腊	英		384 780		
加仑丹	英		140 000		
标地	英		353 698		
康沙来特	英			48 483.7	
刀米仁	英		200 000		
可太把路	英		346 355		
怕丁	英		500 000		
开达	英		300 000		
伯享	英		335 900		
生架笛利	英			40 000	
太拿马拉	英		1 300 000		
阿尔麻	英			70 000	
英达区	英			175 000	

续 表

橡胶公司名称	国籍	发行资本额			
		法币(元)	银两(两)	英镑	荷兰盾
英渣华	英			248 000	
伯土安南	英		96 000		
志摩	英		95 680.4		
陈氏	英		105 143.8		
渣华康沙	英			75 000	
卡派扬	英		148 000		
克罗华	英		220 000		
里派	英		135 000		
橡皮信托	英		1 082 000		
撒玛格格	英		101 100		
西门布	英		90 000		
薛纳王	英		114 000		
马来	英		普 300 000 优 273 800		
薛兰班	英		325 000		
肖曼奇士	英		270 000		
地傍	英		400 000		
橡皮	英			125 000	
普而马太	英	317 219			
克拉克令傍	英			665 000	
爱耶太华	英		335 499		
生加拉	英		180 000		
合计35家		317 219 元(1种)	8 131 956.2 两(26种)	1 446 483.7 镑(8种)	2 500 000 荷盾(1种)

从表 3-5 观察,第一部分上市的企业有 58 家,包括普通股和优先股以及用不同币种买卖的股票一共 68 种,债券 11 种。这些上市的股票和债券大致包括金融、保险、地产、船厂码头运输、公共事业、纺织和其他等七大行业。

在上市的企业中,从上面的统计表中可见,58 家企业中属于英国国籍的 44 家,其次是美国的 9 家、法国的 4 家和日本的 1 家。而在橡胶企业的 35 家上市公司中,属于英国国籍的更占到了 34 家,英国资本势力的强大是十分突出的现象。在上述众多的上市外商企业中,一半以上的企业又被七大洋行系统所控制。这七大洋行系统分别是:沙逊系统(Sassoon & Co.,Ltd.)、会德丰系统(Wheelock & Co.,Ltd.)、怡和系统(Jardine Matheson & Co., Ltd.)、谭史庞系统(Turner, Strurrock & Brown)、麦边系统(George McBain)、汇通系统(J. A. Wattie & Co., Ltd.)和祥茂洋行系统(A. R. Burkill & Sons,Ltd.)。

在这 58 家实业企业中,其额定资本总股数为 5 650 余万股,其中上市资本股数为 2 850 余万股,基本占总股数的一半左右。橡胶公司 35 家企业的额定资本总股数为 5 470 余万股,其中上市发行的资本股数为 2 910 余万股。也就是说,在上海众业公所挂牌的上市公司的总的状况是:额定资本总股数为 11 120 余万股,其中上市发行的超过一半,达 5 760 余万股(见表 3-7)。

表 3-7 众业公所各类股票在不同行业的分布情况统计表

企业分类名称	额定资本股数(股)	发行上市资本股数(股)
金融业股	14 800 000	3 277 500
保险业股	1 378 333	600 000
地产业股	6 801 800	5 206 942
船厂码头运输业股	3 080 000	1 663 720

续 表

企业分类名称	额定资本股数(股)	发行上市资本股数(股)
公共事业股	4 299 516	3 120 161
其他实业股	19 003 000	9 198 679
优先股	1 167 500	736 625
纺织业股	6 040 000	4 773 100
以上小计	56 570 149	28 576 727
橡胶企业股	54 715 850	29 107 835
总计	111 285 999	57 684 562

众业公所上市的外商企业股票,是以7种不同的币种发行的,这些发行上市的不同币种企业股票在各类行业中分布的状况如表3-8所示。

表 3-8 上市企业状况按不同币种统计表

企业分类名称	法币资本(元)	银两资本(两)	英镑(镑)	其他币种
金融业股	9 625 000 (4 种)	15 200 625 (5 种)		20 000 000 港币(1 种)
保险业股		2 000 000 (3 种)	850 000 (2 种)	7 000 000 法郎(1 种) 200 000 美元(1 种)
地产业股	23 627 390 (3 种)	22 619 420 (6 种)		
船厂码头运输业股	11 250 000 (1 种)	15 787 200 (3 种)		
公共事业股	18 214 200 (2 种)	24 000 000 (4 种)	1 833 225 (4 种)	
纺织业股	17 453 000 (5 种)	9 337 500 (2 种)		

续 表

企业分类名称	法币资本(元)	银两资本(两)	英镑(镑)	其他币种
其他事业股	19 561 870 (9 种)	9 720 540.5 (9 种)	2 685 000 (2 种)	8 954 002.5 港币(1 种)
以上小计	99 731 460 (24 种)	98 665 285.5 (32 种)	5 368 225 (8 种)	28 954 002.5 港币(2 种) 200 000 美元(1 种) 7 000 000 法郎(1 种)
橡胶企业股	317 219 (1 种)	8 131 956.2 (26 种)	1 446 483.7 (8 种)	2 500 000 荷兰盾(1 种)

从表3-8看,在这些按不同币种发行的股票中,以银两建制的种类最多,达58种,总金额1.06亿两;其次是以法币建制的股票,达25种,总金额1亿元左右;英镑建制的16种,680余万镑;港币建制的有汇丰银行和香上饭店2种,2 900万港币;美元建制的有美商友邦人寿保险股票1种;法郎建制的有保太保险股票1种;荷兰盾建制的有兰格志橡胶股票1种。从股票的面额数目来看,种类同样很多。如以银两建制的股票看,既有100两一股的,也有10两和5两面额一股的。但大体实业类股票的面额要大过橡胶公司发行的股票面额,橡胶公司发行的股票面额最少的只有0.1两。

在外商股票的交易场所方面,无疑众业公所为最主要的中心集中场所。由于众业公所实行会员制,非会员不能参与买卖,因而在上海经营外商股票买卖者,外商中有合盛公司、新丰洋行、中庸洋行、安利洋行等多家,华商中也有华丰公司等多家。这些公司均有经纪人在众业公所直接代客买卖股票。早期众业公司成立时,经纪人名额规定为100人,其中外商为87人,华商为13人[①];但此后华商数量有所上升,到抗战爆发时,华

---

① 冯子明:《民元来上海之交易所》,载朱斯煌主编:《民国经济史》,第153页。

商经纪人数量已上升到 34 人。华商经纪人席位增加的原因是由于外商经纪人因各种原因回国或离开时,其空缺的经纪人席位往往被华商以一个席位超过 10 万元以上的高价购买所致。此外,华商参与众业公所外商股票的买卖还有一种方式,就是规模小的华商银行或证券号等,本身在众业公所内并无经纪人位置时,其采用的变通营业方式为:一方面接受顾客的委托,另一方面则转请其他经纪人在众业公所内代顾客买卖,而自己从中分取部分佣金收入。由于有这些人的参与和活动,无形中扩大了众业公所的买卖规模,增加了众业公所的活跃程度。

2. "孤岛"时期众业公所证券交易几个阶段的演变及其特点

从总体看,在上海租界成为"孤岛"的这四年左右的时期里,上海众业公所股票的交易状况经历了不同的五个阶段,从交投清淡逐渐转变为热狂的投机,再到起伏不定却仍然维持上涨的时期。这五个阶段的起止时间和特点大体如下:

1937 年 8 月日本进攻上海后,众业公所和其他交易所一样一起停业。时隔四月,从 1937 年 12 月上旬众业公所复业至 1938 年 3 月止为第一阶段(从这一阶段开始直到 1941 年太平洋战争爆发,众业公所都是上海地区唯一复业的交易所)。"但以沪战方终,人心初定,更以外汇毫无变更"之故,"致形成外股交易清淡之局面"。

1938 年 3 月起至 1939 年 5 月止可以看成是众业公所"孤岛"时期演变的第二阶段。这一时期,由于上海租界的"孤岛化",加上大量人口逃避战乱进入租界,与人口增加相伴加上其他原因出现的工商业畸形繁荣,已渐次对外商的各类股票有所影响。再加上 1938 年 3 月法币与外币的汇价出现了第一次下跌,从过去 1 元兑英镑一先令二便士半下落到八便士,这些因素的综合作用使得此期众业公所的股票交易,"实较第一期活跃"[①]。8 月份与

---

① 上引均见《外商股票总诠》,美商环球信托公司经济研究部主编:《日用经济月刊》第 2 卷第 6 期,1940 年。

11月份的股票成交额数字,"并为25年(1936年)12月以来之最大数"。"盖近三月中不独趋势逐渐平稳,且已恢复战前之水准而有余。此种现象,实非一般意料所及也。"①

第三阶段为1939年6月到1940年5月上旬。这期间,众业公所的股票逐渐进入"投机狂热期","投机之狂热,匪可宣言","而价格之暴升,竟有超过票面数十倍者"②。中国经济统计研究所发行的《经济统计月志》杂志对这期间众业公所的成交额、指数及变化原因有所记载和报道。据其7月号的评论指出,"证券市场兴盛之原因,殆系(6月)7日起上海对外汇价跌落之关系,盖汇价跌落后,一般股票之市价与物价同趋高涨,故投机者均争相购进,争相购进,则成交额膨胀而市价愈为向上也"③。

1939年6月到8月间,法币对外汇价再一次出现大幅度下落,从1月的每元八便士下落到6月的六点五便士,再到7月的四点一二五便士,到8月时只有三点二五便士④。与法币通货膨胀倾向相伴出现的是抢购囤积货物,这种汇兑起落导致物价上涨的趋势必然反映到敏感的证券市场上来,从而导致股价的上涨。另外,1939年9月欧洲大战爆发,带来的深刻变化是以往因抗战爆发而逃避海外的资金,因香港南洋等地加强外汇管理而出现回流,再加上上海这时是世界上少数保持资本自由流动的城市,这也导致其他华侨资本通过不同途径汇聚上海,使得上海一时成为游资集中之地。这期间汇聚到上海的游资数量到底有多少呢?这里有几个不同的估计数字可供参考:《经济统计月志》7卷5期认为,"上海之游资,据最近新申社向银行界探悉,至少在三十万万元

---

① 中国经济统计研究所发行:《经济统计月志》第5卷第11期,1938年11月,第6页。
② 《外商股票总诠》,美商环球信托公司经济研究部主编:《日用经济月刊》第2卷第6期,1940年。
③ 中国经济统计研究所发行:《经济统计月志》第6卷第7期,1939年7月,第218页。
④ 及川朝雄:《上海外商株式市场论》,第25页。

以上"①。中国学者根据"最近各日报所载消息",认为 1940 年 12 月时的上海游资数量"仍在二十万万元以上"②。日本调查者则认为,抗战爆发时华人资金出逃的数字约有 2 亿美元,"其中约有一半即 1 亿美元自 9 月以降已渐次回流上海",又认为,"无论这个数字正确与否,总有二十亿乃至四五十亿的游资汇聚上海","这一点是十分明白的"③。

不管回流的资金具体数目有多少,上海当时麇集了大大超过平时的巨量游资这一点是确定无疑的。如此之多的游资短期内汇聚上海,自然难以寻找到正当的出路,也因此使得汇兑、股票、公债、标金乃至棉纱等货物以至商品均成为投机对象。1939 年第 11 期的《经济统计月志》杂志评论道:"游资增多影响之一厥为证券市场买卖之兴盛。因近来外汇之上落已比较有限,一般资产阶级不从事商品之投机,即投资于证券,于是证券之交易极度兴隆。查以往(众业公所)公司股票每月最大成交额为 1936 年 12 月之 4 394 千股,本月份数字则为 4 924 千股;公司债券成交值较以往五个月数字为大,则为 1 785 千元;证券市价指数 1933 年 1 月以后从未高出 75.61,本月份则为 76.28。各项数字蒸蒸日上之气象于此可见一斑。"

实际上,这还只是整个投机狂热的开始而已。1940 年 2 月号《经济统计月志》在评论上海众业公所成交额和证券指数时说:"本志前此两期已一再提及本埠众业公所营业之盛况。今年一月四日该所开市以后,证券成交额更大量扩增,致全月成交总数已突破一千万股之大关。同时新丰洋行所编之证券市价指数复超出基期指数之上,蓬勃之气概,尤为前所未有。"证券成交额增加的情况为:1 月份"证券成交数字为

---

① 中国经济统计研究所发行:《经济统计月志》第 7 卷第 5 期,第 98 页。
② 《游资的出路及其安全》,美商环球信托公司经济研究部主编:《日用经济月刊》第 2 卷第 12 期,1940 年。
③ 松本信次:《中国の证券市场》,载日本《经济志林》杂志第 15 卷第 2 号,1942 年,第 51 页;及川朝雄:《上海外商株式市场论》,第 25 页。

11 993千股,较去年12月份增4 269千股,较去年一月份则增11 376千股",这种情况,"为十年来未曾有之最高记录"。交易的狂热甚至导致8日上午众业公所因过于拥挤而"不得不临时停止营业十分钟"。在证券指数方面,该杂志指出,1月份,"除三数日而外,殆无日不在上升过程中。故全月最低点为四日之96.44,最高点为31日之115.26,在23个营业日数中共涨18.82点",并惊呼这种情况"可谓骇人听闻矣"①。但这种骇人听闻的情况实际才仅仅是开始,"上海众业公所市况之日趋鼎盛已数月于兹,本月份之情形更见登峰造极……证券成交额自去年十月以来继续创立新记录,今已达五次之多矣","股票买风之狂热可谓未曾得有,往常购买股票者必须计及股利之厚薄与发行公司之有无发展希望,今在游资作祟与汇市疲弱两种原因之下,则几乎任何股票一律受人欢迎,故各项股票成交之数量无不剧增"。因此,2月份"证券市价指数几乎全月均在上升过程中……与去年同月比较,债券成交值减336千元,但证券成交额则增11 957千股。同样比较下之证券市价指数狂涨84.06"②。此后,这种股票债券投机狂涨的情况一直持续到5月的头几天。5月6日,众业公所成交额在一天之内"增至1 027千股之巨,普通证券市价指数更创231.19之新高峰"后,盛极而衰,出现了大幅的下降,"公司股票每日成交额自六日突破百万股大关后,七日即骤减为563千股,八日复减为277千股"。证券市价指数则从6日的231.19到23日的"不足20日中,共计跌落119.54,亦可谓骇人听闻矣"。股市大跌的原因,虽然"一方面为欧洲战事消息之恶化,一方面为纽约股市之不振"所影响③,实际上更重要的原因还是上海市面上投机资金获利回吐翻云

---

① 上引见中国经济统计研究所发行:《经济统计月志》第6卷第11期,第370页;第7卷第2期,第30—31页。
② 中国经济统计研究所发行:《经济统计月志》第7卷第3期,1940年3月,第54页。
③ 上引均见中国经济统计研究所发行:《经济统计月志》第7卷第6期,1940年6月,第128页。

覆雨所造成的。此后众业公所股市交易进入了三个月左右的徘徊低迷期，这是此阶段演变的第四期。

众业公所的股票市场在 5 月出现惨跌之后，到 7 月中旬左右开始有所恢复。9 月时已大体恢复到 2 月时的水平，也就是 9 月的实业股与 7 月时的最低值相比约有 45%、橡胶股约有 50% 左右的上升。但是，10 月中旬，随着日、德、意法西斯三国同盟的建立，远东地区的不安气氛再次浓厚，这种气氛影响到证券市场，股指再次掉头向下。这种不安的国际环境和气氛，对众业公所证券市场这期间股指交易的影响，比以往任何时候都明显。1941 年 1 月，实业股的指数超过了 1940 年 9 月的高值。此后，2 月份又一次出现了回落，而回落的原因是"美日冲突之说甚嚣尘上"，因而导致"争先售卖"。4 月份希特勒发动巴尔干战争、日苏签订中立条约等，都对股指造成冲击。7 月份"因太平洋局势激变之结果，7 月最后数日上海众业公所之证券价格曾经狂跌"[①]。但因投机心理及游资甚多的原因，股指趋跌的时间短暂，不久即又转跌为升。9 月份众业公所交易又趋兴盛，证券指数"平均升至 203.35，较 8 月高 28.09 点，较去年同月高 47.45 点。公司股票全月成交总额冲出二千万股大关，较 8 月增 7 536 千股，较去年同月增 8 684 千股，两项数字均为证券市场有史以来之最高峰"。如从证券市价指数看，9 月 30 日的指数达到 222.41，"与去年（1940 年）5 月 6 日至 10 日一周股市狂涨时代最高点之 231.19 比较，仅少 8.78 点。最低点为 3 日之 185.47，则较 8 月一般数字为高"。在整个 9 月的 28 个交易日之中，"陡涨 36.94 点，足见各种股票市价之飞黄腾达矣"。而且，这期间众业公所还创造了单日交易量最高纪录（15 日交易 1 548 千股），连续日交易量超百万股的记录（连续 9 日每日交易量在百万股以上）[②]。这段股市起起伏伏，但总体保持上涨趋

---

① 上引见《上海众业公所之成交额及证券市价指数》，中国经济统计研究所发行：《经济统计月志》第 8 卷第 3 期、第 8 卷第 5 期、第 8 卷第 9 期。

② 中国经济统计研究所发行：《经济统计月志》第 8 卷第 10 期，1941 年 10 月，第 226 页。

势不变的一年多时间,构成了众业公所"孤岛"时期发展演变的第五阶段。

从上述介绍中可以看出,"孤岛"时期上海众业公所出现的股票交易盛况,虽然有法币汇价低落的因素,但主要还是由于特殊环境下形成的游资过多所造成的。在这四年左右的"孤岛"时期,上海众业公所证券交易中出现了两个十分鲜明的特点:一是投机性十分明显。这一点,可以举出1940年几个主要股票交易的价格为例:如实业股国际信托公司的股票票面额为10两,1940年的股价最低为8.6元,最高为39.25元,高低相差四倍多;上海纺织公司股票的票面额为50元,1940年最低价154元,最高价为244元,虽说高低相差不到一倍,但其基价甚大;最突出的是会德丰的股价,票面额10两,最低价为38元,最高价为272元,相差七倍多。橡胶股票也一样。如英楂华票面额10两,1940年最低价18.2元,最高价61元,相差三倍多。兰格志票面额10荷兰盾,最低价12.5元,最高价47.25元,高低相差接近四倍等①。一年之内股价变化如此之大,且基本是暴涨的情况,正从一个侧面反映了股市投机性的强烈。有专家在考察上海众业公所股票交易的情况后,根据产业证券的特点,认为"产业证券依理只有暴跌之可能,鲜有暴涨之可能",因其"绝无在短时期内突然繁荣"的可能,因而断言"故今日上海股票市场之暴涨,除出于剧烈之投机外别无其它理由"②。这个看法可以说是当时社会的共识③。另一个特点是外围环境特别是国际形势对股价的影

---

① 及川朝雄:《上海外商株式市场论》,第32、33页中插表。
② 张一凡:《一年来之中西股票》,《日用经济月刊》第2卷第1期,1940年,第358页。
③ 这一点,据当时出版的报刊上的言论看,是共同的认识。如上海市商会商业月报社发行的《商业月报》第20卷第12期(1940年12月31日出版)的《上海华商股票市场之动态》一文,在叙述投资者对华商股票开始有所青睐后,接着指出:"然较诸外股买卖之狂热,仍不啻有天壤之别。唯吾人需加以辨别者,即前者为投资,而后者为投机。"吴毅堂编的《中国股票年鉴》(上海中国股票年鉴社1947年出版)第5页在叙述这一段史实时,标题就叫《投机狂热之洋商股票》。

响同样十分明显。这一点,上面的叙述中已经有多个例证足以证明,这里就不再赘言了。

统计表 3-9 显示了 1931 年以来众业公所历年成交额及证券指数的变化情况,从中可以清楚地看出众业公所这十余年的交易变化情况。

表 3-9 上海众业公所成交额及证券市价指数统计表(1931 年至 1941 年 9 月)

年代		成交额		证券指数(1931年7月末=100)
		公司股票(千股)	公司债券(千元)	
1931 年		7 269		99.76
1932 年		4 338	20 299	80.28
1933 年		8 534	51 422	71.36
1934 年		18 453	44 059	65.29
1935 年		898	12 437	57.11
1936 年		9 685	16 413	57.66
1937 年		18 376	11 110	46.51
1938 年		6 452	4 988	45.81
1939 年		32 450	24 531	64.67
1940 年		113 552	25 642	141.41
1940 年	9 月	11 763	2 091	155.90
	10 月	9 347	5 428	138.17
	11 月	10 194	1 900	150.82
	12 月	9 547	1 668	158.95
1941 年	1 月	10 724	2 059	185.99
	2 月	9 704	1 689	165.99
	3 月	7 408	1 341	158.17
	4 月	8 149	2 627	157.47

续　表

年　代		成交额		证券指数(1931年7月末=100)
		公司股票(千股)	公司债券(千元)	
1941年	5月	6 010	1 785	156.87
	6月	8 281	6 632	162.02
	7月	12 599	2 384	179.58
	8月	12 911	3 238	175.26
	9月	20 447	2 525	203.35
	1—9月合计	96 233	24 280	

说明：(1) 1931年数字系下半年成交额。指数系下半年平均。(2) 1932年的指数系1月及4—12月的平均。

资料来源：中国经济统计研究所发行：《经济统计月志》第8卷第10期，1941年10月，第238页。

从统计表3-9中可以明显地看出，1931年后，众业公所的证券指数就一路下滑，到1938年跌到谷地。此后逐渐反弹，到1940年是一个跃进，尽管这其中包括了1940年5月下半月开始到9月三个月左右的股指低落期，但1940年的股票指数与1939年相比仍然超过一倍多。成交的公司股票和公司债券都创下了此前未有的纪录。此后指数虽因国际形势和投机变化而有起伏，总体趋势却是保持向上的，并且在1941年9月达到了前所未有的203.35点。但是这里有一点必须说明，即与同期物价总指数从106点上涨到959点左右即上涨八倍多的情况相比[①]，证券指数的上涨没有能够赶上生活费指数的上涨，也可以说，证券指数的上涨在某种程度上是与整个社会环境的变化保持相当密切的联系的。

[①] 根据《经济统计月志》第8卷第10期第239页"上海市生活费指数"统计表的数字，1931年时上海物价总指数为106.63，此后同样是逐年上涨，到1941年9月时是959.04。

3. 外商公司利用时机增资扩股吸取华商资金

需要特别提出说明的是，参与众业公司股票投机狂热的人，绝大部分是中国人。参与投机的资金很大部分也是中国人的资金。由于1910年上海爆发过的橡胶股票风潮的影响，在1937年抗战爆发之前，中国人对洋商股票已很少参与。这一点，正如1937年版《财政金融大辞典》作者之一的张一凡指出的，"自宣统二年橡皮风潮以来，国人对于外商股票，本已知所警惕"，但是，由于"中日战事发生，游资集中沪滨，投机热浪又猖狂万状"的缘故，因而"门庭冷落之众业公所重为有资者逐渐注意，至于最近，竟有飞蝇逐臭之势"。他又指出，众业公所的股票和债券，"几全部为外商发行，过去国人鲜有问津"，"因无人能知各公司之内幕。即能认识此种股票者又能有几人？况大骗局之橡皮风潮的余悸尚在，更不敢使人染指"。但是，上海麇集大量游资之后，"在经纪人有力提倡之下，游资正蠢然盲动"，再加上欧战勃发，"国际币市屡起虚惊，留华之外资亦有改投此类股票者，向作外汇投机者，亦都转变方向而跃上此种市场"。种种原因，终于使得外商股票成为中国人狂热投机的重要对象。这种狂热投机的结果，除使得众业公所交易的外商股票大涨其价外，带来的另一个更重要的结果，是使得众业公所的证券投机成为中国资金外流的重要渠道。对于这一点，一些有识之士痛心无比："国人每谓外汇黑市系我国资金外逃之门户，殊不知此众业公所亦为资金大量外流之门户。"① 投机狂热导致"社会游资转向于外汇、黄金、外商股票等投机之途，资金外流，不可遏止……"②

证券投机，股价狂涨，本已使外商公司大获其利。可是，这种状况并没有使外商公司满足。他们除利用上海的投机之风，翻云覆雨，大获其利外，进而甚至采用一种更直接和公开的方式，即扩股和增资的方

---

① 张一凡：《一年来之中西股票》，载美商环球信托公司经济研究部主编：《日用经济月刊》第2卷第1期，1940年，第354页。

② 王海波：《中国股票概述》，《日用经济月刊》第2卷第10期，1940年，第683页。

式,对中国人的资金进行了更大规模的掠取。

在"孤岛"时期西商众业公所股市从低潮逐渐恢复上涨的第五阶段,也就是从1940年秋开始到1941年春的4月间,以沙逊、怡和等财阀为首,通过经纪人的操作,利用众业公所狂热的股市投机,相继发行新股上市吸取资金。1940年发行新股的有怡和啤酒、上海毛绒厂、信和纱厂,1941年春发行新股的有纸业公司、亚细亚轮船公司。除此而外,怡和纱厂在1940年12月还进行了增资。新股发行的速率平均一个月一家。表3-10是这些外商公司发行新股的基本情况统计。

表3-10 西商众业公所外商公司发行新股吸收资金统计表

单位:元

外商企业名称	发行新股时间	新股发行面额	卖出价	市场卖出股数	吸收资金数
信和纱厂	1940.9.19	5元	5.5元	400 000 股	2 200 千元
怡和啤酒	1940.10.24	5元	6元	500 000 股	3 000 千元
上海毛绒厂	1940.12.5	5元	5.5元	424 000 股	2 442 千元
怡和纱厂	1940.12.7	5元	27元	337 500 股	8 775 千元
纸业公司	1941.3.13	5元	5.3元	920 000 股	4 876 千元
亚细亚轮船	1941.4.17	10元	11元	1 000 000 股	32 293 千元
合计				3 581 500 股	32 293 千元

说明:除怡和纱厂是增资外,其他都是发行新股。
资料来源:及川朝雄:《上海外商株式市场论》,第33、34页。

从表3-10看,在半年左右的时间里,外商公司就利用股市的投机狂热,新发和增发了350多万股,且都是溢价发行,尤其是以怡和纱厂的发行价为高,超过票面额4倍多。六种新发和增发的股票掠取了3 229万余元的资金。实际上,这个统计表的统计尚不完全,例如,还在发行这六种股票之前的1940年4月,会德丰就"于20日宣布发行票面十两之新股票一种,以每股二十五元之价格售与该公司普通股票持有人,于是旧股随于二十二日涨达272元"①。

西商众业公所这种采用发行新股和增发方式掠取资金的方式,被日本人评论为是"因感到上海的前途有所危机而巧妙的利用投机热吸取庞大资金",而其目的是"为保全自己的资本并准备出逃所做的准备"②。

总起来看,"孤岛"时期的上海,由于多种因素特别是众多游资麇集的结果,导致投机盛行,正好给众业公所的外商股票债券投机提供了难得的环境和条件。虽然说追逐利润是资本的天性,但"孤岛"时期的上海社会环境和因素确实有其特殊的一面。但这种特殊不仅成就了众业公所,留下了该所历史上最活跃的一段历程;同时众业公所还利用这段特殊时期帮助西商公司发行新股"圈钱",使得众业公所成为掠取中国资金的"黑洞"。因而可以这么说,"孤岛"时期上海众业公所的"繁荣"和令人"瞩目",是在特殊条件下形成的畸形状况的写照。

二、抗战时期的上海中国股票推进会

抗战时期,当西商众业公所在上海的"孤岛"中十分活跃时,华商在证券交易所停业后,也自发诞生了替代证券交易所的一个组织,就是上海中国股票推进委员会(以下简称中国股票推进会),该组织诞生于1940年12月抗战爆发后上海租界成为"孤岛"之时,结束于1941年12月8日太平洋战争爆发日本军队进入上海租界为止。中国股票推进会的生命周期虽然只有一年,但却是在一个极其特殊的时代环境条件下产生的金融组织,也由此带有相当独特的色彩:例如,中国股票推进会是在政府权力相当薄弱而又需要有某种替代力量时期出现的组织;是

---

① 《经济统计月志》第7卷第5期,1940年5月,第99页。
② 及川朝雄:《上海外商株式市场论》,第34页。

从金融机构组织中衍生而出的民间社团;是以民间金融组织的身份发挥证券交易所作用的机构……但是,或许因为它的生命周期短暂,或许还因为它存在时代的特殊性质,再加上至今为止发现的存世资料数量不多,因此以往对中国股票推进会的研究十分薄弱,除了简短的介绍和顺便的提及外[1],尚无专门的研究分析讨论。

1. 中国股票推进会成立的时代背景

中国股票推进会的成立,是抗战时期中国资本市场过渡时期出现的一个组织。该组织的出现背后有着复杂和多种因素的共同作用。

抗战爆发后,随着国民党军队从上海撤退,作为战前中国工商业中心的上海出现了众多变化。

首先是人口数量增加。战前,包括租界以外的所有上海城镇乡村人口"不过350万人"。抗战初期,上海人口撤退到内地,此后,随着战事西移,上海租界成为"孤岛",聚集到上海租界的避难人口出现了迅速的回流和增长。到1938年下半年,据上海租界当局统计,仅仅是两租界的人口,"已增加到四百五十万人"。增加的人口中,"一种是难民,一种是各地来沪的资产阶级",而且,"这批资产阶级都有大量的购买力"[2]。

其次,是大量游资在此期间汇聚上海。上文已经谈到,当时上海的游资估计大约汇聚了30亿元至60亿元,以至于华商各大小银行因为活期存款骤增,"而各华商银行,均因存款过巨,拒收新户存款"[3]。

---

[1] 在笔者的接触中,除洪葭管、张继凤著《近代上海金融市场》(上海人民出版社1989年版)一书和刘志英《近代上海华商证券市场研究》(学林出版社2004年版)一书中对中国股票推进会有稍多的涉及外,还有1940年12月出版的《信托季刊》第5卷第3、4期合刊中,有稚敏的《关于中国股票推进会》的文章,该文对中国股票推进会的宗旨和组织方法等进行了介绍,算是内容比较详细的一篇文章。但对其进行专门研究的成果至今没有见到。

[2] 魏友斐:《上海景气论》,财政评论社编印:《财政评论》第1卷第6期,1939年6月。

[3] 《战后沪市金融概况》,载南京《中报》1940年6月28日,第三版。转引自天津市档案馆编:《天津商会档案汇编》(1937—1945卷),天津人民出版社1997年版,第328页。

日本调查者则认为,抗战爆发时华人资金出逃的数字约有 2 亿美元,"其中约有一半即 1 亿美元自(1939 年)9 月以降已渐次回流上海",又认为,"无论这个数字正确与否,总有二十亿乃至四五十亿的游资汇聚上海","这一点是十分明白的"①。1939 年 2 月,重庆方面出版的英文报纸 *Social Welfare* 推测上海的法币存款在 38 亿元以上。而据美国当局推算,"1940 年秋时,上海的法币存款在三十亿元以上"②。

其三,在多种因素的共同作用尤其是游资汇聚、法币贬值③的冲击下,上海出现了被后人称为"上海景气"或称为"孤岛经济繁荣"④的现象。与生产景气相伴,进行投机获取暴利的热潮更是迅速扩展,汇兑、股票、公债、标金乃至棉纱等货物以至于商品均成为投机对象。特别是追逐外汇、黄金和外商股票的投机热潮迅速升温。这时国民政府西迁,此前的国债交易已不可能成为热点,又因上海华商证券交易所奉国民政府令而停业,而上海西商众业公所在战争开始停业四个月后,于 1938 年底复业,成为上海租界内"执行证券买卖及控制证券市价之唯一场所",提供了证券投机的方便条件,"正因有众业公所在"⑤,对外商股票债券的追逐投机迅速成为市场热点,尤其是对外商

---

① 松本信次:《中国の证券市场》,载日本《经济志林》第 15 卷第 2 号,1942 年,第 51 页;及川朝雄:《上海外商株式市场论》,第 25 页。

② 转引自日本东亚研究所译:《战时下的上海经济》(资料丙第 291 号 A,原书为英文),东亚研究所昭和十七年 9 月版,第 216 页。

③ 1939 年 6 月到 8 月间,法币对外汇价再一次出现大幅度下落,从 1 月的每元 8 便士下落到 6 月的 6.5 便士,再到 7 月的 4.125 便士,到 8 月时只有 3.25 便士。游资的充斥和法币的贬值,都成为投机热特别是外商股票投机热的重要因素。见及川朝雄:《上海外商株式市场论》,上海三通书局 1941 年版,第 25 页。松本信次:《中国の证券市场》,载日本《经济志林》第 15 卷第 2 号,1942 年,第 51 页。

④ 关于上海的"孤岛经济繁荣",可参见魏友斐:《上海景气论》,《财政评论》第 1 卷第 6 期,1939 年 6 月;魏达志:《上海"孤岛经济繁荣"始末》,《复旦学报》1985 年第 4 期。

⑤ 上引均见王海波:《华商股票的抬头》,《日用经济月刊》第 3 卷第 1 期,1941 年 1 月,第 759 页。

股票,在 1941 年 12 月太平洋战争爆发前,虽有起伏,却出现了前所未有的投机追逐热。

上海众业公所股票投机热的状况,上文已经谈到。上文也已谈到,狂热参与众业公司外商股票投机的人绝大部分是中国人,参与投机的资金很大部分也是中国的资金。

面对狂热的投机热潮和华商资金大量投入买卖外商股票的状况,当时上海的中国学者尤其是经济学者和企业家们深为忧虑,他们认为,此时上海的一切"均在畸形发展之中"。而最可忧虑的现象是,"一方面数十万万游资充斥于投机之途;另方面关系国运之正当产业,则由缺乏资金,无由发展"。"此二者间之鸿沟愈深,则其为祸于社会者愈大。如中国股票得以推广,中国股票市场得以建立,亦即一方面导游资于坦途,另方面谋中国工商业合理之迈进,且使两者相互为用,相得益彰",可以收到"以贻社会无穷之福也"的结果①。这些学者认为,"我们为什么不用自己的游资,来开拓自己的股票市场呢?"他们呼吁,"我们不能也不应把自己的血汗供人家的利用,我们要运用自己的力量去掘开自己的宝藏!我们可以运用此时此地的机会,建立起一个健全的华商股票市场"②。

显然,不甘于遭受外国经济掠夺和提倡华商股票买卖,进而推动中国工商业发展以及与上海的病态投机热潮对抗,是这些学者和企业家们呼吁建立本国股票市场的重要动机。

中国股票推进会就是在这样的背景下诞生的。

---

① 王海波:《中国股票概述》,《日用经济月刊》第 2 卷第 10 期,第 683 页。这些学者和企业家在这一期集中刊发了一组提倡华商股票买卖和建立中国股票市场的"股票证券专号"。主要篇目包括孙瑞璜的《提倡华商公司股票市场之重要》、朱斯煌的《信托业与中国股票》、李韵清的《中国之股票交易》、王海波的《中国股票概述》、王雄华的《明日之证券市场》、吴文英的《公司票之发行及其种类》、俞071时的《华商股票之发源及其停滞之症结》以及郑学浩的《我对华商股票交易感想》等文章。

② 肖观耀:《游资利用与华商股票市场之开拓》,《金融导报》第 2 卷第 11 期,1940 年 11 月。

2. 由金融机构衍生而出的民间金融社团组织

中国股票推进会成立于 1940 年 12 月 16 日,是由上海金融机构间的社团组织——信托业同人联欢会中衍生而出的团体。为对中国股票推进会的组织状况和宗旨有所了解,这里择其章程中的要点介绍如下:

一、本委员会以推进中国股票之流通,便利投资提倡实业为宗旨;

二、本委员会由信托业同人联欢会会员组织之,但会员中有不愿参加者得不参加;

三、本委员会由参加会员各推代表一人为本委员会委员,由委员中互推干事七人处理本会事务,其办事细则由委员会另订之。干事任期为一年,连选得连任。

四、本委员会之事务为本委员会会员介绍买卖中国股票、调查各公司内容,登记及报告买卖之价格及数量,并办理其他相关事项。

五、本委员会介绍买卖之股票以正式注册之股份有限公司股票为限。其公司名称及股票种类须先经本委员会审察通过方得办理。

六、本委员会介绍买卖中国股票以现货买卖为限。①

从上引中国股票推进会的章程第二条,可知中国股票推进会是由信托业同人联欢会的会员发起组织而成。那么,这个信托业同人联欢会是一个什么样的组织呢?根据当时人的介绍,信托业同人联欢会成立于抗战爆发前的 1932 年 1 月 1 日。"该会会员以公司为单位,每家推派代表参加"。至中国股票推进会成立时为止,信托业同人联欢会已有上海信托、中一信托、中国信托等 11 家信托公司和上海银行、交通银

---

① 稚敏:《关于中国股票推进会》,《信托季刊》第 5 卷第 3、4 期合刊,1940 年 12 月。

行、金城银行、浙江实业银行等9家银行的信托部共20家会员。"该会每月招集大会一次","举凡实务上一切问题,及同业中业务介绍并种种兴革事项,莫不在大会中公开讨论"。

当上海租界成为"孤岛"和投机狂热追逐外商股票之时,该会认为,"我国公司组织,向极幼稚,大宗生产,未能发展"的"最大原因",在于"长期资金之呆滞,集资募股之困难,而国内区区游资,反以投资无门,转入于投机之途",因此,"提创资本市场,金融业不能辞其责",遂有多数会员"有中国股票推进会之发起"之动议产生①,也因此,中国股票推进会得以在此时的上海诞生。

可见,中国股票推进会是从经营中国金融业务的信托业社团组织中衍生而出的团体,宗旨在于"提创资本市场",进而为"大宗生产"发展服务。

那么,此时的上海,为什么不是其他的组织或机构,而恰恰是信托业同人联欢会主动承担了提倡和发起组织中国股票交易市场的责任并成立了中国股票推进会这样的实体组织呢?这又与以下的因素有密不可分的关系。

首先,信托业同人联欢会的会员囊括了当时上海几乎所有的信托公司和最主要银行的信托部,而"各银行信托部虽划分资本,然实则仍以各银行整个之实力与信用为后盾","且各家团结精神,近年来特有显著之进步"②。无论在实力和组织方面,都是一个有影响的金融组织。其次,代客介绍和买卖股票本身就是信托公司的业务之一,因此在此时推动建立股票市场方面有得天独厚的优势。这一点,正如当时信托业的头面人物朱斯煌所言:"资本市场之提倡,为金融业分内之事,信托业更难辞其责任。信托业代各界理财,直接间接在在与资本市场相关。

---

① 稚敏:《关于中国股票推进会》,《信托季刊》第5卷第3、4期合刊,1940年12月。
② 朱斯煌:《一年来之中国信托业》,《日用经济月刊》第2卷第1期,第331页。

查信托业务之中,其与资本市场关系最密者,有如下列数种:1. 代办公司设立;2. 发行公司债信托;3. 信托投资;4. 代理有价证券之过户登录。"①而且,抗战爆发之后的 1939 年,上海"信托公司或银行信托部代理业务之最称发达者",即为"代理买卖股票债券商品等事"。

当然,在肯定信托业同人联欢会推动成立中国股票推进会有导引游资、发展实业并与西商众业公所抗衡的目标之外,也有逐利和借以推动自身业务发展的考虑。这一点,朱斯煌的文章中同样有所反映:

> 信托业承受各种股票债券,原冀待价出售,故信托业欲为是项承受业务,必先预计该项股票债券之销路;欲增进销路,不得不有公开买卖之市场,以调节市上之供求。庶乎股票债券推销容易,信托业承受业务方敢放手进行。股票债券经信托业之精密考虑而承受,假以信托业之信用,身价益增百倍,推销便觉不难。工商界得信托业之扶助,得以繁荣滋长,良好之股票债券,自可增多,买卖交易,益得繁盛,而资本市场,更可相辅发展矣。再因资本市场之发展,投资之范围乃广,信托投资之业务可兴,因证券买卖转让之众多,代理有价证券过户登录之事务益繁。夫各种事业之发达,必为多方面之开展。欲提倡信托业务而只知孜孜于"信托"二字,发展势必迂缓。今如提倡资本市场以奠信托事业之基础,则连带发展之信托业务,又岂仅上述之四种而已哉。②

第三,抗战爆发后,战争对上海信托业造成的影响并不是很大。除上海市兴业信托社因是"市政府所办,不得不因战事影响而停业"以及中央信托局总局移设内地以外,上海的信托公司在"孤岛"景气的背景条件下反而有所发展:先是 1936 年 6 月停业的通易信托公司在 1938 年 2 月复业,随后美商环球信托公司在 1938 年 12 月设立,之后在 1939

---

①② 朱斯煌:《信托业与中国股票》,《信托季刊》第 5 卷第 3、4 期合刊,1940 年 12 月。

年新设的信托公司还有久安信托公司和金城银行上海总行信托部等①。也就是说,"孤岛"时期的信托业同人联欢会是与股票买卖业务最密切、最有力也最有组织的机构。

最后,也是最重要的一点,是此时的上海由于国民政府西迁,租界成为"孤岛"后,出现了某种管理权力方面的"真空"。证券交易和组织不仅需要遵循一定的秩序和规则,更需一定的信用作为基础。这种秩序、规则和信用,都是个别人或单个企业无法企及,也难以承担的,即使承担也无法得到社会的认可。如上所言,信托业同业联欢会依托于信托业和银行,成立已有多年,在社会上已建立和奠定了一定的信用基础,本身的业务中又有此一项,再加上倡导鼓吹者本身又大多是信托公司的负责人②,因此由其推动成立旨在发展中国资本市场的组织团体中国股票推进会,有水到渠成、事半功倍之效。但更深入本质地看,此时从信托业同人联欢会中衍生出中国股票推进会这件事本身,还带有另一种色彩,即信托业同人联欢会实际上承担了打破政府管理权力"真空",通过建立有组织的团体以达到对抗外商,掠取经济利益,导引游资,发展实业,建立本国资本市场的目标。这在某种程度上可以说是部分取代了政府的职能,尽管这是在特殊时期和非常特殊的环境条件下出现的现象。

3. 具有部分证券交易所职能的民间社团

从上述介绍可知,中国股票推进会是从信托业同人联欢会中衍生而成的民间社团,但是,这家产生于特殊时期的民间金融社团组织,此时却承担了部分证券交易所的职能。之所以如此说,是因为"交易所与普通市场,虽同为货物交易之机关,然细究之,则两者性质实完全不

---

① 上引均见朱斯煌:《一年来之中国信托业》,《日用经济月刊》第2卷第1期,第331页。
② 如提倡华商股票市场甚力的孙瑞璜本身即为上海新华信托储蓄银行总行副经理。见张一凡、潘文安主编:《财政金融大词典》,上海世界书局1937年版,第845页。

同";"盖交易所者,为依一定之法律、于一定之时刻、在一定之场所、限一定之物品、由一定之商人、用一定之方法、为一定之交易者也。"①

关于成立中国股票推进会的缘由,该会曾通过公开发表文章的方式特别加以说明。据其解释,成立该会,是因为"各银行信托部及信托公司每受客户之委托代理买卖中国股票,而我国苦无股票交易之市场,买卖双方均难觅相当之头寸。因此组织中国股票推进委员会,藉为会员代客买卖、调节供求、便利交易,并尽创导之功能"。因此,该会以"推进中国股票之流通,便利投资,提倡实业"为宗旨。也因此,该会的组织章程对其事务范围规定为:"为本委员会会员介绍买卖中国股票、调查各公司内容、登记及报告买卖之价格及数量,并办理其他相关事项。"其中,"介绍买卖之股票以正式注册之股份有限公司股票为限。其公司名称及股票种类须先经本委员会审查通过方得办理"②。

同时,中国股票推进会还对涉及买卖的具体操作事项等作出了规定:"至于买卖股票,由参加会员各家另派交易员办理,规定除星期日及例假日外,每日下午二时至三时交易员集会一次办理交易。会所暂借联欢会会址。股票交易概以现货买卖为限。又中国股票推进委员会既系信托业同人联欢会会员所组织,故惟有联欢会会员得加入为正式会员。"

从这些规定看,这里除"依一定之法律"(实际此时是沿用南京国民政府时期制定的交易所法)外,"于一定之时刻、在一定之场所、限一定之物品、由一定之商人、用一定之方法、为一定之交易"等交易所独具的特征,中国股票推进会作出的规定都与之相符。而这些规定,清楚地显示出中国股票推进会已承担了证券交易所的主要职能。但是,由于所处环境和时代的敏感性,中国股票推进会除一再表明自己成立的目的"纯在创造中国之资本市场","中国股票推进委员会之组织,完全为助

---

① 杨荫溥:《中国交易所论》,上海商务印书馆1930年版,第9、10页。
② 上引均见稚敏:《关于中国股票推进会》,《信托季刊》第5卷第3、4期合刊,1940年12月。

成中国股票之流通,活动长期之资金,提倡正当之投资,绝无投机性质"外,还一再声明:"中国股票推进委员会不过为会员流通消息,介绍买卖,每次成交,由买卖双方自行办理,绝无交易所之形式,亦无交易所之手续,又不负交易所之责任。""中国股票之买卖,本为华商证券交易所分内之事,前经提倡,惜无成效。当今交易所停顿时期,绝不许有类似之交易所产生,将来时局平定,华商证券交易所正式依法恢复,果能成立一正式中国股票买卖之市场,固为全国经济界之所厚望,亦该会之所欲提倡者也。"①

这种"此地无银三百两"式的声明,除从另一个角度证明其确实具有部分证券交易所职能的事实外,还说明中国股票推进会是在一种特殊时期特殊环境中设立的,不得不处处小心,以期减少负面干扰的苦衷。这一点,在朱斯煌的文章中也曲折地表现了出来,他首先表明:"惟作者所欲声明者,作者因鉴于我国长期资本之呆滞,集资募股之困难,公司组织之幼稚,投资范围之狭隘,资金失调,产业落后,而国人区区之游资,反为洋商所利用。因是言提倡我国资本市场之重要,并以明信托业务与资本市场关系之密切。"接着,他进一步说明,"在此非常时期,凡有益于国家经济之事业者,固仍应随时为适当之提倡,而足以引人误会者,办事不得不慎也"②。可以说,朱斯煌的这种顾虑和声明,也正是中国股票推进会为自身是一个民间社团组织,但却承担了本不应当属于自身业务范围的活动,因而不断进行说明的原因所在③。

----

① 上引均见稚敏:《关于中国股票推进会》,《信托季刊》第 5 卷第 3、4 期合刊,1940 年 12 月。
② 朱斯煌:《信托业与中国股票》,《信托季刊》第 5 卷第 3、4 期合刊,1940 年 12 月。
③ 实际上,这些人的顾虑并非多余,1940 年 12 月 21 日,也就是中国股票推进会成立之后五天,重庆方面的报纸《中美日报》就刊载了如下内容的文字:"中国股票推进会违反了政府关于暂停交易所的命令,没有得到政府的认可就随意进行商业交易。表面上是推进会,实际上是一个变相的交易所。证券交易所的理事可以根据政府的命令对其进行干涉。银行界的有力者对这种非法组织不应当参加,也不应当赞成。"转引自日本振兴调查资料第 28 号《上海华商证券业概况》,中支那振兴株式会社调查课,昭和十六年(1941)12 月版,第 64 页。

4. 中国股票推进会的业务

除上面提到的以公司为单位作为推进会会员,各派出一名代表组成委员会,互选七人作为委员会干事,干事任期一年,得连选连任,负责管理交易、调查交易股票的公司状况等事务外,中国股票推进会在业务规定方面,值得关注的还有如下各点:

中国股票推进会规定会员公司可各派出交易员三人,交易员的交易对会员负全责。中国股票推进会设营业部、宣传部、出纳部、总务部、秘书部等五部掌管该会的事务,在交易的手续和行情表的记载等方面,与上海西商众业公所几乎相同。除星期日和节假日以外,每天下午 2 时至 3 时为会员集中进行交易的时间,交割的时间则规定为每周的星期一。在每天进行交易时,先将需要交易的股票名称按照公司名称的字画多少排序写于黑板,买卖双方的价格谈妥后直接通知交易员。手续费方面,推进会采取从交易总价中征收 0.02%,会员从顾客处收取交易总价 0.05%,但最低不得低于 2 元的方式解决。收取的手续费按照推进会 40%、会员 60% 的比例进行分配。交易的币制以法币为准进行。

1940 年 12 月中国股票推进会成立后,经其审察通过后第一批介绍上市交易的股票,包括金融业股 22 种、新药业股 7 种、纺织制造业股 9 种、公用事业股 3 种、印刷及造纸业股 5 种、化学工业股 6 种、交易所股 5 种、烟草火柴业股 4 种、百货公司业股 7 种、其他公司业股 10 种,总共十大类别 78 家华商企业的股票①。另外,"嗣后新添股票,除需经该会负责审查通过外,并需编入《信托季刊》及《日用经济》二刊中",过了一个月之后的 1941 年 1 月,又有信孚印染厂股份有限公司、信义机器厂股份有限公司、滦州矿务股份有限公司等九家公司,"业经该会审查通

---

① 稚敏:《关于中国股票推进会》,《信托季刊》第 5 卷第 3、4 期合刊,1940 年 12 月。

过,准予在会买卖"①。

相对于这时疯狂的外商股票投机,中国股票推进会对推动华商股票交易进行的活动,只能说还处于"陪衬"的地位,而且其寿命并不长,"民国三十年十二月八日太平洋战起,上海局面急变,一时各业市场均告停顿","该会也不得不宣告结束"②。但就在中国股票推进会存在的这短短一年左右的时间里,仍然取得了不少成绩。例如当时日本华中振兴株式会社调查课对其评价是:"推进会成立后,上海华商股票界的面貌一新","特别是在价格方面有显著的表现",从该会"成立之后约一年左右的行情变动来看,几乎无例外的都出现了价格的上腾"③。这一点,在下面的"华商股票交易价格一览表"中得到了证明。

表3-11 华商股票交易价格一览表
(1939—1941年)
单位:法币元

公司名	1939年 最高	1939年 最低	1940年 最高	1940年 最低	1940年 11—12月	1941年 5—6月	1941年 7—8月
中国银行	60.0	55.0	90.0	50.5	77.0	93.5	95.0
交通银行	54.0	47.0	84.0	54.0	74.0	86.0	88.0
浙江实业银行	95.0	85.0		120.0	150.0	175.0	
国信银行					20.0		
国华银行				62.0	95.0	100.0	
中南银行				100.0	110.0	135.0	
中华商业储蓄银行				13.0	13.5	14.0	

① 《华商公司内容介绍》,《日用经济月刊》第3卷第1期,1941年1月。
② 陈善政:《八年来的上海股票市场》,《银行通讯》新3期,银行通讯社发行,1946年2月。
③ 振兴调查资料第28号《上海华商证券业概况》,中支那振兴株式会社调查课,昭和十六年(1941年)12月版,第56页。

续　表

公司名	1939年 最高	1939年 最低	1940年 最高	1940年 最低	1940年 11—12月	1941年 5—6月	1941年 7—8月
中汇银行				24.5	26.0	30.0	
中孚银行				60.0			
大陆银行					875.0	1 150.0	1 250.0
中一信托公司	9.20	8.10	12.2	9.0	14.5	15.55	19.5
金城银行总行	70.0	60.0			88.0	120.0	140.0
久安信托公司					61.0	75.0	80.0
中国国货银行							
浙江兴业银行	63.0	55.0					75.0
四明商业储蓄银行					54.0	58.0	54.5
上海商业储蓄银行	70.0	62.0	106.0	68.0	99.0	135.0	140.0
上海信托公司					28.0		
新华信托储蓄银行							
通易信托公司					3.0	2.25	3.0
盐业银行	80.0	75.0	110.0	65.0	102.5	140.0	150.0
华商纱布交易所	41.5	35.8			43.0	49.0	52.0
上海面粉交易所					25.0	26.0	27.0
上海华商证券交易所	30.25	24.25			31.0	35.0	37.0
上海杂粮油饼交易所					10.75	13.0	14.0
华商电器公司	6.5	4.95	8.4	5.1	7.5	7.85	8.0
翔华电气公司					13.0	14.0	14.25

续 表

公 司 名	1939年		1940年		1940年 11— 12月	1941年 5— 6月	1941年 7— 8月
	最高	最低	最高	最低			
宁绍商轮公司					25.0	28.0	28.5
闸北水电公司	6.7	6.1			7.8	8.0	9.5
达丰染织厂公司	95.0	82.5	162.5	82.5	190.0	220.0	280.0
振泰纺织厂公司	75.0	65.0					
大生第一纺织厂	23.5	14.5	19.75	14.0	18.0	19.5	20.5
大生第三纺织厂	40.8	15.0	34.0	24.5	32.75	32.5	35.0
鸿章纺织染厂					160.0	160.0	280.0
三友实业社	18.0	15.6	27.0	20.0	23.5	23.5	23.0
美亚织绸厂							
永安纺织公司	98.0	95.0	177.5	92.5	165.0	177.0	190.0
中英大药房					36.0	67.50	83.0
家庭工业社					85.0	95.0	140.0
振华油漆公司					60.0	110.0	120.0
久大精盐公司					36.5	45.0	55.0
中西大药房	25.0	25.0			52.0	70.0	80.0
中法大药房					21.0	22.0	29.0
五洲大药房	51.5	42.0			85.0	118.0	170.0
民谊大药厂					20.75	19.25	20.75
新亚化学制药厂	27.0	24.0			28.5	25.75	34.0
华商上海水泥公司	42.5	40.0	75.0	73.0	55.0	65.0	71.0
信谊化学制药厂					155.0	160.0	200.0

续 表

公 司 名	1939年 最高	1939年 最低	1940年 最高	1940年 最低	1940年 11—12月	1941年 5—6月	1941年 7—8月
天厨味精制药厂	97.5	80.0	105.0	75.0	96.5	165.0	210.0
中兴煤矿公司	72.5	67.5	145.0	72.5	135.0	144.0	150.0
汉冶萍煤铁厂	2.75	2.25	4.0	2.75	3.75	5.5	6.0
中国内衣织染厂					9.0	10.0	11.0
上海中国国货公司	27.5	21.5	26.0	20.0	26.5	44.0	48.0
丽华公司					110.0	115.0	150.0
先施公司					9.0	10.5	12.25
上海大新公司			15.0	12.0	14.5	21.0	24.0
新新公司	6.5	3.0	20.5	5.75	16.75	20.5	28.0
永安公司	15.0	8.0	21.5	12.0	18.0	19.0	21.5
商务印书馆	70.0	66.0	70.0	66.0	81.5	84.5	98.0
中华书局	29.0	23.75	28.25	23.75	37.0	49.5	56.0
大东书局					45.0	60.0	72.0
开明书店						11.0	11.0
龙章造纸厂					52.0	75.0	85.0
世界书局					13.0	16.0	17.0
大中华火柴公司			18.8	11.5	25.0	34.0	41.0
中国火柴公司							
华成烟草公司	34.5	21.5	51.0	36.0	47.0	59.5	62.5
冠生园			30.0	21.5	61.0	73.5	85.0
梅林罐头公司					85.0	75.0	110.0
南洋兄弟烟草公司			10.0	5.6	17.5	18.5	23.75

续 表

公 司 名	1939年		1940年		1940年 11—12月	1941年 5—6月	1941年 7—8月
	最高	最低	最高	最低			
泰康罐头食品公司					140.0	120.0	135.0
中国康元制罐厂					10.25	17.0	18.50
大中华橡胶厂兴业公司					76.0	120.0	10.0
华生电器厂					955.0	945.0	950.0

说明：(1) 原表还有各企业的资本、票面价格、股数和分配利息等数栏，本表因主要观察价格变动情况，故将价格以外的栏目舍去。(2) 本表的起始年为1939年，这一年华商股票的价格已经比1938年有所增长。1939年和1940年11—12月前的价格都分"最高"和"最低"两栏，1940年11月以后到1941年的价格都是平均价格，如果1941年的股票价格也分最高与最低的话，投机导致的价格差还会更加明显。

资料来源：据振兴调查资料第28号《上海华商证券业概况》[中支那振兴株式会社调查课，昭和十六年(1941)12月版]第56—57页间插表制作。

在日本有关方面对中国企业股票价格的这次调查中，这74家企业的股票价格绝大部分在上涨，特别是1941年7月至8月的价格与1939年的价格相比，上涨的幅度还相当大，这固然与当时上海投机热的社会条件有关，但应该说与中国股票推进会的活动和规范也有相当的关系。

除在价格方面的评价外，1947年出版的《中国股票年鉴》对中国股票推进会的整体活动评价为："于中国股票之流通，该会确能尽其倡导职能，故对于推进中国股票之流通与提倡投资实业，其功殊不可没。"①当时人刘恒之在对抗战期间上海证券市场的评论中，也认为"至三十年十二月太平洋战事发生后，该会即告解散。然对于以后华股事业之发展，不无贡献"②。从这些评论来看，尽管该会成立时有不少争

---

① 吴毅堂编著：《中国股票年鉴》，第8页。
② 刘恒之：《抗战期中之上海证券市场》，载杨荫溥主编：《金融》第23期。转引自上海社科院经济所"中国企业史资料研究中心"所藏"经济类剪报资料汇集"，卷号：10-007，编号：000110。

议,但该会的活动确实取得了一定的成效。

诞生于抗战期间上海租界的中国股票推进会,本身是一个民间社团组织,但在特殊时期和特殊社会环境中,却留下了不少值得我们关注的地方。例如,已有的对民间社团的研究中,比较一致的一点看法是:民间社团的社会功能中,很重要的一条是起到国家和社会基层间桥梁或通道的作用,发挥上下沟通协调平衡各种利益的功能,以减少社会发展成本。但通过对中国股票推进会的分析,却使我们看到还有另外一种可能性存在,即在国家权力出现某种真空时,民间社团可以打破或填补这种真空,进而起到引导和推动社会资源重组和改变的作用。当然,能够发挥这种作用的社团,必然是社会经济达到一定发展阶段的产物。通过对中国股票推进会的介绍分析,我们可以得出的另一个结论是,这时的中国虽然地区之间发展极不平衡,总体还较为落后,但上海工商业的发展水平确实达到了某种新的阶段,而过去我们对这个新的阶段的认识可能还存在着某种不足的地方。

第三节 太平洋战争爆发后上海证券市场与企业发展

1941年12月太平洋战争爆发后,在多种因素的综合作用下,上海进入了一个与此前很不一样的阶段,突出的特点之一就是华商企业有了明显的发展,而这种发展在很大程度上与证券市场的中介、资金的流通和集聚等作用分不开,是近代中国比较有特色的一段时期。尽管这段时期由许多特殊因素集聚形成,但其带来和反映出来的特色和中国特殊的国情,仍然值得重视和深入研究。

上海是近代中国的金融和经济中心,也是近代中国证券市场最发达和最具代表性的地区。1941年12月8日太平洋战争爆发后,上海的经济形势更为之一变,这时出现的一个显著变化,是上海的华商工厂企业有了明显的发展：新的工厂不断诞生,旧的工厂不断增资,证券市场上的标的物也完全一变为清一色的华商股票。那么,这时候的上海工厂制造业为何会有明显的发展、动力何来,尽管此期上海集中了相当多的游资,可这些游资又是如何进入制造业的、情况如何,这些问题都值得分析和研究。

一、太平洋战争后上海的经济变化

近代上海成为经济和金融中心,其支柱与发达的对外贸易和制造业分不开。1937年抗战全面爆发后,这种情况也没有大的变化。这时,推动上海经济复苏和发展的动力,仍然来自对外贸易和制造业这两个支柱产业。我们先来看工厂制造业。

1938年初,没有受到战争大的波及和损毁的沪西纱厂及小工业相继重新开工,以供市场经济生活需要。上海的各种金融行业也在救济经济和谋取自身利益打算的双重考虑下,开始办理各种货物押款。同时,在租界中新设的工厂更是迅速出现。据统计,1938年1月1日起至5月1日止,"在公共租界中、西、北三区,以及沪西外国军队防线以内越界筑路上,开始之新工厂共计560家,所用工人共计31 162名。截止9月底,公共租界中、西、北三区之工厂复增达2 540家,而工人人数在中、西、北、东及界外马路五区亦增为154 296名"。1938年10月至1939年12月,公共租界内"向电力公司陈请接通电流之大小工厂数目总计达到1 994家"[①]。

这里以染织厂和造纸厂这两个行业为例对这期间工厂制造业的情况略窥一斑：染织厂战前上海共有270家,布机约12 000台,全年生产棉布约700万匹,每月平均约60万匹,厂址大部在南市、闸北及虹口一

[①] 上引均见汤心仪：《上海之金融市场》,载王季深主编：《战时上海经济》第一辑,上海经济研究所,1945年10月,第15页。

带。"'八一三'后,毁坏大小染织厂约 80 余家,损失达三分之一强。迨(民国)二十七年后,前租界特区比较安定,市面日趋繁荣,被毁各厂设法迁移至特区内整理复工,他如锡、常等地之厂,亦有迁沪开工者。"此后,至"二十八年新设染织厂犹如雨后春笋,据布厂业同业公会三十二年(1943 年)冬季调查记录,计有 A、织布组之单纯织布厂 516 家,布机 18 000 台,如全部日夜运转,估计每月可产棉布约 117 万匹,需要纱线约三万五千件;B、染织组之染织厂 20 家,布机 3 300 余台,如日夜全部运转,估计每月可产棉布约 216 000 匹,需要纱线约 6 500 件;C、手织组 287 家,布机 1 900 余台,如全部开工,每月可产棉布 36 000 余匹,需纱约 1 090 件以上"[①]。也就是说,到 1943 年冬时,不算染织组和手织组的数字,仅仅织布组之单纯织布厂一个月的产量,与战前相比就几乎增长了一倍。

上海战前各厂生产的纸类,主要行销于上海本埠、长江流域一带及国内沿海交通便利之处,如华北的天津、青岛、威海卫、烟台等地。出口至国外者,多运销于香港、安南、泰国、日本、缅甸、新加坡及南洋一带,专供华侨应用为多。战前 1936 年总出口额为国币五百四五十万元,1937 年增为 700 余万元,八一三战争后,物价飞涨漫无止境,1938 年之出口额增为 770 余万元,1939 年增至 920 余万元,1940 年突增至 1 940 余万元,1941 年更剧增为 3 888 万余元。而上海各纸厂的营业额,"逐年有增无减,1939、1940 年度平均恒在三四千万元,1941 年度约五千万元左右,42 年度全业营业总额约六千万元,大厂每家平均约一千二百万元,小厂每家约七十二万元"[②]。

在单岩基、王季深《上海之造纸业》一文中,所列举的 10 家华商重要造纸厂中,除四家开办年代不详外,剩余六家中,一家开办于 1939

---

① 王子嘉:《上海之棉纺织业》,载王季深主编:《战时上海经济》第一辑,第 198 页。
② 上引见单岩基、王季深:《上海之造纸业》,载王季深主编:《战时上海经济》第一辑,第 205、210 页。

年,三家开办于 1940 年,一家开办于 1941 年,二家开办于 1942 年[①],可见抗战爆发后造纸业发展迅速,太平洋战争爆发后依然延续了这种趋势。

其次,再来看看上海的另一经济支柱贸易业。

上海是近代中国的最大对外商埠,对外贸易额长期占据全国一半以上。1937 年抗战爆发前,对外贸易是英、美、日、德四国竞争的局面。抗战爆发后,1938 年,进口方面,"以美国占第一位,日本占第二位,德国占第五位,英国占第四位";出口方面"以美国占第一位,香港占第二位,英国占第三位,印度占第四位,日本占第五位"。1939 年欧战爆发后,情况发生变化,"南洋与上海之贸易,日见繁盛"。其原因在于欧战战事发生以后,上海与交战各国之间的交通逐渐阻塞,进出口数量逐渐减少,而南洋距上海较近,富于农产矿产等物,需要上海的工业制造品,"(凡)各种部门之制造,皆有其相当之建设与发展"。"虽重工业尚未发达,然凡一切衣食住日用所要之物品,上海能制造者不少。"再加上上海的制造业所出制品,虽然"以长江流域及国内各地为其销货之区域,然海外有南洋为尾闾,则于上海之工业实有莫大之利益。而南洋各国亦自有天然的特殊条件,足以形成其贸易上不变之特性",因而"自二十八年欧洲战事爆发以后,上海之贸易已渐侧重南洋方面"[②]。

显然,上海作为制造业和国内国外贸易的重镇,其基础、设备和地理区位的优势等条件,在战争爆发后各种物资需求大增的背景下,成为少有的能够快速恢复生产能力的地区。这种特点还因太平洋战争爆发日本军队占领上海租界后,"上海之英美势力,彻底解除","海道不通,输入断绝"等情况进一步得到激发。这时,上海对各方物资供

---

① 上引见单岩基、王季深:《上海之造纸业》,载王季深主编:《战时上海经济》第一辑,第 213—218 页。

② 潘吟阁:《上海之贸易》,载王季深主编:《战时上海经济》第一辑,第 61、62、60 页。

应"不特不能减少,且因需兼筹日方之军需,而数量大增"①,使得抗战爆发特别是太平洋战争爆发后,上海的工商业在种种复杂变化的背景下,勉力支撑,获得发展的动力,进而改变了此期上海的经济状况。

二、太平洋战争后上海企业的新设增资与证券市场

1941年12月8日,太平洋战争爆发,日军进占租界,上海的经济局势由此一变,进入另一阶段,此时上海由英美商人主导买卖外国人股票为主的西商众业公所被强令停业,直接后果是"外汇冻结,外股外币群在禁止买卖之列",大量游资为求得归宿,群向中国股票集中,使得"从来未曾受人青睐之中国股票,至此始告勃兴"②。另一方面,1942年上半年,汪伪政权财政部公布所谓新旧法币脱离政策,伪中储币对法币之比率,"由77、74、70、66、60、53,而降为50,币值日低,一般人均求资金安全之道,中国股票乃受第一次普遍欢迎,盛况空前"。吴毅堂在《中国股票年鉴》一书中对当时的状况描述为:"其时因无法令束缚,发展颇为迅速,企业界之增资,固能顺利进行,新公司之设立,新股票之发行,亦得美满结果,亦是你仿我效,一窝蜂地皆在股票投机园地上寻求出路。同时以利之所在,群趋若鹜,参加者日众,上至有产阶级,下至贩夫走卒,无不兼营中国股票,而风声所播,外埠游资,亦赶向上海,从事股票买卖,一时中国股票之盛况,驾乎黄金之上,而有领导市场之势。"③

这时上海的企业主要循着两条途径发展。

首先是新设。由于战时物资缺乏,原料限制,也由于物资求过于供以及生产方面的供不应求,因此,这时"凡是拥有制成品和原料者当然都有因增

---

① 汤心仪:《上海之金融市场》,载王季深主编:《战时上海经济》第一辑,第36页。
② 吴毅堂编著:《中国股票年鉴》,第8页。
③ 同上。

值而赚钱的把握"①,也因此,在大量游资追逐华商股票寻求增值的气氛中,这期间除了老公司和老工厂复业复工外,新成立的公司工厂迅速增加,仅从1942年下半年看,新设立的公司企业就有208家,具体情况如下表所示。

表3-12 1942年下半年新设公司企业统计表

类　　别	1942年6至11月	1942年12月	合计
纺织业	47	1	48
企业公司	28	12	40
银行	21	30	51
电力机器	11		11
交通车辆	10	2	12
新药业	6	1	7
化工业	6		6
出版业	5	1	6
造纸业	5		5
食品业	4		4
饮食业	3	2	5
地产业	3	1	4
农植业	3		3
百货业	2	1	3
钟表业	2		2
电影业	1		1
总计	157	51	208

说明:"总计"栏为笔者增加及计算。
资料来源:江川:《上海企业之综合观》,引自江川主编:《华股指南》,转引自《旧中国交易所股票金融市场资料汇编》下册,书目文献出版社1995年版,第1727页。

---

① 《华股一年》,江川主编:《华股指南》,转引自《旧中国交易所股票金融市场资料汇编》下册,第1725页。

上表有两点值得注意,一是6月至11月6个月中,上海新设的公司企业为157家,而12月一个月就新设51家,速度明显加快;二是前6个月新设公司企业中以纺织业为最多,其次是企业公司,再其次是银行业,到12月时此项顺序发生变化,银行业新设30家,排在第一,纺织业新设只有一家,但因此前基数较大,仍然排在第二,企业公司新设12家,仍然排在第三,而银行业、纺织业加上企业公司,这三类企业合计139家,占总数67%。

其次是增资。在不断新设公司企业的同时,原有的老公司企业采用增资扩股的方式,也使得自身的实力不断增强,规模不断扩大。下表是太平洋战争爆发后1942年上海主要公司的增资情况。

表3-13　1942年上海主要公司股票增资情况表

企业名称	原有资本	增资后资本	增 资 办 法
五和织造	法币100万元	伪中储券300万元	原有股票一股,除照升为中储券外,并得认新股二股
永安纺织	法币1 200万元	伪中储券6 000万元	除照升为中储券外,每股再有四股赠与
世界书局	法币300万元	伪中储券500万元	原有股票一股除折成中储券外,所缺由公司之准备金下拨付。此外老股作为二股(因改票面为二十五元)亦认新股一股,尚有五十万元由公司董监及同人分认之
丽华公司	法币70万元	伪中储券175万元	原本照升为中储券外,每股得赠半股,认新股一股
新亚酵素	法币100万元	伪中储券300万元	原有老股一股,除照升为中储券外,每一老股得有一股赠与
宁绍商轮	法币150万元	伪中储券300万元	原有老股一股,除照升为中储券外,每一老股得有一股赠与
中华商店	法币20万元	伪中储券50万元	原有老股一股,除照升为中储券外,每股除再有半股之赠与外,得认新股一股

续　表

企业名称	原有资本	增资后资本	增资办法
中英药房	法币160万元	伪中储券240万元	每股依法折成中储券外,八十万元由公司固定资产内提出补足,再有八十万元另由公司支出之,合计每股得有二股之赠与
信宜制药	法币710万元	伪中储券2 000万元	原有普通股一股,赠送新股六股,并得认新股一股半,即原有普通股一股投资中储券75元,共可得普通股八股半。原有之优先股改为普通股,赠普通股二股,即原有优先股一股,其可得新普通股3股,尚余股额82.5万元,由公司同人认购之
康元制罐	法币200万元	伪中储券1 000万元	执有老股一股,赠送新股一股,并可认新股二股,尚余200万元,再由老二股照市认购一股,计为100万元,另100万元由公司同人认购之,实际即以50元(连票面)溢价发行
中国国货	法币600万元	伪中储券1 000万元	凡老股一股得认新股一股
中法药房	法币500万元	伪中储券1 500万元	凡老股一股得认一股,另赠送二股。该二股由存货准备金名下提拨之,尚有500万元,除由同人分认100万元外,余400万元照票面溢价15元发行之
中华书局	法币400万元	伪中储券800万元	每一老股得照票面国币50元认购新股1股
大中华火柴	法币360万元	伪中储券2 400万元	每一老股得升新股5股,尚余210万元,由各董监及同人分认之
新亚药厂	法币800万元	伪中储券3 000万元	每一老股得升新股半股,及认购新股1股半,尚余600万元,以17元半溢价发行之(连票面共为27元半)
民谊药厂	法币100万元	伪中储券250万元	每一老股得认溢价股1股(连票面每股65元)
美亚绸厂	法币400万元	伪中储券1 000万元	原有股本依法折成中储券,此外每股认新股2股,再得赠与股2股

续 表

企业名称	原有资本	增资后资本	增资办法
荣丰纺织	法币1 000万元	伪中储券1 250万元	增资办法,250万元悉由中国投资管理公司承募,以30元溢价发行(连票面40元)
中国内衣	法币500万元	伪中储券1 000万元	每10股老股可认新股6股,其余400股由中国布匹经销公司股东分认之,办法为每10股认4股
梅林罐头	法币120万元	伪中储券500万元	除将原有资本折为中储券外,每一老股可认新股3股,其余20万元,由盈余中提出补足之

资料来源:吴毅堂编著:《中国股票年鉴》,第15—17页。

上表显示的是1942年上海20家主要企业的增资扩股情况,从扩股的方式看,有持有老股的股东才可认购的新股,有对老股东的赠股,有由公司同人认购的扩股和从公司出资认购新股等多种方式。当然,在公司企业增资扩股的背后,这时的证券市场上华商股票受到追捧,股价上涨或投机情况严重也是一个重要的推动原因。关于这一点,吴毅堂在《中国股票年鉴》一书中对公司企业增资现象出现的原因分析后说:"原来新股票充斥市场以后,由于经营技术的幼稚与股票上市时大涨大跌之刺激予大众以恶劣印象,减削买户信仰心理,从而对新股深表怀疑",因而"转移目标,群相争购老股"。在这种情况下,"老公司厂商利用时机,开始增资,一部分固属正当需要,一部分则完全视股票流通之需求而增发,亦即因牟利而制造多量的股票,此种不依产销状况为标准,不从业务着眼而滥行增资,竟成一时风气"①。

继上表1942年20家企业增资扩股后,1943年增资扩股的企业一

---

① 吴毅堂编著:《中国股票年鉴》,第14页。

下子剧增至145家,1944年也有48家①,且增资扩股的方式和内容也与1942年的相仿。

也因此,1942年可以说成为上海企业发展的转折年,同样也成为上海证券市场的转折年。对于这种变化,当时人评论说,1942年"在上海产业历史上,不能不说是一个值得重视的新阶段。在这个阶段中,我们看见了许多工厂的复活,也看到了无数工厂的新生。这一方面表现了民族的更生能力,一方面也预示了企业前途的希望。三十一年的上海,在经济上可说是一个产业年,在市场上可说是一个华股年。老工厂的扩大与新工厂的勃兴,造成了无数的企业家,——同时,也造成了许多的投机家。这些投机家靠了办工厂投机发财;也靠了做股票投机发财。到后来简直是泾渭不分,真实企业家与投机企业家混淆在一起,而投机企业家与股票投机家更是一而二二而一。这就是躲在所谓产业景气——其实应该称为物价景气——背后的庞大黑暗面"。这一年中国企业股票的价格都有大幅的上涨,以至于编著《华股指南》的江川认为,"统观这一年的整个状况,华股之投资不能不说稳妥可靠,而又利益优厚"。如以6月为基期,"则至少有半数左右的老股,均涨至一倍以上,此外亦大多涨起七八成,仅有十分之一二所涨不过一二成"②。

表3-14统计的是抗战时期上海证券市场上各家企业增资和分红的状况,从这张表中可以看出,这期间上海市场上华商企业的增资扩股背后除了证券市场上股票的上涨外,还有企业的分红作为支撑。换言之,这时期投资华商企业股票的股东,即使不参与股票的投机,也可从企业分红中获得比较丰厚的回报。

---

① 参见吴毅堂编著:《中国股票年鉴》,第17—28页。
② 《华股一年》,江川主编:《华股指南》。转引自《旧中国交易所股票金融市场资料汇编》下册,第1724页。

表 3-14 抗战时期上海部分上市公司增资和分红状况统计表

企业名称	增资时间及数量	增资方式	分红状况
永安纺织股份有限公司(每股10元)	资本600万元,1930年增为1 200万元,1943年增为12 000万元	每次增资均为赠股	1938年股息5元;1939年、1940年、1942年股息红利各5元;1941年股息5元,红利15元
美亚织绸股份有限公司(每股10元)	资本200万元,1941年11月增资为400万元;1943年1月增资为1 000万元;1943年8月增资为4 000万元		1939年股红利共1.2元;1940年股红利1.25元;1941年股红利1.25元,另赠4.5元;1942年股红利1.3元,另赠20元;1943年老股0.8元,新股0.3元
康元制罐股份有限公司(每股10元)	1933年资本100万元;1936年增为200万元;1942年增为1 000万元;1943年增为4 000万元	1942年增资为每一老股升一股认2股;同时发行溢价股20万股,其中10万股由老股2股认1股,其余公开招募	1939年、1940年、1941年均为百分之十;1942年百分之七十;1943年股红利一分,赠品代金一分
新新百货股份有限公司(每股10元)	1926年成立时资本320万元;1934年增为352万元;1943年8月增为4 000万元		1938年4元;1939年0.4元;1940年1.6元;1941年3元;1942年4元
同丰印染股份有限公司(每股10元)	1936年成立时资本6万元;1937年增为15万元;1940年增为40万元;1942年11月增为1 200万元;1944年增为6 000万元	增资升股方式	1939年股息1分,红利1分;1940年股息1分,红利3厘;1941年股息1分;1942年、1943年增资升股

续 表

企业名称	增资时间及数量	增资方式	分红状况
中国火柴厂股份有限公司（每股20元）	1932年创设时资本12万元；1941年增为24万元；1943年3月增为72万元；同年9月增为600万元；1944年5月增为1 500万元		1940年股息红利4元；1941年股息红利4元，升股20元；1942年股息红利4元；1943年升股40元，又升股60元
信义机器厂股份有限公司（每股10元）	1938年成立时资本120万元；1942年8月增为500万元；1943年8月增为2 000万元	1943年增资时老股1股可照面值认购1股外，并可认购溢价股1股（每股溢价20元，连票面共30元）	1939年股息红利1.8分；1940年股息8厘，红利1分6厘；1941年股息8厘，红利1分2厘；1942年股息8厘，红利7厘；1943年股息8厘，红利7厘
中国国货股份有限公司（每股30元）	1933年成立时资本10万元；此后历经8次增资增为600万元；1943年第9次增资增为4 800万元		1938年股红利共2元；1939年股红利4元；1940年股红利4.4元；1941年股红利3.8元；1942年3.6元
中国内衣股份有限公司（每股10元）	创办于1920年。1943年增资为1 000万元；1943年8月增为3 000万元；1944年2月增为1亿元		1938年、1939年、1940年股息1分；1941年股息1分红利8厘；1942年股息1分红利1分；1943年股息1分
中原染织厂股份有限公司（每股10元）	1940年10月创立时资本10万元；1941年6月增为20万元；1942年7月增为50万元；同年12月增为200万元；1943年8月增为1 000万元；1944年2月增为3 400万元	第1次增资实收现款，2、3、4次增资均由公司增值项下每一老股增一新股，余额由新旧股东以现金收足	1941年股红利1分4厘；1942年股红利连同增资共计百分之五百零二分四厘

续　表

企业名称	增资时间及数量	增资方式	分红状况
五和织造厂股份有限公司（每股10元）	1928年成立时资本10万两；1931年增为15万两；1933年改为25万元；1937年增为40万元；1940年增为60万元；1941年增为100万元；1942年增为300万元；同年增为800万元；1943年增为2 400万元	1941年、1943年均为增一赠一	1938年股红利5元；1939年股红利9元；1940年股红利12.5元；1941年股红利8元；1942年股红利6元；1943年股红利1.2元
祥生汽车股份有限公司（每股10元）	1931年成立。1942年11月资本增为500万元；1943年6月9月两次增资，增为1 200万元；1943年4月增为3 000万元		1937年股红利1分3厘；1938年股红利2分4厘；1939年股红利4分5厘；1940年股红利5分；1943年股息8厘；1944年股息8厘之外赠代价券
景纶衫袜厂有限公司（每股10元）	1896年成立时资本12万两；1917年改为股份有限公司时资本16.8万元；1935年6月增为24万元；1942年9月增为200万元；同年11月增为1 200万元；1943年9月增为2 400万元，同年12月又增为5 000万元		1938年股红利8厘；1939年7厘半；1940年1分3厘；1941年1分5厘；1942年6厘（每股赠1.25股）；1943年股息0.2元
中国萃众制造股份有限公司（每股100元）	1931年成立时资本2.5万元；1939年1月增为12万元；1940年3月增为40万元；1941年3月增为60万元，6月增为80万元；1942年3月增为100万元，同年6月增为200万元；1943年11月增为800万元		1939年股红利1分2厘；1940年股红利1分6厘；1941年股红利2分3厘；1942年股红利1分2厘；1943年股息8厘

资料来源：根据汪伪政府时期上海华商证券交易所编印《证交》杂志（1944年9月16日—1945年3月17日）第1—12期内容制作。

上表是根据汪伪政权时期复业的上海证券交易所编印的杂志《证交》各期所刊载上市企业的内容所作。《证交》杂志从1944年9月16日到1945年3月17日止,共编印发行了12期,每一期中都有企业内容介绍。其介绍的所有企业都有增资记录,也都有股息红利分配的记录。这里随机选取的14家企业与该杂志刊载的其他企业一样,共同的特点是抗战期内增资次数多、数额大,特别是1941年太平洋战争爆发以后,多数企业年年增资,有的甚至一年内增资不止一次,例如景纶衫袜厂有限公司在1942年到1943年的两年中增资4次,资本金从抗战前1935年的24万元迅速增为1943年的5 000万元。同丰印染股份有限公司1936年成立时资本仅为6万元,1937年增为15万元;此后历经1940年、1942年、1944年的增资,到1944年时已成为资本金6 000万元的企业。成立于1931年的中国萃众制造股份有限公司,开始时资本金只有微不足道的2.5万元,但从1939年开始每年增资,有时一年增资两次,到1943年时历经7次增资,资本金已增为800万元。而在这期间,如表3-14所示,这些企业都还有不低的股红利可分,有的还有赠金赠股等好处。

三、太平洋战争后证券市场与企业发展之间的关系

首先我们回顾一下太平洋战争后上海证券市场的发展演变,然后再来考察证券市场与企业发展之间的关系。

这期间上海证券市场经历了自发自由和汪精卫伪政权主持的上海证券交易所两个大的发展阶段。

1941年12月8日太平洋战争爆发,直接导致上海华商证券市场出现了重大变化,这就是此前上海证券市场上一直占据重要地位的西商众业公所被进入租界的日军禁止经营,华商证券行业由此前的陪衬地位转为主角[①]。

---

① 此前主要是英美证券交易所即西商众业公所在证券市场上扮演主角。参见拙文《孤岛时期的上海众业公所》,《民国档案》2004年第1期。

太平洋战争爆发后,日军进入租界,西商众业公所被强制停业,中国华商股票推进会的活动也被禁止,直至1943年7月汪精卫伪政权证券交易所复业前这一阶段,因为既无证券交易所的存在,又没有法律规范,没有政府主导,纯由市场自身演变和制约,故称为自发自由阶段。这个阶段出现的动因正如吴毅堂在《中国股票年鉴》中所述:"民国30年12月8日,太平洋战事发动,日军进占租界,上海经济局势转变入另一阶段。其时外汇冻结,外股外币群在禁止买卖之列,大量游资为求得归宿,群向中国股票集中,从来未曾受人青睐之中国股票,至此始告勃兴。"其后,也如前述汪精卫伪政府以伪中央储备银行纸币取代法币,并将兑换率一再变动的政令公布后,为求资产保值,华商股票热得以进一步被激发:"当三十一年上半期,伪财部公布所谓新旧法币脱离之时,伪中储券对法币之比率,由七七、七四、七十、六六、六十、五三而降至五十,币值日低,一般人均求资金安全之道。中国股票乃受第一次普遍欢迎,盛况空前。"[①]针对这一期间华商股票市场发生的变化,王相秦在《华商股票提要》一书中也指出:"及至今年(1942年),自币制发生变动,及物价厉行统制后,一般拥有资金者,均争相收购华商股票,以期资金运用于企业之妥途。故近来华商股票之交易,已日趋旺盛。截至日前止,上海虽无正式华商股票市场之成立,而经营华商股票之公司,均已相率设立,蓬勃之象,迥非昔比,查其前途,实犹方兴未艾也。"[②]

在这一阶段,游资寻求出路,上海企业生产出品供不应求,社会上急于设立新厂和扩大老厂,在没有证券交易所的前提下,沟通游资和企业的中介证券公司遂纷纷涌现,这是这一阶段中国资本市场上出现的新动向。这些专业经营中国股票买卖的公司数量在1941年以前成立的仅有10家,1941年成立的有8家,可在太平洋战争爆发后华商股票

---

① 吴毅堂编著:《中国股票年鉴》,第8页。
② 王相秦:《华商股票提要》,兴业股票公司1942年版,第195页。

成为追逐对象的1942年,一年间成立者即为127家,曾创造过"新设者竟日有数起"的记录,"统计先后成立者竟达145家,其中大多皆为向日经营黄金、纱花、钱兑业者所改组"。这145家股票公司若以资本分类,资金在10万元以内者56家,10万元以上20万元以下者72家,20万元以上者有17家①。

第二阶段即为汪精卫伪政权设立后恢复上海证券交易所,力图以此规范上海游资和将生产流通等领域纳入控制轨道的时期。这段时期从1943年7月开始至1945年8月抗战胜利为止。

汪精卫政府之所以要恢复上海证券交易所,是因为上述太平洋战争爆发后,上海地区证券买卖在自发自由状态下投机严重,导致"市价高涨,刺激物价,间接威胁市民生活",实际是想将证券市场控制在手②。故而在1943年2月18日,汪伪政府直接查封了永昌、中国两家股票中介公司,随后3月6日更是"一举查封股票公司达65家之多","继而全沪150余家之股票商,亦被迫停业"。此后,经过与伪上海市经济局交涉磋商,达成协议:此后"每次交易时,卖方需缴纳每千元之五角证明费外,同时工部局方面亦需缴收同样之证明费,合为千分之一",即可获得营业执照。在分别向伪上海市经济局和工部局两方缴纳合计千分之一的"证明费"后,35家股票公司获准分两批于5月19日和6月9日恢复营业。由于这种做法引起市场骚动,为了对控制证券市场更加有利起见,1943年7月间,伪财政、实业两部决定恢复上海证券交易所,"令饬华商证券交易所筹办复业"③。

---

① 参见吴毅堂编著:《中国股票年鉴》,第9页。
② 吴毅堂编著:《中国股票年鉴》,第32页。
③ 上引均见吴毅堂编著:《中国股票年鉴》,第32、34—35页。关于此时在上海恢复伪华商证券交易所的动因,过去的说法主要是认为此时"适有日敌经济要员来沪考察,认为此种经济病态(指资金无正当出路,囤货之风弥漫全沪),必须建立证券市场,疏导游资方可改善,伪华商证券交易所之复业,其动机即起于此"(见朱斯煌主编:《民国经济史》,第154页。洪葭管、张继凤著《近代上海金融市场》一书亦采此种说法)。实际上,值得注(转下页)

1943年7月中旬,南京伪财政、实业两部发布商字第1448号令指出,"上海为全国实业首要之区,该交易所因事变影响陷于停顿状态,迄已数年。兹为调整证券流通、稳定金融基础起见,着即早日筹备复业"①。随后,该所于7月24日召集股东临时会,商讨修改章程、补选理监事及其他复业事项,并决定增加资本至2 000万元。10月29日,该所举行复业礼,发布四项上市股票审查原则,规定得以上市进行交易的公司股票需符合下列条件:(1)遵照中华民国法律组织并领有主管官署执照之股份有限公司股票;(2)公司成立已营业一年以上者;(3)公司实收资本500万元以上者(如有增加资本,其增资部分未经主管官署核

(接上页)意的应该说还有汪伪政权背后日本方面的态度和动向。从日本方面来看,恢复上海华商证券交易所,是战争进入持续阶段后,在上海当地筹集生产建设资金支撑大东亚战争的手段,认为这不仅是"现实的课题,而且作为理念,必须将其纳入大东亚共荣圈的构想之下进行考虑。当前的急务,一方面是整备上海的金融机构,另一方面是对上海的产业进行再整合",因此,"当局的意向,是再开交易所,作为吸收游资的方策"。见"证券经济调查资料第四号"《上海の证券市场》,川岛屋证券株式会社调查课,昭和十七年11月,第13页。由此,从日本方面看,恢复上海伪华商证券交易所并非仅仅是停留在解决当时上海游资和投机的问题,而是有着更深的考虑。松本信次在日本《经济志林》第15卷第2号(1942年)上发表的《中国的证券市场》一文,就从另一个角度透露了日本方面的这一设想,尽管这个设想看来近乎妄想。文章开篇他就指出,"当日美英开战,我方取得决定性胜利之际,使人痛感大东亚共荣圈的确立已近在眉睫。大东亚共荣圈确立后,在证券市场政策方面,必然出现划时代的新时期,这个新时期就是大东亚共荣圈证券市场政策的确立。"他接着解释建立这个所谓大东亚共荣圈证券市场的必要性是,"至今为止,我国的证券市场政策,可以说仅仅局限于日本的内地市场,换言之,即现在日本的证券资本主义,是以日本内地的资本供给及分配的理论作为背景的。然而,如今我国的经济已飞跃发展到日本、满洲、支那、南洋等广大的区域。关于证券市场政策,理所当然,必须以涵盖这一广阔区域且是统一体系的构想作为政策。简言之,就是应在东京、大阪、名古屋、朝鲜、台湾、满洲、北京、天津、上海、广东、火奴鲁鲁、曼谷、马尼拉、香港、夏威夷、西贡、新加坡、巴达维亚等各地设立证券交易所,并将这些证券交易所作为大东亚共荣圈交易所的一环,统一进行活动,并统一调节大东亚共荣圈内各国的资本供给以及分配"。他声明,这个以广大区域为对象的大证券市场的构想,要以各地各领域的证券市场作为其构成要素。他声称,他写《中国的证券市场》一文的目的,正在这里。由此看来,此时伪上海华商证券交易所的复业并非简单的事情,也不能仅仅局限于从上海华商证券交易所复业本身进行考察,而可能有着更为复杂的背景。

① 怀方:《吾国证券交易所之简史与股票市场之演进》,《中国工业月刊》第1卷第10号,1943年11月15日。

准者不得上市);(4)依照规定呈送必要之书件者。

结果,依据以上原则审查合格,第一批得以上市的华商股票按类型分为金融投资股 21 种、百货股 6 种、化学工业股 16 种、文化股 9 种、纺织股 43 种、其他实业股 13 种,合计六大类共 108 家[①]。

伪上海华商证券交易所由原上海华商证券交易所的张慰如、沈长赓主持。各项准备工作完成后,"(1943 年)11 月 8 日正式开拍,所订营业细则凡 75 条,规定经纪人名额为二百人。为避免法令上之重复起见,先于 9 月 24 日废止 31 年 8 月 26 日所颁之伪实部取缔买卖华商股票 12 条,更为避免执照上之重复起见,同时亦废止伪经济局所发给之股票营业执照,规定持有该局执照之二人,得合并为交易所经纪人一人"[②]。此后,直到 1945 年 8 月日本投降为止,是为太平洋战争爆发后上海证券市场发展的第二阶段。毋庸讳言,太平洋战争爆发后上海的证券市场投机气氛浓重,这在当时留下的如《中国股票年鉴》《华股日报》《证交》等资料中多有提及,可在游资汇集、物资短缺、投机严重的环境中,上海的证券市场与企业间的关系究竟是一种什么样的关系?这里分别各举一例史料,观察上海证券市场在自发自由和伪证券交易所复业两阶段对企业的作用和影响。

先看上海证券市场自发自由阶段的情况。

1943 年 1 月 8 号,吴毅在《华股日报》第一版上发表论文《从股市的紊乱说到正式市场的建立》,文中说:"过去一年,可以说是华股年。因为在三十年十二月八日后,各项生产事业,大多遭遇着各种牵制,尤其是投机市场的被取缔,游资的充斥,时势所趋,造成了这个空前的局面。自从浙东战事发生后,资金更无所归宿,于是群向华股集中了。根据当时流产的华股同业公会的统计,华股同业由十

[①] 上引均见怀方:《吾国证券交易所之简史与股票市场之演进》,《中国工业月刊》第 1 卷第 10 号,1943 年 11 月 15 日。

[②] 吴毅堂编著:《中国股票年鉴》,第 35 页。

九家而增加到一百二十八家,真是一时的盛会。"吴毅在文中接着指出,"因为经营华股买卖的众多,影响了筹码的短少,于是小型工厂的抬头,同时产生许多小额股票,利用当时的机会,流入市上来待价而沽,更聪明的复利用了币制改革时的波浪,使资本加了倍"。吴毅对这种现象的解释是,"当时的情形,因为只要能认到股票,一转手间即可获利。于是投资者趋之若鹜"。在对这种新股产生怀疑后,"投资者转移了目标,群相购买老股,于是使老股的市价,突飞猛进。老的公司厂商,就利用了这个弱点开始增资,同时,再利用了老的关系而将股票溢价发行……"①

吴毅的这篇文章,对当时证券市场与上海市面上企业新设和增资扩股等的相互关系,描述得十分清楚。

至于1943年伪上海证券交易所复业后证券市场发挥的最大作用,就是培育出了一批在近代中国经济发展中不多见的被称为"企业公司"的工商集团。

什么是"企业公司"?据陈禾章在《上海之企业公司》一文中称,"企业公司无异于百业公司",其业务大多包括以下四方面:"一、工商农矿企业之投资管理;二、国内外贸易暨运输仓库业务;三、买卖有价证券;四、买卖及经营房地产等。"企业公司产生的原因,陈禾章认为是"太平洋战争发生,贸易、金融及投资,不得不予以改编,于是物资统制,金融统制先后实施,游资遂无以往之便利,以从事于物资投机。在此情形下,银行、钱庄、保险公司、工厂之新设或增资,比比皆是"。其中"尤以企业公司之设立,蓬勃一时,竟如雨后春笋",究其原因,"乃游资充斥与投机猖獗两种现象之综合耳"。陈禾章估计,"近年来新设之企业公司,包括实业、建业、兴业、营业、投资管理、贸易等,不下三百余家"。在陈

---

① 吴毅:《从股市的紊乱说到正式市场的建立》,《华股日报》第244期,1943年1月8日,第一版。

禾章进行分析的146家企业公司中,"成立于民国三十年以前者计14家,三十年者三家,三十一年43家,三十二年57家,三十三年二十九家","而其蓬勃兴起,则在三十一年十月以后"。可见太平洋战争后是企业公司兴起的主要时期。1943年11月伪证券交易所筹备就绪,正式开拍,"一时兴高采烈"。1944年1月,企业公司新设者盛况空前,"计共16家"。这些企业公司积极设立,主要动机为:"1. 组织企业公司,准备逐鹿股市;2. 设立企业公司,从事股票买卖,此类公司实即证券公司之化名;3. 组织企业公司以为投机囤积之掩护,避免政府之取缔;4. 频年工商经营莫不获利盈丰,工商巨子为进一步巩固自身经营之事业,纷集巨额资金,从事有组织之活动,故大规模之企业公司如新新实业(资本二万万)、泰山房地产企业(资本二万万)、泰山实业(七千万)、中信实业(五千万)、新业投资(三千万)、元泰实业(二千五百万)、大中国企业(一千万)等,均于此时应运而生。"①

这些事例显示出当时证券市场与企业之间的相互扶持关系。也因此,通过证券市场进行的这些活动能够大见成效。在这短短的几年期间内,通过证券市场的运作,中国企业历史上前所未有的产业与金融业结合的巨大企业集团——企业公司得以出现就是一个明证,而且不止一个集团一个行业。这期间出现的企业集团,有五大集团、六大体系之说②,其中,五大集团之首的新亚集团,在抗战爆发之前,尚不过是"资本仅有数十万元之组织"的一般企业,"初不料十年发展,形成范围最庞大,机构最复杂体系。依当时情形,隶属于新亚财团下之公司厂商,有三十六家之多,各公司资本总额在十万万元以上。从体系言,可分为新

---

① 上引均见陈禾章:《上海之企业公司》,载王季深等编:《战时上海经济》第一辑,1945年10月,第84—87页。
② 关于这五大集团六大体系的情况,吴毅堂在《中国股票年鉴》第44—50页有所介绍。

亚系、新亚副系及新中系三大系统"①。其他的各大企业集团和体系除了规模略小外,情况也大体类似。这些企业集团"内部构成分子有企业地产一类公司为之扩大范围,擘划经营;有银行信托一类公司为之周转资金,予以支援;一方面从事基本事业之积极推展,以巩固集团之基础;一方面运用种种方法,向外扩展。总之,集团之内,枝连气通,一方稍受波折,可以群力挽救……"②

抗战爆发以后,上海因为租界的缘故,一时成为难得的安全地带,游资以及人口的大量汇聚,加上战争对物资需求的急剧增长,使得上海出现了少见的以金融和制造业为主支撑的"孤岛"繁荣。这种繁荣奠定的基础一直持续到太平洋战争爆发后,只不过太平洋战争爆发后出现了新的与此前不同的变化,这就是在上海租界内的英美系势力遭到极大打击后,华资系势力却在种种因素下得到了难得的发展机遇,其中尤其是华资系企业和华商证券市场获得了快速的发展。上述华资多家企业多次增资、普遍丰厚的分红和诞生了集团式发展的企业公司就是明证。这些现象,在近代中国,都是未再出现过的"唯一"。

值得注意的是,这些现象的出现,特别是华资企业的快速发展,与此期证券市场的中介、流通和集聚等作用是分不开的。没有证券市场的作用,此期上海华资企业不可能获得资金支持,也无法扩大规模;没有华资企业的发展,证券市场也将是无源之水和无本之木。这种企业和资本市场之间的互动,是近代中国比较有特色和少有的一段时期,尽管这段时期这种现象的出现由许多特殊因素汇聚形成,但仍然值得我们重视和深入研究。

① 吴毅堂编著:《中国股票年鉴》,第44页。
② 陈禾章:《上海之企业公司》,载王季深等编:《战时上海经济》第一辑,1945年10月,第88页。

第三章　近代中国的证券市场

第四节　抗战胜利后的证券市场

　　1945年8月,经历艰难险苦的抗战之后,中国的抗日战争终于取得胜利。此时距1949年国民党政权失败离开大陆,有不到四年的时间。这期间,从金融的角度看,四年不到的时期内发生的大事件中,包括国共内战、国民党政权的证券交易所复业、恶性通货膨胀及随后的金圆券改革等因素,必然对证券市场产生多种冲击和影响。即使以维持时间稍长一些的上海证券市场为例,上市交易的股票数量也不多①,对于近代中国工业化的进程能够起到的作用也很有限。下面就以上海证券市场为例,对这一时期的资本市场进行梳理。

　　抗战胜利后,在不足四年的时间里,上海证券市场大体经历了初期的无组织阶段、证券交易所复业和随后停业又到复业的三个阶段。

一、战后证券市场的无组织阶段

　　抗战胜利后,伪证券交易所解体,1945年10月间,国民政府财政部驻京沪区财政金融特派员通令上海各交易所:"交易所非得财政部命令不得开业。"同时对日伪设立、经营的交易所加以接收,对私营交易所进行清理②。但是交易所停业却并没有能够停止证券交易,只不过这时的状况处于"纯系暗市做开,地点即为旧证交大楼各层房内,颇多以每层原有各股票集中弄内作价成交"③。

　　1946年2月,国民政府财政部驻京沪财政金融特派员办公处又出

---

　　① 据吴毅堂编著《中国股票年鉴》(第52页)记载,在伪上海证券交易所最后一天(1945年8月17日)的市场交易中,在上市的199种股票中,"仅有二种成交,其情况亦云惨淡矣"。
　　② 洪葭管、张继凤:《近代上海金融市场》,上海人民出版社1989年版,第177页。
　　③ 吴毅堂编著:《中国股票年鉴》,第53页。

示布告,称:"本市华商证券交易所大楼经纪人及证券字号,对于黄金外汇证券,时有代客买卖投机操纵等情事","在清理期间各交易所不得再出交易行为,并应通知所属经纪人及其字号,在交易所停业期间,不得再有代客买卖情事,如有故违,是项交易行为,法律不予保障外,并应取消经纪人资格"①。

这时证券交易所虽经通令停业,但这种在地下进行的证券交易却难以禁止,实际上又像战争初期那样,交易既不集中在一处,行市也无统一标准,处于自由买卖状态,当局虽一再布告禁止,并查封上海证券大楼,使证券交易一度停顿,但随之又死灰复燃,私下交易不仅继续不断,而且采取化整为零的办法,分散在各个角落进行。他们还把证券行情刊登在报纸上,有些股票字号还开办期货交易,客户可不必实收实交股票,股票价格倏涨倏落,"极利于投机者的买空卖空"。在1946年的前半年中,与国民党统治区的其他金融性投机活动一起,构成了通货膨胀背景下投机活动的诸种场景之一②。

国民政府对这种地下进行的证券交易,禁止不住,取缔不了,又顾虑投机风潮危害扩大,转而考虑采取重新设立证券交易所的政策,企图运用证券市场吸收游资,控制金融活动,抑制通货膨胀和刺激经济振兴,于是上海证券市场进入了此期的第二阶段即证券交易所的复业时期。

二、证券交易所复业及市况

1946年5月,南京国民政府行政院训令筹设上海证券交易市场,组织筹备委员会。指定杜镛(即杜月笙)为主任委员,王志莘为副主任委员,徐寄庼、俞寰澄、夏屏芳、徐维明、顾善昌、瞿季刚、钱新之等七人为

---

① 吴毅堂编著:《中国股票年鉴》,第53页。
② 参见洪葭管、张继凤:《近代上海金融市场》,第178页。

委员,拟定各项章则,"一切秉承财政、经济两部之指示办理","于同年九月九日正式开幕,定名为上海证券交易所(The Shanghai Securities Exchange Ltd.)"。

复业后的上海证券交易所名义上虽仍采取股份公司组织,"资本额定为国币十万万元,由前上海华商证券交易所股东认百分之六十,其余百分之四十,由中国银行、交通银行、中国农民银行、中央信托局及邮政储金汇业局等五国家行局分认",实际上性质与抗战前的上海证券交易所已经有所不同,主要成为政府控制并受政府监理的金融机构之一:"该所为政府特许设立之机构,政府为便利监理起见,由财政部派监理员吴宗焘,经济部派监理员王鏊堂合组财政、经济部上海交易所监理员办公处办事"①。

上海证券交易所董事长杜月笙在 1946 年的工作总结中称:"上海证券交易所设立之目的,既为提倡企业投资,建立现代资本市场,今该所营业范围,即以企业发行之股票或公司债为中心,以活泼企业之资金。与过去证券市场之偏重于政府公债或外商股票,迥异其趣,实为建立现代资本市场之发轫。"②

从理论上看,复业后的上海证券交易所与此前相比,有三个特点或曰变化:一是完成了统一组织。过去,上海同时存在三个证券市场,在证券物品交易所的证券部分与上海证券交易所合并以后,则有上海华商证券交易所及西商上海众业公所并峙。抗战时期汪伪政府虽有"证交"出现,但毕竟与日本有密切关系。此次复业的证券交易所,一方面沿袭上海华商证券交易所的脉络,另一方面吸纳西商上海众业公所的营业,成为"以上海唯一之市场,创前此未有之统一局面"

---

① 上引均见刘志英编选:《上海市档案馆藏近代中国金融变迁档案史料汇编:上海证券业》,上海远东出版社 2016 年版,第 17—18 页。

② 刘志英编选:《上海市档案馆藏近代中国金融变迁档案史料汇编:上海证券业》,第 22—23 页。

的结果。二是扩大了基础。战前原有的证券市场,华商以本国公会为中心;西商以外商同业为中心,基础各有所偏,营业遂成割据。"此次新成立之机构,于交易所本身组织方面,则除旧有股东外,益以国家五行局之投资,此为基础扩大之一方面。"再就是从经纪人的角度看,"除包含旧有本国公会同业及西商'众业'会员外,兼罗银钱信托各业之法人经纪人,以及曾经经营或管理证券投资业务,合于规定资格之个人经纪人","此为基础扩大之又一方面"。三是对于市场的性质有了界定。"战前之华商市场,其开拍证券,均属政府公债,其功用限于财政盈虚之调节,严格言之,实只可谓'财政市场'。""战前之西商市场,其上市证券,均属外商股票,其功用限于外商资金之活泼,严格言之,实只可谓为'外资市场'。""此次新设市场之营业范围,以本国企业发行之股票债券为其中心,而兼及政府发行之公债,以及外商在华发行之证券,一方虽并蓄兼收,一方则轻重有别,资本市场之性质,于以确定。"①

但是,这家号称以"提倡企业投资,建立现代资本市场……以企业发行之股票或公司债为中心,以活泼企业之资金……实为建立现代资本市场之发轫",又是"由国家五行局投资经营,成为上海滩唯一之合法证券市场,组织统一,基础健全"②的证券交易所,自复业之后却难孚众望。现将其复业后这三年的经营演变状况简介如下:

1946年的股市,可以9月9日上海市证券交易所复业分为前后两个部分。如前所述,在前阶段中,股票交易在黑市中进行,虽有政府禁令和查封证券交易所大楼等措施,可在"岁初内地游资滚滚而来,而原有资金尚未逃避,此时美汇2 020之比率已经订出,政府之黄金棉纱政策,实行多时,物价平稳无波"的情况下,资金出路咸以证券为尾闾,故

---

① 上引均见吴毅堂编著:《中国股票年鉴》,第54—55页。
② 刘志英编选:《上海市档案馆藏近代中国金融变迁档案史料汇编:上海证券业》,第23页。

在4月底之前,股票涨风"历久不衰"。但盛极必衰,其时股票价格多数已经超过本身价值,而此时"上海资金开始大量逃往香港,外货之进口则如排山倒海,奋涌而来。上海经济局势,步入不景气氛围"①,实际已经注定了证交复业后的命运。

9月9日,上海证券交易所正式复业,参加的经纪人共234家,上市开拍股票先为20种,旋加2种,均为现货。此时未能获得交易所认定上市的所谓"冷门"股票,包括百货业、文化业、烟草业、公用业、纺织工业、化学工业、金融业、地产业、投资业和其他业等,还有近百种未能获得上市②,仍在场外交易。场外交易主要包括上面的这些未上市冷门股以及国民政府于1936年初发行的统一公债和外商股票三大类品种③。

证交所22种股票开拍之后却交易清淡,行情与上半年投机热潮时相比相差悬殊。可是此时"场外交易,却是兴高采烈,期货交易热烈展开",与场内交易凄凉情况形成极大反差。"证交当局为谋促进证券交易挽救股票颓风起见,一方面于11月14日选定6种股票开拍所谓递延交割,一方面联合行政机关,实施取缔经营黑市之股票字号",可是"徒以积重难返,股票跌风,有加无已",经纪人亦"清理者有之,申请退出者有之"④。

下表即是证券交易所开拍前夕(9月14日)黑市股价与12月30日上交所22种股票价格的比较。

---

① 上引均见吴毅堂编著:《中国股票年鉴》,第91页。
② 吴毅堂编著:《中国股票年鉴》第93—98页列出了这些股票的名称和12月30日的场外交易价格。
③ 洪葭管、张继凤:《近代上海金融市场》,第182—183页。统一公债到1946年7月国民政府财政部正式声明,对战前公债仍按票面值偿还时,黑市公债交易基本消灭。未上市股票和外商股票则一直延续到1948年8月国民政府实行金圆券币制改革,命令交易所停业为止。
④ 上引均见吴毅堂编著:《中国股票年鉴》,第91页。

表 3-15　1946 年上海证券交易所 22 种股票价格与上市前股价比较表

单位：元

股票名称	9月14日证交开拍前夕黑市价	12月30日价格
永安纱厂	663	621
美亚绸厂	4 230	1 930
新光内衣	310	148
景福衫袜	293	140
勤兴衫袜	235	77
信和纱厂	340	234
大中华火柴	1 920	1 200
新亚药厂	145	30
丽安百货	60	51
大通纱厂	290	305
五和织造	780	—
统益纱厂	480	400
荣丰纱厂	1 000	935
华丰搪瓷	70	72
中国水泥	85	58
中国丝业	3 700	4 700
景纶衫袜	270	130
中国内衣	245	95
永安公司	343	156
中纺纱厂	500	420
九福	—	—
永业	—	—

资料来源：吴毅堂编著：《中国股票年鉴》，第 92—93 页。

从表中数字可以看到,1946年9月14日的股价和12月30日的股价相比,三种上涨十七种下跌,另有两种没有数字。总体看是下跌多而上涨少,股价腰斩的不在少数。

1946年的股市情况如此,1947年的情况又如何呢?这里我们先来看看以下统计表格中的数字,再进行分析。

表3-16 1946年9月至1947年8月上海股价指数与物价指数比较表(1946年9月第3周=100)

日期	股价指数	物价指数	日期	股价指数	物价指数
1946年9月16—21日	100.0	100.0	1947年3月10—15日	454.1	215.7
23—28日	105.1	101.7	17—22日	388.7	218.3
30—5日	117.8	104.9	24—29日	366.6	220.0
10月7—12日	116.2	104.1	31—5日	374.8	220.6
14—19日	109.4	104.8	4月7—12日	463.5	254.3
21—26日	104.7	103.7	14—19日	633.8	286.6
28—2日	97.0	104.8	21—26日	766.4	318.3
11月4—9日	89.9	103.6	28—3日	1 063.8	365.2
11—16日	91.8	100.7	5月5—10日	1 122.0	453.0
18—23日	81.7	104.6	12—17日	1 058.7	454.2
25—30日	68.0	103.7	19—24日	1 197.9	489.1
12月2—7日	66.2	105.1	26—31日	1 140.8	548.6
9—14日	66.1	105.7	6月2—7日	1 000.2	577.6
16—21日	88.6	115.9	9—14日		551.1
23—28日	88.6	118.9	16—21日	1 190.9	569.1
1947年1月6—11日	92.5	127.4	23—28日	1 366.9	621.4
13—18日	105.7	130.4	30—5日	1 338.1	642.4

续 表

日　期	股价指数	物价指数	日　期	股价指数	物价指数
20—25 日	114.2		7月7—12 日	1 546.7	624.9
27—1 日	115.4	150.2	14—19 日	1 430.6	606.9
2月3—8 日	133.0	171.8	21—26 日	1 178.4	575.3
10—15 日	197.8	231.0	28—2 日	1 186.8	610.3
17—22 日	304.6	233.8	8月4—9 日	1 148.8	628.0
24—1 日	317.0	221.7	11—16 日	1 085.6	626.0
3月3—8 日	370.3	219.0	18—23 日	1 130.8	640.0

资料来源：上海证券交易所调查研究处编印：《证券市场》第 2 卷第 8—9 号合刊（总第 20—21 号），1947 年 9 月 15 日，第 25 页。

从统计表中的数字看，上海证券交易所从 1946 年 9 月 16 日复业开始，初期指数略有上涨，但从 10 月开始，指数就有所下降，从 10 月第三周开始，下降速度有所加快，到 11 月第四周，也就是复业一个多月时，指数就已经跌去 30% 多。此后这种低位运行持续到 1947 年 1 月第一周，从第二周开始，到这个统计表结束的 8 月第三周，中间指数虽有起伏，但总体看处于上升通道，8 个月期间指数涨了 10 倍左右。而这期间的物价指数仅仅涨了 5 倍左右，也就是说，这期间股价指数和物价指数都在上涨，但是股价指数跑赢了物价的指数。

1947 年的股市之所以有如此变化，主要受到以下因素的影响：1947 年 2 月 16 日南京政府通过《经济紧急措施方案》，该方案第一条第二项规定："凡国营生产事业，除属于重工业范围及确有显著特殊情形必须政府经营者外，应即分别缓急，以发行股票方式，公开出卖或售予民营。"[1] 这项方案透露出来的信息，一是政府要扩大股市规模，便于今

---

[1] 转引自张忠民、朱婷：《南京国民政府时期的国有企业（1927—1949）》，上海财经大学出版社 2007 年版，第 80 页。

后承接国营事业改组后出售民营的股份。二是政府对股市会有所支持保护。无论如何,对于当时复业的上海证券交易所都是一个利好消息,也使得股市出现上涨,这从上表2月第二周开始股票指数开始快速上涨可以看出。三是《经济紧急措施方案》中还规定不管是"明售还是暗售",都禁止黄金和美钞买卖。这项措施结束了1946年3月4日中央银行在上海开始抛售黄金所引发的1947年"黄金风潮"[①],还使得游资和投机者别无出路,群趋股市,使这时期的证券市场出现了虚假繁荣。在1947年6月之前,又有商务印书馆、中国国货公司、中法药房、新华百货、联华房地产公司相继上市交易[②],使得上海证券交易所这期间上市的股票数量达到27种。

对于1947年一年证券市场的整体演变情况,学者吴群敢在1948年《资本市场》杂志第一卷第一期[③]上刊发了一篇《一年来之上海股市》的文章,对其进行了梳理和总结。他将1947年的上海股市演变和发展概括为四个阶段。

第一个阶段从新年红盘开始,到2月"黄金潮"结束为止,历时五个星期。这个阶段是股市徐徐上升时期。该时段的特点一是物价急剧上涨,股价随声呼应,是物价在带动股价上涨;二是带有回补1946年10月以后股市跌风带来的创伤意味;三是成交金额没有随着股价上涨而增多,反较1946年12月份减少。1946年12月份的成交金额是2 765亿余元,1月份的物价和股价都上涨了30%以上,而1月份的成交金额反而减至2 384亿余元。其中虽有新旧年关的因素,但也说明这一阶段的上海股市仅仅是在物价金钞领衔上涨的刺激下,摆脱了上一年底的

---

① 参见沈日新:《1947年黄金风潮的内幕》,见寿充一、寿乐英编辑:《法币、金圆券与黄金风潮》,文史资料出版社1985年版,第154—164页。

② 上海证券交易所调查研究处编印:《证券市场》第2卷第8—9号合刊(总第20—21号),1947年9月15日,第15页。

③ 该杂志由上海证券交易所调查研究处编印,是由原来《证券市场》杂志改名的新杂志。

旧疾沉疴,"但还没有开始踏进繁荣的阶段"。

第二阶段以2月17日《经济紧急措施方案》的颁行为起点,以5月16日财经两部训令经纪人保证金暨递交本证据金应改美金债券为收场,历时共14个星期。这是股市真正繁荣的阶段。在这一阶段物价基本稳定,而股价全面腾飞,且成交金额和成交量都急剧增加。从"一月份到五月份,物价总指数仅仅上涨至三倍,股价总指数也只上涨至九倍,而成交金额指数却上涨至二十倍光景"。

第三阶段,即5月16日,财经两部颁布证金改交美债以后,引起了经纪人罢市一天的"证金风波",成为股市从全面繁荣转为"瘟档"局面的转折点。这一新阶段从5月第三周开始,直至9月第四周美国特使魏德迈将军离华为止,共有二十个星期。在这一阶段里,"物价逐渐上涨,而股价却盘旋下降"。"九月底时,股价能在五月份第三周的水准以上者,只有永安纱厂、美亚织绸以及因增资刺激而哄高的统益纱厂和中国水泥四种,能够维持五月份第三周水准的只有中纺纱厂和商务印书馆两种。其余十八种股票都低于五月份第三周的水准。"这期间成交金额也急剧减少,"五月份繁荣时期的最高峰时,成交金额达47 168亿,六月份减至27 189亿,七月份28 226亿,八月份20 546亿,九月份也只有24 227亿。在这阶段里,物价指数上涨了一倍多些,股价总指数也上涨了九成,而成交金额却减少了一半,这就充分说明了交易数量的衰退和股市的冷落"。

第四阶段,随着魏德迈将军离华,美国贷款绝望以后所掀起的物价涨风,股市又趋复活,特别是12月中旬以后,股价升腾,交易繁忙,"把一座证交大楼重又挤得熙熙攘攘、水泄不通"。这一阶段从10月初直至12月底,"历时共有十三个星期"。这一阶段的特点是,股价伴随着物价而上涨,先是物价带高了股价,后是股价又跑在物价的前面。"从十月第一周到十一月第四周,物价总指数从74 367涨至123 697,上涨了百分之六十六,而股价总指数只从1 620涨至2 445,仅上涨了百分之五十。而在十二月份里,物价总指数只从第一周的123 761涨至第四周的144 553,上涨率不及百分之十七,而同时期的股价总指数却从 2 096 增至 3 140,上涨了百分之五十,超过了同时期物价上涨率三倍左右。"第二个特点是,这一阶段里,冷门股票比热门股票涨得更多。过去的热门龙头股永安纱厂只上涨了 34%,美亚织绸也只上涨了一倍多,而华瓷、勤兴、国货公司、商务印书馆等较冷股票,"无不劲涨至三倍半左右"。第三个特点是成交金额有着显著的增加。九月份的成交金额还只有 24 227 亿,此后逐月增加,到"十二月份已增加到 51 897 亿,比九月份增加了一点八倍"。

吴群敢最后总结 1947 年的股市趋势是:"综观一年来的上海股市历程,虽然迂回曲折,但其基本趋势却是在不断地盘旋上升,而且还在驾凌于物价和汇价以上的水准里赓续上涨","总结全年华股股价总指数上涨了二十六倍(其中最显著的永安纱厂上涨了三十倍),这比起全年上涨了十三倍多的上海批发物价总指数和二十三倍半的港汇指数来,谁还能否定一年来上海股市的繁荣呢?"①

进入 1948 年后,"股市的走势大体上可以说是伴随着周期性的物价涨风而盘旋上升"。但是这时候的股市上涨幅度远在物价、洋股和港汇之下。表 3-17 是 1948 年 1 月至 6 月上海华股、物价、洋股和港汇的指数比较表。

表 3-17　1948 年上半年上海华股、物价、洋股和港汇指数比较表

时	期	华股总指数	物价总指数	洋股总指数	港汇指数
1 月	第一周	100.00	100.00	100.00	100.00
	第二周	109.65	109.65	104.01	89.72
	第三周	103.47	103.47	99.28	86.75
	第四周	106.68	106.68	99.64	87.53

---

① 上引均见吴群敢:《一年来之上海股市》,《资本市场》第 1 卷第 1 号,上海证券交易所调查部研究处编印,1948 年 1 月。

续 表

时 期		华股总指数	物价总指数	洋股总指数	港汇指数
2月	第一周	99.99	99.99	96.72	88.07
	第二周	106.40	106.40	102.62	118.03
	第三周	122.22	122.22	128.84	160.17
	第四周	147.03	147.03	185.21	180.24
3月	第一周	163.07	163.07	219.48	225.50
	第二周	197.82	197.82	299.18	262.53
	第三周	252.20	252.20	328.70	259.48
	第四周	260.32	260.32	299.35	269.17
	第五周	241.58	272.50	290.00	322.17
4月	第一周	261.74	282.52	363.48	328.84
	第二周	282.41	287.37	380.16	370.23
	第三周	300.44	298.12	417.16	403.58
	第四周	322.44	300.70	485.56	547.64
5月	第一周	391.09	334.38	631.58	619.58
	第二周	418.82	418.22	722.73	617.28
	第三周	388.05	418.84	691.27	626.18
	第四周	380.78	449.33	668.10	609.02
6月	第一周	388.15	467.52	661.55	1 043.84
	第二周	490.05	571.25	825.80	1 043.84
	第三周	549.58	736.58	1 020.72	1 574.84
	第四周	627.54	1 023.68	1 494.87	2 118.64

资料来源：吴群敢：《三十七年上期证券市场》，《资本市场》第 1 卷第 7 号，上海证券交易所调查研究处编印，1948 年 7 月。

从表中数据看,除4月底5月初时股价指数上涨的幅度略高于物价指数外,从1月到5月,股价均尾随于物价的后面,徐徐上升。到了6月,物价在一个月之内猛涨一倍以上,股价指数的上涨仅及六成。综观1948年上半年的上涨率,股价达到六倍,物价在十倍以上。至于洋股和港汇则更为惊人,在此六个月中,前者上涨十五倍,后者上涨更达二十一倍以上。也就是说,1948年上半年中,上海证券交易所上市华股股价的上涨(以6月第四周为准),仅及物价上涨的六成、洋股的四成和港汇的三成①,在金融性质的商品市场里,华股市场的上涨只居末位。

表3-18是抗战胜利后上海证券交易所从1946年9月16日复业直到1948年8月第三周的股票行市总指数,以及几只代表性的股票行市指数统计表,从这个统计表可以更清楚地看到这几年股市的行情演变情况。

表3-18 上海证券交易所股票行市指数表(各股皆以
1946年9月15日至28日每日平均＝100)

时期		总指数	永纱	信和	美亚	新光	景福	勤兴	永公
1946年	10月	110	113	113	97	92	97	85	87
	11月	83	87	91	65	68	65	58	63
	12月	74	78	76	45	52	47	40	53
1947年	1月	99	111	91	50	67	63	50	64
	2月	213	245	175	97	106	137	111	125
	3月	356	404	298	174	245	253	193	224
	4月	511	545	497	333	408	430	254	411
	5月	903	944	962	756	800	682	584	714

① 上引均见吴群敢:《三十七年上期证券市场》,《资本市场》第1卷第7号,上海证券交易所调查研究处编印,1948年7月。

续 表

时期		总指数	永纱	信和	美亚	新光	景福	勤兴	永公
1947年	6月	965	1 053	911	655	933	636	483	540
	7月	1 244	1 521	1 110	444	879	751	456	746
	8月	1 399	1 649	917	716	737	590	350	807
	9月	1 480	1 787	927	720	761	578	330	804
	10月	1 816	2 220	1 145	912	883	672	446	增资
	11月	1 990	2 442	1 197	946	890	694	400	865
	12月	2 581	3 122	1 732	1 305	1 466	1 259	767	1 266
1948年	1月	4 447	5 290	2 766	2 255	2 633	2 363	1 777	2 136
	2月	5 041	6 014	2 897	2 424	3 179	2 983	2 266	2 236
	3月	9 460	11 086	5 172	5 132	5 606	5 312	3 883	3 918
	4月	11 915	13 330	5 376	增资	5 118	增资	3 960	4 352
	5月	16 009	19 197	6 884	7 434	8 655	7 790	4 302	4 882
	6月	23 714	29 447	10 672	11 127	11 621	10 767	5 509	7 440
	7月								
	第1周	43 607	50 795	22 841	28 282	22 631	21 725	12 923	16 769
	第2周	58 344	69 110	29 864	46 605	30 780	33 930	16 364	21 725
	第3周	66 105	79 515	29 188	48 437	35 969	39 003	14 755	21 287
	第4周	68 954	83 837	31 377	45 011	32 721	37 982	14 852	20 911
	7月平均	54 322	65 089	26 050	37 618	27 954	29 876	13 448	18 557
	8月								
	第1周	74 694	91 996	30 582	46 650	32 127	38 310	15 008	22 852
	第2周	91 323	112 952	36 803	59 449	36 028	41 293	17 159	27 493
	第3周	92 478	115 670	36 374	54 144	32 503	37 337	17 775	29 301
	8月平均	86 165	106 872	34 586	53 414	33 552	38 976	16 647	26 578

资料来源：上海证券交易所调查研究处编印：《资本市场》第1卷第8、9号合刊，1948年9月。

另外,1948年证券市场的演进中,还有一件事情必须提及,这就是在原有的华股市场外,又添设了债券(库券)市场。如前所述,20世纪30年代的证券市场,华商证券交易所交易的标的物几乎全为政府公债,故当时的证券市场也被称为"公债市场"或者"财政市场",对于政府融通获取财政资金甚为方便,但是对于长期产业资金的融通却几乎没有作用。

抗战时期及抗战胜利后复业的上海证券交易所,上市交易的仅有公司股票,而无政府债券。这期间债券没有上市的原因,"并非由于政府不欲借重证券市场以调节财政收支,而是由于战前统一公债尚依战前币值还本付息,无法决定上市价格。战后的三十六年度美金公债与美金库券,又由于外汇牌价与实际汇价相去太远,认购十分清淡",也不宜于上市。而且过去政府债信已失,加上法币贬值过速,无人愿意购买,自然也就失去了发行和上市的可能。故此,南京政府为回笼货币,减少发行起见,计划发行期限短、利率优厚的短期国库券,这才使其有了上市的可能。

1948年3月26日,国务会议通过1948年度发行短期库券,4月15日完成立法程序,4月30日由上海中央银行挂牌发售。该库券"还本付息期限分为一个月、两个月和三个月三种,券面金额分为国币一千万、五千万、一亿、五亿和十亿五种,月息五分。发售价格由中央银行根据市面利率决定升值或折扣发行"。所以实际的利率除了5%的月息以外,还可享受相当于市面利率的折扣率。"例如四月三十日开始发售时,一月期库券折扣率为百分之八十七点三,即票面一百元之库券,依八十七元三角发售",一月到期后还本付息合计为105元,所以实际利率合为两角零三厘。但是,发售以后,成绩依然不够理想,截至5月29日为止,只不过售出"二万五千亿元(五月三十日大公报),而据财政部长王芸五氏的报告,直至五月底为止,法币发行数额共为一百三十五万亿,五月份增发数额约五十万亿",也即"短期库券所能吸收回笼者仅及增发数额百分之五,对于平衡预算与安定物价,收效甚微"。中央银行为刺激短期库券的流通性,又于5月29日宣布两项办法:"一、自六月一日起在京、津、穗、汉、渝五大都市正式发售,先发行一个月期,发行折扣由各地分行自行决定;二、自五月三十一日开始,委托上海证券交易所及中国、交通两行在公开市场买卖。至于短期库券在上海证券交易所上市的方式,虽暂以现货为限,但交易分为甲乙两种,甲种是一日期的(今天买进,明天交割),乙种是隔日期的(今天买进,后天交割),而且甲乙两种可以相互对做,出乙进甲即可套的一日利息,出甲进乙即可拆的一日头寸,对于发售库券与融通资金,均有积极的影响"。在多种措施的推动下,短期库券的成交金额确有较大的增长,6月份库券成交金额达165万亿以上,上市额竟较五月份"增加了六十六倍以上"[1]。

但是,在政局不稳,通货膨胀恶性发展的状况下,股市和债券市场必然受到极大的冲击和影响。1948年8月20日,国民政府再次实行币制改革,以金圆券代替法币,同时命令交易所停业,这期间的股票交易市场和短期库券市场均奉令关闭,股市特别是库券市场成为昙花一现的存在。此后,1949年2月4日颁布《上海证券交易所复业办法》[2],规定可上市的证券为政府债券、国营事业股票、民营公司股票三大类。除政府债券可酌做一天期货外,余均以现货交易为限。但由于国民党军队在战场上节节败退,资金外逃日益严重,投资证券难见景气,到5月初上海证券交易所召开第一届第十四次理监事联席会议,鉴于本所"交易失其常态,业务几已停顿"[3]的状况,不得不宣告停业。不久,上海解放,解放后虽有让证券交易所复业的拟议,但最终没有成为事实。近代中国的证券市场就此宣告结束。

---

[1] 上引均见吴群敢:《三十七年上期证券市场》,《资本市场》第1卷第7号,上海证券交易所调查研究处编印,1948年7月。
[2] 《银行周报》第33卷第10、11期合刊,第79页。
[3] 刘志英编选:《上海市档案馆藏近代中国金融变迁档案史料汇编:上海证券业》,第101页。

第四章
近代中国企业的其他筹资方式

梳理前面三章的内容时,我们不难得出一个结论,即在近代中国经济结构改变,朝着工业化道路转型的时期,在多种因素的制约和限制下,近代中国资本市场对新兴企业兴办和发展中的资金支持范围有限,力度不够,尤其是民营企业得到的支持更是乏善可陈。在不利的大环境下,寻找资源、寻求突破就成为新兴企业的必然选择,以达到解决发展中资金困境的目的。一般而言,这些自救举措可分以下几类:一是筹资兴办企业时"就米下锅",开启筹集资本时只考虑固定资本,企业运转后流动资本靠借的"负债经营"模式;二是从中国悠久经商传统中借鉴直接"吸收社会储蓄"的经验,并发扬光大;三是推行在企业发展有盈余时将企业红利转为股份的"利转股"做法;四是根据企业发展情况发行"公司债"。

第一节 企业普遍实行"负债经营"

在研究近代中国企业的发展过程时,我们可以注意到其中有一个突出现象:就是近代中国企业存在大量借款,并依靠这种借贷资金进行正常的经营活动。而且,这种"负债经营"不是企业在经营过程中遭遇突发事件或资金周转不开时,向金融机构借贷以渡过难关的临时措施,而是将外借资金充作流通资本,并理所当然地通过这种方式进行企业经营。这种"负债经营"的借贷资金比例一般都不会少,大体能够占到自有资本金的40％以上①,且这种现象一直持续存在于整个企业的存续期②,因而可以说是一种较为独特的"负债经营"现象或称"负债经营"模式。

对于这种现象,当时就有不少学者和经济学家留下了观察分析和评论。

如汪叔梅就认为:"我国事业家往往于经营一种事业之前,只顾目前缔造之勉可成立,决不计及日后之如何维持久远,其初创也,筹备需费,建筑需费,机器需费,以及其他种种,无一不均需费,而其凑集之区区资金,已于此时消耗殆尽。换言之,即其资金于开始成立之时,即全部用于固定之土地、房屋、生财机器以及其它设备项下。"③这种说法也得到了调查研究众多企业的经济学家方显廷的认同,用他的话来说就是:"华厂创办之始,每估算其机械土地建筑等费,而决定其资本数,其它费用,不再加入;换言之,办一纱厂,其所集股本仅有固定资本,而无流动资本也。""盖不如是,则股本不易募集,即发起人不易兴办也。原来一般群众之心理,股东之眼光,以为募集此数,足获巨利,多集则徒虑耗费,获利转微,已认为不易之原则,虽有识者无能置辩也。"④"纱厂资本百分之九十或百分之百皆投于机器、厂房,为我国纱厂之普通惯例,有者其固定资本甚至较其已付之资本额大。资本悉为固定资本,则流动资金需向银行透借,或以机器厂屋抵借。"⑤

学者刘大钧1940年出版的对20世纪30年代上海工业的调查也同样证实了这一点:"上海工业之资金大半不甚充足。创办之人仅凑足资

---

① 据王宗培《中国公司企业资本之构造》(载《金融知识》第1卷第3期,1942年5月)中各种统计数据,转引自陈真编:《中国近代工业史资料》第四辑,三联书店1961年版,第57—71页。

② 典型者如轮船招商局、大生企业集团各厂、汉冶萍公司等企业。

③ 汪叔梅:《我国银行业当前之危机》,《中行月刊》第10卷第4期,1935年4月。转引自李一翔:《近代中国银行与企业的关系》,台湾东大图书公司1997年版,第237页。

④ 方显廷:《中国之棉纺织工业及棉纺织品贸易》,《经济统计季刊》第1卷第3期,第403页。转引自陈真编:《中国近代工业史资料》第4辑,第295页。

⑤ 谷源田:《整理申新纱厂刍议》,《大公报·经济周刊》第67期,1934年8月15日。转引自李一翔:《近代中国银行与企业的关系》,第238页。

金，为购置厂地及机器之用，至一切流通资本，则恃借贷以资周转。"①来自银行界方面的信息也从另一角度证实了这种现象的存在："多数工厂大都资本不足，向恃银行贷款为营运资本。"②

这种负债经营模式甚至推及到抗战期间的国家资本企业，如资源委员会的下属企业也是如此："各生产事业，开工生产后之流动资金，皆需向银行设法筹划"，且从 1943 年开始，固定由"中、交 2 行承放本会工贷"③。

本节首先论证近代企业普遍存在的"负债经营"现象以及企业实行这种"负债经营"的原因。

一、"负债经营"是近代企业的普遍现象

这里，我们先从一些典型企业入手进行考察。

轮船招商局是近代中国最早成立的机器民用企业，在近代中国，轮船招商局先后经历了晚清、民国北京政府和南京国民政府，体制方面历经了官督商办、商办、国营和股份制改造，在近代中国企业中具有相当的代表性。

在对招商局从 1872 年成立后到 1937 年半个多世纪的发展历程进行考察时，笔者分别对晚清、民国北京政府时期和南京国民政府时期的招商局负债情况进行过重点考察④，得出如下几点结论：

首先，"无论是晚清还是民国时期，招商局都持续负有大量债务，在我们考察的这几十年时段里，招商局不存在没有债务的时期。很多时候，所负债额甚至超过招商局的资本总数。换句话说，如果不能从外部获得贷款，近代中国最大的轮船航运企业招商局是无法维持下去的"。

---

① 刘大钧：《上海工业化研究》，商务印书馆 1940 年版，第 65—80 页。
② "中国银行民国二十四年营业报告"，第 31 页。转引自李一翔：《近代中国银行与企业的关系》，第 238 页。
③ 摘自国民党资源委员会委员吴兆洪在 1947 年 8 月资源委员会财务报告，《资源委员会公报》第 13 卷第 2 期，转引自陈真编：《中国近代工业史资料》第 3 辑，第 889 页。
④ 参见拙文《从轮船招商局的债款看近代中国的资本市场》，《社会科学》2012 年第 10 期。

其次,从招商局获得融资的渠道来看,"晚清时期招商局的借款主要来自政府、传统中国金融机构钱庄和外国在华银行。民国时期则主要是华资银行、外资银行和钱庄"。民国后最大的改变,是来自官方的借款已经消失,1890年招商局的官方借款清偿完毕后,维持招商局日常经营和周转的债务资金,主要来自资本市场上的借贷。只不过此期银行取代了过去的钱庄,成为招商局获取贷款的主要对象。"民国后招商局从华资银行中获得总数21笔贷款1453万余元,远远超过招商局的资本总数,与之相比,来自钱庄的3笔借款合计总数仅有62万余元,相比而言重要性大大下降。即使把1927年48家银行钱庄团抵押借款274万余元划出一半算作钱庄的贷款,再加上钱庄此后的3笔贷款62万余元在内,钱庄的贷款总数也不过200余万元,在民国后招商局所获贷款的数额中,处于最后垫底的数量最少的一位。"

第三,除从银行和钱庄处获得贷款外,招商局还向外资银行和洋行处获得融资贷款,晚清时期3笔,民国时期2笔,总次数不多,数额却很大。晚清和民国时期向外国银行和洋行的贷款带有"救急"的色彩,且数额巨大,如"民国十二年南北战争起衅,营业大受影响",因而向汇丰银行举债500万两。再一次是"民国十三年江浙战事发生,长江航运因而停航,继而北洋亦起战争,航运亦停,加之连年亏损,现款早已告罄"①,因此又向美商花旗银行告贷100万两。这两笔外资银行贷款,数额都相当大,汇丰的一笔更是数额惊人,且还贷期限也长达20年之久,可谓招商局近代外债史上数额最巨、时限最长的一笔借款了。

大生资本企业集团是以大生纱厂(设在南通)、大生二厂(设在崇明)、大生三厂(设在海门)等棉纺织企业为核心建立起来的民族资本企业集团,由晚清状元张謇等人创办。其第一家企业大生纱厂筹备于

---

① 上引均见国营轮船招商局编:《国营招商局产业总录》,1947年印行(非正式出版物),第14页。以下引文和内容可参见拙文《从轮船招商局的债款看近代中国的资本市场》,《社会科学》2012年第10期。

1895年,1899年开工投产。该厂开工投产时,资本只有44.5万两①。此后发展迅速,1910年时已拥有包括纺织、农垦、航运、食品加工、机械等行业在内的10多家企业,资产近300万两,是当时中国最大的民营企业集团;民国初年该企业集团继续发展,到1923年时已拥有40多家企业,控制的资本总计2 483万余两,各纺织厂拥有纱锭16万枚、布机1 340余台②。而且,南通的企业均直接或间接与大生有关系,这一点正如大生纺织公司查账委员会报告书中所说:"南通实业,咸肇始于大生,故其对内对外经济往来,咸认大生为主体。"③

大生企业兴起时,股本的筹集十分困难,不得不从一开始就不断向近代中国金融机构和各方寻求贷款。大生一厂从1895年开始筹办,直至1899年才得以开工,"前后五载,阅月四十有四,集股不足二十五万"④。在兴办过程中因股本难招、资金缺乏几次面临夭折的艰难处境⑤。也因此,在大生的历届账略中,均有记载向各方寻求借款的"调汇"⑥一项栏目,现将大生一厂从开办开始的第一届直到被银行团接管的第二十四届的"调汇"款目列表于下:

---

① 大生系统企业史编写组:《大生系统企业史》,江苏古籍出版社1990年版,第126页。以下简称《大生系统企业史》。其中包括领取官机折旧的25万两。

② 《大生系统企业史》,第204—208、143页。

③ 南通市档案馆、南京大学等编:《大生企业系统档案选编》,南京大学出版社1987年版,第179页。

④ 《大生纺织公司年鉴》,江苏人民出版社1998年版,第84页。另可参见拙文《从大生纱厂看中国早期股份制企业的特点》,《中国经济史研究》2001年第3期。

⑤ 大生一厂在招股集资中的种种艰难状况,1907年大生一厂在召开第一次股东常会会议时,张謇向各位股东作了回顾,并以经历"四险"的方式作了总结。见《大生纺织公司年鉴(1895—1947)》,江苏人民出版社1998年版,第78—86页。

⑥ "调汇"是大生纱厂向外筹借资金的一种说法。如大生分厂第一届说略中有:"(1907年)八月开股东会,十月开董事局会,议增股本二十万两,以利经营,而入股者仅六万余,不能不列为调汇以应用,而拆息洋厘之大,为近年所未有。若因此缩手不调,则更非工商营业之法⋯⋯"1908年9月15日大生分厂股东会议事录中也有"调汇有二法:一、各股东群力调助;一、将本厂机器房屋作抵押,可得巨款营运"的记载。见张季直先生事业史编纂处编:《大生纺织公司年鉴(1895—1947)》,第109、115页。

表 4-1 大生一厂前 24 届账略中"调汇"情况表　　单位：规元两

年　份	资本数	调汇数	各年支出调汇利息数	调汇数占资本总数百分比(%)	调汇利息支出在总支出中所占百分比(%)
光绪二十五年第一届	445 100	124 910.4	8 656.1	28.1	
光绪二十六年第二届	519 400	163 619.4	15 529.8	31.5	7.05
光绪二十七年第三届	569 500	296 514.2	19 057.1	52.1	7.38
光绪二十八年第四届	787 500	165 023.2	33 934.7	21.0	12.24
光绪二十九年第五届	1 130 000	594 230.1	60 712.6	52.6	18.12
光绪三十年第六届	1 130 000	558 397.6	82 164.6	49.4	16.04
光绪三十一年第七届	1 130 000	651 499.1	81 826.8	57.7	15.61
光绪三十二年第八届	1 130 000	1 036 131.6	152 489.4	91.7	23.52
光绪三十三年第九届	1 130 000	1 017 249.0	123 950.0	90.0	22.11
光绪三十四年第十届	1 130 000	1 178 045.3	105 495.7	104.3	19.92
宣统元年第十一届	1 130 000	1 503 957.4	107 019.0	133.0	18.19
宣统二年第十二届	1 130 000	1 282 153.6	108 185.7	113.5	19.53
宣统三年第十三届	1 130 000	861 146.1	101 774.0	76.2	19.05
民国元年第十四届	1 130 000	915 578.7	97 300.0	81.2	18.32

续 表

年　份	资本数	调汇数	各年支出调汇利息数	调汇数占资本总数百分比(%)	调汇利息支出在总支出中所占百分比(%)
民国二年第十五届	1 130 000	1 129 361.9	99 954.0	99.9	17.94
民国三年第十六届	1 130 000	979 384.8	122 095.8	86.7	19.65
民国四年第十七届	2 000 000	1 833 312.6	136 290.4	91.7	22.84
民国五年第十八届	2 000 000	1 836 574.5	197 599.7	91.8	22.19
民国六年第十九届	2 000 000	2 757 621.2	263 018.6	137.9	21.34
民国七年第二十届	2 000 000	2 545 334.9	348 687.6	127.3	26.10
民国八年第二十一届	2 000 000	2 547 592.4	398 681.4	127.4	23.97
民国九年第二十二届	2 500 000	2 986 145.5	445 931.5	119.4	26.38
民国十年第二十三届	2 500 000	4 016 602.9	584 770.1	160.1	29.07
民国十一年第二十四届	2 500 000	见说明1	1 002 745.7	372.3	43.82
合计		36 026 509.6	4 744 732		

说明：(1) 该届账略中没有出现"调汇"借入的款项数字，但有"借入抵押款(二厂押款在内)规银3 973 750.8 两"和"存借入信用款规银1 360 902.2 两"的记载，两者合计共5 334 653 两(该数字见《大生企业档案资料选编》，第152页)。(2) 原账略小数点后为三位，本表保留一位，一位后数字四舍五入。(3) "调汇数占资本总数百分比"一栏数字为笔者计算。

资料来源：资本数见《大生企业系统档案选编》，南京大学出版社1987年版，第159—161页。"调汇利"数和"支出调汇利息数"见《大生企业系统档案选编》各届账略(第2—146页)。"调汇利息支出在总支出中所占百分比"一栏数字见《大生系统企业史》第150—151页间插表。

从统计表 4-1 的数字中可见,作为大生资本企业集团主干的大生一厂,从成立开始直到第二十四届,每届财政结算都背负巨额债款。1899 年和 1900 年两届的贷款数占自有资本数的不到 50%,此后均超过自有资本的一半且有越来越多的趋势。到 1917 年第十九届后,每届的债款数均超过自有资本数,第二十四届债款数是自有资本数的将近 2 倍,不过这时,已是大生企业集团难以维持下去的时候了。

上海水泥厂是刘鸿生企业集团中主要的支柱企业,同时也是耗资最大和效益最好的企业。

上海水泥厂成立于 1920 年 9 月 19 日,资本总额银 120 万元,分作 1 200 股,每股 100 元①。随后在上海龙华购置地基,添置设备,经过三年的艰难筹备后于 1923 年 8 月正式开工生产。

但是,上海水泥厂从建厂开始就面临着一个巨大的困难,即资金不足,也就是筹建和营运水泥厂的资金短缺数额巨大。据 1922 年 8 月 13 日上海水泥厂第一届股东会议纪录中的说明,上海水泥厂"在开业前需用款二百万元,已为万不可少之数"。但是,"公司资本仅有 120 万元",为此,"董事会几次讨论、议决、追缴,还是不能解决"②。不能解决的原因是因为股东看到形势变化,大家都不肯拿出钱来。

很明显,上海水泥厂在筹办期间资金的短缺是一个严重问题,在招股增资这条道路走不通之后,向金融机构借贷就成为总经理刘鸿生解

---

① 《上海水泥厂第一全宗历史考证(1920—1937 年)》,上海市档案馆馆藏档案 Q414-1-502(2)。《刘鸿生企业史料》上册第 158 页也作:"资本总额 120 万元,分作 1 200 股,每股 100 元。"这里疑有误,似应为 12 000 股,因同资料书第 163 页表格 1924 年光刘鸿生的个人股份就有 6 633 股,加上他弟弟刘吉生 1 000 股,合计 7 633 股。其他股东合计 5 067 股,总计 12 700 股。故此前的 1 200 股应为 12 000 股。见《刘鸿生企业史料》上册第 163 页"刘鸿生刘吉生投资华商上海水泥公司股份比重"表。

② "奚安斋口述,1960 年 4 月",《刘鸿生企业史料》上册,上海人民出版社 1981 年版,第 163 页。

决上海水泥厂资金运营困难的最主要途径。

1922年11月18日,上海水泥厂与安康钱庄签订借款合同,"借用九八(规)元计三十五万两……言明以六个月为限期,利息按月一分照算"①。

这是上海水泥公司向金融机构借贷的开始,1923年5月,"以押借款项将于15日到期而急用之款甚多,为了驾轻就熟,由安康钱庄联合其它行庄合借规元六十五万两,仍照原合同条件续借一年","次年到期,又经展期一年,借款总额增至规元一百一十万两正"。1925年11月,"为了减轻借款利息,商得四明银行同意,以同一抵押品及担保品转向该行押借规元一百一十万两,期限一年。次年到期,改为九十五万两,继续押借一年"②。

下表统计的是到1933年为止上海水泥厂向钱庄、银行的主要借款状况。

表4-2 上海水泥厂向各钱庄、银行的主要借款统计表(1922—1933年)

借款日期	借款行庄名称	借款金额(万两)	借款期限	借款利息	股本总额(万两)	借款占股本比例(%)
1922年11月	安康钱庄	35	6个月	月息1分	120.0	29.2
1923年5月	安康联合其他行庄	65	1年	月息1分	120.0	54.2
1924年5月	同上	110	1年	月息1分	120.0	91.7
1925年11月	四明银行	110	1年	年息1分	120.0	91.7
1926年11月	四明银行	95	1年	年息1分	140.2	67.8

---

① "1922年11月18日华商上海水泥公司与安康钱庄签订的借款合同",《刘鸿生企业史料》上册,第164页。
② "上海水泥厂第一全宗历史考证(1920—1937年)",上海市档案馆馆藏档案 Q414-1-502(2)"9、财务情况"。

续　表

借款日期	借款行庄名称	借款金额（万两）	借款期限	借款利息	股本总额（万两）	借款占股本比例(%)
1927年11月	四明银行	95	1年	年息1分	150.0	63.2
1928年11月	四明银行	70	1年	年息1分	150.2	46.6
1929年11月	四明银行	70	1年	年息1分	163.3	42.9
1930年2月	四明银行	60		年息1分	163.3	36.7
1930年10月	四明银行	80	1年	年息1分	163.3	49.0
1931年10月	四明银行	80	1年	年息1分	163.3	49.0
1932年10月	四明银行	80	1年	年息1分	163.6	48.9
1933年2月	四明银行	80	1年	年息1分	163.6	48.9
1933年2月	中国企业银行	40			163.6	24.4

资料来源：前四栏数字见"上海水泥厂第一全宗历史考证(1920—1937年)'9、财务情况'"，上海市档案馆馆藏档案Q414-1-502(2)。"借款利息"栏中钱庄和银行的利息数字见《刘鸿生企业史料》上册，第180页。"股本总额"栏中的数字1925年前来源为"上海水泥厂第一全宗历史考证(1920—1937年)"，1926年后数字为上海市社科院经济所中国企业史资料中心藏刘鸿记账房档案03-009："华商上海水泥股份有限公司第五期—第十五期贷借对照表(1926—1936年)"。"借款占股本比例(%)"栏中数字为笔者计算。

从上表的统计数字看，在这段时期里，上海水泥厂始终存在向金融机构的借贷，借贷资金1923年8月投产前就存在，投产后的头两年最多，借款占到股本的比例达91%以上，此后虽然随着股本的逐渐增多和银行借款的逐渐归还，使得借款数额有所减少，借款总数占股本的比例也在逐渐下降，但这些数字仍然证明这样一个事实，即上海水泥厂成立和投产的初期，借贷资金的有无对企业的生存与否有着决定性意义。而且，上海水泥厂还是刘鸿生企业集团中表现相当突出和盈利状况相对稳定的企业，这从下表的数字中可以得到证明。

表 4-3　1930—1936 年刘鸿生企业集团中
各主要企业的盈亏状况　　　　单位：万元

年份	上海水泥厂	合组公司	东京煤球公司	中华煤球公司	中华码头公司	章华毛纺公司	华东煤矿	大中华火柴公司	中华企业银行
1930	7.6			−6.4		−8.8		23.9	
1931	48.3	40.0	1.9	3.8		−1.8	−15.4	54.6	2.6
1932	43.8	25.7		−2.0		−11.6	−2.1	41.5	10.0
1933	54.3	3.6		−4.9		−6.4	12.0	6.2	11.5
1934	70.0	26.5	8.7	−1.2	−13.5	5.3	11.7	−42.6	12.1
1935	6.5	27.0	4.0	0.05	−4.2	2.5	6.7	−50.7	11.1
1936	38.4	11.8		−2.4	−13.0	50.2	1.4	83.8	8.9

说明："合组公司"是指刘鸿生与开滦矿务局合组的开滦上海售品处和开滦码头经理处的合称。该公司 1931 年的收益 40.0 万元是 7—12 月的盈利。见《刘鸿生企业史料》中册，上海人民出版社 1981 年版，第 24 页。

资料来源：根据上海社科院经济所编《刘鸿生企业史料》上册、中册有关数据整理编制。转引自徐新吾、黄汉民主编：《上海近代工业史》，上海社会科学院出版社 1998 年版，第 196 页。

此后该公司借款始终存在且大多数时候占到股本数一半左右的事实，同样证明来自金融机构的借款在上海水泥厂的生产和运营中占有举足轻重的重要地位①。从这个意义上说，借贷资金是上海水泥厂生存

---

① 1936 年，据兴业银行调查刘鸿生企业集团财务负债状况的报告称，刘鸿生企业集团的"负债总数达五百万元，内中欠各银行四百万，其他各户一百万，每年负担利息约需五十万，再加每年开支约计二十五万，则每年共应支出七十五万。而资产方面，固定收入不过二十万，不可靠之收入约四十万，因股份、地产无利者多，生利者少。往年以开滦售品处之盈余为大宗进益，尚不觉经济周转之困难。现既逐年减退，则付息发生问题，还债更无希望。似宜及早整理，以清担负，否则愈拖愈重，殊可虑也"，该份报告指出，刘鸿生企业集团的财产价值"无行市可以根据，若以每年收入作比例计算，约值六七百万"。为此，该份报告建议"本行借款为保障本息计，有增加押品之必要"（"1936 年浙江兴业银行报告"，《刘鸿生企业史料》中册，第 41—42 页）。关于上海水泥厂债务的有关问题，还可参见拙文《从上海水泥厂看 1937 年前中国民间资本企业集团内部的资金问题》，收入田岛俊雄、朱荫贵主编：《中国水泥业的发展：产业组织与结构变化》，中国社会科学出版社 2011 年版。

运营的生命线,应该不是夸大。

1932年至1939年间,学者王宗培曾对上海与苏、浙、冀、鲁、晋、皖、鄂、豫、川等九省及香港地区的100家企业进行了资本及结构等的调查,这些被调查的100家企业中,"制造事业约占7成,其他不及3成"。同时,王宗培将这100家企业按照资本数额大小划分为4个等级,自有资本在300万元以上者为第一级,共24家;资本在100万至300万元者为第二级,共31家;资本在50万元至100万元之间者,为第三级,共22家;资本不足50万元者为第四级,共23家。为使分析时更加准确起见,王宗培再将这100家企业中曾经公开面向社会吸收存款者、企业借款和存在款呈冻滞者以及新设立或改组后的公司排除,留下78家公司。下面就是原有的100家公司和经过调整后的78家公司中借款及存款对自有资本的比较表。

表4-4 被调查企业中借款及存款对自有资本之比较表

等 级	家数	未调整前之100家企业数字		家数	调整后之78家企业数字	
		自有资本	借款及存款		自有资本	借款及存款
第一级(300万元以上)	24	100.00	67.35	15	100.00	52.97
第二级(100万至300万元)	31	100.00	60.45	26	100.00	55.82
第三级(50万至100万元)	22	100.00	99.72	17	100.00	75.06
第四级(50万元以下)	23	100.00	83.80	20	100.00	88.39
平均	100	100.00	68.08	78	100.00	56.29

资料来源:王宗培:《中国公司企业资本之构造》,《金融知识》第1卷第3期,1942年5月。转引自陈真编:《中国近代工业史资料》第4辑,第64页。

从上述表格中的数字可以看出,未调整前的100家企业,所负债款

(包括借款和存款)最低占自有资本的 60% 多,四个等级企业所负债款平均下来占自有资本的 68%;经过调整后的 78 家企业情况稍好,所负债款稍低一些,在 50% 以上,四个等级企业所负债款平均下来比没有调整的企业要低一些,占自有资本的 56%。

这个统计表无论从地域还是时间上来看,应该说都具有相当的代表性。此后,李紫翔在《四川经济季刊》第一卷第三期发表《我国银行与工业》一文,内中有 1941 年和 1942 年他们调查 121 家重要工业企业的资产负债情况,这 121 家工厂所处行业和资产负债情况如下表所示。

表 4-5　1941—1942 年 121 家工矿业资产和负债情况统计表

单位:千元

产业别	家数	净值		负债	
		数目	所占百分比	数目	所占百分比
总计	121	426 679	38.97	668 250	61.03
水电工业	3	32 597	45.63	38 845	54.37
冶炼工业	8	73 207	52.58	66 025	47.42
金属制品工业	2	3 081	69.18	1 373	30.82
机器制造工业	22	36 650	31.52	79 610	68.48
电器制造工业	1	313	48.41	333	51.59
木材及建筑工业	3	4 478	32.18	9 437	67.82
土石品工业	8	45 632	60.73	29 504	39.27
化学工业	32	57 727	52.81	51 587	47.19
饮食品工业	9	23 616	39.53	36 125	60.47
纺织工业	16	86 538	23.50	381 716	76.50
文化工业	1	902	49.02	930	50.98
矿业	16	61 938	45.98	72 765	54.02

资料来源:李紫翔:《我国银行与工业》,《四川经济季刊》第 1 卷第 3 期,转引自陈真、姚洛编:《中国近代工业史资料》第一辑,第 773 页。

从上表的数据可见,战时工业资本具有这样一些特点:借款占到资本平均的 61.03%,最低的金属制品工业为 30.82%,最高的纺织工业为 76.50%,多数工业的负债水平在 50%—70% 之间,与战前王宗培的调查相比,依赖借入资金维持生产的情况并没有改变。可以说,没有借入资金,任何工业生产都无法进行下去。

上述的这些状况,均可以证明当时的中国企业中,负债经营是一种普遍现象。

二、负债经营出现的原因

那么,为什么会出现这样一种普遍的负债经营现象呢?可以说,造成这种现象的原因绝非简单的一两句话可以说清楚。追根溯源,应该与以下的几种因素有密切关系。

众所周知,近代中国新式企业并非自己社会母体中自然孕育而出,而是诞生于西风东渐,列强凭借坚船利炮强力冲击和打开中国大门的时代环境中,是在一种被动和较为突然的情况下诞生的。整个社会需要一个对其认识和接受的过程。因此,即使在朝野呼吁与列强"商战",新开设的新式企业在筹备时也打着"分洋商之利,立自强之基"等口号,可是愿意投资参与兴办新式机器工业企业的国人依然疑虑重重,对其性质功能和在与西方企业竞争中是否能够获利摇摆不定,这种状况必然影响到新式企业的股份筹集。例如轮船招商局是北洋大臣李鸿章向皇帝直接请求,得到"奏准"开办的企业,可是在 1882 年之前,成立已经十年的企业 100 万两资本金却始终难以收齐。

开平矿务局是晚清洋务运动时期成效较为明显的企业,光绪三年(1877 年)总办唐廷枢拟定的招股章程中说:"拟集资八十万两,分作八千股,每股津平足银一百两。……定于注册之日先收银十两,即给第一期收票。光绪四年正月再收四十两,即发第二期收票,以便购办机器。其余五十两,限四年五月收清,即将两期收票缴回,换发股票,以便开办。"但直到光绪六年九月时,开平矿务局只招到"股本三十万两,现已多用十万两有零"。"此时再筹垫十四万两挑河,实为心力不逮"①,在分几期收股的情况下仍然难以达到筹资目标。

又如张謇创办的大生纱厂自光绪二十一年(1895年)九月开始筹办,至二十五年(1899年)四月开工试生产,"首尾五载,阅月四十有四"②。在这四十四个月中,大生筹集的总资本金为445 100两。其中领用张之洞之前购而搁置不用的折旧官机折价25万两,剩下的195 100两中,还包括地方公款41 900两,真正面向社会招集到的商股资金只有153 200两,到开工为止,距离预定的招集商股25万两的目标还有相当大的差距。在此期间,招股困难导致的资金不足始终是该企业最突出和最困难的中心问题,多次使得大生纱厂到了夭折的边缘。因为招股难,张謇曾尝试了种种办法,在开工之前的四十四个月中,大生纱厂的体制就经历了商办、官商合办和绅领商办三个阶段,根本原因就是因为资金难以筹措而不得不改变体制③。上述第一节中,刘鸿生的上海水泥厂开办时资金不足,不得不向金融机构借贷方得以开工的窘境也是一个典型例证。

种种迹象表明,近代中国资本较为贫弱,加上国人对新式机器企业和组织运行有一个认识过程,因而导致一段时期内招股难,不得不需要借贷资金应付设立和开工时的各种需要,进而出现负债经营。

除此之外,负债经营现象的出现和存在还与传统中国商事习惯有关。中国是一个有着几千年不间断文明传统的古老国家,在经济领域中同样形成了有自身特色的传统和商事习惯。前已说过,近代中国的新式企业是在一种西力冲击、被动和较为突然的情况下产生的,在这种背景条件下,继承和融合一些传统的商事习惯是很自然的事情。其中,

---

① 《开平矿务创办章程案据汇编》,转引自孙毓棠编:《中国近代工业史资料》第一辑下册,第629、641页。
② 张季直先生事业史编纂处编:《大生纺织公司年鉴(1895—1947)》,第32页。
③ 大生系统企业史编写组:《大生系统企业史》,第18—19、10—15页。

传统商事习惯在利润分配时的"官利"制度,应该说就与负债经营模式的出现有着密切的关系。

"官利",又称"官息",也称"正息"或"股息",与"余利""红利"对应称呼。"官利"分配制度的特点在于:其一,不管是谁,只要购买了企业股票成为股东,就享有从该企业获取固定利率——"官利"的权利,而不管该企业的经营状况如何。其二,这种固定的官利利率一般以年利计算。其利率虽因企业情况和行业领域不同而有差异,但大体19世纪七八十年代是年利一分,清末一般在八厘,20世纪二三十年代降低到六厘。因为必须支付官利,所以企业年终结账,不是从利润中提分红利,而是先派官利,然后结算营业利益。不足,即谓之亏损;有余,则再分红利(红利在这里被称为余利或直接称呼红利)。其三,只要股东交付股金,官利即开始计算。虽工厂尚未建成开工,铁路尚未建成开车,官利也需支付。由于企业在没有利润的情况下也需支付官利,所以常常"以股本给官利",或"借本以给官利"①。由于"官利"制度具有这些性质,所以股东与公司的关系,就不仅仅只是单纯的企业投资人的关系,而是投资人兼债权人。股票的性质也不仅仅只是单纯的证券投资,而同时又兼有公司债券的性质②。

由于"官利"分配制度中重要的一点是:只要股东交付股金,官利即开始计算。虽工厂尚未建成开工,铁路尚未建成开车,官利也需支付。因为企业在没有利润的情况下也需支付官利,故常常"以股本给官利"或"借本以给官利",所以一个企业在筹备开办时,如果一次招集较多的股金,其中有部分暂时搁置不用,这部分搁置不用的股金也要照付"官利",对于企业来说就会成为不合算的事情。因此,"官利"制度的存在是许多企业招

---

① 张謇:《大生崇明分厂十年事述》,见《张謇全集》第三卷"实业",江苏古籍出版社1994年版,第209页。

② 关于"官利"的性质、特点及其影响等,可参见拙文《引进与变革:近代中国企业"官利"制度分析》,《近代史研究》2001年第4期。

募股金时分期收进的重要原因之一。例如光绪九年七月初十日,《申报》刊登的"开办邢内银煤矿务局启"中就说:"本局议定召集股银四十万两,作为四千股,每股合上海豆规平一百两,分两期收进,先收五十两,以资开办。余俟银煤开旺,叚积运售不敷周转,再行定期续收。""以收到五十两为始,按年一分起息……"①上引开平矿务局的招股情况也是同样如此。

再如徐州利国驿煤铁矿之例。该矿"原禀集五千股……即先按五十万之数通盘筹划。于是购买煤田、厂基若干顷,租认铜、铁、铅、石官山数十座,采买木植、砖瓦,起造局厂、房屋,购运机器,并制备一切应用生材,扩充举办。计算以上用款,皆可陆续开支,则认定股银,何必一时收足?与其收而待用、虚縻子金,不若随用随收,更为谨慎。故于鸠工开井之际,所按者五千股,所收者不足三分之一"②。

这种"与其收而待用、虚縻子金,不若随用随收,更为谨慎"的心态,"本少固难周转,本多亦恐搁置"③的处置措施,当外界出现金融动荡或经营环境出现改变,有些此前答应入股的股东反悔不再缴纳股金时,企业就只能靠借贷继续维持和开办。近代中国这种情况出现过多次,上述徐州利国矿务局就是一个典型事例,这也是负债现象出现的很重要的一个原因。

长此以往,这些做法延续和发展到 20 世纪二三十年代时,已逐渐成为这样一种普遍做法,即企业在创办之时,其筹集的资金和运用的经费,只计算固定资本数,而流动资金则依靠借贷筹措,这是负债经营现象逐渐形成模式的重要根源。

第三,近代中国新式企业诞生后,其生存环境是一个需要与帝国主义外来强大资本和本国封建政府掠夺进行斗争的艰难环境。尽快扩展

---

① 《开办邢内银煤矿务局启》,《申报》光绪九年七月初十日,转引自孙毓棠编:《中国近代工业史资料》第一辑下册,第 1099 页。

② 《申报》光绪十一年三月十八日,转引自孙毓棠编:《中国近代工业史资料》第一辑下册,第 1112 页。

③ 《湖北鹤峰矿务局启事》,《申报》光绪十一年四月二十五日,转引自孙毓棠编:《中国近代工业史资料》第一辑下册,第 1154 页。

规模,获取规模经济效益,是这时期新式中国企业在与外商相抗进行商战、谋求生存发展形成规模的重要原动力之一。但是,要尽快发展并形成规模,必然要采取某些超常规的措施和手段。其中,利用来自金融机构的贷款扩大企业规模,就是一种经常被使用的做法。但是,这种做法也必然增加了负债经营现象的产生和借贷的规模。

19世纪末至20世纪二三十年代,中国经济发展中一批民间资本企业集团快速崛起。也因此,这段时期被中外研究者称为中国资产阶级发展的黄金时代[①]。

这些企业集团发展迅速,大多数起步于19世纪末至第一次世界大战爆发时期,如张謇大生企业集团中的骨干企业大生纱厂1895年起步,1899年投产;孙多鑫、孙多森的通阜丰企业集团的阜丰面粉厂起步于1898年;荣家企业集团的保兴面粉厂起步于1901年;周学熙企业集团接办启新洋灰公司为1906年;范旭东永久黄化工企业集团的第一家企业久大精盐公司成立于1914年;郭乐、郭泉兄弟创办的永安企业集团起家的永安百货公司1907年成立于香港,1918年进入上海;刘鸿生企业集团中的第一家企业苏州鸿生火柴厂创办于1920年,等等。经过第一次世界大战时期的发展,到30年代,大部分中国民间资本企业集团已经形成。

这些企业集团的另一个特点是规模大,在各自的行业里都有相当影响。这里可以举几个统计数字以见一斑:1919年,周学熙企业集团中启新洋灰公司一个企业的销量就占国产水泥总销量的100%。1924年,启新洋灰公司的资本额占全国水泥业资本总额的55.7%,占全国水泥业生产能力总数的33.62%,占国产水泥业生产能力的43.4%[②];1930

[①] 这方面的研究成果很多,代表者如吴承明、江泰新主编:《中国企业史》(近代卷),企业管理出版社2004年版,第390页;又如白吉尔:《中国资产阶级的黄金时代(1911—1937)》,张富强等译,上海人民出版社1994年版等。

[②] 上海社会科学院经济研究所编:《刘鸿生企业史料》上册,上海人民出版社1981年版,第169页。

年,刘鸿生企业集团的大中华火柴公司在中国火柴市场上的生产比重占22.43%,销售比重占22.25%[①];1932年,荣家企业在除东北以外的全国纺织和面粉行业中的地位是:纱锭数占19.9%,线锭数占29.5%,布机数占28.1%,绵纱产量占18.4%,棉布产量占29.3%,工人数占17.5%。茂新和福新面粉厂在全国面粉系统中所占比重为:资本数占35.3%,粉磨数占30.7%,面粉生产能力占31.9%,当年实际面粉产量占30.7%,工人数占23.4%[②]。如加上孙多森、孙多鑫兄弟经营的通孚丰集团所属的阜丰面粉集团的生产能力,则荣家企业集团的茂新、福新系统加上孙家的阜丰系统,两家面粉企业的生产能力就占到全国除东北外面粉生产能力的40%以上[③]。

这些企业集团的资本一般都在数千万元,如大生企业集团在1914年至1921年期间在企业方面的投资总额达到1 244.3万两,如果再加上盐垦公司的投资,"则大生资本集团所控制的资金总计达2 480余万两"[④]。且这些企业集团的资本增长速度都很快,荣家企业集团1923年全部企业的自有资本为1 041万元,可仅过10年,到1932年时就增加到2 913万余元,较1923年时增加了179.8%[⑤]。刘鸿生企业集团1920年创办第一家企业苏州鸿生火柴厂时投入资本只有12万元,此后历经十余年,到1931年时企业投资(包括公司股票、合资股份和船舶码头三项)已达740多万元[⑥]。

---

① 《刘鸿生企业史料》上册,第154页。
② 上海社会科学院经济研究所编:《荣家企业史料》上册,上海人民出版社1980年版,第285、286页。
③ 据上海市粮食局、上海社科院经济所等编《中国近代面粉工业史》(中华书局1987年版)第201页记载,1936年时日生产能力达51 599包,"占全国民族资本面粉工厂的日生产能力452 218万包的11.3%"。
④ 大生企业编写组编:《大生系统企业史》,第109页。
⑤ 《荣家企业史料》上册,第269页。
⑥ 据刘鸿记账房资料整理统计,转引自马伯煌:《刘鸿生的企业投资与经营》,《社会科学》1980年第5期。另见《刘鸿生企业史料》"前言"。

这些企业之所以迅速扩展规模,是因为它们在内外压力之下寻求生存和追逐利润时,认识到生产和资本集中具有规模经济利益。例如,刘鸿生在总结了与瑞典火柴业主进行商战的经验后指出:"吾国火柴业在瑞商竞争之下,风雨飘摇,有岌岌不可终日之势,自弟发起荧昌、中华、鸿生三厂合并为大中华之后,对内渐归一致,于是对外始有占优势之望,足见合并一事,为吾火柴业今日谋自立之要图,非此即无从对外而维持其生存也。当此对外竞争剧烈之日,自应群策群力,团结一致,厚植我之势力,以与外商相抗,始能立于不败之地。"①

荣氏企业集团领导人在总结多年办厂经验时同样认为,"纱厂至少要在三万锭以上,才有竞争力"。他们在报告中指出:"默察世界大势,知纺织一业非有多量产额,不足与外商相颉颃……盖产额愈多,则进料、销货亦愈便宜;而管理、营业各费也愈节省也。"②他们认为每收买一家纱厂,就减少一个竞争对手,同时也增强了自己的竞争力。荣宗敬曾说:"我能多买一只锭子,就像多得一支枪。"③

为达此目标,他们采取了多种手段。其中通过内部积累滚动以及联营合并就是常用的手段之一。下表就反映了1937年全面抗战前上海部分企业通过兼并手段扩张的情况。

表4-6 抗战前上海企业集团中兼并企业组成情况统计表

企业集团名	生产企业总数	其中兼并企业数	兼并企业占生产企业总数的百分比(%)
申新纺织公司系统	9	5	55.6
永安纺织印染公司	7	3	42.9
福新面粉公司	8	2	25.0

① 《刘鸿生企业史料》上册,第139页。
② 《荣家企业史料》上册,第254页。
③ 许维雍、黄汉民:《荣家企业发展史》,人民出版社1985年版,第310页。

续 表

企业集团名	生产企业总数	其中兼并企业数	兼并企业占生产企业总数的百分比(%)
阜丰面粉公司	6	3(系租办公司)	50.0
美亚织绸公司	13	4	30.8
大中华火柴公司	8	2	25.0
大中华橡胶公司	8	3	37.5
五洲药房公司	5	2	40.0
共计	64	24	37.5

资料来源：引自黄汉民、陆兴龙：《近代上海工业企业发展史论》，上海财经大学出版社2000年版，第73页。

在此兼并联营的过程中，必然大大增加对资金的需求，因此这段时期，通过各种方式筹集资金成了各家企业的普遍做法，对内对外借贷也就自然成了题中之义。1927年到1931年4年的时间里，荣家企业的负债总额从1 721万余元增加到4 091万余元，增加了137.8%。其具体的做法可见表4-7。

表4-7 1927—1931年荣家企业负债增加的具体情况　　单位：千元

项目	1927年底	1931年底	1931年较1927年增加%
借入款	9 860.48	14 733.20	+49.4
透支银行钱庄	4 901.45	17 426.54	+255.5
各厂存款	705.35	611.88	-13.3
各庄、批发处存款	182.85	1 524.40	+733.7
储蓄部往来及活存	1 304.27	6 205.32	+375.8
暂时存款	255.99	417.83	+63.2
合计	17 210.39	40 919.17	+137.8

资料来源：上海社科院经济研究所编：《荣家企业史料》上册，第257页。

从上表的数字中可见,1931年与1927年相比,仅仅四年时间,荣家企业的负债数就翻了一倍多,达到4 000多万元。来源包括各处的借贷、透支钱庄银行、该企业设立的储蓄部吸收的存款以及总公司下属各厂的存款等。其中增长最快的是来自各庄和批发处的存款,但绝对数字最多的却是借入款特别是透支银行和钱庄的债款,两者相加达到3 100多万元。为了从钱庄、银行等金融机构处得到融资帮助和支持,荣家企业负责人尽可能与金融机构保持紧密关系,荣宗敬就曾以个人名义向多家钱庄投资,其中有投资额可查的钱庄和银行在1931—1932年期间就有"信康钱庄、荣康钱庄、汇昶钱庄、振泰钱庄、生昶钱庄和统原银行,投资额共在25万元以上"。荣宗敬曾说:"我搭上一万股子,就可以用他们10万、20万的资金。"①

同时荣宗敬还是中国银行和上海商业储蓄银行的董事。正因为有这样的身份,荣家企业获得了很多金融机构的贷款,表4-8的数字就有力地证明了这一点。

表4-8　荣家企业总公司向银钱业借款的增长及上海、中国两银行在借款中所占的比重(1929—1931年)

年份	总公司向银钱业借款余额		其中借自:			
	金额(千元)	指数(1929年=100)	上海银行		中国银行	
			金额(千元)	占总额(%)	金额(千元)	占总额(%)
1929	18 730	100.0	486	2.6	694	3.7
1930	28 223	150.7	3 403	12.1	3 208	11.4
1931	32 112	171.4	5 361	16.7	4 347	13.5

资料来源:上海社科院经济研究所编:《荣家企业史料》上册,第273页。

从表中的数字中可以看出,1929年至1931年期间,荣家企业的负

---

① 许维雍、黄汉明:《荣家企业发展史》,第87页。

债数字中,上海银行和中国银行占据了债款的大头,不用说,这与荣宗敬是这两家银行的董事有密切的关系。需要注意的是,在扩充企业规模解决对资金的大量需求时,除向金融机构大量借贷外,向社会直接吸收储蓄也是一种重要的手段,向社会直接吸收储蓄比起向金融机构贷款,往往利息支出还要更加节省。例如荣氏企业集团1928年准备设立"同仁储蓄部"面向社会吸收储蓄存款时,设立的理由中,除"可免受制于人、仰承金融资本家的鼻息"外,还有"估计每年可节省利息支出二十万至三十万元"[1]的预测。

通过以上分析,已经可以大体了解到近代中国企业中普遍存在负债经营现象的原因以及具体状况了。

第二节 近代中国工商企业直接面向社会吸收储蓄

吸收社会储蓄,在现代人习惯了的观念里,是金融机构而且只有金融机构才具有的专利。可是,传统中国社会中却并非如此,而是众多行业具有的共同权利。其中,普通企业商号吸收社会储蓄存款,从明清以来,已经具有几百年的传统,并发展成民间约定俗成的不成文金融制度[2]。到了近代,特别是到了20世纪20年代后期和30年代初,当经历过第一次世界大战期间的成长,已经具有了一定规模的中国近代工商企业为自己寻求更大发展空间,对资金需求更加旺盛之时,这种吸收社

---

[1] 上海社科院经济所编:《荣家企业史料》上册,第276页。
[2] 关于中国传统社会中众多行业吸收社会储蓄的情况,可参见刘秋根教授的研究。据他研究,早在明清时期,经营"存款"这种金融业务的现象,就在中国社会中普遍存在。除典当、钱庄、票号等金融机构经营存款外,"也有一般工商店铺如盐店、布铺、米铺、杂货铺、珠宝铺等兼营的存款",甚至"一些在地方家产殷实且经济信用较好的财主有时也接受他人寄存,并付给薄息"。见刘秋根:《明清高利贷资本》,社会科学文献出版社2000年版,第138、139页。

会储蓄的传统也随之出现了新的变化和发展。

一、普通公司商号吸收社会储蓄在 20 世纪 20 年代后期出现的变化及发展

普通公司商号吸收社会储蓄虽然具有悠久的历史传统,但是,从 20 世纪 20 年代后期开始,这些公司商号吸收社会储蓄的方式和规模却出现了前所未有的变化与发展。

这些变化与发展中,通过报纸等传媒刊登广告公开进行大张旗鼓的宣传鼓动,为自己招揽社会储蓄造势是前所未有的特点之一。对此,当时人王志莘在其所著《中国之储蓄银行史》一书中就曾指出:"我国商家如银楼绸庄粮铺典当等等,向多吸纳社会存款,以资营业上之运用周转,然都不公开招揽,系由相识戚友辗转介绍而来。……其以公开广告方法吸收存户储蓄者,民国以来甚多……"[1]

关于此种变化,上海商业储蓄银行 1930 年 3 月 20 日发给上海银行公会的信函中也指出:"迩来沪上各商号如中国内衣公司、世界书局、中法药房等,均以储蓄两字为增加营业资本之唯一方法,假报纸广告大事宣传,不惜诱以厚利,多方招徕,甚至大世界游戏场亦添设各种储蓄存款以固厚其营业上之实力。因之沪上储蓄机关之多竟自汗牛充栋。"该信函忧虑重重地指出:"诚恐此端一开,日后商店无论大小皆将以储蓄为主要业务,其资本不必筹措,尽可以厚利吸收……"[2]

事实确实如此,当时上海主要中文报纸《申报》上就经常出现各种公司商号吸收储蓄存款的广告。这里仅以 1928 年 4 月一个月的《申报》广告为例试为观察:

1928 年 4 月 1 日《申报》第十三版刊登有上海"大世界游览储蓄部

---

[1] 王志莘:《中国之储蓄银行史》,新华信托储蓄银行,1934 年 9 月,第 319 页。
[2] "上海商业储蓄银行致上海银行公会函",上海市档案馆藏上海银行公会档案(以下简称上档)S173-1-203,第 20—21 页。

存款章程"的招揽储蓄广告。这则广告就是一例典型和详细的企业招揽吸收储蓄的章程,具有一定的代表性:

大世界游览储蓄部存款章程

甲、活期储蓄:大洋一元即可储存,满一百元期足一个月者赠游券一张,多则类推。利息按月7厘,每半年复利一次。

乙、零存整取:每月存洋五元(每户五十元为限),月赠游券二张。定期三年期满取本利二百十元,六年者五百二十六元,九年者九百九十二元。

丙、整存整取(只赠游券,不计利息),一百元为一份(每户以十份为限),定期一年每份每月赠游券五张,多则类推,期满还本。二年者月赠游券六张,三年者月赠游券七张。

丁、整存整取(既赠游券,又给利息),存洋一百元,月赠游券二张,定期一年期满取本利一百十元,二年者一百二十四元,三年者一百四十元,五年者一百八十元。

戊、逐月付息:存洋一百元,逐月付息。月赠游券一张,定期一年,每月支息八厘,三年者九厘,五年者一分。

己、对本对利:存洋一百元定期七年,到期取本利洋二百元,每月赠游券二张,多则类推。

庚、子女嫁娶:存洋二百元,定期十五年,备将来子女嫁娶之费。期满取本利洋一千元,每年赠游券四十张。

辛、长券存款:存洋一千元,定期一年,年息八厘,赠长年游券一张。

注意:本储蓄部办公时间下午二时至十时,电话:中央六〇七。①

此后,在《申报》1928年4月1日后的全月各天第十三版上都可以

---

① 《大世界游览储蓄部存款章程》,《申报》1928年4月1日。

持续见到这则广告,以后也经常反复出现,直到1930年12月8日的第九版上仍然可以看到其标题和具体条文稍有修改的广告《大世界存款游览部存款章程》。

4月5日《申报》第一版的整个上半部是以各种图案和大小艺术体字组成的企业吸收储蓄的广告,其中最醒目的一行艺术体大字是"中法药房、九福公司、中西药房合办百龄储蓄会开创纪念",下面用较小的字体向读者宣传:"人皆以康健多财为乐,欲康健者,宜常服百龄机以资调补;欲多财者,宜节浮费而注重储蓄。此百龄储蓄会之所由起也。"接着该广告进一步宣传百龄储蓄会:"百龄储蓄会由九福公司、中法药房、中西药房三大公司联合创办,以三大公司之全部资本,保本保息,各营各业,各收各付,而三大公司共同负责。财政公开,办法妥善。开创伊始,特别赠品两星期。"并特别说明"可以专人送上,以省储户往返之劳"。为吸引储户踊跃存储和多存储,下面还有一个"特别赠品"的诱惑,内容是:"在纪念期内定期存款一百元者,赠大号百龄热水瓶一只,中西出品花露精一瓶;满二百元者,得前列赠品两份外,加赠罗威出品孩儿面一大瓶。"①

但令人印象最深刻的却是4月21日第一版全版刊登的世界书局读书储蓄部创立的大幅广告。该广告用整整一个版面的篇幅宣传和鼓动社会大众参加"读书储蓄部"储蓄。该广告打出的宣传中心,是"读书作为知识储备,储蓄作为经济储备"。该书局的广告词确有迎合社会大众心理,能够抓住人心之处,如:"赠言:种瓜得瓜、种豆得豆,及早储蓄,终生无忧","读书:一日有一日之益;储蓄:一年多一年之利","唯读书才能成名,唯储蓄才能得利","读书储蓄,是最进步的储蓄新法","读书储蓄,是成名得利的捷径"②,等等。在宣传鼓动的同时,该广告还以参

---

① 《中法药房、九福公司、中西药房合办百龄储蓄会》,《申报》1928年4月5日。

② 上引均见《世界书局读书储蓄》,《申报》1928年4月21日。

加储蓄可以获得购书"宝洋书券"和赠送"百宝箱"的方式进行诱惑劝导,可谓"劝之以情,动之以利"。

通过这些类别繁多、花样翻新的广告词,可以看出这些公司商号进行宣传鼓动和招揽吸收社会储蓄资金的方式主要有两条:一是以高利揽存;二是以广告词打动人心再加上赠送各种礼品,以达到招揽储蓄的目的。这是这期间普通公司商号吸收社会储蓄与过去相比不同的第二个新变化。

从公开许以高利来看,除百龄储蓄会因许诺赠送百龄机补药因而利息不是很高(活期"逐月给息四厘",定期从"半年逐月付息五厘"到定期五年"逐月付息七厘半"不等)[①]外,大世界游览储蓄部和世界书局读书储蓄部在活期储蓄方面都是七厘;定期方面,大世界游览储蓄部正如上述刊登的章程中所言,分别设置了零存整取、整存整取(又分只赠游览券不计利息和既赠游览券又给利息两种)、逐月付息、对本对利、子女嫁娶、长券存款等多个品种。其中,从"定期一年期满取本利一百十元,二年者一百二十四元,三年者一百四十元,五年者一百八十元"[②]来看,一年期的利率最低,但也达到了年息一分。

世界书局读书储蓄部同样在定期方面设立了整存零取、按月支息、零存整取、整存整取、对本对利等不同方式,存款数额和利息息率的规定各不相同,其中"最低之一年期利息,统扯有一分三厘八毫,期长者利息愈厚"[③]。与此相比,笔者查到的同年同月同在《申报》上刊登广告的上海银行业的储蓄利率都比这些商号企业吸收储蓄的利率低。例如,上海汇通商业储蓄银行1928年4月21日在《申报》上刊登的广告中,活期储蓄的利率是周息五厘,定期储蓄中存本取息者一年的周息只有八

---

① 《中法药房、九福公司、中西药房合办百龄储蓄会》,《申报》1928年4月5日。
② 《大世界游览储蓄部存款章程》,《申报》1928年4月1日。
③ 《世界书局读书储蓄》,《申报》1928年4月21日。

厘,五年者才有一分①。上海正元银行 1928 年 4 月 3 日在《申报》上刊登的广告中活期储蓄同样是周息五厘,定期储蓄一年的利率只有周息七厘,三年的才有九厘②。不论活期还是定期,银行的存款利率都比公司商号低。两年之后的 1930 年中国内衣公司储蓄部打出的广告中,活期存款是年息八厘,定期存款是年息一分,同时还有"分派红利,赠优待券,常年特价"的权利③。而同年同月中国兴业银行储蓄部刊登的广告中甲种活期储蓄的年息为四厘,乙种活期储蓄的年息为五厘,定期整存整付的一年期利率为八厘④,同样比不上中国内衣公司储蓄部的高利率。

至于赠品,与上述这些公司商号五花八门的赠品广告词相比,从同期银行业的广告词中还没有发现有赠品相送的内容。

还需强调指出的是,在这些公司企业招揽社会储蓄的大幅广告连续多天反复刊登在报纸上,借以扩大影响的同时,银行打出的广告却很少,即使出现,广告的篇幅、内容和宣传手法,也远远不能与这些企业的广告相比⑤。

这期间普通公司商号吸收社会储蓄出现的第三个变化,是这些公司商号纷纷成立专门的储蓄部招揽吸收社会资金。关于此点,王志莘在《中国之储蓄银行史》一书中指出,"先施永安新新中原等百货公司、中法中西等药房、九福公司、同昌车行、ABC 内衣公司、大世界等,均曾有储蓄部之设。先施永安两公司之储蓄部开办于民国七年,新新公司者开办于民国十五年,中原公司者开办于民国二十年,同昌车行之储蓄

---

① 《上海汇通商业储蓄银行广告》,《申报》1928 年 4 月 21 日。
② 《上海正元银行广告》,《申报》1928 年 4 月 3 日。
③ 《利国利民 A.B.C.红利派股储蓄》,《申报》1930 年 6 月 14 日。
④ 《中国兴业银行储蓄部》,《申报》1930 年 6 月 15 日。
⑤ 如刊登在 1928 年 4 月《申报》上的银行广告中,只有 3 日有上海正元银行和 21 日有上海汇通商业储蓄银行的两条广告,两条广告的字数都不超过二百字,内容也十分简略,更没有出现过有奖储蓄和赠送礼品等招揽顾客的广告语。

部与中法中西两药房合办之妇女美德储蓄部则开设于民国十九年"①。著名的荣家企业在面粉厂达到12家、纱厂达到6家的1928年,也成立了专门经营储蓄的同仁储蓄部②。

那么,这期间企业商号为什么要大张旗鼓地吸收社会储蓄呢?也就是说,促使这期间企业商号吸收社会储蓄的直接动机是什么?我们可以通过这些企业自己的说法来回答这个问题。

在南京政府1930年颁发禁止企业商号吸收社会储蓄的禁令后,中国内衣公司在《申报》上刊登启事时谈到该公司吸收储蓄的动机:"本公司前因出品供不应求,而大事扩充,因欲保持股东利益而不招股份",因而"增设储蓄部以一百五十万之资产保障三十万元之存款……"③先施公司成立储蓄部吸收储蓄"办理之宗旨","一为便利向敝公司购货,各户不必临时携带现款,只需携带储款存折,可将购货各款随时提取,免去购户携带现款之危险;二为提倡公司职员之储蓄,所得月薪,不致浪费……"④同昌车行设立"储蓄购车部"的原因是,"本行为推广国货脚车,普及社会交通计,希望存户尽量提倡,俾本厂之业务更兴,而存户之利益更厚"⑤。中法中西两药房合办储款部,"原意为推销化妆品而起……"⑥荣氏企业集团1928年准备设立"同仁储蓄部",面向社会吸收储蓄存款时,设立的理由中,除"可免受制于人、仰承金融资本家的鼻息"外,还有"估计每年可节省利息支出二十万至三十万元"⑦的预测。

显然,为企业商号自身发展筹资、吸引稳定顾客、推销产品和减少

---

① 王志莘:《中国之储蓄银行史》,新华信托储蓄银行,1934年9月,第319页。
② 参见《茂新福新申新总公司三十周纪念册》,1929年1月编印,"附:劝告同仁储蓄宣言"。
③ 《中国内衣公司启事》,《申报》1931年3月1日。
④ 《普通商店不得兼营储蓄》,《大公报》1931年3月1日。
⑤ 《同昌车行储蓄购车部、信用存款部开幕通告》,《申报》1930年12月6日。
⑥ 《普通商店不得兼营储蓄》,《大公报》1931年3月1日。
⑦ 上海社科院经济所编:《荣家企业史料》上册,第276页。

利息支出等因素,是近代中国企业商号直接向社会招揽吸收储蓄存款的重要原因。

那么,这些纷纷成立的储蓄部经营情况如何呢? 这里可以永安公司银业部和荣家同仁储蓄部为例略作观察:永安公司银业部在1931年的"营业全盛时期,存款额高达六百四十万元"①。荣家企业同仁储蓄部1928年成立当年就吸收到储蓄147万余元,以后逐年增加,1931年达467万余元,1933年又增加到521万余元②。

但是,普通公司商号招揽吸收社会储蓄资金特别是各种专门储蓄部纷纷设立,且储蓄额大幅增加的状况,必然给当时的社会金融秩序带来不小的冲击,也必然引发社会集团的利益冲突,这种利益冲突,正是30年代初南京政府颁发禁止企业商号吸收社会储蓄资金禁令的直接引发原因。

二、1930年南京政府颁发禁止企业商号吸收储蓄禁令

首先向普通公司商号吸收社会储蓄现象发难的是上海银行公会,第一个向上海银行公会提出这种请求的是上海商业储蓄银行。

1930年3月20日,上海商业储蓄银行致函上海银行公会,函中首先指出,"提倡储蓄为银行之业务,处此国民经济道德两皆幼稚时代,储蓄一端自为当务之急,既以启发平民节俭之美德,复为异日经济上之援助",该银行信函在列举上海一系列企业商号吸收社会储蓄的现象后,认为这种现象"不特侵犯银行营业,且易扰乱社会金融",更重要的是,"设或彼辈收受巨额存款后一倒了事",除会使"平民汗血积储之金钱顿化乌有"外,还必然会连累银行,对于银行储蓄业的前途"发生巨大影响",该信函认为银行业不能对此现象置之不理。该银行在信函中要求

---

① 上海社会科学院经济研究所编著:《上海永安公司的产生、发展和改造》,上海人民出版社1981年版,第76页。

② 上海社会科学院经济研究所编:《荣家企业史料》上册,第277页。

银行公会对此事进行干预,要"呈请财工两部予以取缔",并要求银行公会"于会议时讨论施行……"①

上海银行公会在接到上海商业储蓄银行的信函后两天,即迅速给予了回复,在复函中,该会除表示上海商业储蓄银行的建议"切中时弊"外,还提出了对于要求当局马上取缔此事的耽忧以及应对的举措。该会认为"唯在储蓄银行则例章程未经正式颁定以前,一旦呈请取缔,恐当局亦难以着手,而一有迁延,势必成为悬案",因此"为求简捷起见,爰经议决,先行组织一储蓄银行则例章程研究会,函请各行遴派富有储蓄经验人员参与研究,并推定叶扶霄先生为该项研究会招集员,务于最短期间将则例章程拟妥,然后呈请财工两部依法取缔,庶收事半功倍之效"②。同日,银行公会致电各会员银行,要求推举代表讨论储蓄银行则例章程。电文中指出,推举代表讨论和拟妥储蓄银行则例章程,然后呈请财工两部正式颁布取缔普通商号企业吸收社会储蓄一事,对于"巩固储蓄前途"十分重要,因此,函请各会员银行"查照并希推定代表,即日上复以利进行……"③

在经过一番紧锣密鼓的准备后,1930年4月9日,上海银行公会以公会的名义,向南京国民政府财政部呈递了要求保障银行储蓄限制冒滥的呈文,呈文中指出:"乃查尔来沪市各商号如世界书局、中法、中西药房、中国内衣公司、先施永安新新等百货公司等等,甚至大世界游戏场竟以兼办储蓄为招揽营业之揭橥,宣传广告触目皆是,一时相习成风。"该呈文要求:"窃念大部主持计政,于民生利病早有维护之方,所有储蓄事业应如何申明保障,限制冒滥之处,伏祈裁酌明令施行,实为公便。"④

看来,上海银行公会做了周密准备的呈文是起了作用的,接到此

---

① "上海商业储蓄银行致上海银行公会函",上档 S173-1-203,第 20—21 页。
② "上海银行公会函电稿:致复上海银行",上档 S173-1-203,第 22—23 页。
③ "上海银行公会函电稿:致各会员银行",上档 S173-1-203,第 27 页。
④ "上海银行公会呈文",上档 S173-1-203,第 4—8 页。

呈文不到十天,4月18日,南京政府财政部就以钱字11437号发布了致工商部及各省市政府的咨文,下达了查禁商号企业吸收社会储蓄的禁令:

> ……查本部对于办理储蓄业务限制綦严,凡各银行专办或兼办该项业务,非呈经核准不得营业,所以保障储户安全,巩固平民生计至为慎重。乃近来各省市地方每多普通商店,亦假借名称擅营储蓄,而以上海一隅为最甚。如九福公司之百龄机储蓄,世界书局之读书储蓄,先施、永安等百货公司亦莫不兼营储蓄。五花八门,无奇不有。既未经呈准有案,其资金之多少与夫储金如何运用,概不得知。收收者尽人民之膏血,设一旦有亏倒事情,则受害者何可胜计。实与社会安全、人民生计关系至巨。该公会呈称各节,自系洞见症结之言。本部职责所在,亟应切实查禁,以杜后患。除分咨外,相应咨请贵部转行一体查禁,贵省市政府切实查禁,并希将办理情形见复为荷。此咨 工商部 各省市政府。①

同日,财政部长宋子文还签名回复了上海银行公会一封内容几乎完全相同的批文②。

"擅营储蓄"以"上海一隅为最甚",那么上海市政府是怎样对待来自南京政府财政部的禁令的呢?我们发现,以1931年2月25日为界,前后情况大不相同。

在此日期之前,虽然上海市政府已经接到南京政府财政部禁止普通商号企业吸收社会储蓄的禁令,但除了将南京政府财政部的禁令分函转发"上海租界当局、特区地方法院并令行市社会、公安等局"外③,几

---

① 财政部财政科学研究所、中国第二历史档案馆合编:《国民政府财政金融税收档案史料》,中国财政经济出版社1997年版,第669页。
② "批上海银行公会",上档 S173-1-203,第16—19页。
③ 上海市政府秘书处编辑《上海特别市政府公报》第五十八期,第85页,1930年6月30日。上海图书馆近代文献阅览部缩微卷号 J-0042,第五卷(以下非注明者均同)。

乎没有什么大的动作。在1930年4月到1931年2月的10个月时间里,从上海市政府发布的公报中,可以看到上海市政府所做的有关工作仅有如下数项:5月15日,批驳了持志储蓄会呈请备案要求获得合法身份的报告①;6月4日,"函请商人团体整理委员会查明未经注册而兼营储蓄业务之商店,在租界内究有若干,同时令九福公司等四家将办理储蓄情形详细呈复……"②;6月16日,因世界书局储蓄部向南京政府财政部申报"以银行名义,请求注册",南京政府财政部认为,"该世界书局为求兼办储蓄,不惜假借名义,趁势招摇,足见该行之设立,专为接办世界书局之读书储蓄,并非实在经营银行业务","该世界书局既违法营业于前,复趁本部严行取缔之际,竟敢以银行名称来部蒙请注册,实属不合。除批斥外,相应咨请贵市政府查照,即希转知租界当局,严饬该书局不准兼办储蓄业务,并将各户储金分别清偿具报,以维法纪而杜效尤……"③在这里,上海市政府仅仅扮演了一个被动的转发批文机构的角色。更有意思的是,7月5日,上海市政府将上海市建设讨论委员会委员长虞和德要求"中央公布储蓄专章"的议案转发给财政部,"请大部核办"④。

从这些迹象来看,上海市政府对于查禁公司商号吸收社会储蓄一事并不热心。

再从报纸刊登的广告来看,与颁布禁令前并没有什么变化。但是,这种现象到1931年2月25日以后出现了明显的变化:各种企业商号吸收储蓄的广告一下子都消失了,之所以发生这种变化,是因为2月25日《申报》上刊登了由上海市社会局发布的措辞严厉的禁止公司商号吸

---

① 《上海特别市政府公报》第五十五期,第8页,1930年5月30日。
② 《上海特别市政府公报》第五十七期,第43页,1930年6月20日。
③ 《上海特别市政府公报》第五十八期,第85页,1930年6月30日。
④ 《上海市政府公报》第六十期,第55—56页,1930年7月20日。上海市档案馆档案号(以下简称上档)Y2-1-397。

收社会储蓄的禁令。

禁令除规定各公司企业储蓄部"限一个月内将各户储金,逐一清还"外,并发出警告:"事关奉令取缔,毋得视为具文,致干未便,切切此令。"①

对于普通公司商号吸收社会储蓄,上海市政府的态度为何会突然发生急剧变化?原来,创办"大世界游览储蓄部""中法中西药房"和上海"日夜银行"的,都是一个叫做黄楚九的宁波商人,这个人在1931年1月19日突然死亡,一时引起储户恐慌挤提和债权人起诉,随后司法机关介入,日夜银行和大世界储蓄部都被清算。日夜银行和大世界游览储蓄部的"债权人大都妇女劳工及零星储户",而且,有"一万余户之债权人参加诉讼……"②由于这些债权人"多系中下社会,所有微薄存款,全恃为目前生活之资"③,而"被告之日夜银行及大世界游览储蓄部完全停止给付"④,因而酿成风潮。这一点也被代表黄楚九家属清理遗产的律师在报告书中所证实:"日夜银行、大世界游览储蓄部停业之主因,系为楚九君之死亡,一时人心恐慌,风潮恶劣,继承负责者畏缩不出,素认维持者难再援手,以致黄氏家属束手无策,坐认惨败。贫苦存户,同受影响。事之可慨,情之可哀,莫甚于此……"⑤

上海关于黄楚九去世引发的金融动荡,也引起了南京政府实业部的注意,1月25日,《申报》刊登了"实业部注意日夜银行清理,昨电令沪社会局迅为妥慎清理,未经核准之有奖储蓄一并取缔"的报道,指令该局"凡有未经呈奉核准,擅营储蓄事业并利用社会弱点,以厚利及有奖办法,吸收平民零星储款者,须严加取缔……"⑥

---

① 《普通商店兼营储蓄之取缔》,《申报》1931年2月25日。
② 《潘局长谈市府办理日夜案方针》,《申报》1931年2月15日。
③ 《日夜银行案分年偿还计划之反响》,《申报》1931年3月10日。
④ 《日夜银行债权人起诉》,《申报》1931年3月13日。
⑤ 《谭毅公律师代表黄楚九家属清理遗产报告书》,《申报》1931年3月20日。
⑥ 《实业部注意日夜银行清理》,《申报》1931年1月25日。

上有南京政府财政部的禁令,下有黄楚九去世引发的社会风潮,上海市政府对待企业商号吸收社会储蓄态度的转变,原因正在于此。

那么,在上海市政府发布如上所述措辞严厉的禁令后,企业商号吸收社会储蓄的现象能够得到遏止吗?

下面我们接着分析这个问题。

三、禁令颁布后各方的反响

上海市政府颁布的这道禁令,对上海商号企业以及上海以外地区产生的影响,天津《大公报》记者曾在2月25日发回对此禁令颁布后实地采访后的报道(3月1日见报),我们可以通过此报道进行大致的了解:

普通银行不得兼营储蓄

上海通讯:以普通商店而兼营储蓄,其事甚为不当,因其基础不固,日吸收中下社会之零星储金,以为其经营资本,其营业稍有亏损,即足惹起风潮,动摇社会秩序。徒以政府法令不备,一般投机商人因有利可图,兢营是业,以吸收一般平民之血汗。此项兼营储蓄之商店,在上海已指不胜屈,各埠亦多起而仿效。闻天津各百货公司中亦有类似之设置,即属一例。政府近鉴于黄楚九之事,因大世界暨日夜银行之营储蓄,致使一般社会受害不小,渐知普通商店兼营储蓄之非,决予取缔。上海市政府近奉财政部咨请,当经饬令市社会局从严取缔,社会局当尊令饬各兼营储蓄之公司商店,即日停止收款,并发还储金,限一个月内结束……①

在将上海市社会局的取缔令全文刊登之后,该报纸还将记者采访各主要吸收社会储蓄的公司商号对此禁令的态度进行了报道。

---

① 《普通银行不得兼营储蓄》,《大公报》1931年3月1日。

此时，对外发布了措辞严厉禁令的上海市政府内部，又是如何看待这件事情的呢？对此，我们可以从上海市政府、上海市社会局与南京政府财政部之间来往的公文中看出一些眉目。

1931年3月9日，上海市政府在转复南京政府财政部的咨文中，透露了上海市社会局提出的忧虑："各该商店兼营储蓄固属违法，然操之过激，一部分商号或竟因之倒闭，自非兼筹并顾之道。"①

此后，3月31日，上海市社会局又将其在办理取缔商号企业吸收储蓄的过程中无法解决的四点疑义向上海市政府呈报，请求给予解答。这四点疑义的主要内容为：

其一，申办银行者"奉部批照准"后，"往往不遵定章呈请当地主管机关备案，财政部又未能将已经核准注册银行按期通知"，出现"本市中外银行前经职局调查计有八十二户"，但是"曾奉财政部通知核准注册者仅有二十四户"，因此，"对于其余各银行究应如何办理"？其二，"普通银行与储蓄银行尚未奉有分别规定明文"，那么，"已经呈请注册之普通银行是否即可兼办储蓄？"而"未经呈请注册之银行而兼办储蓄者，应否视同商店擅营储蓄之例加以取缔？"其三，"已经承准兼办储蓄之银行，其组织属于有限公司性质，对于储蓄部份是否仅负有限责任抑仍须负无限责任？"其四，"普通商店以存款部相号召吸收款项为营运之资本，或并不设立存款部而以信用关系平民自愿存放款项，此实历来商界有此习惯，应否另定商店存款办法，以资依据抑或听其自然？"因为，社会局认为，"未经承准擅营储蓄之公司商店，既经奉令严加取缔，而于银行办理之储蓄事业，如依照银行组织之性质不负无限责任，其危险实更甚于普通商店之兼营储蓄，似宜另定储蓄法或储蓄银行则例，俾有保障而资遵循"。再加上上海一地还有外国人开办的"万国储蓄会以及中法

---

① "上海市政府咨第1248号"，《上海市政府公报》第84期，第86页，上档号Y2-1-417。

储蓄会,均以有奖储蓄为号召,吸收储户存款为数之巨尤骇听闻"。为此,社会局曾经"迭向财政部陈述厉害,未蒙采纳"。"查万国储蓄会现在储户号数已达十二万有零,每月每户储银十二元,月收已达一百五十余万元,年计达一千八百余万元。俟十五年期满,该会操纵金额将达三亿元之巨。况该会号数与日俱增,十五年后或尚不止此数。中法储蓄会储户数额虽犹不及,然流弊亦属相等,而有奖储蓄应否特许尤成问题。揆诸前工商部令取缔工商储蓄会有奖储蓄,则似应在一并取缔之列,况该两会由外人经营,绝未以正当手续依法注册……"上海市政府认为,社会局所"呈疑义各点,尚非过虑"。因此,"究应如何规定俾便依据,理合据情备文转呈……"①

显然,在执行取缔企业商号吸收社会储蓄的过程中,碰到的实际情况远比想象中复杂,再加上取缔中国而不取缔外国吸收社会储蓄的机构,又明显有失公平。因此,在种种难以解决的矛盾和困境中,4月27日,上海市社会局从就商人习惯之中略寓限制之意出发,拟具了变通办法三条:"1 各商店收受存款不得登报招揽;2 各商店收受存款之数目不得超过原有资本额之几倍;3 存户非相知有素或亲友介绍者商店不得收受存款。如是,则普通商店之收受存款既与擅营储款者以示区别,而商业习惯上亦不致受何影响。"②

5月15日,在上海市政府转达南京政府财政部对上海市社会局所拟变通意见三条的回复中,南京财政部的意见是:"查社会局所拟变通办法三条,系为限制兼营储蓄仍保持商人习惯起见,用意固善,惟一三两条尚应酌予修改:第一条改为各商店不得登报招揽存款;第三条改为各商店非其亲友以彼此信用关系自愿存放者外,不得收受

---

① "上海市政府呈第 353 号:为据社会局呈报取缔擅营储蓄沥陈疑义转呈鉴核示遵由",《上海市政府公报》第 86 期,第 64—65 页,上档号 Y2-2-419。

② "上海市政府咨第 1402 号:据社会局呈以奉令取缔商店收受存款案拟具变通办法三条转请查照见复由",《上海市政府公报》第 89 期,第 73 页,上档号 Y2-2-422。

存款。至第二条拟由政府明白规定存款之额数,不啻承认其收受存款,显与银行法之规定及取缔兼营储蓄之原意不符,应予删除。"①

从以上叙述的史实过程中可以看出,在南京政府的要求下,上海市政府虽然发布了措辞严厉的禁止企业商号招揽吸收社会储蓄的禁令,但在现实情况下,种种实际情况特别是近代中国资本市场不发达,工商企业自筹资金的传统迫使上海市社会局在执行过程中一再要求变通和后退,最后,除了不得通过登报招揽吸收社会储蓄这一点外,其他方面的限制性条款都已经成为空文。

也就是说,最终结果是除了不允许商号企业在报纸上刊登广告招揽吸收社会储蓄这一点外,其他形式的储蓄不仅可以继续存在,而且还可以得到政府的鼓励。

第三节　民间筹资的其他表现形式

在近代资本市场上难以得到更多支持时,除了向民间金融机构融资、直接吸收社会存款等方式外,中国近代企业还有一些措施和手段同样被经常使用,在企业快速扩张形成规模的过程中发挥着重要作用。

一、企业的"红利转股"

其中经常被运用的方式之一是"红利转股"。这里以第一次世界大战后棉纺织业的发展为例进行分析。

棉纺织业是近代中国最重要的新式工业企业,第一次世界大战前后是中国近代棉纺织业发展最快的时期。在此时期中,张謇创办的南通大生纱厂于1899年投产,1907年建成二厂,1915年又在海门创设三厂。荣

---

① "上海市政府训令第8309号:为财政部咨复关于取缔商店收受存款变通办法三条,一三两条尚应修改,第二条应予删除等由转行遵照办理由",《上海市政府公报》第91期,第10页,上档号Y2-2-424。

宗敬、荣德生在上海创设的申新纱厂于1916年投产,次年购买了恒昌源纱厂,改为申新二厂;1919年在无锡设申新三厂,1921年在汉口设申新四厂。到1922年,申新共有纱机134 907锭、布机1 615台,资产总值达1 591万元。后来申新更扩充为九个纱厂,成为棉纺织业中最大的资本企业集团。周学熙创办的华新纺织公司,于1918—1922年先后在天津、青岛、唐山、卫辉设立了四个华新纱厂,共有资本836万元,纱机108 000锭,成为北方的一大棉纺织资本企业集团。徐荣廷、张松樵、苏汰余等于1919—1922年创办武昌裕华纱厂和石家庄大兴纱厂,资本330万两,共有纱机50 844锭,布机400台。以后不断扩充,并创办西安大华纱厂,成为雄踞华中的棉纺织资本企业集团。郭乐、郭顺以600万元巨资于1921年在上海创办永安纺织公司,次年投产,有纱机30 720锭,后来又收买大中华纱厂,并创办永安三厂、四厂,成为仅次于申新的最大棉纺织资本企业集团①。

在棉纺织业企业快速扩张发展的过程中,如果说向金融机构融资、直接吸收社会资金是企业面向外部运用的金融手段,那么,从企业内部获取资金进行扩张则是各企业普遍采用的内部手段和措施。

中国近代最大的棉纺织企业集团荣家企业中的申新系统,1916年时自有资本为21.7万余元,到1923年增长为656.3万余元,1932年则增长为1 802.2万元②。自有资本增长如此之快的原因之一,是不断把企业盈余红利转为股本。例如,申新纺织一厂将1918年为止的"盈余红利三十万元加入股本",1919年的"盈余红利八十万元,提出三十万元分派外,尚余五十万元,添加股本,合足一百五十万元……"1920年盈余红利洋九十七万五千元,提出七万五千元分派外,"尚余九十万元,添加股本,合足二百四十万元"。1921年又将"盈余红利洋六十万元,添加股本,合足三百万元"③。

---

① 见各企业史料。转引自许涤新、吴承明主编:《中国资本主义发展史》第二卷,人民出版社1990年版,第866、867页。
② 上海社科院经济所编:《荣家企业史料》上册,第111、266页统计表。
③ 同上书,第112页。

这种"除发股息外,一般不发红利给股东,盈余不断滚下去,用来扩大再生产,如象烧肉,老汁水永远不倒出来"①的做法,是当时棉纺织业企业成功扩张的普遍做法。例如,大兴纺织公司"红利本应照分,因各厂金融困难,可为前鉴。故决议不分,以固根本……未分之红存放公司,按月1分2厘生息,并非空存……"就与申新的做法基本一样②。

南通大生纺织企业集团的做法则稍有不同,截至1923年,大生纱厂除一、二两厂外,还建成了三厂和八厂(后称副厂)。这样大生纺织企业从1899年的一个厂扩展到了四个厂,"资本增加近16倍,纺锭设备增加近7倍,固定资产增加近18倍"。"大生扩张新企业首先是由老厂投资,不足再进行招股,招股不足再由老厂贷款维持。如二厂就是先向一厂借了20余万两才开车的。而三厂开车更宕借一、二两厂大宗款项。"③除将先开纺织厂所赚的红利作为后开棉纺厂的资本外,还将大笔款项拨给棉纺以外的其他项目如盐垦事业、公用事业等作为开办费和维持经费。例如1920年大生第一、第二棉纺织厂就将"上届截存余利,计一厂五十万两,二厂二十万两,合计七十万两,拨入中比(比利时)航业贸易公司,作为股本"。另外还将"两厂上届余利,每股百两应得五十两内扣入淮海银行股份十元"④。

二、发行"公司债"

除了上述这些措施外,发行公司债也是当时一些公司从内部扩大积累进行自身扩张的做法。公司债分为向内发行和向外发行两种。

---

① 上海社科院经济所编:《荣家企业史料》上册,第111页。
② 裕大华纺织资本集团史料编辑组编:《裕大华纺织资本集团史料》,湖北人民出版社1984年版,第57页。
③ 《大生系统企业史》编写组:《大生系统企业史》,第142、150页。据张季直先生事业史编纂处编:《大生纺织公司年鉴(1895—1947)》,第155页,民国九年股东会议事录记载,大生第一、第二两厂"所入第三厂股本各二十万两"。
④ 张季直先生事业史编纂处编:《大生纺织公司年鉴》,第156页。

向内发行的典型例子如 1926 年 9 月 28 日裕华纺织公司召开股东会,董事提议发行公司债并获得通过。提议认为,该公司现有股本银 156 万两,4 万纱锭、500 布机。但到当时为止,地皮、建筑、机器、器具等共值银 280 万两,两相比较,差异甚大。此外营运一项,流通资金即需百余万两。之所以开业以来运转尚为顺利的原因,一是购买的机器借款是分年偿还;二是因企业收有各存户的多数存款,因而股本虽少,尚不拮据。现在企业逐年盈余项下,股东应分红利和以特别公积名义收存公司之款,截至本届止,亦有 100 万两。此项早应如数付给股东之款,因公司内外债款太巨,不能不暂时收存,藉资维持。但此款收存公司,虽是按月 1 分生息,并不亏待股东,但股东有此巨款,却无凭据在手,不足以昭信守。故建议遵照公司条例第四章第七节规定,发行公司债 156 万两,与股票总数相等。将存特别公积之 100 万两拨为公司债基金,不符之数,拟从公司债发行之日起,按月于公司盈余项下提出 2 万两,拨入公司债基金内,以便按年支销。如此办理,股东前应得红款,既有票面可持,而债票本息有着,亦能信用昭著,一举两便。此项公司债发行规则,以及还本付息办法如下:

(一) 本债票定名曰:武昌裕华纺织股份有限公司公司债。

(二) 本债票分甲、乙、丙、丁、戊五种。计每张甲种银 1 万两,乙种银五千两,丙种银一千两,丁种银 500 两,戊种银 100 两,共计总额洋例纹(银)156 万两整。

(三) 本债票利息定为月息 1 分。

(四) 本债票与公司股票相连,如有转让及抵押等事,不得分开。

(五) 本债票一律记名式,如有遗失及过户情形,概依本公司股票章程办理。

(六) 本债票发给利息,每年分夏历 3 月底、9 月底两次,均盖章为记。

(七)本债票从发行之日起,每年3月底还本十分之一,分10年还清。利随本减,本息付完,即行收回。

但公司如遇金融充裕,可以随时提前还本,倘因营业困难,或时局关系,则还本付息日期均得酌量延缓。

(八)本债票编列号数,由公司董事长、经理署名盖章,并加盖公司图记,以昭信守。①

这种在公司内部发行公司债的做法,当时并非只有裕大华纺织集团实行,刘鸿生企业集团中的上海水泥厂1933年发行企业内部债券"红利存卷"一事,与此有异曲同工之处:

在上海水泥厂的发展过程中,通过内部积累扩展实力的举措,并非只有将股东红利公积转作资本这一种办法。通过把分配给股东的红利转而发给企业内部债券——红利存券,实现不分红利进而扩大企业营运资金的目的,是上海水泥厂内部扩展实力的又一种办法,同时这种办法还可减少股东对分红不多的抱怨。在20世纪中国民间企业的发展进程中,这种存券很有特点和代表意义。因此,这里作稍微详细一点的介绍。

1933年5月21日,上海水泥厂第十二届股东常会上提出了一份发行"二十一年度股东红利存券"的议案。关于发行红利存券的原因,议案指出:"本公司自归还银行借款银四十万两后,现金已不甚宽裕,而厂中急需添置之各项设备需款尚多。二十一年度分配案内,红利一项为数尤巨,如果分派现金势非增加借款不可,似此办法,不特与上届股东常会希望减少借款,使公司基础日臻巩固之决议有所抵触,且举借分红亦非经济原则所许。"因此,"拟将本届红利概行填发存券,俾公司金融股东利益得以双方并顾"。议案提出的发行办法共有七条,主要内容为:

第一条:本公司二十一年度各股东应得红利,拟依本办法填发

---

① 裕大华纺织资本集团史料编辑组编:《裕大华纺织资本集团史料》,第58、59页。

存券,合计国币二十四万五千七百九十元正。

第二条:本存券定于二十二年七月一日发行,周息八厘。自发行之日起息,每六个月结付一次。

第三条:本存券自发行日起,由本公司于二年内斟酌经济情形,随时通知持券人凭券兑现,但遇必要时,得经董事会决议后,将兑现时期酌量展延之。

第四条:持券人接到本公司兑现通知书后,应自指定日期起,在存券上盖用原印鉴,连同通知书送交本公司验明兑现,利息结至指定日期之前一日为止。

第五条:本存券概为记名式。如有遗失,应即向本公司声明作废。并登载广告三天。如经过六十日后不生轇轕者,得取具殷实保单,连同所登广告,送经本公司查核无误,补领新券。

第六条:本存券如遇转让时,其受让人应以本公司股东为限,并须向本公司登记。

股东常会在议决时,除将第三条"本存券自发行日起,由本公司于二年内斟酌经济情形,随时通知持券人凭券兑现"中的二年改为一年外,"余照原提案通过"①。

1934年12月17日,上海水泥厂发布启事,启事内容为:"二十二年度股息红利,除不满一百元之零数发给现金外,其余概作股本",此次"应行照案改作股本之股息红利,计共三千五百零三股,连旧股合共一万九千八百八十九股"②。

也就是说,1933年,上海水泥厂将245 790元股东红利通过发行红利存券留存在公司,1934年,又将股息红利3 503股共350 300元转为

---

① 上引内容均见上海社科院经济所藏刘鸿记账房档案03-002,"华商上海水泥股份有限公司第十二届股东常会记略"。
② 上海社科院经济所藏刘鸿记账房档案03-002,"华商上海水泥股份有限公司启(二十三年十二月十七日)"。

股本,加上上面已经提到的1936年12月8日董事会提出五十万元历年积存公积转为股本一事,仅从1933年至1936年的四年时间内,上海水泥厂就将1 096 090元股息红利通过内部积存的办法转成了股本,内部积累资本的速度相当之快。

以上所述,是近代中国企业在本身资本不足的情况下,通过内部发行公司债或红利存券的方式挖潜扩展,以增加资本、增厚实力而采取的措施和办法。

如果企业本身有扩充计划,或企业经营遭遇困难,需要大笔资金解决,而本身又缺乏利润无法内部集资时,能够考虑解决的办法还有一种,就是对外发行公司债券。从理论上而言,对外发行公司债有如下好处:第一,如果成功发行公司债,可以得到长期资金,易于周转;第二,如果增发股份,是永久性质,而发行债券,可以到期归还;第三,如果是举借押款,需要提供相当的抵押品,而且要迁就债主提出的条件,而发行债券,可以公开招请一般人士参加投资,易于举办;第四,从投资者角度而言,债券本息有一定保障,偿还期限也事先有所规定,而且一有缓急,可将债券转让他人,资金较为灵活。

但是要能够向外成功发行公司债,也并不容易。首先,要经营情况较好,有一定的发展前景,这样才可能找到愿意承接公司债的银行和钱庄等金融机构。其次,即使经过斡旋找到承接的金融机构,也要提供相应的抵押物品,有时还要受到一些条款的约束。例如民生轮船公司1935年发行100万元公司债时,与承接的上海金城银行、中国银行、交通银行、上海商业储蓄银行、中南银行、重庆聚兴诚银行、川康殖业银行、四川美丰银行组成的银行团订立的契约中就有如下的规定:"调阅甲方(民生公司)一切收支项目,参加审阅甲方本店之预算,并注意:(甲)非航业本身之投资如未得代表委员会书面之同意,一概停止进行,以期集中发展本业;(乙)重庆本店一切付款单据应由总稽核根据预算复核副署之;(丙)除各支店按照预算支付之款项应就地留用外,如有临时设计及购置之支出,于其陈请本店核定时,并须经总稽核之审核,此项审核应以甲款所定原则为准。""本契约第八条抵押品中之船舶应有全额吨数百分之六十以上,以上海及汉口为该船舶之船籍港,并应将全部船舶及其一应设备在各该管船籍港声请该管航政官署,以代表委员会为登记权利人为设定船舶抵押权之登记"。"前项全部抵押船舶应由乙方(银行团)验收承受移转占有后,仍出租与甲方使用,其危险责任任由甲方负责。"①

因为有种种限制和苛刻的条件,所以近代中国向外发行公司债的企业数量并不多,据《中行月刊》杂志1937年调查,截至全面抗战前,中国各种企业发行债券的情况如下:

表4-9 全面抗战前中国各种企业发行债券统计(不完全统计) （单位：千元）

公司名称	发行年度	利率	期限	发行金额	现存额
工业类					
启新洋灰兴业	1914年	年8厘	20年	1 562	—
启新洋灰七分利	1935年	年7厘	20年	1 900	1 800
永利化学	1937年	年7厘	10年	10 000	10 000
江南洋灰	1937年	年7厘	15年	1 500	1 500
美亚织绸	1936年	年8厘	5年	500	450
杭州纬成	1929年	年1分	5年	1 000	520
合计				16 462	14 270
交通事业					
江南铁路	1935年	年6厘	12年	3 000	3 000
民生实业	1935年	年1分	8年	1 000	930

---

① 中国人民银行上海市分行金融研究室编：《金城银行史料》,上海人民出版社1983年版,第436页。

续 表

公 司 名 称	发行年度	利率	期限	发行金额	现存额
三北鸿安（一）	1929 年	年 8 厘	7 年	3 500	—
三北鸿安（二）	1937 年	—	—	3 500	3 500
合计				11 000	7 430
公用事业					
闸北水电（一）	1934 年	年 8 厘	8 年	4 500	3 375
闸北水电（二）	1936 年	年 8 厘	6 年半	1 215	1 125
北京电车	1926 年	年 8 厘	11 年	1 500	960
合计				7 215	5 460
矿业					
中兴炭坑	1926 年	月 1 厘	6 年	2 000	
六河沟炭坑（一）	1934 年	月 1 厘	5 年半	1 500	1 500
六河沟炭坑（二）	1935 年	年 8 厘	11 年	2 500	2 500
大通炭坑	1936 年	年 1 分	6 年	700	511
合计				6 700	4 511

资料来源：《我国企业债券调查》，《中行月刊》第 14 卷第 4 期（1937 年 4 月）。转引自刘志英：《近代上海华商证券市场研究》，学林出版社 2004 年版，第 188—189 页。

从上表可知，在 1937 年抗战全面爆发之前，近代中国企业发行公司债的数量并不多。而且因为"我国以产业证券市场尚未完成，银行承受公司所发债券以后，大都全部自行购入，或将少数分售于银行熟稔之顾客"[①]，"根本未在上海证券市场公开交易"[②]之故，所以其在近代中国资本市场上的影响也很有限。

---

① 《公司债发行手续说明——交通银行设计处编（1936 年）》，刘志英选：《上海市档案馆藏近代中国金融变迁档案史料汇编：上海证券业》，第 121 页。
② 刘志英：《近代上海华商证券市场研究》，学林出版社 2004 年版，第 189 页。

下编

近代资本市场与企业的关系

19世纪末至20世纪30年代,中国经济发展进程中最为引人注目的现象,是一批民间资本企业集团的快速崛起。也因此,这段时期被中外研究者称为中国资产阶级发展的黄金时代。

　　这些民间资本企业集团的快速崛起和发展,是近代中国工业化的重要标志和最主要的构成部分,典型地体现了中国近代工业化发展进程中的某些重要特点。但是,在一向被认为资本较为贫弱而观念又相对保守的近代中国,这些企业集团快速兴起的过程中,资本问题是如何解决的?哪些因素发挥了决定性作用?这些快速崛起的跨行业跨领域的企业集团基础如何?是否稳固?如果不稳固,导致其不稳固的原因又是什么?显然,回答这些问题,不仅对深入研究中国近代企业集团,而且对研究和认识中国近代经济的发展也有着重要意义。但是,同样明显的一点是,回答这些问题,前提条件之一是必须对组成这些企业集团的单个企业进行深入剖析[①],从中探索这些企业的运行特点并进而分析这些由单个企业构成的企业集团的基础情况。因此,在下篇各章中,笔者考察的重点转入企业层面,选择轻工业、重工业、交通运输业以及传统合股业等领域中的典型企业或典型行业进行考察,力图通过这种对近代中国企业个体案例的较为具体深入的分析,考察企业与资本市场之间的关系,进而达到观察和总结近代中国工业发展路径特点与国情的目的。

---

① 以往对这些企业集团的研究,总体看还比较薄弱。已有的研究往往流于对整个企业集团的描述和分析,或着眼于制度演变,或着眼于其对内对外的制约因素等。对于企业集团中单个企业的分析和研究,特别是较为深入的经营管理和财务方面的研究,可以说还相当缺乏。

第五章
近代资本市场与轻工业发展

近代中国的工业化进程中,轻工业的地位和作用至关重要。纺织工业、食品工业、加工工业等领域的发展,很大程度上代表了中国工业化已经达到的程度和取得的成就。特别是棉纺织工业,可以说是近代中国工业化有所发展的最为成功的代表性行业。这里,我们就以棉纺织工业为例,观察该行业起步和随后发展阶段面临的资本市场状况和筹资时的社会环境。

第一节 大生纱厂的艰难发展之路

由晚清状元张謇创办的南通大生资本企业集团,是我国民间较早以股份制形式筹集资金创办的连锁企业集团,也是以棉纺织业为中心和骨干兴起的企业集团。这个企业集团从大生纱厂的创办开始起步。大生纱厂是构成大生资本企业集团的第一家企业,也是奠定大生资本企业集团基础和支撑大生资本集团的支柱企业。但是,大生纱厂在创办阶段的招股集资和历经的种种艰难曲折,相当典型地反映了近代中国资本市场的特点和中国经济结构从传统到现代之间转型的艰难。通过资本市场上筹资的艰难,同时也折射出近代中国社会经济结构中某些固有的"国情"。

一、大生纱厂的艰辛招股经历

在上篇中已提到,张謇创办的大生纱厂自光绪二十一年(1895年)

九月开始筹办,至二十五年(1899年)四月开车试生产,"首尾五载,阅月四十有四"①。在这四十四个月中,大生筹集的总资本为445 100两。其中领用湖广总督张之洞前购而搁置不用的折旧官机折价25万两,剩下的195 100两中,还包括地方公款41 900两。真正面向社会招集的商股资金只有153 200两,到开车为止,距离原定的招集商股25万两的目标还有相当大的差距。

在此期间,招股困难导致的资金不足始终是最突出和最困难的中心问题,多次使得大生纱厂到了夭折的边缘。可以说,大生纱厂的招股难,在近代中国民间资本早期创办股份制企业的过程中,是一个突出的例证。因为招股难,张謇曾尝试了种种办法,在开车之前的四十四个月中,大生纱厂的体制经历了商办、官商合办和绅领商办三个阶段,目的就是为了筹措资金②。因为招股难,大生纱厂的股东几经更换,旧股退出,新股难招,通董沪董,分分合合。因为招股难,张謇"一再求助于江鄂二督及桂道及凡相识之人",但成效却十分有限。署理江宁布政使桂嵩庆曾"许协助集股六七万"。张謇在与盛宣怀分领折旧官机,"与官定绅领商办之约","各领机二十五万"时,盛宣怀亦曾答应代张謇筹集流动资金。但当大生纱厂工程开始,"用款日繁日紧,而各路许入之股不至"时,桂嵩庆答应的钱却"屡催不应"。盛宣怀处同样是"久之寂然如桂",张謇"屡催屡请执约,告急之书,几于字字有泪",盛宣怀却是"百方腾闪,迄不应"③。因为招股难,张謇旅沪时"不忍用公司钱","卖字自给,驵侩黠吏阴嗤而阳弄之者比比皆是;然而闻谤不敢辨,受侮不敢怒……"④他在给刘坤一的信中倾诉招股集资的艰难时说:"三载以来,謇之所以忍侮蒙讥,伍生平不伍之人,道生平不

---

① 张季直先生事业史编纂处编:《大生纺织公司年鉴(1895—1947)》,第32页。
② 大生系统企业史编写组:《大生系统企业史》,第18—19、10—15页。
③ 《大生纱厂第一次股东会之报告》,《张謇全集》第三卷"实业",第83页。
④ 同上。

道之事,舌瘁而笔凋,昼惭而夜愧者,不知凡几。"①

1899年春,大生纱厂开工之前,也是资金最困难的时候,张謇为筹集工程扫尾、装机购花、清付利息等费用,"奔走宁沪,图别借公款,不成;图援湖北、苏州例,以行厂机器抵借,不成;告急于各股东,不答",而"上年汇款到期,若不还,则益失信用,后路且绝"。无奈张謇只好卖棉花应急,"以所收八万金之花渐次运沪售卖应付"。在四处碰壁的情况下,张謇再一次向江督刘坤一求援,此时张謇的处境是"哀于江督,则呼吁之词俱穷;谋于他人,则非笑之声随至"。在一筹莫展的情况下他只好向江督呼吁"另派殷富员商接办",但"函牍再上",回答却是"不可"②。"及至开车,所恃为运本者仅数万金",为勉强维持,张謇东挪西借,甚至以每月1.2分的高利向钱庄借贷③。即使这样,到新花上市时,依然是"资本已竭,危险万状"。此时,张謇"迭次函致各股东告急请援,迄无一答"。在万般无奈的情况下,张謇"乃复分告股东,拟将四年汗血所成之厂,出租于人",结果却仍然是"亦不答"。而拟将大生纱厂出租以摆脱困境的计划,也因"迭受议租人之挫折,实不能堪"④的原因而致告吹。张謇以堂堂状元之身,为筹备大生纱厂弄得焦头烂额,在走投无路之际,与一二朋友在上海"每夕相与徘徊于大马路泥城桥电光之下,仰天俯地,一筹莫展"。最后在不得已的情况下采纳助手沈敬夫的建议,走出破釜沉舟的"尽花纺纱,卖纱收花,更续自转"⑤的险棋,意外获利,才使大生纱厂得以存续并有了以后发展的基础。

上述大生纱厂招股集资过程中的艰难情状,在1907年大生纱厂第一次股东常会议事录中,张謇以经历"四险"的方式作了总结。但

---

① 张季直先生事业史编纂处编:《大生纺织公司年鉴(1895—1947)》,第23页。
② 同上书,第83页。
③ 参见大生系统企业史编写组:《大生系统企业史》,第16页。
④ 张季直先生事业史编纂处编:《大生纺织公司年鉴(1895—1947)》,第86页。
⑤ 《大生纱厂第一次股东会之报告》,《张謇全集》第三卷"实业",第86页。

是问题在于,大生纱厂的招股集资为何如此之难? 张謇的集资难是个别现象还是普遍现象? 在当时的社会环境中,需要什么样的条件才能顺利招集到资金兴办企业? 对这些问题做出回答,无疑对于了解当时中国社会的经济结构和近代中国资本市场的环境有着重要意义。

需要强调的是,这时的中国并非完全缺乏资金,上述大生纱厂开车有利润后招股问题顺利解决就是明证,关键在于这些资金如何流动以及是否愿意流动。张謇招股难的原因,此前也曾有部分研究者试图做出回答。如大生系统企业编写组撰写的《大生系统企业史》,认为大生纱厂在资本市场上集资难的原因一是"当时通海一带风气还比较闭塞",二是当时上海"华商各纱厂面临外资纱厂的竞争,都有不同程度的亏损",三是"外国资本的侵入,也严重阻碍了中国民族工业的发展"。并认为,大生纱厂"办厂过程中的艰难险阻,反映了在帝国主义、封建主义压抑下,脆弱的中国民族资本艰难而曲折的形成过程"[①]。也有的论者认为,"这种情况,说明当时社会资金的资本化是一个异常艰难的过程"[②]。一般而言,这些回答都没有错,但这些回答却无法解释为何仅仅时隔一年后,当大生纱厂开工有了利润后,原来难以收足的商股即迅速得以全部收足[③]。1901年张謇等人作出"另招新股二十万"的决定后,又是时隔一年即1902年便成功达到"新集股本20.75万两"。也在这一年,张謇将盛宣怀领而未用的另一半官机领来,与过去领的一半官机一样仍作价25万两,使得1903年大生纱厂的新旧官机折价达到50万两,而同时,大生纱厂的商股集资也同样有大幅度的增长,已增加到63万

---

① 大生系统企业史编写组:《大生系统企业史》,第11、12、17页。
② 常宗虎:《南通现代化:1895—1938》,中国社会科学出版社1998年版,第44页。
③ 至1899年大生纱厂开工后1个月,商股实收仅19.51万两,见《通州兴办实业章程》上册,《大生纱厂》第106页。到1900年账略"存商集股本"即已达到26.94万两。见《张謇全集》第三卷"实业"第46页大生纱厂第二届说略并账略。

两,新旧股金合计达到 113 万两①。1904 年,张謇进而筹备大生分厂,从 1904 年到 1907 年 3 月开工,"中间仅历二十九月",而资金方面却"已收足股本八十万两"②。

更有意思的是,在大生纱厂创办过程中因不肯帮大生纱厂筹资而与张謇不睦的桂嵩庆也趁 1904 年大生纱厂"复集商股"时"自愿入股二万"。1899 年大生纱厂开工 2 个月后,浙江候补道朱幼鸿曾写信给江督刘坤一告张謇的状,说什么"张謇乱要钱,大帅勿为所蒙,厂在那里,那有此事",至此,"亦入股一万两"③。

显然,张謇在大生纱厂开工前后在资本市场上招股集资的境遇有如天渊之别。大生纱厂开工之后招股集资顺利的情况,可以从纱厂连年获利上得到解释④,因为资本的本质就在于逐利。那么,此前的招股集资难应该怎么解释呢?笔者认为,张謇之所以在筹办大生纱厂时招股集资如此之难,有两个主要的原因:一是这时中国尚未培育出较为完备的资本市场以及与之相配套的制度和法律,有资金者难免存在犹豫观望情绪;二是与张謇的身份有着密切的关系。也可以说,在没有较为完备的资本市场和相应的制度和法律法规的情况下,张謇的状元身份并不能为他的招股集资加分,增加集资成功可能性。

为说明这一点,我们可以回顾一下 1895 年即大生纱厂开始筹办之前中国兴办近代工商企业的过程。此前中国出现的机器工业企业,可分军用和民用两种类型,军用企业均为官办,资金由政府拨付,产品由政府调拨,在此可不置论。能够有能力兴办民用企业的人大体可分为两种类型,一种类型是有职有权的官员,他们可以通过职权奏拨或借拨

---

① 见《张謇全集》第三卷"实业"大生纱厂第三届、第四届、第五届说略并账略。
② 张季直先生事业史编纂处编:《大生纺织公司年鉴(1895—1947)》,第 102、105 页。
③ 同上书,第 85 页。
④ 据账略记载,大生纱厂开车后连年获利,官利余利连年照规定分派,1903 年第五届说略记载,该年分利甚至达到三分。"按股已得二分二厘,合之官息,已及三分。"

官款,解决兴办企业所需的资金问题,待办有成效后再筹还官款或招商承办。像漠河金矿、电报局等企业均如此。在这里,官员对企业的命运往往有着决定性的影响。例如张之洞在两广总督任上时筹备办铁厂,企业未成而张调任湖广总督,随即张之洞将铁厂迁到汉阳筹办,这种厂随人走的状况就是典型之例。就是张謇得以领用的折价纱厂官机也属这种情况。这批机器是张之洞在湖北任湖广总督时借瑞记地亚士洋行的款项所定,"机至上海运鄂,鄂督调江,则又运江;江不能设,则又运沪……"①同样是厂随人走。

另一种能筹集资金兴办近代企业的人则属有洋务经验,自身又广有资材的买办商人。当时的中国社会中,兴办机器工业属于办洋务范畴,买办商人长期周旋于洋人和洋行间,熟悉西方事物,在多年的买办生涯中又集攒了巨额财富,在兴办近代企业的过程中,特别是在招股集资方面有着其他人不可替代的号召作用,尤其当买办已形成为一个社会阶层,在募集资金开办近代企业方面,往往通过"因友及友,辗转邀集"②的方式,就能筹集到巨额的社会资金时,这种作用就更为明显。轮船招商局开办半年后不得不进行改组,由买办商人唐廷枢和徐润取代在招股方面一筹莫展的沙船商朱其昂,使得招商局的招股情况迅速改观,"近殊盛旺,大异初创之时,上海银主多欲附入股份者"③,就是一个鲜明的例子。上海机器织布局的筹办过程同样证明了这一点。首先筹办上海机器织布局的前道员彭汝琮就因为在"召集股金上缺乏号召力量"④而被李鸿章斥退。在改用买办郑观应"总持大纲"后,上海机器织布局的招股局面同样迅即改观,"初拟章程招四十万,后竟多至五十万,

---

① 张季直先生事业史编纂处编:《大生纺织公司年鉴(1895—1947)》,第 79 页。
② 经元善:《溯招商开平股份,皆唐、徐诸公因友及友辗转邀集》,见虞和平编:《经元善集》,华中师范大学出版社 1988 年版,第 287 页。
③ 参见张国辉:《洋务运动与中国近代企业》,中国社科出版社 1984 年版,第 148—149 页。
④ 参见同上书,第 274、275 页。

尚有退还不收"①者。

而张謇此时的身份却并不属于以上这两种人中的任何一种,他虽有状元头衔,却未授实职。他的身份虽然如他在给刘坤一的信中所说,是"介官商之间,兼官商之任"②,但实际上却是"似官而非官,似商而非商",既非有职有权的官员,也不是广有资财有经办洋务经验的买办商人。同时,他的家境不富裕,在筹办大生纱厂时,"生计赖书院月俸百金"③支撑。在大生纱厂的股份中,他也只不过入股 2 000 两,其中有700 两还是沈敬夫借给他的④。也就是说,在面向社会招股集资筹办大生纱厂时,张謇的身份既非属于社会已经认可的能兴办近代企业的两种人,也不是富人,"资信"度自然很低。在世人的眼中,他虽然 1894 年得中状元,但本质上仍然是一介书生,不仅没有钱,而且没有办洋务的经验。他兴办企业的路刚刚开始起步,还没有成为现实。他兴办经营近代企业的能力才干还没有在公众面前显露,没有被社会认同,招股集资自然缺乏号召力。这一点,他自己也有所认识。1907 年在股东第一次常会中,他回忆筹办大生纱厂的经历时就承认:"正厂初办,下走无状,不能得世界之信用","既不能昭布信义、集累亿之赀,又不能速取捷效、执谗谤之口,独立撑拄,呼助无人"⑤。因而,当沪董潘鹤琴、郭茂之因在上海招股困难要求退董时,张謇"虽恨潘、郭之狡",但因自己"本未有可以为世信用之实,又何尝不内讼"的原因,因而也"未尝不原其怯"⑥。

当然,在大生纱厂迭获利润,张謇也"稍获资本家之信用"后,情况

---

① 虞和平编:《经元善集》,第 286—287 页。
② 见《张謇全集》第三卷"为纱厂致南洋刘督部函",第 16 页。
③ 张季直先生事业史编纂处编:《大生纺织公司年鉴(1895—1947)》,第 54 页。
④ 参见大生系统企业史编写组:《大生系统企业史》,第 21 页。
⑤ 张季直先生事业史编纂处编:《大生纺织公司年鉴(1895—1947)》,第 102、25 页。
⑥ 同上书,第 80 页。

就大不一样了,张謇在筹办大生分厂时,"不一年而得投资者六十余万"的事实就是鲜明的例证。面对此情此景,也难怪张謇会感叹分厂的创办与"通厂(大生纱厂)之集股,难易迥殊矣"①。

从这里,我们可以清楚,张謇的状元身份和似官非官、似商非商的身份,以及与张之洞、刘坤一等朝廷大员的关系,可以使他得到"总理通海商务"的权力,得到"官机折价入股"的优待,在资金极端困难时得到张、刘等大员要求地方官员将公款拨存大生纱厂等特殊优惠。但是,当张謇面向社会招股集资时,他不是有职有权的官员,没有买办商人的经历,自身也缺乏资财、"资信"度不高,这在"追逐利润是资本天职"的市场经济规律面前,导致招股集资磨难重重就是必然和正常的现象,"上海纱厂败坏"和外资竞争等情况只不过加重了他招股集资的难度罢了。

二、怎样看待"官利"制度

在分析大生纱厂的资本筹集和运营时,不可避免地要涉及"官利"的分配制度。因为在大生纱厂和大生系统企业的分配方式中,普遍实行"官利"分配制度,这种制度直接影响到企业的资金筹集和运营。实际上,在晚清和民国时期,一般企业特别是民间资本创办的工商企业中,"官利"的分配制度是一个普遍和突出的现象。"官利"又称"官息""正息"。这种制度的特点是:凡股东一经入股,不论企业经营状况如何,均需按年利八厘起息。在结算时,先派官利,然后结算营业利益。不足,即谓之亏损,有余,再分红利。由于企业从筹办到开工一般均需几年,而这几年中不可能有利润,为支付官利,企业往往需"以股本给官利",或"借本以给官利"②。大生纱厂筹办期的四十四个月中,资金十分紧张,除"应归入成本"的费用外,"用去不返者止五万余"。其中,

---

① 见《大生崇明分厂十年事述》,《张謇全集》第三卷"实业",第202页。
② 《大生崇明分厂十年事述》,见《张謇全集》第三卷"实业",第209页。

"各股官息"即占"一万七千余"①,合支出总额的三分之一强。这个事例,就是官利分配在企业筹办期加重企业负担、加剧资金紧张状况的典型一例。

正因官利具有这种性质,因此在以往的研究中,大都对其持否定态度。如有的学者认为,官利制度减少了大生"企业的资本积累,增加了企业的困难",是大生企业集团衰落如此之快的根本原因之一②。另有学者认为,"它对企业的正常发展影响极为恶劣","严重影响企业素质的提高","严重影响了大生纱厂扩大再生产的规模,日益蚕食大生资本的积累","从内部蛀空了大生纱厂"③。还有的学者认为,"官利制的最大弊端在于扭曲企业制度……尤其是利润分配问题,直接导致企业实施'有利尽分'政策,祸害企业无穷"④。

那么,作为大生企业创办者和当事人的张謇是怎么看待这个问题的呢?在《大生崇明分厂十年事述》中,张謇有一段话比较清楚地表明了他对这个问题的看法。他对崇明分厂开工六届的账略说略进行总结时,指出:"自甲辰至丁未三月初四,共付官利九万一千四百七十余两。开办费所谓九万六千五百四十余两,非纯费也,官利居多数也。……自丁未三月初五至戊申年终,又付官利十二万三千七百九十余两。而两届之亏,十二万零五百五十余两,非真亏也,官利占全数也。"在这里,他首先确认了官利分配对企业结算的影响。但是,他对有人提到国外没有官利制度这一点却并不表赞同:"有谓泰东西各国商业,获利若干,皆以本年营业为准。赢利若干,即派利若干,提奖若干,无所谓官利,即无

---

① "承办通州纱厂节略",见《张謇全集》第三卷"实业",第14页。
② 见《论张謇——张謇国际学术研讨会论文集》,江苏人民出版社1993年版,第362页。
③ 同上书,第189、190页。
④ 见《近代改革家张謇——第二届张謇国际学术研讨会论文集》(下册),江苏古籍出版社1996年版,第733、734页。

所谓余利。……虽然,各国自有习惯,有他国之习惯,乃有他国之公例,乌可以概中国?"接着的一句话,表明他对中国存在官利制度和大生企业实行"官利"分配方式的真实想法:"且亦赖依此习惯耳。否则资本家一齐蜩缩矣,中国宁有实业可言?"①

显然,这里我们需要注意,张謇对官利的评价并非仅仅从分配的角度下断语,而是包含了如何能够筹集资本等更多的含而未发的内容。

确实,一种制度得以存在,必然有其存在的社会基础、条件和要求。严中平先生认为,"官利制度显然是这个时代的通行制度,各公司无不如此"②。严先生在这里虽指的是纺织企业,但据笔者对此问题的接触,官利制度确实普遍存在于近代中国的股份制企业中。1872 年成立的近代中国第一家股份制企业轮船招商局,在其发行的股票上就明确表明:"当经本局议定,招集股银壹百万两,分作千股,每股银壹千两,先收银五百两,每年壹分生息……"③"每年壹分生息"正是"官利"分配制度的明确体现。

19 世纪 80 年代初,中国社会掀起了一股招股集资兴办近代新式工商企业的热潮④,从现在能够找到的当时留存下来的文献中可以发现,绝大多数企业的章程或股票中都有关于官利的明确规定。如《申报》1883 年 1 月 14 日刊登的《徐州利国矿务招商章程》中,关于分配股息的第四条即规定:"每届一年结算一次,先提官利壹分,下余花红银两,以二成酬劳办事诸人,八成按股均分。"开平矿务局招商章程的第六条中有内容几乎完全相同的规定:"即将每年所得利息,先提官利一分,后提办事者花红二成,其余八成仍按股均分。"上海机器织布局招商章程中

---

① 《大生崇明分厂十年事述》,见《张謇全集》第三卷"实业",第 209 页。
② 严中平:《中国棉纺织史稿》,科学出版社 1963 年版,第 145 页。
③ 见《招商局会计史》,人民交通出版社 1994 年出版,第 187 页。
④ 参见拙文《近代上海证券市场上股票买卖的三次高潮》,《中国经济史研究》1998 年第 3 期。

有"股本宜提官利也。今集股四十万两,官利照禀定章程周年一分起息,每年共计九八规银肆万两"的规定。山东登州铅矿的招商章程中有"收银之日起,先行派分庄息,俟熔炼发售之后,长年官利一分,并找足以前庄息不敷一分之官利"①的规定。上海平准股票公司的章程中同样规定有"本公司股本官利议定长年一分"②。值得深思的是,这种官利制度并非仅仅存在一时,而是从晚清一直延续到民国,在20世纪30年代和40年代中国股份制企业的规章制度中,仍然有相当部分企业明确标明了这种规定,只不过将"官利""余利"的名称改变成了"股息"和"红利"③。

可见,官利制度是普遍存在于近代中国股份制企业分配方面的一种制度,是近代中国股份制企业面向社会在资本市场上筹集资金时不得不面对的具有中国特色的"国情"之一。并非始于大生,亦非结束于大生。那么,为什么会出现这种制度呢?一般来说,一种制度得以存在,必然有使其得以存在的种种原因,也必然受制于当时社会环境和经济结构的种种规定。官利制度的存在也不例外。从根本上来说,官利制度的存在,是因为近代中国资本较为缺乏,是一个高利贷社会的性质所决定的。众所周知,传统中国社会资金的流向,是土地、高利贷、旧式商业和房地产业。金融机构和民间的放款利率都很高,上述大生纱厂筹办期所借钱庄贷款月息达一分二就是一例。而且,这种高利率现象并非存在于一时一地,而是近代中国较为普遍的现象。据日本人1910年的一份调查,中国23个主要城市金融机构的放款利率如表5-1所示。

---

① 上引见孙毓棠编:《中国近代工业史资料》第一辑下册,科学出版社1962年版,第630、1044、1121页。
② 《申报》1882年9月27—28日。
③ 参见王相秦编著:《华商股票提要》(上海兴业股票公司1942年版),以及吴毅堂编《中国股票年鉴》(1947年版)所附对各企业内容的介绍。

表 5-1　中国各地金融机构放款利率

主要地区	放款利率(年利.厘)	主要地区	放款利率(年利.厘)
平均	12.5—14.8	湘潭	6.0—7.2
营口	9.6	沙市	12.0
北京	6.6—12.0	宜昌	12.0—18.0
天津	8.4—9.6	重庆	10.0—12.0
芝罘	10.0—20.0	南昌	11.0
上海	7.2—9.6	宁波	6.0—8.4
汉口	9.6	福州	8.0—20.0
镇江	8.4—9.6	厦门	10.0—25.0
南京	12.0	汕头	12.0
芜湖	12.0	温州	15.0—30.0
九江	9.6—18.0	广州	18.0—36.0
长沙	9.6—11.0	梧州	12.0—15.0

资料来源:《支那经济报告书》,1910年,第50号。转引自汪敬虞编:《中国近代工业史资料》第二辑下册,科学出版社1957年版,第1016页。

从这份调查表调查的23个城市来看,放款年利最低的为6厘,最高的为3分6厘,"其平均利率大约在12%—14%之间,与欧美各国比较起来看,其利率之高,实在惊人"。"因此,投资人与此相比,要求很大的利息……不支付较高的股息,便难募到资本","因此必须事前规定官利的保证,然后招募股本才有可能"①。这是日本调查者站在圈外的评论。1914年,张謇在就任农商总长后向国务院提出的奖励工商业法案中,关于这一点也有相同的看法:"吾国利率常在六厘以上,银行钱庄定期贷付之款,有多至九厘或一分以上者。各种公司招股,有定为官利七厘或八厘者,此无

---

① 《支那经济报告书》1910年,50号。转引自汪敬虞编:《中国近代工业史资料》第二辑下册,第1016、1011页。

它,市场之情势然也。"原因是"不发官利,则无以动投资者之心"之故①。

可见,近代中国资本市场上普遍存在的高利贷,是官利制度必然产生的前提。在近代中国,要成为企业家,要面向社会筹集资金兴办近代企业时,面对的社会现实,就是这种普遍存在的高利贷利率。要改变资本市场上资金的一般流向,改变传统的投资途径,使出资者愿意把资金投向企业,把资金投向对他们来说全新的、不熟悉而又有一定风险性质的事业时,只能在当时社会环境规定的条件下,靠自身做出一定的修改和适当的调整,否则不仅无法改变社会现状,而且会使自己的目标根本无法实现。从这个角度出发进行分析,我们就不难理解张謇"且亦赖依此习惯耳。否则资本家一齐蝟缩矣,中国宁有实业可言"的感叹背后所隐含的内容了。

但是,这里需要说明的是,张謇虽然发出这样的感叹,并不表明他赞同官利制度。实际上,当他就任农商总长后很快推出的《公司保息条例》,正是他力图利用国家权力对企业实行"保育",希望以国家的财力给企业三年筹办期以补助,改变官利制度,改变企业在筹办期因无利润而用股本支付官利对企业经营形成的不利状况。他在《与财政部会拟保息条例给大总统呈文》中说:"凡民间集股结合公司,三年之内,多不能获利,以现今金融之耗竭,利率之腾贵,使投资者三年之间,无利可收,则群情观望,企业者无所藉手,商业之隆,盖无可望。"因此他提出建议:"今以保息之法,由国家指定的款,专备保息之用,民间能结合公司资本达若干万元以上者,每年给予若干元,以为其资本之息。冀投资者对于将来,有无穷之希望,对于现在,又有自然之收入,庶几集股较易,而公司之成立较多,公司当三年之内,不须剥蚀资金,以应股本之息,则发达较速。"②然而,由于北洋政府财政极度困窘,张謇制定并极力想推

---

① 张謇:《向国务院提议奖励工商业法案》,见沈家五编:《张謇农商总长任期经济资料选编》,南京大学出版社1987年版,第18页。
② 张謇:《与财政部会拟保息条例给大总统呈文》,见沈家五编:《张謇农商总长任期经济资料选编》,第16页。

行的这项措施并未得以实行。官利制度也便依然得以延续。

可见,官利制度之设是当时中国资本市场环境条件的派生物。它既可以说是无奈之举,也可以说是中国近代企业家为向社会筹集资本、顺应社会习惯而做出的一种"改革"。

三、大生系统企业的扩张之路

在历经招股创办艰辛的 44 个月之后,1899 年张謇创办的第一家纱厂大生纱厂终于开车生产①。此后,由于有原料、有市场,加上张謇把握了"纺厂获利之多寡,枢纽在进花出纱"②的关键,经营得法,历年均获厚利。从 1901 年到 1913 年的 13 年中,共获纯利规元 355.2 万两。在纱厂初见成效之后,张謇逐步开始扩大经营范围:他考虑要开垦沿海荒滩,为纱厂建立一个可靠的产棉基地;要改进盐的传统生产方法,以腾出更多的滩地种植棉花;要兴办重工业,为大生各厂修理和制造机器设备;要发展交通运输业,为纱厂运输原料、机物料和产品。同时他还考虑到,要兴办榨油、制皂工业,进行棉籽的综合利用。于是从 1901 年起,他在南通海门地区陆续新办了一批企业,初步形成了以大生棉纺织工业企业为中心的企业系统,并进入全面发展的阶段。

这一时期,张謇除扩建了大生纱厂、新建了大生分厂(二厂)外,与其兄张詧一起,在通海地区创办了 22 家企业,即通海垦牧公司、同仁泰盐业公司、大达内河轮船公司、通州大达轮步公司、上海大达轮步公司、大生轮船公司、达通航业转运公司、大中通运分行、泽生水利(船闸)公司、资生铁冶厂、阜生蚕桑染织公司、广生油厂、大兴面厂、颐生酿造公司、颐生罐诘公司、大昌纸厂、大隆皂厂、染织考工所、翰墨林印书局、懋

---

① 张謇创办大生纱厂时遭遇的曲折和招股难,可参见拙文《从大生纱厂看中国早期股份制企业的特点》,《中国经济史研究》2001 年第 3 期。
② 《大生纱厂第七届说略》,见张季直先生事业史编纂处编:《大生纺织公司年鉴(1895—1947)》,第 72 页。

生房地产公司、大聪电话公司、通海实业公司。

这22家企业虽然后来有分有合,也有的创办不久即宣告停业,但到1913年时为止,连同原来建立的大生纱厂和新建的大生分厂在内,投资总额已达340万两。其中大生纱厂和分厂(后改称大生一厂、二厂)投资金额近200万两,资生铁冶厂等重工业企业投资26万多两,其他轻工业企业投资45万余两,交通运输企业投资26万多两,农垦企业投资31万两,盐业企业投资15万两①。

张謇新创办和投资企业的大批资金从何而来? 相当部分利用的是大生纱厂的公积金。到1906年,对外投资(包括往来)利用的大生资金总数已达72万余两②。

1913年前,大生系统企业的经营重点仍在棉纺,这从上述大生纱厂和分厂的投资数超过这一时期投资总数的一半以上就可以看出,垦牧、交通运输和铁冶厂的建立都是为适应棉纺工业发展的需要而设,染织、印刷、房地产也是直接或间接为大生纱厂而服务,在资金、业务和人事等各方面,与大生纱厂都有密切的关系。

1914年爆发的第一次世界大战及随后的几年,为我国民族资本主义工业的发展创造了空前有利的条件。大生纱厂和大生企业集团也进入了鼎盛的发展时期。特别是1918年到1921年的4年,是大生系统企业发展最快的4年。截止到1921年,大生一厂的资本增加到250万两,历年纯利总额累增到1 161.9万两;大生二厂的资本增加到119.4万两,历年纯利总额累增到501.7万两。两厂合计,资本共为369.4万两,历年纯利累增总额共为1 663.6万两。在这1 600多万两的历年纯利总额中,三分之二都是在第一次大战期间获得的。仅在1919年一年,一、二两厂的纯利竟分别占资本的106%和113%③。

---

① 以上见大生系统企业史编写组编:《大生系统企业史》,第35—36页。
② 据大生纱厂光绪三十二年账略(1906年),《张謇全集》第三卷,第79页。
③ 大生系统企业史编写组编:《大生系统企业史》,第126—129页。

连年的景气和高额的利润,促使张謇加快了扩张实业的步伐。从1914年开始,他在海门筹建大生三厂,并拟定了于四杨坝建立四厂、于天生港建五厂、于东台建六厂、于如皋建七厂、于南通江家桥建八厂、于吴淞建九厂的庞大计划。六厂于1919年开始筹建,不久"流产"。八厂于1920年筹建。到1924年,大生一、二、三、八4家厂,资本总额共计770余万两,纱锭共15万枚,布机共1 500余台。围绕纺织工业这个中心以及原有的企业系统,张謇还筹办扩充了金融业和服务业等行业,主要有淮海银行、延生堂药店、南通绣织局、天生港大包结绳厂、大达公碾米厂、通成纸厂、玻璃制品工厂等①。

这一时期,张謇对盐垦企业也投入了很大精力。由于通海垦牧公司效益逐渐显现,同时因大生各纱厂扩建与新建,对棉花的需求量增大,所以从1913年开始,张謇等人又开始了一个兴办盐垦公司的热潮。到1920年为止,新开办15家盐垦公司,连同1901年开办的通海垦牧公司在内,共达16家,共投入资本2 119万两,所占土地总亩数达455万亩,已开垦土地达70万亩。这16家盐垦公司的简况如下表所示:

表5-2 大生系统盐垦公司简况表

公司名称	成立年份	地点	已投资本(万元)	总亩数(万亩)	已垦亩数(万亩)	未垦亩数(万亩)
通海垦牧	1901	吕四	130	12	9	3
大有晋	1914	三余镇	260	26	11	15
大豫	1916	掘港	369	48	13	35
大赉	1917	角斜	163	13	6	7
中孚	1920	东台	80	52	无	52
遂济	1920	沈灶	30	15	无	15

---

① 参见章开沅:《张謇传》,中华工商联合出版社2000年版,第292、293页。

续表

公司名称	成立年份	地点	已投资本（万元）	总亩数（万亩）	已垦亩数（万亩）	未垦亩数（万亩）
通遂	1920	小海	45	40	无	40
大丰	1919	西团	446	85	20	65
大佑	1920	盐城	90	20	2	18
通兴	1920	新兴	20	10	无	10
大纲	1919	上岗	123	24	无	24
阜余	1919	新洋港	70	7	3	4
合德	1920	新洋港	50	6	3	3
华成	1918	千秋港	208	70	1	69
新南	1920	东坎	49	15	2	13
新通	1920	东坎	20	12	无	12
合计			2 119	455	70	385

资料来源：《为通泰各盐垦公司募集资金之说明书》，《张謇全集》第三卷，第650—651页。

这期间，大生企业集团的资本迅速增加，计棉纺织方面增加508.8万两，交通运输包括堆栈方面增加74.7万两，食品工业方面增加51.6万两；新办企业计金融方面投资78.7万两，海外航运及贸易方面投资155.4万两，交易所投资43.2万两，其他方面投资18.8万两，合计951.5万两。其中以纺织所占比重最大，超过新增资本总额的一半。加上前一阶段的投资，大生集团在工商、交通运输等企业方面的投资总额达到1 244.3万两。如果把这一时期各盐垦公司的投资计入，则大生资本集团所控制的资金总计达2 480余万两[①]。

此时，张謇的经济事业达到了鼎盛时期，他对城市地方自治的努力也有了明显的成效：以通州师范为中心，建立了以师范教育为主体，包括高

---

① 大生系统企业史编写组编：《大生系统企业史》，第109页。

等教育、普通中学、小学、专门技艺学校、职工学校以及幼稚园、教育馆等在内的教育机构和设施；以南通地方社会福利为中心建立了图书馆、博物苑、气象台、公园、残废院、育婴堂、养老院；以建立电报局、电话局、电灯厂和公共汽车等城市设施为中心，南通城市建设同样有了很大进展。为上述这些城市地方自治的建设，大生系统企业和张謇都投入了巨额资金。

此时，张謇身兼多种职务。据日本驹井德三调查，仅在实业方面张謇就身兼南通实业、纺织、盐垦总管理处总理，大生第一、第二纺织公司董事长，通海、新成、华成、新通等盐垦公司董事长，大达轮船公司总理，南通电厂筹备主任，大生第三纺织公司董事长等职务。驹井德三描绘说："张謇在实业上之势力，以南通江北一带为根据。在上海之地，以金融之关系，在九江路设事务所，掌南通关系各银行公司之交涉事务及生产品之交易。又于黄浦江沿岸法租界邻接地之十六铺，建有巨大之仓库及埠头，以大达轮船公司之名，营仓库及航行之业。在吴淞商埠所有之地产，占该埠形胜之区，现正建设埠头，进行都市之计划……"①

显然，通过大生纱厂的艰难集资和后来的快速扩张，可以看到外来资本的增加远不如自身资本的积累扩张发挥的作用大，特别是在1913年后大生企业集团的发展中，大生纱厂提供的资金和发挥的作用更为明显，这其中"官利"分配制度发挥的正向作用不应低估。

第二节 "调汇"经营：大生企业经营中的突出特点

这家迅速崛起的企业集团，在快速发展了一段时期后，却未能长期坚持下去，于1925年因债务过重而被银行团所接管。对于此结果，此前的

---

① 驹井德三：《中国江苏省南通州张謇有关事业调查报告书》(抄本)，转引自章开源：《张謇传》，第295页。

研究有各种解读,但无法避开的一个重要事实是大生企业集团对外所负债务过重,长期流通资金短绌,长期依靠大量向外抵押借款"调汇"来维持营运。这种发展模式在近代中国民间资本企业中十分普遍。这种发展模式的最大弱点,是企业基础不稳,难以抵抗外在环境大的变化,只要外在环境的变化使得企业难以持续获得"调汇"①贷款,资金链发生断裂,企业的危机也就来了。大生纱厂的发展以及被银行团清算接办并非偶然,而是当时中国民间资本企业发展过程中较为典型的案例而已。

如第一节所述,到1923年时,大生企业集团已拥有40多家企业,控制的资本总计2 483万余两,各纺织厂拥有纱锭16万枚,布机1 340余台。②而且,南通的企业均直接或间接与大生有关,这一点,正如大生纺织公司查账委员会报告书中所说:"南通实业,咸肇始于大生,故其对内对外经济往来,咸认大生为主体。"③

可是,这家发展快速、资本雄厚的企业衰败起来速度也十分惊人。按照1924年"大生纺织公司查账委员会报告书"的说法是:"大生自开办以来,历二十三届,届届获利,在事者初不料一蹶之来,遂至不振。"④其实何止是"不振",1925年,由中国、交通、金城、上海四银行和永丰、永聚钱庄等大生债权人组织的联合接管机构,以大生负债过重而清算和接办了大生各厂⑤,大生企业集团的辉煌也从此不再。

---

① "调汇"是大生纱厂向外筹借资金的一种说法。如大生分厂第一届说略中有以下说法:"(1907年)八月开股东会,十月开董事局会,议增股本二十万两,以利经营,而入股者仅六万余,不能不别为调汇以应用,而折息洋厘之大,为近年所未有。若因此缩手不调,则更非工商营业之法……"1908年9月15日大生分厂股东会议事录中也有"调汇有二法:一、各股东群力调助;一、将本厂机器房屋作抵押,可得巨款营运"的记载。见张季直先生事业史编纂处编:《大生纺织公司年鉴(1895—1947)》,第109、115页。
② 《大生系统企业史》,第204—208、143页。
③ 南通市档案馆、南京大学等编:《大生企业系统档案选编(纺织编Ⅰ)》,南京大学出版社1987年版,第179页。
④ 同上。
⑤ 《大生系统企业史》,第226页。

历经 23 届财政年度届届获利的大生各厂,为何在短短的一两年时间里就一蹶不振被银行团接管?"大生负债过重"的具体情况如何?下面我们就从这个角度进行一些剖析。

大生所负的债务,主要分为向外部筹集企业的流动资金"调汇"和向企业内部筹集的债务,以下分别进行探讨。

一、来自外部的债务:以大生企业"调汇"为中心

大生企业兴起时,股本的筹集十分困难,不得不从一开始就不断向近代中国金融机构和各方寻求贷款。如第一节所述,大生一厂从 1895 年开始筹办,直至 1899 年才得以开机,"前后五载,阅月四十有四,集股不足二十五万"[1]。在兴办过程中因股本难招、资金缺乏几次面临夭折的艰难处境[2]。也因此,在大生的历届账略中,均记载有向各方寻求及获得贷款的"调汇"一项栏目,现将大生一厂从开办开始到第二十四届的"调汇"款目列表于下。

表 5-3　大生一厂前 24 届账略中"调汇"情况表

单位:规元两

年　份	资本数	调汇数	各年支出调汇利息数	调汇数占资本总数百分比(%)	调汇利支出在总支出中所占百分比(%)
光绪二十五年第一届	445 100	124 910.4	8 656.1	28.1	
光绪二十六年第二届	519 400	163 619.4	15 529.8	31.5	7.05

---

[1]《大生纺织公司年鉴》,第 84 页。另可参见拙文:《从大生纱厂看中国早期股份制企业的特点》,《中国经济史研究》2001 年第 3 期。

[2] 大生一厂在招股集资中的种种艰难情状,1907 年大生一厂在召开第一次股东常会会议时,张謇向各位股东作了回顾,并以经历"四险"的方式作了总结。见《大生纺织公司年鉴》,第 78—86 页。

续 表

年 份	资本数	调汇数	各年支出调汇利息数	调汇数占资本总数百分比(%)	调汇利支出在总支出中所占百分比(%)
光绪二十七年第三届	569 500	296 514.2	19 057.1	52.1	7.38
光绪二十八年第四届	787 500	165 023.2	33 934.7	21.0	12.24
光绪二十九年第五届	1 130 000	594 230.1	60 712.6	52.6	18.12
光绪三十年第六届	1 130 000	558 397.6	82 164.6	49.4	16.04
光绪三十一年第七届	1 130 000	651 499.1	81 826.8	57.7	15.61
光绪三十二年第八届	1 130 000	1 036 131.6	152 489.4	91.7	23.52
光绪三十三年第九届	1 130 000	1 017 249.0	123 950.0	90.0	22.11
光绪三十四年第十届	1 130 000	1 178 045.3	105 495.7	104.3	19.92
宣统元年第十一届	1 130 000	1 503 957.4	107 019.0	133.0	18.19
宣统二年第十二届	1 130 000	1 282 153.6	108 185.7	113.5	19.53
宣统三年第十三届	1 130 000	861 146.1	101 774.0	76.2	19.05
民国元年第十四届	1 130 000	915 578.7	97 300.0	81.2	18.32
民国二年第十五届	1 130 000	1 129 361.9	99 954.0	99.9	17.94

续 表

年 份	资本数	调汇数	各年支出调汇利息数	调汇数占资本总数百分比(%)	调汇利支出在总支出中所占百分比(%)
民国三年第十六届	1 130 000	979 384.8	122 095.8	86.7	19.65
民国四年第十七届	2 000 000	1 833 312.6	136 290.4	91.7	22.84
民国五年第十八届	2 000 000	1 836 574.5	197 599.7	91.8	22.19
民国六年第十九届	2 000 000	2 757 621.2	263 018.6	137.9	21.34
民国七年第二十届	2 000 000	2 545 334.9	348 687.6	127.3	26.10
民国八年第二十一届	2 000 000	2 547 592.4	398 681.4	127.4	23.97
民国九年第二十二届	2 500 000	2 986 145.5	445 931.5	119.5	26.38
民国十年第二十三届	2 500 000	4 016 602.9	584 770.1	160.1	29.07
民国十一年第二十四届	2 500 000	见说明 1	1 002 745.7	372.3	43.82
合计		36 026 509.6	4 744 732		

说明：(1)该届账略中没有出现"调汇"借入的款项数字，但有"借入抵押款(二厂押款在内)规银 3 973 750.8 两"和"存借入信用款规银 1 360 902.2 两"的记载，两者合计共 5 334 653两(该数字见《大生企业系统档案选编(纺织编Ⅰ)》，第 152 页)。(2)原账略小数点后为三位，本表保留一位，一位后数字四舍五入。(3)"调汇数占资本总数百分比"一栏数字为笔者计算。

资料来源：资本数见南通市档案馆、南京大学历史研究所编：《大生企业系统档案选编(纺织编Ⅰ)》，第 159—161 页。"调汇利"数和"支出调汇利息数"见《大生企业系统档案选编》各届账略(第 2—146 页)。"调汇利支出在总支出中所占百分比"一栏数字见《大生系统企业史》第 150—151 页间插表。

从表 5-3 中可见,大生纱厂从第一届开车生产始,就有了向外寻求和获取贷款"调汇"的记录。早期几届向外获取贷款的数字不是很大,大约占同时期大生纱厂资本数的一半或以下,可从第八届(1906 年)开始就有了明显的增加,从该届开始,大生向外寻求以及获取的贷款,大多数时间与资本总数接近或超过。这期间,大生的资本数从第五届开始有过几次增加:一是第五届(1903 年)增加到 113 万两,此后 1915 年即第十七届又从 113 万两增加到 200 万两,再以后 1920 年第二十二届又从 200 万两增加到 250 万两。可在资本数增加的同时,大生向外寻求和获取的"调汇"数也在直线上升,与资本数的比率在 1917 年第十九届后,就没有少过资本总数;1922 年的第二十四届,向外获取的"调汇"数甚至达到了资本总数好几倍的 372%。24 届账略中调汇所获总数竟然达到惊人的 3 600 余万两。而与此相应,大生纱厂为此付出的调汇本利支出数字,也是直线上升。除开始的两届外,都是两位数。1915 年开始后的年份,因"调汇"付出的还利数字在大生总支出中的百分比就没有低于 20%,1922 年第二十四届时甚至达到 43% 以上,几乎接近大生纱厂该年总支出的一半。24 届调汇利的总支出达到 474 万余两。这样沉重的负债状况必然给大生纱厂的发展带来极大的困扰和压力。

下面,我们把这期间大生纱厂的收益和分配情况制成统计表 5-4,以便做进一步的观察和分析。

表 5-4 大生一厂前 24 届收益分配情况表　　单位:规元两

年　　份	资本数	收项总额	"官利"支出	"余利"支出	收项总额与总支出两抵状况
光绪二十五年第一届	445 100		38 712.776		
光绪二十六年第二届	519 400	298 611.304	40 623.363	52 369.9	78 312.725

续 表

年　份	资本数	收项总额	"官利"支出	"余利"支出	收项总额与总支出两抵状况
光绪二十七年第三届	569 500	364 150.208	44 402.714	69 983.389	105 978.406
光绪二十八年第四届	787 500	464 274.232	46 188.860	112 144.573	187 002.402
光绪二十九年第五届	1 130 000	648 225.181	79 037.579	127 600.000	265 134.214
光绪三十年第六届	1 130 000	737 490.774	90 400.000	135 600.000	225 124.370
光绪三十一年第七届	1 130 000	1 007 171.479	90 400.000	248 600.000	483 070.474
光绪三十二年第八届	1 130 000	1 048 578.399	90 400.000	228 717.601	400 204.641
光绪三十三年第九届	1 130 000	616 636.442	90 400.000	17 789.091	55 904.727
光绪三十四年第十届	1 130 000	688 461.924	90 400.000	81 323.280	158 852.592
宣统元年第十一届	1 130 000	795 603.919	90 400.000	113 131.415	207 383.980
宣统二年第十二届	1 130 000	619 111.465	90 400.000	24 350.489	65 090.684
宣统三年第十三届	1 130 000	670 278.181	90 400.000	72 228.970	136 120.558
民国元年第十四届	1 130 000	792 645.632	90 400.000	154 703.757	261 585.232

续 表

年　份	资本数	收项总额	"官利"支出	"余利"支出	收项总额与总支出两抵状况
民国二年第十五届	1 130 000	859 450.354	90 400.000	183 779.980	302 291.972
民国三年第十六届	1 130 000	903 365.953	90 400.000	172 266.971	282 173.760
民国四年第十七届	2 000 000	806 899.316	151 676.424	21 578.874	43 198.890
民国五年第十八届	2 000 000	793 522.574	160 000.000	无	-97 079.684
民国六年第十九届	2 000 000	1 894 298.061	160 000.000	317 780.098	661 768.530
民国七年第二十届	2 000 000	1 839 757.224	160 000.000	307 669.775	503 669.775
民国八年第二十一届	2 000 000	4 177 614.077	180 000.000	1 524 451.615	2 514 451.615
民国九年第二十二届	2 500 000	3 592 585.757	200 000.000	1 207 907.445	1 902 007.445
民国十年第二十三届	2 500 000	2 703 020.283	200 000.000	420 171.165	691 092.154
民国十一年第二十四届	2 500 000	1 892 227.749	200 000.000	无	-396 074.049
合计		28 213 980.488	2 655 041.000	5 574 170.699	9 037 265.413

资料来源：资本数见《大生企业系统档案选编（纺织编Ⅰ）》，第159—161页。"收项总额"和"收项总额与总支出两抵状况"栏目数字见《大生系统企业史》第150—151页间插表。"官利"支出与"余利"支出栏数字见《大生企业系统档案选编（纺织编Ⅰ）》，第154—156页。

从表 5-4 数字中可见,在大生纱厂 24 届经营中,收益总项达到 2 821 万余两,可谓不少,其中官利分配占去 265 万余两,余利占去 557 万余两,合计 822 万余两。收益总额中减去分配中官利余利的 822 万余两,还有近 2 000 万两,可是 24 届账略中 22 届均有盈余,只有两届出现亏损,且亏损总额也不到 50 万两,何以一下就使得大生纱厂"一蹶不振",以至于落到被银行等财团接管的地步?诚然,这其中有大生纱厂资金被盐垦事业和其他社会公益事业挪用等原因在内,可这似乎并不是导致大生纱厂困顿的主因,1923 年 7 月 23 日大生纱厂召开股东常会议事时,张謇就表示了不同意见,他说:"本厂开立二十四年,亏者二,赢者二十二……今则多以盐垦借调为累,不知在七、八、九年之交,大生得盐垦存款之利亦复不少。"①1925 年大生纺织公司查账委员会报告书证实了张謇的说法:"外间传说大生之厄,厄于垦,其实各垦欠大生往来银一百数十万两,今已逐步收回不少。两年以来营业垫本之需,方恃垦收租花以资周转。"②

客观地说,大生纱厂在 24 届财政年度中筹调了 3 600 余万两资金用于纱厂的流动资金,其中有相当部分是为几个副厂建设筹调和垫付,为这些"调汇"仅付息就付出了 474 万余两,且每年均要为如何筹措"调汇"资金和还债费心。因此 1925 年查账委员会一针见血地说:"嗣因谋增副厂,只收股十余万两,用成本至一百八十万两之巨,纱机亦只一万五千,动力电机尚不在内。公司一旦担此重负,加以二十四、五、六届之积亏,又添九十余万两,成本多而股本少,全恃调款,无怪难支。故就事实推寻,大生之厄,实厄在副厂,而不在各垦。"③本身就已负债累累,还要不断地设法"调汇"维持自己的营运和为"副厂"承担债务,这不能不说是导致大生纱厂"一蹶不振"重要的甚至可能是最主要的原因。

---

① 《大生纺织公司年鉴(1895—1947)》,第 169 页。
② 《大生企业系统档案选编(纺织编Ⅰ)》,第 180 页。
③ 同上书,第 180 页。

在这种背景条件下,大生纱厂的发展基础必然脆弱不稳,环境正常、生产顺利时还好,一旦外在环境条件改变,"调汇"不利时,企业就会碰上资金链断裂的危险,成为难以克服的障碍。"调汇艰难"的这种隐忧从大生纱厂开工生产时就一直存在,例如第二届账略中就记载有股东将余利存厂的倡议,原因就是股东深知"盖深鉴夫支持之苦,筹调之难"①。1911年第十三届说略中亦有"沪上金融奇窘,达于极点,钱庄倒闭十有八九,以言调汇,不啻缘木求鱼……"②的记载。

此后关于筹调资金困难的记载在历届账略说略中也所在多有,1923—1925年大生第一纺织公司说略中对大生的困境和经营的难局状况,可以说描述得最为典型:"查本厂纱机九万五千锭,布机七百二十张,连同房屋及各项财产,计达规元六百五十余万两,而股本仅有三百五十万两,两抵不敷三百万两之巨。此外营业流动之金,尚不在内,全恃调汇以资周转。近年金融界鉴于纺织业失败累累,几于谈虎色变,莫肯助力。夫母金匮乏,已竭蹶堪虞,加以筹调不灵,能无大困?"③

更严重的是,为了筹措这些流动资金,大生纱厂还得忍受各种极为不利的借款条件。1922年张謇哥哥张詧在给大生纱厂驻沪事务所所长吴寄尘信中的一段话,对此就表露得十分典型:"查去腊中南等银行三十万借款之合同,致以一厂值五、六百万之实产全部质押。此三十万一日不清,则五、六百万全部之产皆处危险,苛虐、束缚何至于此?"以至于他气愤地表示:"此项合同已陷一厂于绝境,今惟有将各项股票、田地、居室、衣物,罄其所有破予个人之产,以偿此三十万两之债……"④

---

① 《大生企业系统档案选编(纺织编Ⅰ)》,第5页。
② 同上书,第71页。
③ 同上书,第162页。
④ 南通市档案馆、张謇研究中心编:《大生集团档案资料选编》(纺织编Ⅲ),方志出版社2004年版,第158页。

很明显,不断增加的"调汇"债款使得大生纱厂的各种机器、厂房、土地等等逐渐被抵押,严重影响了大生纱厂的生产活动。由于债务越陷越深,债息越背越重,产品成本无可避免地也会越发升高,经营条件也就越发不利,互为因果,恶性循环。第一次世界大战结束后外国势力重新大举进入中国市场,与国内众多在一战期间增加的纱厂一起形成混争的局面,外在环境的变化使得继续借入大量债款维持企业运转的局面难以持续,大生纱厂的资金链断裂就成为必然。当整个大生企业集团依赖于大生纱厂企业系统资金挹注的局面同样难以维持时,大生集团的衰落和被银行团接管的结局就会成为无法避免的事实了。

二、化解债务压力的各种举措

为减轻企业的债务压力,大生纱厂也采取了不少的办法,其中以延迟分配余利、企业利转股和吸收各种存款为中心,以下分别进行一些具体考察。

首先是延迟分配盈利。大生纱厂第二届述略中记述,股东因为深知企业支持艰难,筹措流动资金之难,所以提出企业获得的盈余延迟一年分配,认为这样做可以达到"股东迟入一年之盈余,厂中实享数万金之利益"。这种延迟支付的余利需要付给利息:"兹议周年认息六厘,明春综结本利,归二十七年以前入股者均派(二十七年入股者不与)。"股东会做出决议:"此后余利均递迟一年支付(如寅年付子年之利,卯年付丑年之利)","俟资本充足,再照旧章办理。"①

其次是利转股。大生企业集团在很大程度上是以大生纱厂所获盈利向内扩大规模和向外投资发展起来的。大生集团的发展模式是扩张企业首先由老厂投资,老厂投资的资金一般都是此前留存下来

---

① 上引均见《大生企业系统档案选编(纺织编Ⅰ)》,第5页。

的余利,如余利不足,再进行招股,招股不足再由老厂贷款维持。1911年大生纱厂第十三届说略中的记载就很典型地说明了大生内部扩张的方式:"上年八月间,股东会提议,以谋本厂之巩固,益图将来之发达,则布厂之设,断难置为缓图。本厂前置布机二百,拟再添布机,价约需银二十四万两,建筑费约需银六万两,是开办之费需银三十万两。再筹运本三十万两,合成股本六十万两。其开办之三十万,自本届起,尽股东余利提充,另招外股三十万,作营运资本。当经全体股东表决,自应实行。"①

1914年,大生纱厂欲进一步扩大规模时的做法,与1911年一致:"本厂添购纺纱机二万锭,织布机四百部及新建厂屋,一切工程约计乙卯(1915年)夏秋之交竣工。新棉上市,即可开工纺织。统计购机、建屋成本,需银八十余万两。除以截存余利作股,计银五十六万五千两外,尚不敷银三十万两左右。兹经董事会议决,增加股本银三十万五千两,合之原有股本共二百万两,不分新旧,利益同等,先尽本厂原有各股东按股摊入,以本届发息后一月为限,如不愿加入者,即归他股东认入,附以声明。"②

在扩大自身规模时是如此进行,在增设新厂和新企业时也是如此进行。1920年大生纱厂获利甚多,该年,大生纱厂"股本总额增为规银二百五十万两"。同时,通州大生纱厂和崇明二厂各投资二十万两给海门新设的大生第三厂,"通、崇两厂所入第三厂股本各二十万两。查照五年董事会议决案,通厂所入之股,归一百十三万两之老股东分派;崇厂所入之股,归八十六万两之老股东分派"。除此之外,"两厂上届截存余利,计一厂五十万两,二厂二十万两,合计七十余万两,拨入中、比(比利时)航业贸业公司","公决赞成"。另外,"两厂上届余利,每股百两应

---

① 《大生纺织公司年鉴(1895—1947)》,第123页。
② 同上书,第141—142页。

得五十两内扣入淮海银行股份十元","全体赞成"①。

除了采用内部延迟分配余利和利转股这两种降低大生负债的方法外,大生纱厂还不断向内向外吸收存款。企业吸收存款以作企业自身营运资金,在近代中国是普遍的现象。20世纪30年代学者王宗培由于"深感我国公司企业之资本构造,与欧美先进国家显有不同","尤以收受存款一项为唯一之特色",因此他对企业吸收存款问题特别给予了关注并做了研究。他对中国近代企业吸收存款的总体看法是:"我国以国情迥异,金融制度又未臻完善,普通之公司商号皆自行吸收存款,以为资金之调节。""吸收存款为我国企业界特异之现象。但其运用几普及于各种企业及工商组织。""其历史悠久基础厚实者,存款在运用资金中所占之地位亦更见重要。""以其重要性言,有时且驾凌(银)行(钱)庄借款而上之。"②

大生纱厂在解决自身资金不足和降低调汇数额时,自然会采用这种方法。在大生纱厂第二届账略中就有"各记暂存规银6 409.156"两③的记载。此后,随着大生企业规模越来越大,经济紧张,调汇压力也越来越重时,大生吸收的存款也就越来越多,如1922年大生纱厂第二十四届账略中就有"存入款规银1 139 234.741"两,另有"暂时存款规银209 511.444"两④的记载。1923年大生纱厂召开第二十五届股东常会,会议决定设立7人组成的查账委员会,根据该查账委员会的报告书,我们对于当时大生纱厂吸收存款的情形可以有一个具体的了解。下表就是根据该报告书制作的各户存款详细情况。

---

① 《大生纺织公司年鉴(1895—1947)》,第155—156页。
② 王宗培:《中国公司企业资本结构的分析》,《金融知识》第1卷第3期,1942年5月。转引自陈真编:《中国近代工业史资料》第四辑,第59—61页。另可参见拙文《论近代中国企业商号吸收社会存蓄》,《复旦学报》2007年第5期。
③ 《大生企业系统档案选编(纺织编Ⅰ)》,第7页。原文为中国数字,此处改为阿拉伯数字,小数点后以"两"为单位。下同。
④ 《大生企业系统档案选编(纺织编Ⅰ)》,第152页。

表 5-5　1923 年大生纱厂查账委员会报告书中存款户情况表

单位：规元两

户　名	存款数	户　名	存款数	户　名	存款数
正记	10 532	闵壁记	4 344.192	裕盛隆	64 012.476
新顺记	2 491.232	贻谷堂	2 787.445	养年堂	7 200
祥大源	6 600	瑞记	3 146.224	慎昌	502.96
锡记	2 600	徐钱氏	288	阊记	5 000
协兴	500.651	吴少记	797.76	海京	18 529.28
诚孚	5 000	经记	216	恒泰当	2 428.272
鸿胜	26 000	朱陈氏	360	青龙港河工	328.8
顺余	50 000	张丙记	648	江苏教育会	2 192
朱承德堂	23 413.279	育记	1 104.768	慎记	10 400
澄衷学校	17 047.25	毓记	3 000	恒大昌	5 200
沈锡记	432	乐者堂	2 125.33	立发	5 000
得记	819.72	闵简记	703.03	鼎泰	400
乐记	737.28	沈福记	161.28	协泰昌	985.2
徐宋氏	216	白记	403.712	溥益	25 720
林聚记	2 160	叔记	720	裕丰	16 858.5
吴静珠	2 068.416	鲁记	739.44	育记	3 000
桂义学堂	1 229.804	贵念记	394.56	朱德馨堂	3 000
周少记	9 000	公记	577.843	袁鸿记	5 460.042
费定记	794.88	俞延宾	1 080	胡德记	10 010.067
周少记	7 257.6	林万记	1 080	黄远庸	3 826.8
师恒	246.528	协记	2 055.688	俞恪记	2 160

续 表

户　名	存款数	户　名	存款数	户　名	存款数
旋记	2 655.6	金桃记	1 018.933	溪纪	4 320
庆记	3 000	尊素堂	1 530.72	信平	5 000
吴静珠	7 128.8	增记	1 000	郑永记	4 256.4
谷记	1 956.557	傅通记	199.063	张尚记	243.158
公兴铁厂	6 003.281	畴记	1 440	惜阴	6 318.72
增记	712	朱义记	361.56	东记	360
胡二记	7 662.133	王甡	720	蒋季记	1 560
婴堂田价	473.472	五金号尾款	1 712.607	管自修	1 271.52
退寿	900.955	咏芬堂	8 756.898	吴福记	7 735.2
任遂记	576	汉运	598.88	吴妙云	6 277.6
大悲庵	504	杨砚记	3 500	体仁堂	2 332.8
黄树概	725.76	具儒堂	23 842.523	程淡记	350
陈午记	2 160	公济当	8 205.6	菽记	2 062.08
倪美记	2 306.133	张芝仙	1 496	俞叙伦堂	360
许韩氏	193.536	费定生	1 104	兰记	720
无逸居	219.893	永和	8 600	闵之容	136.912
杨壁记	288	瑞昌顺	7 000	金记	1 023.2
祝记	739.44	东莱	3 500	直养斋	8 945.28
晋祜逸记	147.033	复泰	500.52	刘祖威	731.52
张敬记	18 743.088	大隆	900.9	徐许氏	1 612
彭记	3 000	通商银行	5 961.5	陈硕记	8 945.28
张宜记	1 465.288	厚康	3 852.72	顾嘉禄	360

续表

户 名	存款数	户 名	存款数	户 名	存款数
保记	360	怡隆	4 588.004	周吉生	157.824
乐善堂	2 020.8	顺泰	8 700.18	刘经贤	1 451.52
毅记	4 881.589	元牲	500	刘祖威	720
张敬记	22 117.586	鼎昶	10 000	朱麟之	227.496
惜记	501.84	致祥	15 000	高介记	720
闵简亭	2 089.362	裕昌	7 000	德记	2 384
吴沧围	828.24	骏记	21 855	秀记	1 224
义记	5 000	鼎大	3 000	硕记	1 723.392
傅生来	619.512	植代堂	720	闵简记	4 037.793
王生荣	504	蒋立记	1 014.666	高邵记	789.12
蒯叔记	2 745.641	王穆记	2 732.371	公记	789.12
文记	959.233	白振民	233.28	培义堂晴记	777.6
永中公司	17 434.568	宋陵记	322.234	章瑞记	1 802.88
公债银团	1 662.366	得记	690.48	仁记	4 000
沈文亮	288	季记	631.296	篠记	1 058.111
汉运	1 304.15	福记	694.4	葵记	368.496
海门淮海	3 852.72	裕本堂	8 347.519	沈燕记	2 177.4
尊素堂	23 842.523	林记	4 500	霭记	4 965.36
金陵厘捐局	14 125.188	黄克裳	786.696	各庄期款	68 810.75
陈兰记	4 468.8	陶瞻记	189.996	带耕堂	10 800
南通交易所	58 273.5	教养公积社	2 477.892	徐积记	32
老顺记	2 621.889	瑞记	2 580.986	郑伯记	8 000

续 表

户 名	存款数	户 名	存款数	户 名	存款数
维丁	17 361.11	梅记	744.853		
实业同人	8 873.772	商笙伯	4 000		
合计	1 014 999.716				

资料来源：南通市档案馆、南京大学等编：《大生企业系统档案选编（纺织编Ⅰ）》，第195—203页。

从这份统计表看，大生纱厂1923年吸收储蓄的统计表中共有储户198户，总共吸收储蓄款数为101.5万余两。这些储户的来源可以说五花八门，既有个人，也有商店、学校、公司，还有大悲庵这样的宗教组织，最多的是以"某某堂"或"某某记"的团体、组织或个人。从储蓄的数额来看，多的有几万两，少的只有几十两，但汇聚到一起，也是有一百多万了。这些储蓄存款，只需要付给储户利息，不需要用厂房、土地、机器、棉纱、棉花等作为抵押，相对于向金融机构借贷，对企业来说，当然也更为方便和合算。

当然，不管是延迟分配、余利转股还是吸收储蓄，都有一个前提，这个前提就是企业运转正常，有利润可赚。如果企业的负债太多，加上外在环境巨变使得企业亏损，则企业的失败或倒闭就无可避免。大生企业在南通的口碑不错，但也未能避免这种命运，给它最后一击的是金融机构的集体逼债。

三、金融机构的集体逼债：压死骆驼的最后一根草

上面已经提到，1925年，由中国、交通、金城、上海四银行和永丰、永聚钱庄等大生债权人组织的联合接管机构，以大生负债过重而清算和接办了大生各厂[①]，那么，这时候大生到底欠了这些银行钱庄多少债，这

---

① 《大生系统企业史》，第226页。

些机构又是如何逼得大生无路可走的？这里，我们依然以大生纱厂1923年查账委员会报告书中实在的欠款情况，再结合各金融机构逼债的资料进行探讨，也可从中看出当时银行与企业的某种关系和企业的生存环境。

表5-6是大生纱厂1923年查账委员会报告书中显示的大生欠金融机构债款以及借贷时所用作的抵押物情况。

表5-6 1923年大生纱厂查账委员会报告书中
欠金融机构债款明细表　　　　　　　单位：规元两

银行钱庄名	银 数	抵 押 品 情 况
永庆公司	75 000	借九江路二十二号南通房产公司屋为抵
四行联合处	300 000	以一厂七万五千纱锭七百二十张布机作第一债权为抵
交通银行	140 000	以一厂全厂纱锭布机作第二债权为抵
上海各钱庄（说明1）	353 000	以一厂第二债权及大丰公司债权三十万两作抵
中国银行	278 000	借二厂纱机三万五千锭为抵
上海各钱庄银行（说明2）	315 000	同上
上海银行	400 000	以副厂厂租作抵
中南银行	111 800	以吴淞道契及权柄单各十六纸计出浦地五十六亩二分三厘九毫为抵
金城银行	60 500	同上
盐业银行	23 000	以合德公司部照二百张计田五千亩为抵
大陆银行	18 000	同上
兴业银行	95 976.51	以吴淞出浦地十八亩四分四厘道契权柄单为抵
信康钱庄	30 000	以大有晋债权作抵，已收有晋南区田照三千亩

续 表

银行钱庄名	银 数	抵 押 品 情 况
德昶润号	50 000	以大有晋、大赉债权作抵,已交有大有晋东余区田照四千亩,海晏区田照四百亩、大赉北区田照三千亩
合计	2 250 276.51	

说明:(1)这里的"上海各钱庄"包括42家各种金融机构,多的一户有2万多两,少的只有二三千两。(2)这里的"上海各钱庄银行"包括21家各种金融机构。"说明1"与"说明2"中的金融机构详细名单及所贷金额可见《大生系统企业档案选编(纺织编Ⅰ)》,第187—189页。

资料来源:南通市档案馆、南京大学等编:《大生系统企业档案选编(纺织编Ⅰ)》,第187—190页。

以上向各家银行钱庄抵押借贷的债款总数是225万余两。同报告书中还记载有向各家钱庄用证券抵押的债款221 300两,用各种股票债券向各家银行钱庄抵押的借款1 088 261.606两的明细统计情况,这里因为避免繁琐不再一一列出。以上三种抵押借款的总数是3 559 838.11两。加上向私人以及各种组织吸收的储蓄1 014 999.716两,则1923年时大生纱厂的内外负债已达4 574 837.82两。

数额巨大的负债加上当年经营的亏损,使得到期的债款难以偿还,也使得债权人的各家银行钱庄向大生纱厂的催还债款陡然升级。在现有的资料中,1923年到1924年多家银行钱庄向大生纱厂催还欠款的信函电报等连篇累牍,不仅使得大生难以应付,而且预示着大生纱厂已进入危险的经营状态。这里仅举大陆、盐业、金城、中南四银行1924年联合催促大生还款的函件为例,从中可见这时大生的资金艰难及无法还款的尴尬处境。

这份四银行联合催款函首先回顾了2月1日接到大生来函的内容,其中说:"小厂于十二年十二月三十一号以全厂机器、房屋与宝行订立合同,押借元三十万两。其第六条甲项载明:抵押品之第一债权可由规元三十万两增押至一百六十万两,但此第一债权增押之权,仍为银行所有云云。今小厂因欠交通及各庄借款三十万两不能即还,已与商明,并加入此项抵押品内,惟因此项第一债权是宝行所有,今已与交通及各庄声明,所有第一债权以宝行所借三十万两为限,今增押之三十万两,当作为第二债权,与交通另订契约,似此并未侵占宝行权利,想诸公必可照允,即请与函交通证明。"这封四银行回顾大生纱厂借款的来函内容中透露了几个信息:其一是民国十二年(1923年)大生纱厂以全厂机器、房屋向四银行抵押借贷了规元30万两,四银行为第一债权人;其二是大生纱厂因另借交通银行和各钱庄30万两无法归还,要将原抵押给四银行的抵押物全厂机器、房屋增加作为给交通银行和各钱庄作为抵押物;其三,将原给四银行的抵押物增加给交通银行和各钱庄作为抵押物,第一债权人仍为四银行,要求四银行致函交通银行表示同意。

可是,大生纱厂的这个要求被四银行断然拒绝,拒绝的理由是"此项借款,自成立迄今已将一载,而借款合同规定各条多未切实履行",并列举"如第七条,纱厂于本借款未到期之前,凡有其它收入,必须尽先归还本借款之本金全额,或一部分等语。经年以来,计贵厂收入款项数必不少四行等,并未见分文出入酌还一部分,或全额借款则更无其事矣!又如第十条,纱厂每日制成之纱计得若干箱,每箱开除原本,提规元一两五钱归还银行往来欠款外,如有盈余,无论多少,悉数提交银行,立大生第一厂借款筹还户名收存,积至每一个月底,取其整数还付本合同借款之一部分等语。此项纱布之余,从未准贵厂拨存,若谓纱价未见起色,盈余无多,亦应详细报告四行等,俾可了然其真相,乃并一报告而无之。又如第十二条,纱厂应向妥实之保险公司保足火险,银数六十万两,保险单交付银行收执等语,而敝行等仅收到保险单三十万两一纸,未能足额,故敝行等对于此项借款已属惶惑不安。现在此抵押借款行又届付息之期,而可付之息何在?统未据见示"。因此,"四行等综以上各项情形,对于贵厂请求增加押款作为第二债权云云,实不敢承认。或者请查照合同第六条甲项所载,纱厂必须增押时,纱厂可提前还清本借款本息,方得转押他人之办法履行,将本借款本息如数偿清,另行转押,以符合同而资结束。所嘱函与交行证明一节,碍难照办,相应函复查照"①。

此后,大陆、盐业、金城、中南四银行还在1924年2月16日、5月3日、5月28日、6月18日、6月19日不断催促大生纱厂还款。使得南通大生纺织公司应接颇难。此后,从1924年11月25日四行给南通大生纺织公司驻沪事务所吴寄尘的函中可以看出,此前吴寄尘从南通返沪,"传述啬公(张謇)之意,谓押品可以处分,但须不卖与日本人",四行的回复是:"研究其所谓不卖与日本人者,大似贵厂对于债务本息则延宕不愿清理,对于押品则以国际关系牵制其处分",断然称"负债方如此用心债权危险以至极地",并进而声称"四行本息只欲至期如数归偿,押品当然不必处分,否则是债权者受债务者不能清偿之所迫,以致处分押品,其一切责任悉为债务者负之,债权者不负责也"②。

最终,1925年大生纱厂被中国、交通、金城等银行和永丰、永聚等银行钱庄债权人组织的银行团清算接办,大生纱厂在辉煌了二十多年后,终于黯然谢幕。

从上述的回顾及简述中可以看出,大生系统企业在创办时,原始资本往往不敷用于固定资产的投资。开工后,流通资金短绌,不得不靠大量"调汇",通过对外的抵押借款来维持营运。在分配时,为维持股东对企业的支持和今后招股时有号召力,"官利""余利"不得不分,在扩大自身规模和发展企业集团时,同样要利用已有企业的支持以及对外借贷来维持,这种发展模式在近代中国民间资本企业中十分普遍,荣家企

---

① 南通市档案馆、张謇研究中心编:《大生集团档案资料选编(纺织编Ⅲ)》,第202—203页。
② 同上书,第205页。

业、刘鸿生企业集团等均是如此①。但是,这种发展模式却蕴含着极大的风险:只要外在环境的变化使得企业难以持续获得"调汇"贷款,资金链断裂时,企业倒闭或被接管的危机也就来了。

大生纱厂的发展以及被银行团清算接办,并非偶然,而是当时中国民间资本企业发展过程中较为典型的案例而已。

---

① 参见拙著《中国近代股份制企业研究》,上海财经大学出版社2008年版,第二章。

第六章
近代重工业发展与资本市场

在近代中国新式工商企业的发展进程中,资金短缺是普遍现象。第五章简要叙述了轻工业中棉纺织业的典型大生企业集团的事例,下面我们再通过汉冶萍公司和贵州清溪铁厂的事例,考察在更加需要资本的重工业领域中中国企业的经营状况和特色情况。

第一节 汉冶萍公司发展轨迹与近代中国资本市场

在遭遇外来资本主义列强的冲击和历经"数千年未有之变局"后,近代中国成为变动剧烈的"过渡时代":从农业文明向工业文明过渡,从农业文明结构向近现代工业经济结构过渡。前所未有的机器工业在此期诞生,并成为近代中国发展的导向性产业。但是,这个过程十分艰难和曲折。外有资本主义列强刁难倾轧,内有封建主义限制阻难。同时不得不强调的是:发展机器工业所需的巨额资本筹集困难,同样是难以跨越的障碍。在近代资本市场发展和强大起来之前,中国近代企业的发展可谓举步维艰,而且,越是规模巨大的企业、所需资金越大的企业,发展就越显艰难。

近代中国最大的钢铁冶金煤炭联合企业——汉冶萍煤铁厂矿有限公司(以下简称"汉冶萍")就是资本短缺情况下艰难发展的一个典型。汉冶萍煤铁厂矿有限公司又称汉冶萍煤铁矿,是集汉阳铁厂、大冶铁矿和萍乡煤矿于一身的大型钢铁煤炭联合企业。光绪十六年（1890年），湖广总督张之洞以官款在汉阳创建炼铁厂，继而在大冶兴办铁矿。光绪二十二年（1896年），汉冶萍受困于资金短缺，清廷批准可以引进民间资金，体制改变为官督商办。此后，盛宣怀接办汉阳铁厂，在江西萍乡开设煤矿。光绪三十四年（1908年），经清廷农工商部注册，汉冶萍煤铁厂矿有限公司正式成立。此时，汉冶萍横跨两省，集两矿一厂于一身，"兼采矿、炼铁、开煤三大端，创地球东半面未有之局"[①]。但是，汉冶萍规模巨大，所跨地区遥远，所需资金也非一般规模能比，故该企业从诞生伊始，资金不足就如影随形，难以摆脱。正如许多已有的研究成果所说，汉冶萍诞生后短短时间内体制发生两次改变，以及此后逐渐落入外国资本的控制之中，均受此制约并与此有密不可分的关系。

笔者认为，以上的这些说法都没有错，但是还要看到和重视一点，即汉冶萍的发展艰难、资金短缺这一点，还与此期中国社会没有形成有效和强有力的资本市场，未能给汉冶萍提供有规模的资金支持有关。而这一点往往被研究者所忽视。下面就对此进行一些粗浅的分析，也能从这个角度对当时的企业发展与资本市场的关系进行一些深入了解。

一、汉冶萍公司发展中资金不足的窘境

1. 汉阳铁厂

汉阳铁厂完工于光绪十九年（1893年）十月。据湖广总督张之洞奏称，此为一家现代钢铁煤焦联合企业，拥有生产生铁、熟铁、贝色麻钢、钢轨和铁货等的六家大厂，以及生产机器、铸铁、打铁、造鱼片钩钉等四家小厂，统计全厂地面东西三里余，南北大半里。此外还有大冶铁山开

[①]《光绪二十二年五月十六日，铁厂招商承办议定章程折》，张之洞：《张文襄公全集》奏议卷44，中国书店1990年影印本。

矿机器、运矿铁路(通至黄石港)、汉阳水陆码头、运矿大轮船和驳船,以及马鞍山、王三石煤井工程等,规模宏伟。"预期每年可出生铁三万数千吨,以之炼钢,可得三万吨。"①

汉阳铁厂开工后的最大问题,是燃料供应困难。该厂所需炼焦之煤近处皆不合用,需仰给于外洋和开平,道远费重,且常缓不济急,以致几次闭炉待焦,造成损失。故自光绪二十年(1894年)五月正式开工始,至二十一年(1895年)八月底止,铁厂仅出铁五千六百六十余吨,出贝色麻钢料九百四十余吨,出马丁钢料四百五十余吨,另铁货拉成钢条板一千七百余吨②,远未达到设计要求。而截至此时,据张之洞奏称,汉阳铁厂和大冶铁矿的创建经费,至光绪二十二年(1896年)五月官督商办时为止,已实收官款库平银 5 586 415 两,实用库平银 5 687 614 两③。

光绪二十一年,中日战争中国战败签订《马关条约》,需向日本支付巨额战争赔款和"赎辽费"。加之此前所耗费之庞大军费,财政困窘万分,实难再有财力支持官办企业。而"月需银约七万两"的汉阳铁厂,自光绪二十年十月至二十一年八月将近一年内"皆系无米之炊,课虚责有,勉强腾挪支柱"④,在财政万分困难的情况下,不得不改变体制重寻出路,这是汉阳铁厂改变体制,变为官督商办的根本原因。

在张之洞拒绝外国以合办方式入股汉阳铁厂的建议后,光绪二十一年六月十二日上谕饬铁厂招商承办。此后经多番接触与商谈,掌握轮船招商局、电报局和华盛总厂,同时与英、美、日势力广有接触的盛宣

---

① 《光绪十九年十月二十二日,炼铁全厂告成折》,张之洞:《张文襄公全集》奏议卷34。
② 《铁政局致张之洞电,抄本张之洞电稿》,转引自孙毓棠:《中国近代工业史资料》第一辑下册,第796—797页。
③ 《光绪二十四年闰三月十三日,查明炼铁厂用款咨部立案折》,张之洞:《张文襄公全集》奏议卷47。
④ 《光绪二十一年八月二十八日,铁厂煤矿拟招商承办并截止用款片》,张之洞:《张文襄公全集》奏议卷39。

怀,以兼办铁路作为承办铁厂的条件愿意接手汉阳铁厂。盛宣怀自认掌握了铁路修筑,便可为铁厂所产钢轨找到可靠销路,铁厂所需的运营资本便可在铁路经费内挹注。张之洞亦认为"盛若令办铁路,则铁厂自必归其承接,如此则铁厂全盘俱活"。恰在这时,清政府决定将芦汉铁路交由直督王文韶和张之洞"督率商办"。在张之洞急于交出汉阳铁厂,寄望于民间资金接办企业,"脱此巨累"的急迫心情下,张之洞与盛宣怀达成了由盛接办汉阳铁厂的协议①。

经清廷批准,二十二年(1896年)五月十六日张之洞委派盛宣怀督办汉阳铁厂。在"铁厂招商承办议定章程折"中,张之洞声称,已经与盛宣怀议定,湖北铁厂即归盛宣怀招集商股,一手经理。并议定几项主要条款,包括此前官局用款及各项欠款,截至盛宣怀商办商局承接之日为止,以前的用款及各项欠款均归官局清理报销;以后收支各款,均归商办商局筹办,以清界限;铁厂以后需用费用,无论多少,均归商筹;官办时期的用款归还方式为,自芦汉铁路购办钢轨之日为始,所出生铁售出,每吨提银一两,按年核计,共出生铁若干,共应付银若干,汇数呈缴,以还官局用本;并且在官用还清之后,每吨仍提捐银一两,以伸报效。在铁厂销路方面,则要求现今议造各省铁路,所需钢轨及应用钢铁料件,无论官办商办,都要向湖北铁厂随时定购;在税负方面,则请求所有湖北铁厂自造钢轨及所出各种钢铁料,以及在本省或外省自开的煤矿,是为本厂炼铁炼钢之用的,均"应请奏明免税十年"②。

二十二年五月,盛宣怀到汉阳铁厂任事,该厂从官办体制正式改为官督商办企业。当年七月,经张之洞、王文韶奏请设铁路总公司,保举盛宣怀充任督办。九月获清政府批准,十二月铁路总公司在上海成立,盛宣怀

---

① 《光绪二十二年湖广总督张之洞致砚斋中堂(北京大学经济系藏原稿)》,转引自汪敬虞:《中国近代工业史资料》第二辑上册,第471页。

② 《张之洞奏铁厂招商承办议定章程折》,湖北省档案馆编:《汉冶萍公司档案史料选编》上册,中国社会科学出版社1992年版,第132—135页。

以督办身份奏明先造芦汉铁路干路,其余苏、沪、粤、汉,次第展造①。

盛宣怀接手汉阳铁厂后,当务之急是解决企业资本的筹集问题。他寄望于社会的支持,在招商章程中着重宣扬对早期投资者格外优待。章程申述:"拟先招商股银一百万两,仍以一百两为一股。自入本之日起,第一年至第四年按年提息八厘,第五年起提息一分。此为本厂老商,必须永远格外优待。办无成效,额息必不短欠;办有成效,余利加倍多派。嗣后气局丰盛,股票增价,其时推广加股,必先尽老商承认,有旧票呈验,方准其纳入新股,以示鼓励旧商而杜新商趋巧之习。"②

但是,官办时期汉阳铁厂成效不显,已在民间留下不佳印象,甲午战争后江南民间资本对投资工矿企业已深存疑惧。此时上海资本市场流动资金大量进出外汇以及金银买卖,对工矿投资更是趑趄不前。盛接办后仍因"化铁无煤",生产不正常,半年后便亏本20余万两,到光绪二十三年(1897年)底亏空达70余万两③。因此,招股受到冷遇。为解决企业经营中的资金困难,在民间资本市场上筹措资金困难之际,盛宣怀只得调动他所控制的轮船招商局、电报局、中国通商银行等企业的资金,投资入股汉阳铁厂,解决汉阳铁厂的运营困难。

据下表所知,官督商办初期民间资金并未大量进入,汉阳铁厂的资本构成中,90%左右来自盛宣怀掌握的洋务企业,只有百分之五左右的资本集自民间。光绪三十二年,盛宣怀向张之洞追述汉阳铁厂官督商办时期的集资情况时称,自己从前敢于冒昧承办汉阳铁厂,后路和仗恃的底牌就是"招商、电报、铁路、银行皆属笼罩之中,不必真有商股,自可

---

① 胡钧:《张文襄公年谱》卷三;盛同颐:《盛宣怀行述》,转引自《洋务运动》(八),第56、59页。

② 《张之洞奏铁厂招商承办议定章程折》,湖北省档案馆编:《汉冶萍公司档案史料选编》上册,第134页。

③ 《光绪二十五年十二月初六日,盛宣怀寄张之洞函》,陈旭麓等编:《汉冶萍公司》(二),上海人民出版社1986年版,第180页。

统筹兼顾"①。但是,下面这个表也证明一个现实:就是此时中国自己的银行只有寥寥一两家,证券市场尚未成立,明面上的资本市场基本未能发展起来,除一家盛宣怀控制的中国通商银行外,汉冶萍公司无法从银行界筹集到更多资金,主要只能靠盛宣怀已经掌握的企业相互挹注调拨资金来救济和维持汉冶萍公司的生存与发展。

表6-1 官督商办汉阳铁厂初期资本构成

投 资 者	数额(库平银,两)	占总额%
轮船招商局	250 000	25.0
电报局	222 000	22.0
中国通商银行	328 500	32.8
萍乡煤矿	100 000	10.0
钢铁学堂	39 000	3.9
南洋公学	6 000	0.6
古陵记	36 500	3.7
上海广仁堂	20 000	2.0
总计	1 000 000	100.0

原注:古陵记是盛宣怀家族化名;广仁堂是盛宣怀所办慈善单位。
资料来源:《汉冶萍公司所存创始老股帐》,转引自汪敬虞主编:《中国近代经济史(1895—1927)》,人民出版社2000年版,第1716页。

2. 大冶铁矿

汉冶萍公司的第二家企业大冶铁山产旺质良,距长江边黄石港仅50余里。兴国州产有锰铁,为炼钢所必需,恰与大冶接界。大冶铁矿含铁量为60%左右②,为优质矿山。

大冶铁矿的开发概况如下:光绪十六年(1890年)十月二十一日,张

---

① 《光绪三十二年正月初六日,盛宣怀致张之洞函》,《汉冶萍公司》(二),第538页。
② 《光绪十六年十一月六日湖广总督张之洞奏》,《洋务运动》(七),第210、211页。

之洞札湖北候补知县张飞鹏等,称:"湖北大冶县铁山矿砂产旺质良,本年二月二十九日经总理海军事务衙门奏请开采,将粤省炼铁机炉移设鄂省,已奉旨准许。现炼铁厂已勘定在汉阳大别山下兴工建造,所有大冶铁山开采事宜,亦应次第举办。大冶铁山多系官山官地,民间田庐致碍开采者,照价购买。其铁山至黄石港江岸应修运矿宽平大路一条,约宽五丈为度,以便车马驰骤往来无碍。派委熟悉大冶情形之候补知县张飞鹏兼办铁山运道事宜,会同地方官妥为开办。并饬派候补同知施启华、候选州同沈鉴、候补府经历倪涛,带同洋员时维礼,前往会同张飞鹏堪办。"

光绪十六年十一月初九日,据张之洞估计,筹办大冶矿山建设费需40万两。具体为:大冶每日约需运矿5 000担,运速而费省,必须修造铁路,运矿修造铁路至黄石港入江,绕道避坟,约长70里,每里约费5 000两,共约银35万两。大冶运矿分局房屋杂费约银5 000两。黄石港修筑木码头一座,约银12 000两。兴国运锰铁分局房屋杂费约银5 000两。开矿机器约银1万两。大冶铁矿、兴国锰矿买山、修路、买地各费约银6万两。共需银约40.2万两[①]。

光绪十八年(1892年)十月十五日,张之洞致函李鸿章称:大冶铁山铺直达石灰窑江岸铁路50余里已修建完成,运煤道路10里亦计日可成;兴国州锰铁运道小铁路亦将修成。此时大冶矿拥有铁山一座、白灰石山一座、夹矿石机器全副、凿矿机器四架、开矿各项器具全备、铁山运道铁路五十里、装矿码头一所、铁路需用器具全备、沿铁路桥二十七座、运矿车三十六辆、火车三辆、修理火车机器厂一所、修理车辆各项器具全备、王三石煤矿一座以及其他房屋和各种附属设施等[②]。

[①] 以上参见《张之洞札张飞鹏等开采大冶铁山文》《张之洞咨呈约估筹办煤铁用款折》,湖北省档案馆编:《汉冶萍公司档案史料选编》上册,中国社会科学出版社1992年版,第78、79、87页。

[②] 《张之洞致李鸿章函》,湖北省档案馆编:《汉冶萍公司档案史料选编》上册,第92、95页。

光绪二十二年(1896年),汉阳铁厂大冶铁矿均归官督商办,七月十四日,张之洞批文将大冶县属铁矿归汉阳铁厂开采。文中称:"大冶县属铁山坡、白杨林相近之象白山、狮子山及下陆之铁子脑一带地方,皆出锰铁、磁铁。此外如戴家湾、金山店等处,亦系上好铁矿。所有大冶县属及武昌、兴国等处,皆产铁矿。一律归铁厂开采,不准商民私行勘买。此为裨益铁政,杜绝觊觎起见。""凡用机器开采煤铁五金各矿,必先由该商将商人姓名、籍贯及一切办法详晰呈明,听候本部堂札饬地方官查核明确,批准给予立案后,方准购地开办,不得由民间私相授受。""所有兴国、大冶所产铁矿,应准一律归铁厂购买开采。"①

为解决大冶铁矿开发的资金问题,盛宣怀采取与日本方面以铁矿换煤焦的办法。光绪二十五年(1899年)十月二十日,盛宣怀文称:"大冶铁矿虽取用不竭,苦于煤焦缺少,未能多设冶炉,故炼出钢铁视中国官民需用之数,不及万一。日本丰于煤而歉于铁。上年伊藤博文来华游历,与湖广总督张之洞和本大臣面商,以彼煤炭易我铁石。张之洞与盛宣怀商量,认为此等事原为欧亚两州通行之事。大冶铁石足供数百年之采炼,岁取五万吨易东洋煤炭,于汉厂炼铁,无损毫末。遂与日本制铁所长和田订立合同七款,以十五年为限,日本每年至少购大冶铁矿石含铁百分之六十五以上者五万吨,每吨定价二元四角;中国汉阳铁厂及别项局厂,每年需煤或间需焦炭之额数,须先订定妥,约需若干吨,知会日本制铁所预备。近年煤价涨落无定,议照招商局购煤章程,每年分两次,按照时值议定各种价目,焦炭用否,随时酌定。"②

光绪二十九年(1903年)十一月二十八日,盛宣怀与日本签订《大冶购运矿石预借矿价正合同》。内容为汉阳铁厂之大冶矿局订借日本兴业银行日本金钱三百万元,以三十年为期,年息六厘。正合同画押之

---

① 《张之洞批大冶县属铁矿归汉阳铁厂开采文》,湖北省档案馆编:《汉冶萍公司档案史料选编》上册,第150页。

② 《矿务档》第四册,台湾"中研院"近代史研究所编印,1960年版,第2321—2326页。

日,先交金钱一百万元,以后每三个月交金钱一百万元,计合同签字后六个月交清。利息照每次收到之日起算。此次借款,以"大冶得道湾矿山、大冶矿局现有及将来接展之运矿铁路、及矿山吊车并车辆房屋、修理机器厂为担保。此项担保在限期内,不得或让或卖或租与他国之官商"。此次借款,"以日本制铁所按年所购矿石价值给还本息,不还现款。""日本每年收买头等矿石七万吨,不得再少,以敷全款之息及带还本项,订明每年收买至多不过十万吨。""头等矿石价目,每吨日本金钱三元,订定十年期限,期满另议价值。二等矿石,每吨日本金钱二元二角。""借款合同期限订明三十年。每年应还本项,以金钱十万元为度。"①

汉阳铁厂投产后,很长一段时间处于亏损状态。汉阳铁厂亏损的重要原因之一是燃料问题。铁厂炼铁炼钢的焦炭均来自开平和英国,所需量大,运输费用高,导致汉阳铁厂成本居高不下。被盛宣怀聘请为汉阳铁厂总办的郑观应经过调查,了解到萍乡煤矿煤质好,"可成上等焦炭"②。萍乡煤好,但炼焦技术不过关,质量不稳定,因此亟应速派得力人员前往认真整顿。他估计如果萍焦在化铁、炼钢上合用,按时价计比开平和英国焦炭每吨可便宜五六两之多,若能全用萍焦取代开平焦和英国焦,则现在汉阳铁厂生铁成本每吨十八九两之数将降至十二三两。生铁成本下降,制出钢铁料之成本亦因之可减③。

3. 萍乡煤矿

汉阳铁厂当时每月消耗焦炭在5 000吨左右,整顿汉厂首先应从焦炭供应入手。光绪二十四年四月,郑观应建议盛宣怀委派张赞宸为萍

---

① 《大冶购运矿石预借矿价正合同》,湖北省档案馆编:《汉冶萍公司档案史料选编》上册,第224页。
② 《致督办汉阳铁厂盛京卿书》,夏东元编:《郑观应集》下册,上海人民出版社1988年版,第997页。
③ 《上督办汉阳铁厂盛京卿条陈》,夏东元编:《郑观应集》下册,第1050页。

乡煤矿总办,积极购置机器设备,进行大规模开发,以解决汉阳铁厂的燃料问题。二十三年六月,盛宣怀委派张赞宸总办萍煤,产煤之山逐井考验,由局自购土井煤采炼焦炭,以为之倡。

光绪二十四年三月二十六日,张之洞与盛宣怀联合就开办萍乡机器采煤并筑造运煤铁路事上奏朝廷,萍乡煤矿正式成立,机器采煤由此开始,局面为之一变。

奏折中称,汉阳铁厂利钝之机全视萍煤为枢转,现已购办机器运萍,一面勘明运道,选就该县黄家源地方筑造铁路一条至水道,计程三十余里。路成之后,再筹展至长沙与干路相接,并先于沿途安设电线,以使消息灵通,转输便捷。"繁费在一时,收利在永远",此后取之不尽、用之不竭,汉厂即可并开两炉,大冶亦可添设炉座①。

同日,张之洞、盛宣怀又联合奏请禁止在萍乡另立公司,请求"嗣后萍乡县境援照开平不准另立煤矿公司,土窿采出之煤应尽厂局照时价收买,不准先令他商争售,庶济厂用而杜流弊"②。

二十四年三月二十八日获上谕允准。此后,各商井厂陆续归并该局,至二十九年七月,矿局开办六年后,"始得事权归一"③。

但是,萍乡煤矿创立采用机器开挖煤炭,资本不足同样成为严重的问题,负债经营终使得萍乡煤矿四处借贷,不得不背负来自中外的沉重债务。

光绪二十九年(1903年)《萍乡煤矿有限公司招股章程》中称,萍乡煤矿创办两年有余,规模业已粗具,矿务已见成效。其创办之初,商股未集,唯轮船招商局、电报局两局及零星附股,收得库平银100万两④。

---

① 转引自湖北省档案馆编:《汉冶萍公司档案史料选编》上册,第200页。上引均见《光绪二十四年三月二十六日张之洞、盛宣怀会奏开办萍乡煤矿并筑造运煤铁路折》。

② 《光绪二十四年三月二十六日张之洞、盛宣怀会奏开办萍乡煤矿禁止另立公司片》,转引自《汉冶萍公司档案史料选编》上册,第200—201页。

③ 《光绪三十年十二月张赞宸:奏报萍乡煤矿历年办法及矿内已成工程》,转引自《汉冶萍公司档案史料选编》上册,第206—207页。

④ 《萍乡煤矿有限公司招股章程》,《汉冶萍公司》(二),第250页。

实际上,萍乡煤矿初期的开发资金除向十多家银行钱庄借贷外[①],主要依靠盛宣怀控制的几家企业入股和挪借,这些企业的入股分为首次和二次两种。下表之统计证明了此点。

表6-2 萍乡煤矿创办资本构成情况表

投资者	数额(库平银,两)			总额(%)
	首次入股	二次入股	小计	
汉阳铁厂	200 000		200 000	20
轮船招商局	150 000	80 000	230 000	23
铁路总公司	150 000		150 000	15
电报局		220 000	220 000	22
香记等商户	100 000	100 000	200 000	20
总计	600 000	400 000	1 000 000	100

资料来源:张赞宸:《奏报萍乡煤矿历年办法及矿内已成工程》,转引自《汉冶萍公司档案史料选编》上册,第204—205页。

二、扩大生产规模及债务压力增大

盛宣怀担任铁路总公司督办后,汉阳铁厂的钢轨销路有了保证。随着汉阳铁厂的发展,燃料的问题得到逐步解决,钢料生产量少质低的难题,成为影响汉阳铁厂发展急需解决的另一个问题。

为解决此问题,光绪二十七年(1901年)五月,盛宣怀擢用译员出身的李维格为汉厂总稽核。光绪三十年(1904年)一月,盛宣怀派李维格"出洋考查铁政,采办机器,选雇洋匠",以振兴汉阳铁厂。李维格赴美国再转欧洲考察八个月,于同年十月回国。

---

① 据张赞宸汇报,从光绪二十四年起至光绪三十年止,萍乡煤矿先后借贷过的银行钱庄共17家,其中银行3家、钱庄14家。见张赞宸:《奏报萍乡煤矿历年办法及矿内已成工程》,转引自《汉冶萍公司档案史料选编》上册,第204—205页。

李维格出国时携带大冶矿石、萍乡煤焦及汉厂所炼钢铁,请英国伦敦钢铁化学专家史戴德(J. E. Soad)化验。化验结果表明:大冶铁石、白石,萍乡焦炭"并皆佳妙",铁石含铁量60%—65%,胜过英国、德国、西班牙各主要钢铁国家,"大冶之铁,实世界之巨擘";焦炭则等于英国最上之品。汉阳铁厂所产钢轨钢料不符合标准的原因在于冶炼"不合法"。原来,汉厂购置的贝色麻炉系酸法冶炼,不能排除铁石中的磷质,而大冶矿石却含磷较高。经过调查研究,李维格接受史戴德建议,决定废弃原来的酸性贝色麻炉,全部改用碱性马丁炼钢炉;新聘4位工程师,分别负责生铁炉、钢厂、压轴厂、修理机器厂的业务。李回国后向盛宣怀详细报告改造汉阳铁厂的各项措施,得到盛的支持。他任李维格为汉厂总办,改造和扩充汉阳铁厂。李维格废弃原有的贝色麻炼钢炉和10吨小马丁炉,安装30吨碱性马丁炉4座,150吨大调和炉1座;同时改建轧钢厂、钢轨厂、钢板厂、车辘厂和竣货厂;扩建机器修理厂和电机厂。光绪三十三年(1907年),全部工程竣工[①]。当年冬十月开始出钢[②]。

为满足汉阳铁厂扩大生产的需要,大冶矿石产量也必须相应提高。在盛宣怀督促下,大冶铁矿矿区尽力向外扩充。汉厂、冶矿的产量随生产调整和改革有了明显提高。光绪三十四年(1908年),汉阳铁厂共出生铁6.6万吨,因初试马丁钢炉,"仅出钢胚二万二千六百余吨,余售生铁";该年大冶铁矿"共出铁石二十五万吨";萍乡煤矿该年"共出生煤四十万吨,因上年焦炭积存过多,仅出焦炭九万二千余吨,余售生煤"[③]。

萍乡煤矿到光绪三十三年(1907年)时,资本达到五百数十万两,其中股本只有150万两,余皆借贷[④]。

---

① 丁格兰著,谢家荣译:《中国铁矿志》,1923年12月,第246页。
② 《李维格记汉冶萍》,《东方杂志》第7年第7期,调查第1,第63页。
③ 《汉冶萍煤铁矿记略》,《东方杂志》第7年第7期,调查第1,第61页。
④ 《光绪三十三年四月初三日,盛宣怀寄张宫保》,盛宣怀:《愚斋存稿》卷七十二,电报四十九。

至光绪三十年(1904年)十一月止,萍乡煤矿欠各银行钱庄款项98.3万余库平两①。内债外,萍乡煤矿还借有外债。首次外债为光绪二十五年(1899年)二月二十八日订借德商礼和洋行400万马克,七厘起息,自1900年1月1日起,分作二十三批摊还②。光绪三十三年(1907年)三月十九日,萍乡煤矿与日本大仓组签订借款日金200万元合同。借款利息周年以七厘五毫计算,即每百元按年七元五角。每年分两次付息,以农历五月底及十一月底为期。此项借款以七周年为期,前三年只付息金,后四年本利按期分还。借款以矿局所有生利之财产物件作为借款抵押,至借款本利还清之时为止。俟萍矿还清礼和借款之后,外债"位次便以大仓为第一"。萍乡煤矿亦切实声明,不将已抵之产再抵别款③。

在大力改造扩建的过程中,原来即已不足的资本问题更显突出。截止到光绪三十三年(1907年)为止,由于汉阳铁厂、大冶铁矿和萍乡煤矿的改造以及扩大规模,汉厂、萍矿所费投资已达1300余万两,但所招股本仍然停留在250万两上下。厂矿所需支出,除了预支日本矿价、预支京汉轨价两项合计银300万两外,其余资金主要靠挪借商款,计达700余万两,年需支付利息达六七十万两之多④。一遇金融市场出现动荡,汉厂、萍矿便陷入债主"追呼勒逼","性命绝续于呼吸"⑤之间的财政窘境;且维持汉厂现有生产,还须添炉,"将来非二千万两不成"⑥。

---

① 《光绪三十年十二月张赞宸奏报萍乡煤矿历年办法及矿内已成工程》中各银行钱庄往来账计算,《汉冶萍公司档案史料选编》上册,第205页。
② 《光绪三十年十二月张赞宸奏报萍乡煤矿历年办法及矿内已成工程》,《汉冶萍公司档案史料选编》上册,第204—205页。
③ 《光绪三十三年三月十九日萍乡煤矿向日本大仓组订借日金二百万元合同》,《汉冶萍公司档案史料选编》上册,第229页。
④ 《光绪三十三年七月六日,盛宣怀致湖广总督张之洞》,盛宣怀:《愚斋存稿初刊》卷72,第29页。转引自汪敬虞:《中国近代工业史资料》第二辑上册,第495页。
⑤ 《光绪三十三年十月下旬,盛宣怀致袁世凯函》,《汉冶萍公司》(二),第658页。
⑥ 《光绪三十三年七月初一日,盛宣怀致王锡绶函》,《汉冶萍公司》(二),第610页。

但汉厂、萍煤公司自官督商办以来,十年未曾发放股息;到光绪三十二年(1906年)为止,汉厂亏商本240万余两,萍矿结至同年闰四月盈余银30余万两。为能获得社会支持和将汉冶萍维持下去,盛宣怀认为,只有将萍乡有利之煤矿并入汉阳亏本之铁厂,"方可多招商股"①。

资金不足带来的压力,是汉冶萍得以联合成立的最直接原因。获得张之洞和后任湖广总督赵尔巽支持,盛宣怀于光绪三十四年(1908年)二月十一日向清廷奏请将"汉冶萍煤铁合成一大公司","新旧股份招足银元二千万元"②,获得批准。集汉阳铁厂、大冶铁矿和萍乡煤矿三者为一身的中国近代最大的商办钢铁煤炭联合企业就此诞生。

在汉冶萍煤铁厂矿有限公司商办第一届账略上,盛宣怀公布汉厂、萍矿和冶矿的全部开支账目以及经过估算的资产,具体内容为:汉阳铁厂产业估值1 227万两;大冶铁矿基地轮车等产业估值1 130万两;萍乡煤矿基地井窿洗煤机炼焦炉等产业估值1 550万两;汉冶萍所属码头、栈房、拖轮、驳船等资产估值169万两;扬子江制造公司股份银5万两,合计资产总值4 081万两③。其支出总计为2 246.05万余两④。

但是,汉冶萍公司资产超过支出几乎一倍的情况,对于吸引民间资本投资入股的作用仍然不大,到宣统元年(1909年)十月止,汉冶萍实收股份仍不过1 200万元⑤,与计划中的2 000万元相距甚大。

三、近代中国资本市场的有限支持及外资进入

一般而言,在汉冶萍资金极度困难的情况下,解决的途径可能有

---

① 《光绪三十三年七月二十日,盛宣怀致吕海寰函》,《汉冶萍公司》(二),第615页。
② 《光绪三十四年二月十一日,盛宣怀奏汉冶萍厂矿现筹合并扩充办法折》,《汉冶萍公司档案史料选编》上册,第231—232页。
③ 《汉冶萍煤铁厂矿有限公司商办第一届帐略》,原书无出版社及出版年,第17—20页。
④ 同上书,第11—16页。
⑤ 《宣统元年十月二十四日,致袁珏生函》,北京大学历史系近代史教研室整理:《盛宣怀未刊信稿》,中华书局1960年版,第186页。

三：一是增加资本金；二是靠本国资本市场借贷；三是向外国借贷。这三条道路第一条上面已经说过，此时几乎行不通。现在我们就来看看第二条道路。

平心而论，近代中国资本市场对新式机器企业的发展是有相当支持的，从第一家机器民用企业轮船招商局开始，所运用的流动资金中，钱庄和私人的存款就发挥了不小的作用①。对解决汉冶萍公司的燃料至关重要，可谓汉冶萍公司生命线的萍乡煤矿的勘探和开发资金，就几乎完全依靠钱庄的融资支持。1898年萍乡煤矿成立，在成立及头几年的营运中，资本周转几乎全靠钱庄贷款维持："开办之初，并未领有资本，起首用款，即皆贷之庄号"，"至所收股本，乃二十五年（1899年）以后事，且系陆续零交，指作还款，不能应时济用，势不得不辗转挪移，以为扯东补西之计"②。表6-3是萍乡煤矿成立七年后即1905年1月时向外借入款项的明细表。

表6-3 1905年萍乡煤矿借入款项明细表　　单位：库平银两

向银行借入	数　额	向钱庄借入	数　额	向官银钱号借入	数　额
通商汉行	95 429.46	协成号	36 068.2	萍乡官银号	120 000.00
道胜行	131 971.44	仁太庄	34 431.242		
大仓行	262 639.7	元大庄	131 310.22		
		惠怡厚	83 900		
		万丰隆	33 389.13		
		豫康庄	4 259.6		

---

① 唐廷枢、徐润：《招商局第一至第七届帐略》（影印件），转引自胡政、李亚东点校：《招商局创办之初（1873—1880）》，中国社会科学出版社2010年版。

② 张赞宸：《奏报萍乡煤矿历年办法及矿内已成工程》，转引自《汉冶萍公司档案史料选编》上册，第205页。截至光绪三十年十二月（1905年1月），萍乡煤矿"先后股本库平银一百万两"。见同上书，第204页。

续 表

向银行借入	数 额	向钱庄借入	数 额	向官银钱号借入	数 额
		和丰庄	19 096.2		
		载昌记	9 370.1		
		庆安庄	3 744.29		
		颐记号	6 775.5		
		福 记	5 034.5		
		升 记	4 685.1		
		张凯记	1 885.26		
合计	490 040.6		416 115.242		120 000.00

说明：在"向钱庄借入"一栏中，可能包括部分私人借款在内。
资料来源：张赞宸：《奏报萍乡煤矿历年办法及矿内已成工程》，转引自湖北省档案馆编：《汉冶萍公司档案史料选编》上册，第205页。

从表6-3的数字中可知，至1905年时，萍乡煤矿所获得的融通资金中，钱庄的数额依然举足轻重，仅略低于中外银行合计的贷款数额。

1908年，汉冶萍公司改为股份制企业，在留存下来的账略报告中，第一至第八届汉冶萍公司欠银行钱庄的融通资金情况如表6-4所示。

表6-4 汉冶萍煤铁厂矿有限公司商办第一至第八届对外融通资金情况表　　单位：洋例银两

年份	汉冶厂矿			萍乡煤矿			本矿官钱号存款
	资 本	上海银行钱庄及各户存款	汉口银行钱庄及各户存款	资 本	上海银行钱庄及各户存款	汉口银行钱庄及各户存款	
1908	3 543 750	3 350 611	2 418 859	2 129 274	2 379 303	1 679 678	306 467
1909	4 740 513	3 986 912	3 559 024	3 163 150	1 491 913	2 227 559	531 527
1910	5 260 618	5 339 501	5 651 285	3 509 886	1 965 733	2 899 644	1 802 156

续 表

年份	汉冶厂矿			萍乡煤矿			本矿官钱号存款
	资本	上海银行钱庄及各户存款	汉口银行钱庄及各户存款	资本	上海银行钱庄及各户存款	汉口银行钱庄及各户存款	
1911	5 626 596	8 759 240	3 215 772	3 753 871	2 838 636	2 472 113	547 729
1912	6 609 367	8 974 563	2 658 760	3 753 871	3 865 936	4 063 987	519 358
1913	6 566 127	11 011 326	2 737 161	4 380 226	4 242 089	4 023 291	617 335
1914	7 216 141	11 657 138	2 111 354	4 813 568	6 758 739	1 927 890	507 443
1915	7 780 419	12 786 621	2 399 498	5 189 753	6 961 501	1 828 741	759 837

说明:(1)萍乡煤矿除与银行钱庄有金融往来外,与汉冶厂矿相比,还与官钱号有往来,1912年后该栏目改为"本矿各户往来"。
(2)本表金额数字均取整数,整数后面四舍五入。
资料来源:《汉冶萍煤铁厂矿有限公司商办第一届至第八届帐略》,原书无出版社及出版时间,原件藏北京中国社会科学院经济研究所图书馆。

1917年8月21日,汉口30余家钱庄联名向汉冶萍总经理去函,要求汉冶萍早日归还所欠债款。函中称"尊处欠款拖延已经数载,函电交驰,舌蔽唇焦"①。并附有汉冶萍欠这30余家钱庄共350 374.66两的债款明细表(参见第一章表1-9)。

从以上所引资料来看,近代中国资本市场对近代机器大工业的支持是有的,但这些支持或者限于刚刚有所发展,积淀有限,如这时的银行业;或者尚未诞生,如证券交易所;或者限于本身资本不足(如钱庄本身资本只有几万元),表1-9中35万银两来自三十六家钱庄的事实,都说明这时中国的资本市场尚未有强大实力支撑起近代中国机器大工业发展所需的资金支持,这就为第三条道路即向外国借贷并最终受到外资控制留下了后患。

以下的史实就是日本资本渗入汉冶萍并逐渐控制的简要回顾:

---

① 《汉冶萍公司档案史料选编》下册,第726页。

光绪二十五年(1899年)二月,日本制铁所所长和田维四郎与盛宣怀在上海签订《通易煤铁合同》。日本提供汉阳铁厂300万日元作为大冶矿石预售矿价。合同要点为:其一,日本制铁所预购大冶矿石,第一年5万吨;第二年以后所需数量,由日本议会决定后再行通知,但保持不少于5万吨之数。大冶矿石除汉阳铁厂自用外,应先售予制铁所每年所需5万吨或增加之数(第一、五款)。其二,汉阳铁厂及招商局等委托日本制铁所代购日煤,每年至少3万至4万吨,价格按照时价而定(第一、三款)。其三,日本制铁所得派委员三名常驻大冶石灰窑及铁山,住宿由汉阳铁厂供给(第六款)。其四,本合同以十五年为限,期满后如双方不作废弃之通知,则无条件再展限十五年(第七款)[①]。合同附件中载明上等矿砂每吨墨西哥银元三元,次等每吨二元二角。

以此合同开始,汉阳铁厂及此后联合大冶、萍乡煤矿设立之汉冶萍公司或因资本不足,资金筹措不灵,或因规模扩大需要资金,光绪二十八年至宣统三年止,先后共向日本资本家借款十四次,总计1 700余万日元[②]。随着对日借款的增加,汉冶萍煤铁厂矿公司遂逐步落入日本资本家的控制之中。

汉冶萍的发展历程证明,在机器大工业兴起的时期,如果不能从国家获得财政支持,资本市场又尚未得到发育,未能给予企业发展所需的资金支持,企业无法解决生存和发展的资金时,落入外资手中并受其控制往往就是难以避免的命运。

第二节 贵州青溪铁厂

贵州青溪铁厂是贵州第一家采用机器冶炼铁矿的铁厂,同时也是

---

① 《矿务档》第四册,第2321—2326页。
② 参见全汉昇:《汉冶萍公司史略》,香港中文大学1972年版,第92—95页间表13。

近代中国第一家采用机器冶炼铁矿的铁厂。这家铁厂筹建于光绪十一年(1885年),十六年(1890年)六月正式投产出铁,但生产未及二月即告停产,直至1893年完全停办,生存周期仅为八年左右。可以说,这家近代中国最早采用机器冶炼铁矿的现代铁厂,其生命历程犹如天空中划过的流星,明亮而又短暂。

关于该厂失败的原因,在已有的学术成果中代表性的观点如下:即青溪铁厂失败的原因首要的"是资金奇缺",以及"缺少优质原料、运输不便、缺乏技术人才和管理能力很差"①。另有学者认为青溪铁厂失败的原因主要分为四方面:"1. 资金短绌、不敷周转;2. 厂址选择不当;3. 技术力量不足;4. 经营管理落后"②等。一般而言,这些说法都没有错,但是,正如矛盾有主有从一样,导致青溪铁厂短暂出铁后迅即停产直至倒闭的根本原因是什么?在地处偏远、交通不便、经济落后、缺乏配套措施的贵州兴办大机器冶铁工业,没有政府财政支持,没有民间资本市场作为后盾,仅仅依靠四处筹来的一点股款和东挪西借的少量官款支持,且官款必须归还,不能拖欠,处于如此的环境状况下,青溪铁厂能够成功吗?可以说,如果没有贵州巡抚潘霨的卓识,以及"曾经前大学士南洋大臣左宗棠派办金陵、上海两局制造事宜",于"机器、化验、制造诸事,在在熟谙"③的潘霨胞弟候选道潘露的忘我投入,青溪铁厂根本就不可能在贵州筹建,也根本不可能成功出铁。只是,潘露的突然去世加快了这一失败进程,成为导致青溪铁厂迅即倒闭停产的导火索。潘家两弟兄太乐观了,在当时条件下,他们面临的客观困难根本就无法克服,我们将青溪铁厂的建造历程、资金筹集等状况与晚几年由湖广总督

---

① 杨开宇、廖惟一:《洋务运动中第一个钢铁企业——贵州青溪铁厂始末》,《贵阳师院学报》1982年第4期。
② 吴慧媛:《潘霨与贵州青溪铁厂》,《贵州大学学报》1990年第2期。
③ 《光绪十二年十二月初二日云贵总督岑毓英等奏》,中国史学会编:《洋务运动》(七),上海人民出版社2000年版,第177页。

张之洞筹建的汉阳铁厂作一些比较,就可以清楚地得出这一结论。

一、贵州青溪铁厂的筹建回顾

我们首先回顾一下青溪铁厂从筹建到投产的大体经过。

光绪十一年(1885年)十一月初一日,署贵州巡抚潘霨上奏,指称黔省"地瘠民贫,尺寸皆山,矿产极多,煤铁尤盛。而各省机器局及大小轮船,每岁所用煤铁以亿万计,现又设立海军,制造铁甲,在在需用,更属不赀。此二项为黔产大宗,开采易见成效。如能合用,则可运销各省,源源接济,亦免重价购自外洋之失,未始非裕国阜民之一端"。请求清廷由其体察详确,奏请开办①。潘霨的出发点,是希望"中国所需之铁,不必借资外洋而漏卮可期渐塞,不仅为目前补苴计也"②。

光绪十二年正月二十二日,潘霨奉接"即著该署抚详细体察,认真开办,毋得徒托空言"之谕旨,"遂督同司道酌议简明章程六条,大要为纠集股份、厂由商办而官为督销、弹压、稽查、代筹出路、而坐抽税课,以裕度支等入奏"③,三月初一日奉旨"著照所请"④。贵州矿产开办之事遂逐步展开。

光绪十二年三月十九日,贵州矿务总局开办。潘霨与司道议定,"先就协饷、厘金项下凑拨银二万两布置一切,候殷商汇项到日,再行归垫。并分派文武员弁,分赴上下游,会同地方府县官酌定地段,设立分局。先将收买之各项矿质,逐件挑选,分别高下,每件均用经手某官衔名戳记,填明监收、监制字样,务求精美,以防顶换"。潘霨的用意是采用这种方法进行晓谕宣传,俾众商咸知销路已广,闻风麇集,而为招股

---

① 《光绪十一年十一月初一日署贵州巡抚潘霨片》,《洋务运动》(七),第169页。
② 《光绪十二年十二月初二日贵州巡抚潘霨片》,《洋务运动》(七),第178页。
③ 《光绪十二年正月二十二日署贵州巡抚潘霨奏》,《洋务运动》(七),第169、170页。
④ 《光绪十二年三月十九日署贵州巡抚潘霨奏》,《洋务运动》(七),第173页。

张本①。

十二年六月初十日,潘霨奏称已于镇远、常德、汉口、上海布置分局,派员经理,并将收买之矿运往各口,以备公家之用。现已将各种矿质咨送南北洋试验。并收到北洋督臣来函,"谓矿质甚佳,倘制炼得宜,运至上海,价值合算,自可购用。南洋督臣亦云,采办之初,向在湖口、台湾等处,取其水路皆通,便于转运;倘黔产价较各处为省,无不舍彼就此"。潘霨又称,"现据各路委员禀报,各项矿产堆积已多,不得不设法分销,先顾成本。因与司道商议,谨照上次奏明成数,每项各储一百万斤,预备公家之用,余则以自然之利,散诸民间。并于省垣添设'矿务公商局',以殷实绅商经理其事,官督商运。凡有情愿入股者,即由该局结保,发给股票,以煤铁两项为主,领照分运"。此后,数月内逐渐筹集得到五万金,"拟在上海分局内添设机器,各处生铁运至河口上船,统归驻沪分局铸成铁板铁条,以期行销合用。拟先拨生铁十万斤分起出口,另派候补知州段永浚督同前往,一路探听销场价值。官督商运者,从下游试办。俟到上海,将所携生铁交机器局仿照洋式铸成大小方圆各样,并在众商筹集之银中提出四万两添置机器,统归分局经理,使货物之高下,工价之长短,皆有一定准则。如以后南北洋海军各衙门随时采买,其价值均照各省达部销明统减二成,以示划一"②。

光绪十二年十二月初二日,潘霨奏称已于十月间由官商凑银八万两,派员前往外洋购办合用机器;同时"于青溪县之小江口相度地势,盖造铁厂"③。

同日,云贵总督岑毓英会同潘霨上奏,奏文请求准留心时务,洞悉机宜,曾经前大学士南洋大臣左宗棠奏派办理金陵、上海两局制造事宜

---

① 《光绪十二年三月十九日署贵州巡抚潘霨奏》,《洋务运动》(七),第174页。
② 《光绪十二年六月署贵州巡抚潘霨奏》,《洋务运动》(七),第175、176页。
③ 《光绪十二年十二月初二日贵州巡抚潘霨片》,《洋务运动》(七),第178页。

的潘露来黔商办一切。奏文称:"该道讲求西学三十余年,于开采、制造各务确有把握。目前购办机器既能洞悉窍要,将来分运转输亦能挈其枢管,如果相助为理,实于贵州矿务大有裨益。"潘露系潘霨胞弟,岑毓英认为,"潘露实能胜任,所请本属大公,且系招商事件,与官政无涉,援内举不避亲之义,期于事有济。故与潘霨会衔入奏。请求派令现办上海制造局务候选道潘露兼办贵州矿务","于外洋机器到日,逐件点明,即在上海雇觅矿师、工匠人等一同来黔,以资臂助。"①

光绪十三年正月二十二日,军机大臣奉旨"咨明曾国荃派令潘露兼办贵州矿务,以资得力"②。

光绪十四年春夏间,潘露督运开矿机器前赴贵州,五月二十九日抵宜昌,欲更换民船,按程进发,但因道路崎岖,重滞之物转运艰难,所需时间非寻常路途可比③。

光绪十四年九月二十八日,潘霨奏报青溪铁厂办理情形称,据潘露报告,"上年购办炼铁机器,据外洋装船报单分三起起解,共重一千七百八十余吨,每吨以一千六百八十斤合计华秤,共重二万九千九百余担到沪,由沪雇船装运前来,均须立架,按件起重,由湖南常德而上,滩高水浅,又须按件起驳。头批机器已于八月中旬运到青溪县,二三批亦跟从而来。所带各项工匠,同时抵青。即日开工起造安配,拟于年内开炉炼铁。惟工程甚巨,所需经费虽经招有股份,一时未能收齐。目前用款正股,亦请筹划接济。"青溪机器购自外洋,节节转运,历经二年之久,始才运到,路远费重,再加尚无出产,历年股票无凭,富商受累,"此次非见开炉出铁,势难踊跃输公。去今两年,凡遇该厂用项,如付机器价值、修建

---

① 《洋务运动》(七),第177、178页。
② 李作栋编:《新辑时务汇通》卷九十三《矿务门·贵州矿务札文》(光绪十三年闰四月十一日),转引自《洋务运动》(七),第193页。
③ 《益闻录》光绪十四年六月十七日,转引自孙毓棠:《中国近代工业史资料》第一辑下册,第680页。

厂房码头等款,或由商号腾挪,或于厘金项下暂拨,只以所集商款催缴难齐,而需用正殷,势难坐待"①。

至光绪十四年十月止,该局"机器船十到四五,其参差不齐者……因汉口、常德陆续过驳,挨次开行,常德以上,滩高水浅,挽行费力。且船过湖南地界,彼处乡民……"误以为外洋之物必有洋人在内,与之理论,不服,甚至用武霸阻。现经地方官弹压开导;黔局督办又行文沿江各州、县,饬为照料。一切俟机器"到齐后,即可安配。虽机器大而且多,工程浩大,犹可克期竣事。惟炼铁必以煤炭为先,其用极大,若必取之于他处,每年非五万余金不可,不独费用之大,转运之艰,终属不便。去岁觅得数处,均在上游,煤质极好,尚嫌费巨。今春又在蓝家关觅得大堂煤,其煤窑石底、石盖,厚五尺至八尺不等。所煅焦炭,白亮质坚。均有水道可以船运至局,较前运费计省一半"②。

光绪十五年八月六日潘霨奏称,兹据潘露禀称:

> 上年该道押同头批机器来黔,因器具繁重,一路滩河船小不任多载,复计年内全分机器难以到齐,造厂安机,工程浩大,非半年十月所能办就,是以上年冬间先设小炉鼓炼生铁,以备轧成洋莊铁条,早日行销。今年正月开工,督率委员匠作赶造机座、厂房、火炉、烟通、水池等工,以便安配机器。原限各匠八月内一律竣事,奈地方过于荒陋,砖瓦木植采办稽延,添雇人夫亦非随招即到。兼以运机船只又屡屡失事,虽随报即日雇船分匠前往捞摸不致沉没,但一件不到,即一器不全,艰难迭出,致延时日。然通盘筹划,约至八月可期工竣,开炉制造一切铁件。不意五月望后,大雨连朝,于二十三日三更后,河水陡涨,该道冒雨出局,查看汪洋一片,河岸不分。迨至黎明,将起重码头铁路石岸泥土冲刷成河,局房三进,头

---

① 转引自《洋务运动》(七),第179、180页。《京报》1888年12月11日。
② 《申报》1888年11月18日。

二层地势稍低,概被水淹,后进最高,院中亦有水进,幸至巳刻,水势消退,所存砖瓦焦炭土石木植等项多被冲失。其有大炉风机房、吊矿机房、砖架别色麻风机房及炉台、烟通、轧轴基座、墙壁、火沟、气路均在里面稍高之处,而又基址深稳,工程坚固,并无损坏。惟火沟气路以及基座俱在地下,平时藏风闭气已较地面工程干燥较迟,一经积水,虽用机器抽泻数日未尽。应俟略干坚结,方能合用。所有冲坏码头及砖灰等物,亦须次第修复添制。前拟八月工竣一节,徒成虚愿。应请展缓三个月,庶可料理蒇事。①

光绪十五年十月初二日,《申报》刊载江海关道龚照瑗告示,称光绪十五年九月十四日贵州省机器矿务即日出铁,派委曾彦铨在沪招股,到日由道出示晓谕,帮同招徕。又据贵州委员曾彦铨禀称:

> 黔省地瘠民贫,尺寸皆山,矿产极多,煤铁尤盛,奏请开办;派员驰赴外洋购办机器,并在青溪地方开设铁厂。惟事属创始,需款浩繁,自需招商集股,以裕经费。上海富饶之区,招集商股较易,禀请出示晓谕,俾使咸知,庶商情踊跃,众擎易举。龚照瑗称,为此示仰各绅富商民人等一体知悉。黔省矿产煤铁极盛,乃天地生成自然利源。现奉贵州抚宪奏准筹办,仿照西法购置机器,开采制造,可期畅销,办理已有把握,不难立著成效。各该商民等如愿筹资附股,即赴沪局查看章程,认定股份,缴银兑收,掣取票折收执。从此矿务日兴,均占利益。②

二、青溪铁厂与汉阳铁厂的建设费用比较

据光绪十六年(1890年)六月四日潘霨上奏称,办理青溪铁厂候选

---

① 《光绪十五年八月六日贵州巡抚潘蔚片》,《洋务运动》(七),第181、182页。
② 《申报》1889年11月7日。

道潘露发来报告称:"该厂现于本年六月初一日全局告成,开用机炉熔矿炼铁,一如西法,每一昼夜得铁四万余斤。查该厂开炉之后,收煤、采矿、售铁、运脚、薪工等项,每月约需银一万八十余两,此出数也。月可得铁一百二十万斤,合现时生熟精粗市价约值银二万二千一百余两,此入数也。其间销路有畅滞,市价有增减,周转有迟速,虽皆不可预料,而出入相衡,总可有盈无绌。该厂经始于光绪十二年(1886年),截至本年六月开炉之日止,购机、建厂、运脚、工料并现积矿煤等项,共用银二十七万六千余两,其中股款不敷,陆续挪用公项银十九万二千两,此垫款应归还之数。"①

也就是说,青溪铁厂从光绪十二年正式筹办,到十六年六月正式出铁,共用时五年半,此时的青溪铁厂,"拥有从上海聘请的英法工程师五人,雇佣了一批技师和工匠,全厂有冶炼固定工近千名,采运铁矿和燃煤多雇零工"②。铁厂"每日夜应出生铁二十五吨。炼钢现有别色麻炉两座,每两刻能炼钢一吨。炼熟铁炉设有八座。轧条机现备十三副;轧板机一副,能轧四尺,宽长则随便"③。

至于经费,青溪铁厂从筹办到出铁,五年半时间"共用银二十七万六千余两",其中因股款不敷,"陆续挪用公项银十九万二千两"。

现在再看看汉阳铁厂的筹办和经费使用情况。光绪十六年,湖广总督张之洞在汉阳创建炼铁厂,此后历经三年,光绪十九年十月汉阳铁厂完工。"预期每年可出生铁三万数千吨,以之炼钢,可得三万吨。"④实际情况却是光绪二十年五月正式开炉始,至二十一年八月底止,一年三个月的时

---

① 《光绪十六年六月四日贵州巡抚潘霨奏》,《洋务运动》(七),第182页。
② 贵州师院历史系:《关于青溪铁厂的历史调查》,转引自杨开宇、廖惟一:《洋务运动中第一个钢铁企业——贵州青溪铁厂始末》,《贵阳师院学报》1982年第4期。
③ 《十二月初一日,潘霨致张之洞电》,转引自孙毓棠:《中国近代工业史资料》第一辑下册,第683页。
④ 《光绪十九年十月二十二日,炼铁全厂告成折》,张之洞:《张文襄公全集》奏议卷34。

间,铁厂仅出铁五千六百六十余吨,出贝色麻钢料九百四十余吨,出马丁钢料四百五十余吨,另铁货拉成钢条板一千七百余吨①,远未达到设计要求。而截至此时,据张之洞奏称,汉阳铁厂和大冶铁矿的创建经费,截至光绪二十二年五月"改归商办"时为止,已实收库平银五百五十八万六千四百一十五两,实用库平银五百六十八万七千六百一十四两②。

青溪铁厂与汉阳铁厂的建设和经费相比,有几点特别值得注意:

首先,青溪铁厂从筹办到出铁,所用经费"二十七万六千余两",其中"陆续挪用公项银十九万二千两"。汉阳铁厂规模虽比青溪铁厂宏伟,经费相比,则"实收库平银五百五十八万六千四百一十五两;实用库平银五百六十八万七千六百一十四两"。汉阳铁厂所出的产品比青溪铁厂多不了多少,可花掉的用费是青溪铁厂的二十多倍,差距不可谓不大。

其次,在贵州兴办机器铁厂,其筹款远较经济发达地区的难度为大,贵州"地瘠民贫,尺寸皆山","黔省尤系瘠区,每岁度支全赖各省协济"的状况就是贵州当时的现实。这样的背景,加上地处偏远,山深水远,交通不便,信息闭塞,要筹措开办大机器冶铁现代工厂的资金,潘霨知道在当地很难办到,因此采取"拟照滇省矿务章程,遴员赴沪集股"③的方式进行,不料却又因光绪九年(1883年)上海金融风潮的影响④,许多集资开办的工矿企业纷纷倒闭,股票价值大跌,使得赴沪招股

---

① 《铁政局致张之洞电,抄本张之洞电稿》,转引自孙毓棠:《中国近代工业史资料》第一辑下册,第796—797页。
② 《光绪二十四年闰三月十三日,查明炼铁厂用款咨部立案折》,张之洞:《张文襄公全集》奏议卷47。
③ 《光绪十二年正月二十二日署贵州巡抚潘霨奏》,《洋务运动》(七),第169、171页。
④ 关于这次金融风潮的起因及影响,可参见张国辉:《晚清钱庄和票号研究》,中华书局1989年版;杜恂诚:《民族资本主义与旧中国政府》,上海社会科学院出版社1991年版;郝延平:《中国近代商业革命》(中文译本),上海人民出版社1991年版;刘广京:《1883年上海金融风潮》,《经世思想与新兴企业》,联经出版事业公司1990年版;滨下武志:《19世纪后半期外国银行操纵中国金融市场的历史特点》,《近代中国》第2辑,上海社会科学院出版社1991年版;拙文《近代上海证券市场上股票买卖的三次高潮》,《中国经济史研究》1998年第3期。

不顺,"大抵因历年股票无凭,富商受累。此次非见开炉出铁,势难踊跃输公",更加增添了招股集资的难度。直到光绪十二年十月,也才由"官商凑银八万两","派员自往外洋购办"①一应机器。到光绪十三年因巨款难筹,工本无出,六月间潘霨"奏请敕部宽筹例价,指拨的款,以资周转",但到十二月时,"迄今未奉议复,焦急难名"②。可以想见,直接经办青溪铁厂的贵州巡抚潘霨之弟潘露,同样承受着极大的压力。以至于潘露光绪十六年七月突然病故后,青溪局委员候选通判徐庆沅禀称:"潘露心力交瘁,竟于七月十六日积劳病故,众商缺望,惨不忍言。"③潘露突然病故,"历尽艰苦"和"心力交瘁"是重要原因,其中劳累、责任重大和资金短缺带来的压力无可置疑,尤其是资金短缺难以解决的压力,更是可以想见。这也难怪光绪十六年六月青溪铁厂出铁之日,潘霨在报告此事的奏折中不无幽怨地抱怨道:"各省机器厂局率皆藉资公款,始能办理裕如。而该厂于开炉之始,即能筹归公款。又凡借洋款,率皆议由关税扣除,而黔省息借,竟能议定由厂归还,实为始愿所不及。"④

第三,青溪铁厂的经费中有挪用的公款,汉阳铁厂筹办却全是官款,但在归还时的待遇同样很是不同。据潘霨奏折中称,曾将挪用公款之事"具折奏陈",但"旋准部咨","责令自行筹款,不准报销"。此事使得潘霨"实深惴惴",压力山大,"若不迅将公项筹还,诚恐后有龃龉,转滋咎戾",因此不得不责令"由该厂向法国泰来洋商息借规银三十万两,先将公款全数归清,其余作为该厂周转之资"⑤。只是后来因潘露突然

---

① 《光绪十二年十二月初二日贵州巡抚潘霨片》,《洋务运动》(七),第178页。
② 《光绪十三年十月十七日贵州巡抚潘霨片》,《洋务运动》(七),第179页。
③ 《光绪十六年八月三日贵州巡抚潘霨奏》,《洋务运动》(七),第183页。
④ 《光绪十六年六月四日贵州巡抚潘霨奏》,《洋务运动》(七),第183页。
⑤ 同上书,第182页。

去世,铁厂无人督理,洋债合同虽到但尚未签押①。此种情况下,潘霨"再三思维",采取了"退还洋款,暂行停工"的方式应对②,才使得借洋债一事最终未能实行。而汉阳铁厂在 1896 年改为官督商办时对于所用的官款的归还方式,也远比青溪铁厂优惠。汉阳铁厂的官款归还方式得到清廷批准,是按照张之洞与盛宣怀议定的"铁厂招商承办议定章程折"中的办法处理,也就是官办时期的用款,从盛宣怀任铁路总公司督办购办钢轨之日开始,以汉阳铁厂所出生铁售出,每吨提银一两的方式归还,"按年核计,共出生铁若干,共应银若干,汇数呈缴,以还官局用本"③。显然,汉阳铁厂归还官款是采用长期和逐渐归还的方式,其归还官款的压力远没有青溪铁厂的压力大。

三、从资本市场角度看青溪铁厂与汉阳铁厂

从现有的资料中我们可以发现一个现象:青溪铁厂的招股集资主要是面向上海等地,在筹资困难周转不开时挪用的是协饷、厘金等官款,甚至动过借洋债的打算。此时中国自己的银行还没有诞生,可钱庄和银号等旧式金融机构中为何也没有留下青溪铁厂融资借贷的记录呢?这不能不使人产生疑问。近代中国第一家集资创办的大机器企业轮船招商局,从诞生开始,就与钱庄等中国传统金融机构结下了不解之缘,在其后的发展和近代中国银行业发展起来之后,传统钱庄业和新式银行业与企业之间的资金融通关系也非常密切,甚至有些企业就是因为有新旧金融机构的帮助融通资金而渡过难关获得发展④,可在青溪铁

---

① 光绪十六年八月二十一日、二十二日潘霨与张之洞的往来电函,见张之洞:《张文襄公全集》卷 135,电牍 14。
② 《光绪十六年八月三日贵州巡抚潘霨奏》,《洋务运动》(七),第 184 页。
③ 《张之洞奏铁厂招商承办议定章程折》,湖北省档案馆编:《汉冶萍公司档案史料选编》上册,中国社会科学出版社 1992 年版,第 132—135 页。
④ 可参见拙文:《论近代中国民间金融资本的地位和作用》,《北京大学学报》2012 年第 3 期。

厂这里却没有留下它们的痕迹。此后,当潘霨去世,潘霨决定青溪铁厂停工,另外推荐前贵州候补知府曾彦铨接办青溪铁厂时,在财务方面的交接情况如下:

> 所有前因公项十九万二千两,又加道库二万两,共二十一万两零,由曾彦铨率同众商具结,仍照洋款认息分年拔还。其江、浙、楚、粤召集股份,尚有事故愿拔还者,皆由曾彦铨担任清偿;如仍愿入股者,仍听其便。惟该局所存经费无多,曾彦铨禀请再发银四万两以资周转。臣已饬令善后局司道陆续拨发,以支应用,而顾大局。曾彦铨亦承认限期一年,先行归还。至应纳厘税,因接办之初,商力维艰,应请查照原奏邀免两年,以恤商情;两年以后,照章上纳。①

这段交接情况的内容中,提及归还官款,以及"江、浙、楚、粤召集股份,尚有事故愿拔还者"所需的归还款项,但是都没有提到民间金融机构,完全没有提到从其获取资助意向的可能性,事实上最后直到青溪铁厂完全停产,也没有民间金融机构给予其资助的迹象。

现在我们再回顾一下汉阳铁厂在改变经营体制实行官督商办后,从民间金融机构获取资金解决经营困难的史实。

据第一节表6-1,可以看到,汉阳铁厂在官督商办的初期,民间资金同样并未大量进入,盛宣怀在经办汉冶萍时,汉阳铁厂的资本构成中,绝大部分来自盛宣怀已经掌握了的洋务企业的资金挹注,只有百分之五左右的资本集自民间。正如盛宣怀在光绪三十二年向张之洞追述汉阳铁厂官督商办时期的集资情况时所承认的,他之所以敢于承办汉阳

---

① 《光绪十六年十二月十八日贵州巡抚潘霨片》,《洋务运动》(七),第185页。之所以引文中出现"又加道库二万两",是因潘霨考虑到青溪铁厂"所有工匠均系由上海招募而来,若因停工一律遣散,未留熟手,将来欲行开办,殊费周章,故此又向道库借银二万两以资接济"之故。

铁厂,仗恃的底牌就是"招商、电报、铁路、银行皆属笼罩之中,不必真有商股,自可统筹兼顾"①的缘故。

同时,上节表6-3中的数字,反映出对解决汉阳铁厂燃料至关重要,可谓汉阳铁厂生命线的萍乡煤矿的勘探和开发资金,几乎完全是依靠民间金融机构特别是钱庄的融资支持。

从表6-3的数字中可知,至1905年时,萍乡煤矿所获得的融通资金中,来自各种金融机构的贷款数额达到一百零二万多两,已超过这时萍乡煤矿的资本总数②。

而从第一节表6-4的数字看,到1915年时,汉冶萍煤铁厂矿有限公司的股本总数达到近1 300万两,可这时从银行钱庄等金融机构处获得的融通资金却达到近2 400万两,远远超过了汉冶萍公司的资本总数。

以上表格中的这些数字说明,兴办大机器冶炼钢铁企业,需要数额巨大的资金支持才能有所维持和发展,汉阳铁厂、大冶铁矿、萍乡煤矿和后来联合成立的汉冶萍煤铁厂矿有限公司的演变轨迹有力地证明了这一点。

再回过头来看贵州青溪铁厂的兴办,我们可以清楚地看到,青溪铁厂的兴办上无政府的财政支持,中无民间金融机构的资金融通,也无盛宣怀那样能够调动其他企业的资金对青溪铁厂进行押注,下无社会集资时股东的积极呼应,兴办于交通不便、信息落后而又地处偏远少数民族地区的贵州,本身就是一个极为冒险的举动,即使有作为贵州巡抚潘霨的满腔热情,从上海赶来的潘霨之弟潘露的义无反顾和近乎悲壮的全力投入,以及从上海招募来的近千工匠的努力,依然无法改变客观环境和诸多条件的重重限制,在客观条件尚有许多不

---

① 《光绪三十二年正月初六日,盛宣怀致张之洞函》,《汉冶萍公司》(二),第538页。
② 截至光绪三十年十二月(1905年1月),萍乡煤矿"先后股本库平银一百万两"。《汉冶萍公司档案史料选编》上册,第204页。

足时仓促上马建设的青溪铁厂,失败的命运从一开始就是注定了的。这个结论虽然残酷,但却是多种因素下的必然,也为后来的历史发展所证明:在潘露去世之后,青溪铁厂后续经办之人几经努力,也再没有能够复工投产。

在此我们需要强调的是,即使如此,也不能掩盖贵州青溪铁厂兴办的伟大意义。可以说,贵州青溪铁厂的兴办,是近代中国人为国家富强和经济发展不懈努力,全力投入乃至不畏牺牲的民族精神的体现,是中国工业化道路不惧穷乡僻壤勇于进行的一个典型和案例,是中国人不畏艰险大胆开拓进取精神的展现。从这个层面来说,贵州青溪铁厂的兴办和精神是后人应该牢记并给予充分肯定的,它的失败主要还是由于缺乏资本市场的支持和帮助以及在完全没有工业基础的地区兴办新式重工业时所需的多种配套基础所导致。

第三节　1937年前上海华商水泥厂的企业营运

一批中国民间资本企业集团在20世纪30年代前的崛起,是中国近代经济发展进程中最为引人注目的现象。这些企业集团内部的经营情况如何,在筹集资本建厂和营运中如何解决资金以及连带的各种问题,需要通过组成企业集团的典型企业的分析才能深入了解。上海水泥厂是刘鸿生企业集团的支柱企业,在对其1937年前经营状况的分析中,可以看出,该企业的建立、维持和扩张,无一不是建立在外来金融机构的贷款基础上,企业内部的积累成为外来贷款的补充手段,十分典型地表现出一种"沉重的负债经营"模式。这种模式使这些企业集团快速崛起,但也使这些企业集团的基础脆弱,进而成为"泥腿的巨人",难以承受社会环境变化的冲击。遗憾的是,这个特点与前述的大生、汉冶萍等企业一样,是中国近代民间资本企业集团普遍具有的通病。

一、借贷资金：上海华商水泥厂生存运营的生命线

这里笔者以刘鸿生企业集团中主要的支柱企业同时也是耗资最大的上海华商水泥公司作为典型①，进行具体的个案分析，尝试对以上的这些问题做出回答并为以后的深入研究提供有益的线索。

上海水泥厂的建立拟议于1920年夏。最初，上海商人李翼敬（裕甡锰矿公司经理）与刘宝余（怡和华顺栈买办）二人计划创办水泥厂，同德国人马礼泰（大冶水泥厂前工程师）商量后认为，"此项工业非个人资力所能及"②，遂就商于刘鸿生、刘吉生兄弟，共同邀集当时上海总商会会长朱葆三及商人买办等二十余人共同发起创设水泥公司。

1920年9月19日，公司举行第一次发起人会议，"决定公司名称为上海龙华水泥有限公司（9月23日，第三次发起人会议议决改定公司名称为华商上海水泥股份有限公司），资本总额银120万元，分作1 200股，每股100元。聘刘宝余为经理，马礼泰为总工程师"，并派该二人负责前往各处勘探石山充作原料及计划设计建厂事宜，以及前往德国订购水泥制造机械等项筹备工作③。

随后，上海水泥厂在上海龙华购置地基，添置设备，经过三年的艰难筹备后于1923年8月正式开工生产。

可是，上海水泥厂从设立开始就面临着一个巨大的困难，即资金

---

① 以下简称上海水泥厂。有关上海水泥厂的研究，资料方面目前主要有《刘鸿生企业史料》中的有关水泥厂部分。研究方面，有关上海工业史、企业史的著作中一般都会有程度不同的提及，但都不够深入细致。专题论文则尚未见到。本书在写作中的主要资料来源，除利用已经出版的《刘鸿生企业史料》外，还利用了上海市档案馆和上海社科院经济研究所中国企业史资料中心收藏的有关刘鸿生企业档案资料。
② 《刘鸿生与上海商人、买办创设水泥公司》，《刘鸿生企业史料》上册，第157页。
③ "上海水泥厂第一全宗历史考证（1920—1937年）"，上海市档案馆馆藏档案Q414-1-502(2)。

不足,也就是筹建和营运水泥厂的资金短缺数额巨大。据 1922 年 8 月 13 日上海水泥厂第一届股东会议纪录中李翼敬的说明,上海水泥厂"在开业前需用款二百万元,已为万不可少之数"。但是,"公司资本仅有 120 万元",为此,1921 年 2 月 20 日股东会曾形成议案,议决"加 30 万元,合为 150 万元"。但即使这样,也还"短洋 50 万元"。为解决此困难,李翼敬提出不如根据概算书将资本"再加 50 万,合为股本 200 万元"①。该提议虽获得会议通过,但此后事实却是资金的短缺问题始终得不到解决,主要是因为"股东中大都是商人和买办,他们感到办实业并不如做生意买卖赚钱容易,因此对该厂兴趣不大,信心不强"。也因此,"厂里在初创时期资金缺乏,几次通过招股增资,结果大家都不肯拿出钱来。董事会几次讨论、议决、追缴,还是不能解决"②。

在股东不肯拿出钱来追加投资而招募新股又非常困难③的窘境下,为解决建厂的资金问题,1922 年 7 月 15 日,上海水泥厂董事会做出了一个很特别的决议,内容是:"所有建筑大厂费用,准由董事会认垫。如欲付款,可向刘鸿生董事划支,其余不足之数,由韩总经理芸根暂时调度,俟陆续招股款后归还。"④

董事会在这里特别提到刘鸿生和韩芸根二人,且提到的内容都与钱有关这一点,并非偶然。提到刘鸿生,是因为他是一个有钱人,同时在上海水泥厂中投资最多,刘鸿生在上海水泥厂投资最多这一点,可从下表中得到确凿的证明。

---

① 《1922 年 8 月 13 日华商上海水泥公司第一届股东会会议纪录》,《刘鸿生企业史料》上册,第 162 页。
② 《奚安斋口述(1960 年 4 月)》,《刘鸿生企业史料》上册,第 163 页。
③ 《上海水泥公司档案》,《刘鸿生企业史料》上册,第 179 页。
④ "公私合营上海水泥厂第一全宗历史考证",上海市档案馆馆藏档案 Q414-1-502(1)。

表 6-5　刘鸿生刘吉生弟兄投资上海水泥厂股份比重　　单位：元

投资人		1924年			1928年		
		股数	金额	百分比（%）	股数	金额	百分比（%）
公司实收资本		12 700	1 270 000	100.0	15 051	1 505 100	100.0
其中刘鸿生兄弟投资	刘鸿生	6 633	663 300	52.2	7 210	721 000	47.9
	刘吉生	1 000	100 000	7.9	120	12 000	0.8
小计		7 633	763 300	60.1	7 330	733 000	48.7
其他股东		5 067	506 700	39.9	7 721	772 100	51.3

资料来源：1924年资料系根据上海水泥公司董事会会议记录和刘鸿生函件计算，1928年资料系根据1928年3月21日上海水泥公司董事会呈全国注册局的股东名簿记载。转引自上海社会科学院经济研究所编：《刘鸿生企业史料》上册，第163页。

从这个统计表中的数字来看，1924年时刘鸿生、刘吉生兄弟二人的股份合计占全部股份的60%以上，1928年时股份的占比虽有所下降，接近总股数的一半，但股数和投资金额的绝对数字都在继续增加。统计表中的数字表明，这兄弟二人是上海水泥厂的最大股东，特别是刘鸿生，1924年时仅他一人的股份就占到全厂总股数的一半以上。这里统计的虽是1924年的数字，但从另一条史料"当时刘鸿生在水泥厂投资最多，是一个大股东，约占全部股份百分之五六十，筹建中既已花了不少钱……"①的内容来看，1922年时刘鸿生的投资已经相当多了。本身有钱，又是水泥厂的第一大股东，这就是董事会要刘鸿生承担起建厂垫款责任的原因。

至于韩芸根，原因应该也差不多。据史料记载，"韩芸根是个买办，又是涌记煤号的经理，手里很有钱。当时华商上海水泥公司请他做总经理，是希望他能向水泥厂多投资，但韩芸根所认股份很少。水泥厂开

---

① 《谢培德口述(1959年2月)》，《刘鸿生企业史料》上册，第165页。

办初期,资金不足,要他来解决资金问题,他便不愿意而坚决辞职不干"①。

很明显,上海水泥厂在筹办期间资金的短缺是一个严重问题,甚至导致总经理韩芸根因资金困难问题而向董事会辞职。1922年9月,韩芸根经挽留无效辞职后,刘鸿生只得出任总经理继续筹备建厂工作,"以竟事功"②。此后,可以看到,在招股增资这条道路走不通之后,向金融机构借贷,就成为总经理刘鸿生解决上海水泥厂资金运营困难的最主要途径。

1922年11月18日,上海水泥厂与安康钱庄签订借款合同,"借用九八(规)元计三十五万两,除以水泥公司机器、厂屋、地皮全部财产(另附龙华厂基地皮清单壹纸)作为抵押品外,并以上海联记公司所有董家渡北栈英册第五五七七号道契作为担保,兼负保息、保赎之责任。言明以六个月为限期,利息按月一分照算"③。

正如第一章所言,这是上海水泥公司向金融机构借贷的开始,1923年5月,"以押借款项将于15日到期而急用之款甚多,为了驾轻就熟,由安康钱庄联合其它行庄合借规元六十五万两,仍照原合同条件续借一年","次年到期,又经展期一年,借款总额增至规元一百一十万两正"。1925年11月,"为了减轻借款利息,商得四明银行同意,以同一抵押品及担保品转向该行押借规元一百一十万两,期限一年。次年到期,改为九十五万两,继续押借一年"④。

在本文叙述的这段时期里,上海水泥厂始终存在向金融机构的借

---

① 《奚安斋口述(1960年4月)》,《刘鸿生企业史料》上册,第165页。
② 《上海水泥公司档案》,《刘鸿生企业史料》上册,第164页。
③ 《1922年11月18日华商上海水泥公司与安康钱庄签订的借款合同》,《刘鸿生企业史料》上册,第164页。
④ "上海水泥厂第一全宗历史考证(1920—1937年)",上海市档案馆馆藏档案 Q414-1-502(2)"9、财务情况"。

贷,借贷资金1923年8月投产前就存在,投产后的头两年最多,借款占到股本的比例达百分之九十一以上,此后虽然随着股本的逐渐增多和银行借款的逐渐归还,使得借款数额有所减少,借款总数占股本的比例也在逐渐下降,但这些数字仍然证明这样一个事实:上海水泥厂成立和投产的初期,借贷资金的有无对企业的生存与否有着决定性意义。此后借款始终存在且大多数时候占到股本数一半左右的事实,同样证明来自金融机构的借款在上海水泥厂的生产和运营中占有举足轻重的重要地位。从这个意义上说,借贷资金是上海水泥厂生存运营的生命线,应该不是夸大。

二、"利转股":企业内部积累扩展的手段

如果说,向金融机构的借贷资金是上海水泥厂生存发展的外部条件的话,那么,将企业获得的红利逐步转化为股本,则是上海水泥厂扩展增长自身实力的内部手段。

表6-6是1923年至1937年上海水泥厂历年产销及盈余额统计数字。我们可以先来观察一下这个表中的数字。

表6-6 上海水泥厂1923—1937年历年产额及盈余数额表

单位:元

年度	产额(桶)	销数(桶)	盈亏额(元)	备　　注
1923	189 635	123 684	33 054.6	计7个半月
1924	362 623	387 880	-38 064.6	
1925	387 415	424 015.5	12 710.4	
1926	364 444	344 368.5	120 444.3	
1927	338 513	330 203	36 539.1	
1928	385 076	414 375.5	247 941.3	
1929	363 644	358 790	146 633.7	

续　表

年度	产额(桶)	销数(桶)	盈亏额(元)	备　注
1930	351 111	365 535	76 006.7	
1931	376 303	369 117	483 125.8	本年起改为每年1月至12月为营业年度
1932	440 880	436 407.5	438 298.8	
1933	425 718	427 607.5	543 338.1	
1934	479 221	481 883.6	699 780.3	
1935	450 897	419 557.2	64 915.5	
1936	575 176	589 716.5	383 700.5	
1937	369 200	379 641.3	384 397.1	计生产8个半月

说明：(1) 1923年7月16日试车生产，8月7日"正式开机"，16日"正式出货"，故1923年生产时间为7个半月。

(2) 1937年生产时间仅8个半月是因抗日战争爆发所致。

资料来源："上海水泥厂第一全宗历史考证(1920—1937年)"，上海市档案馆馆藏档案Q414-1-502(2)"13、'历年产销及盈余额'"。

统计表中"盈亏额"栏中的数字，显示上海水泥厂自1923年8月投产后，除1924年略有亏损外，其余年份都有程度不等的盈余，盈余数额多的年份甚至达五六十万。这些盈余款项是如何处理和分配的？根据现有资料可以知道，这些盈余款项除首先按每年10%的比例提出作为公积金[①]，一部分陆续作为拨还钱庄银行的借贷利息和本金外，剩余盈余款项的主要去向，是通过扩股增资的方式，陆续转变为上海水泥厂的总资本数，从而成为企业内部积累发展的一种手段。换句话说，就是在

---

① 在上海水泥厂的各届股东常会纪略中，关于盈余分配的方案中，公积都是按照10%的纯益提取。如1927年上海水泥厂第六届股东常会纪略中就有"按照章程提纯益之十分一为公积"的记载。见上海社会科学院经济研究所中国企业史资料中心藏"刘鸿记账房档案"中上海水泥公司档案03-002号"华商上海水泥股份有限公司第六届股东常会纪略"。

这里，通过把企业利润转化为资本，上海水泥厂从内部将自己的资本总额逐渐提升增加，达到了实力扩展的目的。

为了证明这一点，我们来看几条史料：

在上海水泥厂留下的档案中，有如下的记载：1928年2月22日，"即以历年股利等款，陆续转入资本，计实收银一百五十万零五千一百元"，"即以实收资本呈请国民政府全国注册局补行公司注册，4月26日批准给照"。

1929年度"股东红利银十三万三千五百元作为股本，资本总额为银一百六十三万八千六百元，经1930年10月5日股东会通过，于1932年6月5日呈奉上海市社会局批转实业部，令准予注册，发给执照"。

1934年4月，"拟将1933年度股利作为资本，增改资本总额为银二百万元。经二次股东临时会通过，于12月28日呈请社会局核转注册，奉1935年2月2日实业部批准给照"。

1936年12月8日，董事会"以历年积存准备金为数颇巨，拟提出五十万元，改发股份，将资本总额改为国币二百五十万元，经二次股东临时会议决通过，于1937年3月19日奉实业部通知准予注册换领执照"①。

当然，这种做法会使股东获得的红利分配有所减少，也会使得某些股东感到不满。这从1929年股东常会上公布的股东吴董卿、陈甡记等要求以历年积存公积金补发给股东的函件中可以得知。在给公司股东常会的函件中，吴董卿们认为，当初出钱投资，是希望公司营业发达，"既可臻投资之稳固，复可图国货之畅销"，实现"公私两益"的目的。但自公司开业以来，"分红既未可期，官利亦难照发，仅于十五年度发过官利五厘一次，计自开厂至今，六年平均扯算，每年官利则尚不及一厘"，

---

① 以上均见"上海水泥厂第一全宗历史考证（1920—1937年）"，上海市档案馆馆藏档案 Q414-1-502(2)"2、'设立及增资注册'"。

因此他们认为"股东等血本攸关,受亏过巨",应当给予补偿,"兹查本公司历年结算报告内所载,截止十六年度止,折旧项下计积有六十余万元……似可酌提若干成拨发官利,以补清历届短发之额……"①

收到吴董卿、陈甡记等股东"要求将积存折旧款拨发历年股息欠额"的函件后,1929年9月8日的第八届股东常会以"该款系为数字,并无现金,无法照办"给予回答。1930年10月25日召开的第九届股东常会,则将"上届股东会时股东要求将积存折旧款拨发历年股利欠款"的议案,处理为"经审核于法理事实均有不妥,准予撤回"②。

在上海水泥厂的发展过程中,通过内部积累扩展实力的举措,并非只有将股东红利公积转作资本这一种办法。通过把分配给股东的红利转而发给企业内部债券——红利存券,实现不分红利进而扩大企业营运资金的目的,是上海水泥厂内部扩展实力的又一种办法,同时这种办法还可以减少股东对分红不多的抱怨。在20世纪中国民间企业的发展进程中,这种存券很有特点和代表意义。因此,这里作稍微详细一点的介绍。

1933年5月21日,上海水泥厂第十二届股东常会上,提出了一份发行"二十一年度股东红利存券"的议案。关于发行红利存券的原因,议案指出:"本公司自归还银行借款银四十万两后,现金已不甚宽裕,而厂中急需添置之各项设备需款尚多。二十一年度分配案内,红利一项为数尤巨,如果分派现金势非增加借款不可,似此办法,不特与上届股东常会希望减少借款,使公司基础日臻巩固之决议有所抵触,且举借分红亦非经济原则所许",因此,"拟将本届红利概行填发存券,俾公司金融股东利益得以双方并顾"。议案提出的发行办法共有七条,主要内容为:

---

① 上海社科院经济所藏刘鸿记帐房档案03-002"上海水泥公司董事会议事录"。
② 上引见上海市档案馆藏Q414-1-502(1)"上海水泥厂第一全宗大事记及整理之本厂一部分历史资料(1920年至1937年8月止)"。

第一条：本公司二十一年度各股东应得红利，拟依本办法填发存券，合计国币二十四万五千七百九十元正。

第二条：本存券定于二十二年七月一日发行，周息八厘。自发行之日起息，每六个月结付一次。

第三条：本存券自发行日起，由本公司于二年内斟酌经济情形，随时通知持券人凭券兑现，但遇必要时，得经董事会决议后，将兑现时期酌量展延之。

第四条：持券人接到本公司兑现通知书后，应自指定日期起，在存券上盖用原印鉴，连同通知书送交本公司验明兑现，利息结至指定日期之前一日为止。

第五条：本存券概为记名式。如有遗失，应即向本公司声明作废。并登载广告三天。如经过六十日后不生轇轕者，得取具殷实保单，连同所登广告，送经本公司查核无误，补领新券。

第六条：本存券如遇转让时，其受让人应以本公司股东为限，并须向本公司登记。

股东常会在议决时，除将第三条"本存券自发行日起，由本公司于二年内斟酌经济情形，随时通知持券人凭券兑现"中的二年改为一年外，"余照原提案通过"[①]。

1934年12月17日，上海水泥厂发布启事，启事内容为："二十二年度股息红利，除不满一百元之零数发给现金外，其余概作股本"，此次"应行照案改作股本之股息红利，计共三千五百零三股，连旧股合共一万九千八百八十九股"[②]。

也就是说，1933年，上海水泥厂将245 790元股东红利通过发行红

---

① 上引内容均见上海社科院经济所藏刘鸿记帐房档案03-002，"华商上海水泥股份有限公司第十二届股东常会纪略"。

② 上海社科院经济所藏刘鸿记帐房档案03-002，"华商上海水泥股份有限公司启（二十三年十二月十七日）"。

利存券留存在公司,1934年,又将股息红利3 503共350 300元转为股本,加上上面已经提到的1936年12月8日董事会提出50万元历年积存公积转为股本一事,仅从1933年至1936年的四年时间内,上海水泥厂就将1 096 090元股息红利通过内部积存的办法转成了股本,内部积累资本的速度明显加快。

以上所述是上海水泥厂在本身资本不足的情况下,通过内部挖掘潜力,积累并扩展,增加资本、增厚实力时采取的各种措施和办法。

三、银企关系:上海水泥厂扩张规模时对银行的极度依赖

实际上,1933年后上海水泥厂加快内部积累增厚资本的做法,有其不得已的原因存在。

上海水泥厂自成立后,在外货倾销和国内同业竞争的压力下,曾多次试图通过建立同业联营的方式和改进自身设备等途径来应对。据表6-6的数字看,进入30年代后,上海水泥厂的生产颇为顺利,盈余额逐渐增多。1933年9月8日上海水泥厂第六十六次董事会认为,这种现象的出现,很重要的原因是农村破产,全国现金集中都市所致。其中,购置地产、建筑房屋又成为都市投机资金的重要出路,因而连带使得水泥行业有所发展,但这种畸形发展"以时间言,只及一时;以地域言,只限局部,断难认为我水泥业之良好现象"。在此时期,内外压力且有加大之趋势:南方"广东士敏土厂已实行扩充计划,其扩充部分明年即可出货"。北方启新洋灰公司"自东北事变后,销途日隘。据闻除已注意于内部之改良,以期减轻成本外,刻正尽力推广其中部及南部销路"。但是,"若其粤省销数再受士敏土厂之排挤,则将转而集中部,是可断言"。此外,"环顾强邻,则日、俄又正伺隙谋我,关税壁垒是否即能杜绝倾销,亦不可必"。该董事会认为,在此令人忧虑的环境条件下,"瞻念前途,殊觉未敢乐观。为安不忘危计,唯有就生产方面力求注意。兹已令厂将以前缺略不全之设备,在最

经济之原则下,逐步补充"①。

这也就是一个月后上海水泥厂代总经理华润泉在致厂经理吴清泰的信函中所进一步阐明的思路:"此后如不从生产及效能各方面,力求改进,以期减轻成本,则不特对于外货难与抗衡,即与国产各厂相竞争,亦不免多所困难。"②正是考虑到国内外环境条件的种种变化,居安思危,上海水泥厂在与浙江兴业银行进行借款的讨论后,制定了通过银行贷款扩充企业规模的计划。

在与浙江兴业银行接触洽谈的过程中,浙江兴业银行总经理徐新六提出,在银行提供贷款前,上海水泥厂股东方面"须先有自动筹款之表示",这就是上文提到的1933年后上海水泥厂加快将企业内部股息红利转为资本积累的原因之一。嗣后经过数次洽谈,"并将公司历年成本统计及资产负债状况""送呈银行参考"后,一面"于二十三年四月二十五日第七十一次董事会时,决议增资及借款原则;并提经同月二十八日第十三届股东常会决议通过,将二十二年度股息红利,改作股本,以便扩充,不足之数,即向银行商借"③。1934年6月28日,上海水泥厂与浙江兴业银行经过往返洽谈后签订借款草约,要点如下:

一、借款总额为二百五十万元至三百万元,以公司全部财产为担保品。

二、利率年息一分,每半年付清一次,还本期限,定为九年又六个月。

三、银行派员驻公司稽核,保险及一切往来,均归银行独家

---

① 《1933年9月8日华商上海水泥公司第六十六董事会会议记录》,《刘鸿生企业史料》中册,第92—93页。
② 《1933年10月23日华商上海水泥公司代总经理华润泉致厂经理吴清泰函》,《刘鸿生企业史料》中册,第93页。
③ 《1936年1月7日华润泉撰"本公司与浙江兴业银行商订借款之经过"》,《刘鸿生企业史料》中册,第95页。

办理。

四、新厂出货后,公司以每年纯益百分之五,作为对于银行之酬劳,以满足享受三年为度。

五、正合同之条件,悉依草约原则办理。①

但是,此后在磋商借款正约的过程中,银行方面却一改当初承诺,屡次更改条款内容,先是将借款总额改为 150 万元至 200 万元,当 1934 年 12 月 28 日借款正约文本签订时,借款总额已被银行改为 150 万元,另外 50 万元则被银行改为,"于前项总额银元一百五十万元外,公司如因工程需要,得向银行再商借银元五十万元"。

此外,银行作为债权人,借款正文中对于上海水泥厂的限制条款规定得相当苛刻和严格。例如正文第二条内容规定为:"公司以所有全部房地产(包括拟建之新厂)、码头、全部机器(包括拟购之新机)、现有及续有之一切物料、原料、半成品、成品为抵押物质物。"第三条规定为:"质物应由公司分别种类造具清册,载明数量、品质、价值,连同质物转移于银行占有。其续交之质物亦同。前项抵押物上一切文据、房屋清册、房屋保险单、现有一切质物,公司应于本合同签订前交付于银行,其房屋保险单应过入银行户名。"第六条规定为:"自签订本合同日起,公司全部账目允银行派员驻公司稽核,一切传票允交由该员查阅盖章,以资接洽。如银行对于公司之支付认系不合经济原则,或超出公司事业范围,或足使公司受有损害时,得由银行以书面陈述意见于公司董事会,董事会必须于七日内答复。如不答复或答复而缺乏充分之理由时,银行除依本条规定行使稽核权外,并得随时行使副署支票权,公司均允照办。"第八条规定为:"自签订本合同日起,公司款项收付及其他与银行业务有关之事务均归银行独家办理。"第九条规定为:"公司允许于新

---

① 《1936 年 1 月 7 日华润泉撰"本公司与浙江兴业银行商订借款之经过"》,《刘鸿生企业史料》中册,第 95—96 页。

厂实际出货后,以每年开支后所得利益百分之三点三三四作为对于银行之酬劳金,此项酬劳金于借款还清后,银行仍得继续享受三年。如遇公司无盈余之年得顺延之,总以满足享受三年为度。"①

但是,在一再委屈退让后签订的这份借款合同,并没有给上海水泥厂带来扩张规模的银行资金,最后仍然变成了一张废纸。

合同签订之后,银行方面即主张"观望半年",后兴业银行总经理徐新六又"力主展缓六个月"。1935年12月2日,银行方面复称,合同"既经停止,应即取消,俟公司需要时,再由双方另案商订"。12月6日,银行方面通知上海水泥厂,称"银行因时局关系,主张取消"。银行在主张"观望""展缓"和最后取消合同时,先后提出"外交险恶""外交上将起极大变化""时局关系"②等作为理由,但证诸史料,浙江兴业银行之所以拖延执行借款合同乃至于最终毁约,是因为对上海水泥厂的前景不看好并对刘鸿生整个企业集团还贷无信心。

1935年,因世界经济危机和美国购银法案的影响等诸多原因,中国的经济和企业都处于艰难时期,水泥业自难独善其身,同样处于艰难环境之中。"1935年是十年内水泥业经历的最坏年头之一"③,1936年上海水泥厂在给海关提交的备忘录中的这句话,是对1935年水泥业境遇的总结。水泥业的不景气固然是兴业银行在此时是否贷款给上海水泥厂时犹豫迟疑的主要原因,但更主要的原因还在于兴业银行对整个刘鸿生企业集团的发展前景和资金状况感到悲观。

还在1928年12月22日时,浙江兴业银行就与刘鸿生企业集团签订过抵押借款合同,后经一再续借,到1934年6月底时,"借款总额为

---

① 《1934年12月28日华商上海水泥公司与上海浙江兴业银行签订的押质款合同》,《刘鸿生企业史料》中册,第98—99页。

② 上引均见《1936年1月7日华润泉撰"本公司与浙江兴业银行商订借款之经过"》,《刘鸿生企业史料》中册,第102—103页。

③ 《1936年1月9日华商上海水泥公司致上海海关"关于1935年水泥业的情况"备忘录》,《刘鸿生企业史料》中册,第101页。

银元二百五十万元",其中定期借款"计银元一百四十万元","透支借款计银元一百一十万元"。此后经过一年到 1935 年底时,"除付过及找清零数外",借款总数反而增加到"净欠国币二百六十万元正"。在又一次与兴业银行续签的展期借款合同中,借款总额二百六十万元中,还款方式改订为"定期借款一百万元,利息按月九厘半计算,透支借款一百六十万元,利息照市加四元"。因透支额超过原定数,抵押物也有所增加,续增的抵押物为"大中华火柴股份有限公司股票一纸,计第三四三一号刘鸿生户二万股,国币四十万元正",英册道契"共四纸,共计地五亩二分六厘七毫",土地证书七纸,"共计地六亩四分六厘",合计土地共十一亩七分二厘七毫①。

此外,1934 年 12 月,由刘鸿生的三个儿子出面,刘鸿生本人作保,还"以上海水泥股票三千二百股,票面三十二万元,及中华码头公司股票五千股,票面五十万元作担保品,向上海邮政储金汇业局押借三十万元"②。

1936 年,据兴业银行调查刘鸿生企业集团财务负债状况的报告称,刘鸿生企业集团的"负债总数达五百万元,内中欠各银行四百万,其他各户一百万,每年负担利息约需五十万,再加每年开支约计二十五万,则每年共应支出七十五万。而资产方面,固定收入不过二十万,不可靠之收入约四十万,因股份、地产无利者多,生利者少。往年以开滦售品处之盈余为大宗进益,尚不觉经济周转之困难。现既逐年减退,则付息发生问题,还债更无希望。似宜及早整理,以清担负,否则愈拖愈重,殊可虑也"。该份报告指出,刘鸿生企业集团的财产价值"无行市可以根据,若以每年收入作比例计算,约值六七百万"。为此,该份报告提出建

---

① 上引均见"浙江兴业银行有关清理刘鸿生华丰搪瓷厂借款事项的文件",上海市档案馆藏 Q268-1-489(2)。
② 《向浙江兴业银行押款积年累欠,银行增索抵押,并要求办理过户》,《刘鸿生企业史料》中册,第 41 页。

议"本行借款为保障本息计,有增加押品之必要"①。

在对刘鸿生企业集团负债状况如此评估的背景条件下,浙江兴业银行在拖延观望之后最终毁弃与上海水泥厂签订的贷款合同,其行为并非不能理解。但从这件事情可以看出,当时银行与企业间的关系中,企业与银行的地位并不平等,企业无论是在生存、维持和扩张中,都极度依赖银行的贷款,且为获得银行的贷款而不惜一再退让和降低条件,当银行毁弃贷款合同后,企业的原定扩充计划也不得不随之停止。

当初银行同意借款扩充规模后,上海水泥厂用于扩张规模等方面的设计和筹备花费,"为数已达七万五千元之谱",当浙江兴业银行毁约后,则全成浪费,"讵非无端虚掷此一笔费用!"②

四、本节小结

以上主要从财务资金的状况方面考察了刘鸿生企业集团所属上海水泥厂从1920年成立到1937年抗战爆发前的经营情况。从上述介绍的三方面情况来看,上海水泥厂自诞生伊始,资金短缺就是一个严重的问题:没有钱庄银行的借贷,上海水泥厂根本无法建成开工,没有银行的借贷,上海水泥厂的扩充计划也只能落空,至于内部的"积累挖潜"增厚资本,也是在资金短缺下不得已的努力而已。也就是说,通过以上的介绍和分析,可以清楚地看出,从根本上看,上海水泥厂的经营是一种严重依赖金融机构贷款,背负沉重还贷压力下的模式,可以简称为"沉重的负债经营"模式。

值得注意的是,在刘鸿生的企业集团中,上海水泥厂还是一个经营得不错的企业。第二小节中表6-6中的数字是一个证明,下面表6-7

---

① 《1936年浙江兴业银行报告》,《刘鸿生企业史料》中册,第41—42页。
② 《银行揆度时局,提出毁约,华商扩充计划落空》,《刘鸿生企业史料》中册,第103页。

中的数字更是一个证明。表 6-7 的数字显示出与刘鸿生企业集团中的其他企业相比,上海水泥厂的效益和财务状况不仅较为平稳,而且名列前茅。

表 6-7　1930—1936 年刘鸿生企业集团中
各主要企业的盈亏状况　　　　单位:万元

年份	上海水泥厂	合组公司	东京煤公司	中华煤球公司	中华码头公司	章华毛纺公司	华东煤矿	大中华火柴公司	中华企业银行
1930	7.6			−6.4		−8.8		23.9	
1931	48.3	40.0	1.9	3.8		−1.8	−15.4	54.6	2.6
1932	43.8	25.7		−2.0		−11.6	−2.1	41.5	10.0
1933	54.3	3.6		−4.9		−6.4	12.0	6.2	11.5
1934	70.0	26.5	8.7	−1.2	−13.5	5.3	11.7	−42.6	12.1
1935	6.5	27.0	4.0	0.05	−4.2	2.5	6.7	−50.7	11.1
1936	38.4	11.8		−2.4	−13.0	50.2	1.4	83.8	8.9

说明:"合组公司"是指刘鸿生与开滦矿务局合组的开滦上海售品处和开滦码头经理处的合称。该公司 1931 年的收益 40.0 万元是 7—12 月的盈利。见《刘鸿生企业史料》中册,第 24 页。
资料来源:根据上海社科院经济研究所编《刘鸿生企业史料》上册、中册有关数据整理编制。转引自徐新吾、黄汉民:《上海近代工业史》,上海社会科学院出版社 1998 年版,第 196 页。

从这个统计表的数字和上述的介绍中,我们还可以得出的一个结论是:上海水泥厂效益相对良好且较为平稳地经营状况是在"沉重的负债经营"状况下取得的,基础相当脆弱,那么,比上海水泥厂经营状况更加不如的刘鸿生的其他企业的状况,也就不难想象了。

关于自己经营企业的理念,刘鸿生曾带有某些自夸成分地对他的儿子说过这样一段话:"保证我家应付严重危机的另外一个因素是:我并没有让我所有的鸡蛋都放在一个框子里,那就是说,所有我的资财都是分开投资的。如果一个企业组织亏损了,其余的还可以赚到大量利润。总起来看,在收支差额上还会表现出一种盈余的情况。"①"鸡蛋不都放在一个篮子里",这固然是进入20世纪后这些中国民间资本企业集团之所以采取跨行业跨领域经营的重要背景,也是在内外环境适宜之时,因时趁便得以快速崛起的重要原因。但从上述上海水泥厂的个案分析中可以看出,组成这些企业集团的单个企业发展水平不一,差异相当大,即使是发展较为顺利的上海水泥厂,也是在依赖大量外来贷款的情况下才得以维持和经营的。因此我们可以做出这样一个判断:在当时这些中国企业集团的诞生和发展过程中,银行钱庄等金融机构的外来贷款至关重要,是这些企业能够存活和发展的重要前提和必备条件。

---

① 《1935年9月11日刘鸿生致刘念孝函》,《刘鸿生企业史料》中册,第29页。

第七章
近代交通运输业与资本市场

在缺乏资本原始积累和政府财政支持又十分稀少的近代中国,负债经营是机器大工业企业发展的常态。在这种情况下,资本市场的存在和作用就显得格外重要。以上我们已经考察了轻工业和重工业一些代表性企业的大体情况,下面我们再从交通运输业的角度进一步进行考察。轮船招商局是近代中国第一家兴办的机器大工业交通企业,是近代中国最大的轮船运输公司,其体制发生过多次变化,但不变的是,这家公司从成立开始,同样长期持续地存在债务。分析轮船招商局所负债款,可以了解所负债款的出处、利率水平、偿还情况和特点,也可以借此深入了解和观察近代中国资本市场的特点。通过对轮船招商局所负债款的分析,加上文中所举荣家企业和刘鸿生企业之例,可以看出近代中国资本市场对于近代中国企业的关键和重要作用。

第一节 从轮船招商局的债款
看近代中国的资本市场

轮船招商局是近代中国最早成立的机器民用企业,在近代中国,轮船招商局先后经历了晚清、民国北京政府和南京国民政府。体制方面历经了官督商办、商办、国营和股份制改造,在近代中国企业中具有相当的代表性。这里选择1937年前招商局所负债款的情况进行分析,借以观察近代中国的资本市场情况。之所以选择1937年前,是因为1937

年后进入战争时期,战后很快出现恶性通货膨胀,企业发展较为特殊的缘故。下面我们分别从晚清和民国两个时期切入来考察1937年前的招商局借款构成和特点。

一、晚清时期轮船招商局所负债款情况

我们先来看轮船招商局在晚清时期的负债情况。轮船招商局晚清时期的债款主要分官方借贷、民间借贷和洋商借贷三部分。1880年前招商局的负债具体情况如表7-1所示。

表7-1 1880年前轮船招商局的负债情况一览表　　　单位:两

年　度	股本	所借官款	钱庄借款	私人借款	仁和保险存款
1873—1874	476 000	123 023			
1874—1875	602 400	136 957	475 354(钱庄私人合计)		
1875—1876	685 100	353 499	613 228	238 328	200 000
1876—1877	730 200	1 866 979	593 449	87 884	350 000
1877—1878	751 000	1 928 868	1 472 404(钱庄私人合计)		418 430
1878—1879	800 600	1 928 868	624 088(钱庄私人合计)		582 632
1879—1880	830 300	1 903 868	533 029(钱庄私人合计)		619 848

资料来源:唐廷枢、徐润:《招商局第一至第七届帐略》(影印件),转引自胡政、李亚东点校:《招商局创办之初(1873—1880)》,中国社会科学出版社2010年版,第39—174页。

在1883年后,招商局除欠官方和钱庄债款外,又增加了向外商的负债。

表7-2 晚清轮船招商局所借外债构成情况统计表　　　单位:银两

年　度	股本	官款	钱庄贷款及私人存款	向外商借款
1880—1881	1 000 000	1 518 867	1 101 662	
1881—1882	1 000 000	1 217 967	2 319 545	

续　表

年　度	股本	官款	钱庄贷款及私人存款	向外商借款
1882—1883	2 000 000	964 292	2 370 345	
1883—1884	2 000 000	1 192 566	1 078 286	借英商天祥洋行74.3万两，以上海北栈、中栈两处产业为抵
1885	2 000 000			借英商汇丰银行30万镑（折银118万余两①），周息7厘，以上海部分局产为抵
1886	2 000 000	1 170 222	999 468	
1887	2 000 000	1 065 254	816 978	
1888	2 000 000	793 715	624 301	
1889	2 000 000	688 242	572 293	
1890	2 000 000	90 241	660 318	
1891	2 000 000		685 490	
1892	2 000 000		664 825	
1893	2 000 000		345 735	
1894	2 000 000			
1895	2 000 000		710 790	
1896	2 000 000		576 127	
1897	4 000 000		932 843	
1898	4 000 000		514 853	
1899	4 000 000		573 212	
1900	4 000 000		628 188	
1901	4 000 000		652 133	

---

① 据张国辉《洋务运动与中国近代企业》，第174页称："1885年借汇丰银行30万镑，按当时汇率折算为1 180 328两。"

续 表

年 度	股本	官款	钱庄贷款及私人存款	向外商借款
1902	4 000 000		1 000 877	
1903	4 000 000		1 039 617	
1904	4 000 000		745 942	
1905	4 000 000		971 378	
1906	4 000 000		1 090 536	
1907	4 000 000		1 438 510	
1908	4 000 000		1 143 894	
1909	4 000 000		1 110 651	
1910	4 000 000		1 241 393	
1911	4 000 000		2 166 364	以招商局所有各埠栈房市房等局产为抵向汇丰银行借银150万两

说明：(1)据《国民政府清查整理招商局委员会报告书》(下册)第22页记载，招商局自1873年成立始，是以每年7月起至次年6月底止结账一次，为一会计年度。至1885年起始改为每年阴历正月起至年底止。(2)"钱庄贷款及私人存款"一栏中的数字，包括向钱庄的借款，私人在招商局的生息存款和仁和、济和保险公司的股款等三部分。

资料来源：(1)招商局各年度资产负债表和损益技术书。1893年前数字转引自张国辉：《洋务运动与中国近代企业》，第171—172页。1895—1911年数字出自招商局第22—38届账略，转引自张后铨主编：《招商局史》(近代部分)，人民交通出版社1988年版，第235页统计表。这里的数字均为"借款"栏目的合计数。(2)此期招商局所借外债资料见《国民政府清查整理招商局委员会报告书》(下册)，原书无出版单位及出版年，第17、21、53页。

从统计表7-1和7-2中分析晚清时期的招商局所负债款，可以看出，从1873年招商局挂牌营业开始，到1911年清朝统治结束为止，近四十年的时期内招商局始终存在债款，所负债款可分三类：第一类是官款。官款是招商局最早获得的贷款，最早获得的官方贷款20万串(折银12.3万两)对招商局意义重大，招商局在早期集资困难时主要依靠这笔贷款顺利兴办开业。第二笔官款是1876—1877年收购美商旗昌轮船公司时获得的官方贷款100万两，依靠这笔贷款，招商局得以成功收购在华水域中最大的外资轮船企业美商旗昌轮船公司,实力大大提升,一举成为当时中国领水中实力最为强大的单家轮船公司。这笔贷款也成为此期招商局所获债款中数额最大的债款。第三笔官款是 1883 年上海发生金融风潮时,李鸿章"筹拨银 36 万余两,以支危局"[①],使招商局得以渡过金融难关。招商局所借的这些官款,最终在 1890 年时全部还清。

招商局所负第二类债款为钱庄贷款以及私人和保险公司存款。其中钱庄贷款占有重要位置,且一直到 1911 年清朝统治结束时始终存在。在招商局的这类债款中,资料中只有 1875—1876 年和 1876—1877 年两届单独列出了钱庄贷给招商局的借款数额,其余各届钱庄和私人借给招商局的债款数额是合并一起计算的。但就在这两届数额单独列出的钱庄借款中,1875—1876 年钱庄借给招商局的款额达 61 万余两,与招商局该年的资本总数相差无几,远远超过官方借给招商局的款项。1876—1877 年招商局因盘购美商旗昌轮船公司所借官款大幅增加,但招商局仍然获得钱庄贷款接近 60 万两。"万事开头难",招商局成立后即面对拥有雄厚资本的在华英美轮船公司的跌价竞争,在轮船招商局前三届资本分别只有 47 万、60 万和 68 万两,官方借款 12 万、13 万和 35 万两的情况下,钱庄的借款(与私人合计)47 万以及钱庄单独借给的 61 万两对招商局的重要性自是不言而喻。"输转不遑之处,率向沪庄通融"[②],唐廷枢、徐润在第三届账略中所说的这句话,从 1881 年刘坤一奉旨彻查招商局后所上奏折中得到了证实:"(招商局)计现在结存轮船、码头、栈房、船坞、趸船等项,共置价银三百六十五万九千二百两,所收官帑商股共银二百七十三万四千余两,又保险公积采余抵银十七万九千余两,实短银七十四万五千余两,系向钱庄挪用……"[③]徐润在自编年

---

① 《国民政府清查整理招商局委员会报告书》下册,原书无出版社及出版年,第 17 页。
② 《招商局第三届帐略》,转引自胡政、李亚东点校:《招商局创办之初(1873—1880)》,第 98 页。
③ 《光绪七年正月十五日两江总督刘坤一奏》,《洋务运动》(六),第 41 页。

谱中亦称：招商局"初时本少用多，恒形竭蹶，常年周转，既赖官款接济，亦赖商款流通。……十余年来，统计每年年终结欠庄款既绅商存款，常有百余万两之多……"①"招商局常川欠有（钱）庄款百余万……"②

从上引这些资料中可知，钱庄贷款除在招商局的成立时期发挥了重要作用外，在招商局的日常周转中同样占有极为重要甚至是主要的作用。

招商局所负债款中的第三类为向外商洋行和银行的贷款，此期共有三笔，前两笔为解决1883年底上海金融风潮的冲击；后一笔为解决1911年辛亥革命带来的危机，带有"救急"的性质。其中第一笔所借天祥洋行74.3万两，1888年还清；第二笔所借汇丰银行30万镑，到1894年还清③。

二、1912—1937年招商局债款状况

进入中华民国时期后，招商局仍然负债甚多，与前期相比，钱庄和外商银行的贷款依然可见，但官方贷款已经消失，取而代之的是华资银行的贷款占据了相当大的比重。以下按华资银行、钱庄和外商银行所负债款列表进行整理分析。

表7-3 1912—1937年招商局向华资银行贷款一览表

贷款银行	贷款时间	贷款数额	利率	贷款期限	抵押品	清偿日期
48家银行钱庄团抵押借款	1929年12月	1 963 000两，折国币2 745 454.55元	9.5%	6个月	上海、吴淞、天津、北戴河、通州、烟台、营口、岳州、长沙、九江广州、香港等21地的招商局局产	1946年6月26日

---

① 徐润：《徐愚斋自叙年谱》，台湾商务印书馆1981年影印本，第177页。
② 《国民政府清查整理招商局委员会报告书》下册，原书无出版社及出版年，第22页。
③ 同上书，第24、29页。

续 表

贷款银行	贷款时间	贷款数额	利率	贷款期限	抵押品	清偿日期
永亨银行抵押借款	1929年8月30日	国币200 000元	8%	6个月	丙种统一公债票面218 500元	1946年1月16日
四明银行抵押借款(甲)	1929年12月	规元70万两折合国币979 020.98元		10个月	江轮6艘海轮3艘的客运收入,中、华、北三栈收入及积余产业公司房地产收入	1946年7月4日
四明银行抵押借款(乙)	1932年9月1日	国币909 090.91元	10%	11个月	北、中、华、新四栈收入	1946年7月4日
四明银行透支借款(甲)	1932年6月3日	国币60 000元	10%			1946年7月4日
四明银行透支借款(乙)	1932年9月14日	规元5万两,折合国币69 930.07元	照市加6%			1944年7月4日
四明银行信用借款	1932年7月12日	规元6万两,折合国币83 916.08元	10%	6个月		1946年7月4日
上海市银行透支款	1932年7月21日	国币130 000元	10%		招商局水脚券24万两	1946年7月11日
中孚银行抵押借款	1932年10月15日	规元8万两,折合国币111 888.11元	10%	自1933年3月31日起分四期偿清	通惠实业股款6万元正,招商局水脚券16万两	1946年11月6日

续 表

贷款银行	贷款时间	贷款数额	利率	贷款期限	抵押品	清偿日期
通商银行抵押借款	1932年6月1日	国币291 667.13元	将租抵息		财政部沪关清理处押给招商局之上海陆家嘴地产（原数原产押于该行）	1946年9月13日
通商银行透支款	1932年10月17日	规元345 000两,折合国币482 517.48元	8.5%			1946年9月13日
邮政储金汇业局透支款	1934年6月1日	国币1 000 000元	9%	10个月	上海金利源升科地31.261亩	1946年4月27日
邮政储金汇业局抵押借款	1934年11月29日	国币1 000 000元	7%	1年	法册69A号道契1.17亩,上项道契地外升科地约5亩,海祥、海瑞两轮及其收入,邮局全部邮件运费	1946年4月27日
邮政储金汇业局抵押借款（垫付花旗银行款）	1939年3月28日	国币230 000元	8.5%		（1）抵押于花旗银行之地产作为第三抵押；（2）抵押于中国营业公司之英册道契3064、3783、9996号,法租界道契50B；美册道契674号及抵押于中国银行之英册道契12949号作为第二抵押	1946年4月27日

续　表

贷款银行	贷款时间	贷款数额	利率	贷款期限	抵押品	清偿日期
中国银行抵押借款	1934年8月11日	国币 675 000 元	8%	1年	英册道契 12949 号,计地 2.198 亩,坐落上海地册 53A 地方及其建筑物	1946年3月6日
中国营业公司抵押借款	1934年8月11日	国币 295 000 元	8%	1年	(1) 英册道契 3064 号计地 41.166 亩,坐落黄浦江东沟地方;(2) 法册道契 50 号B,计地 0.265 亩,坐落法租界外滩地册 50 号B 地方;(3) 英册道契 3783 号及美领署道契 674 号计地 11.854 7 亩,坐落华德路地册 2037、2060、2035 地方	1946年11月5日
中央银行透支款(甲户)	1936年11月16日	国币 2 165 000 元	5%月			1946年3月30日
金城银行期票	1937年2月8日	国币 197 200 元	并入期票内	未兑现之17张系 1937年1月18日,1938年1月12日	锦江轮	1946年5月13日

续 表

贷款银行	贷款时间	贷款数额	利率	贷款期限	抵押品	清偿日期
金城银行期票	1937年4月22日	国币643 800元	并入期票内	未兑现之23张系1937年9月8日,1938年1月8日	巴江、岷江两轮	1946年5月13日
金城银行透支款	1937年8月18日	国币2 176.3元	9%			1946年5月13日
合计21笔		国币14 536 661.61元				

说明:原资料还有"(民国)28年底止尚欠本金""(民国)28年底止结欠利息""(民国28)年底止共欠本息""利率更改""清偿本息总额"和"备考"几栏,此处略去。

资料来源:据国营轮船招商局编《国营招商局产业总录》(1947年印行,非正式出版物)第14—21页间"清偿债务总表"统计制作。

从表7-3中的数据看,1912年至1937年招商局的银行负债实际集中在1929年至1937年间,在这不足10年的时间里,招商局向银行借了21笔债款,负债总额达1 453万余元,远超过这期间招商局1 174万余元的资本总额[1]。

此期招商局获得的钱庄贷款,与晚清时期相比,无论金额数量还是次数均远远不能相比。具体情况可见表7-4。

---

[1] 招商局从1914年至1933年,资本总额均为840万两,折合国币11 748 251元。1934年至1937年为2 973 902元(见招商局编:《国营招商局七十五周年纪念刊》,1947年12月印行"国营招商局七十五年来资本数额表")。之所以1934年后招商局的资本数一下子降低了很多,是因为1934年南京政府把招商局强行收归国营,收购价远低于招商局资产数额,所以资本数也一下子出现剧降。详情可参见拙稿《1927—1937年的中国轮船航运业》,《中国经济史研究》2000年第1期。

表 7-4　1912—1937 年招商局所获钱庄贷款一览表

贷款钱庄	贷款时间	贷款数额	利率	贷款期限	抵押品	清偿日期
恒隆钱庄抵押借款	1929年12月	原借规元17万两，1932年8月1日改为20万两，折合国币279 720.28元	9%（月）	一年	（1）泰顺、遇顺、广大、广利四轮；（2）上列四轮之客运收入；（3）订约10个月后长江各轮之全部收入；（4）北、中、华三栈除去开支外之收入	1946.7.6
同余钱庄抵押借款	1932年6月3日	规元18万两，折合国币251 748.25元	9%（月）		上海南头地产6.043亩	1946.10.19
同余钱庄透支借款	1932年6月3日	以期票抵借（以不超过期票为原则）到1939年底止本息共欠92 621.99元	照市加5%			1946.10.19
合计3笔		624 090.52元				

说明：(1) 原资料还有"（民国）28年底止尚欠本金""（民国）28年底止结欠利息""（民国28)年底止共欠本息""利率更改""清偿本息总额"和"备考"几栏，此处略去。(2) "同余钱庄透支借款"的数字是1939年的数字。

资料来源：据国营轮船招商局编《国营招商局产业总录》，第14—21页间"清偿债务总表"统计制作。

招商局所获钱庄贷款如不算表 7-3 与银行合作的"四十八家银行钱庄团抵押借款"，则此期招商局向钱庄的贷款只有两家钱庄合计 3 笔，总金额 62 万余元。此期招商局所获钱庄贷款与银行的贷款相比，重要性大为减低。

1937 年前招商局也有向外资银行的贷款，笔数不多，仅有两笔，详情见表 7-5。

表 7-5　1912—1937 年招商局向外资银行贷款一览表

贷款外资银行	贷款时间	贷款数额	利率	贷款期限	抵押品	清偿日期
汇丰银行抵押借款	1923年4月27日	规元500万两，折合国币6 993 096.93元	8%	20年	（1）上海南栈、北栈、中栈、华栈、新栈、栈房码头；（2）汉口、天津、镇江、温州、芜湖、宁波、九江、沙市、宜昌局产；（3）海轮十七艘江轮十二艘；（4）芜湖、厦门、九江、汕头、南京、镇江汉口之趸船；（5）上海南京福州之小轮共5号	1945.12.31
花旗银行抵押借款	1924年9月20日	规元100万两，折合国币1 398 601.40元	8.5%		上海美册道契1138、1139、1145号及其上面所建之房屋	1946.1.15

说明：（1）原资料还有"（民国）28年底止尚欠本金""（民国）28年底止结欠利息""（民国28）年底止共欠本息""利率更改""清偿本息总额"和"备考"几栏，此处略去。

资料来源：据国营轮船招商局编《国营招商局产业总录》，第14—21页间"清偿债务总表"统计制作。

三、从招商局债款观察近代中国的资本市场

以上统计表反映的是1937年前招商局所借债款的大体情况。观察和分析招商局的这些借款统计表，从中可以得出不少的信息并看到不少的变化。

首先需要强调的一点是，无论是晚清还是民国时期，招商局都持续

负有大量债务,在我们考察的这几十年时段里,招商局不存在没有债务的时期。很多时候,所负债额甚至超过招商局的资本总数。换句话说,如果不能从外部获得贷款,近代中国最大的轮船航运企业招商局是无法维持下去的。由此可见近代中国企业对近代资本市场的依赖性之强,也可以说近代中国资本市场对近代中国企业的发展有着不可替代的重要作用。

其次,从近代中国资本市场获得融资的渠道来看,晚清时期招商局的借款主要来自政府、传统中国金融机构钱庄和外国在华银行;民国时期则主要是华资银行、外资银行和钱庄。民国后最大的改变,是来自官方的借款已经消失,1890年招商局的官方借款清偿完毕后,维持招商局日常经营和周转的债务资金,主要来自资本市场。只不过此期银行取代了过去的钱庄,成为招商局获取贷款的主要对象。进入民国后招商局从华资银行中获得总数21笔贷款1 453万余元,远远超过招商局的资本总数,与之相比,来自钱庄的3笔借款合计总数仅有62万余元,相比而言,重要性就相当有限了。即使把1927年48家银行钱庄团抵押借款274万余元划出一半算作钱庄的贷款,再加上钱庄此后的3笔贷款62万余元在内,钱庄的贷款总数也不过200余万元,在进入民国后招商局所获贷款的数额中,处于数量最少的。也就是说,进入民国后,银行取代钱庄成为招商局获取借款来源的主流,且这种趋势越到后期越明显,1932年后招商局的诸多融资借款全部来自银行,再也没有见到钱庄的身影,足见在此时的中国资本市场上,银行业已经取得了无可争议的垄断地位。

第三,此期招商局所获外资银行和洋行的融资贷款,晚清时期3笔,民国时期2笔,总次数不多,数额却很大。晚清时期的3笔贷款用途第一部分有所说明。民国时期的这两次融资,一次是"民国十二年南北战争起衅,营业大受影响",因而向汇丰银行举债500万两。再一次是"民国十三年江浙战事发生,长江航运因而停航,继而北洋亦起战争,航运亦停,加之连年亏损,现款早已告罄"①之故,又向美商花旗银行告贷 100 万两。这两笔外资银行贷款,数额都相当大,汇丰的一笔更是数额惊人,且还贷期限也长达 20 年之久,可谓招商局近代外债史上数额最巨、时限最长的一笔借款了。

第四,1939 年时招商局曾对自己所负各项债款做过结算。结果欠债本息共为国币 26 035 075.61 元②。该年曾对各次债款偿还过少量本金和利息,但最后的完全偿清,却绝大部分是 1945 年以后。抗战胜利后,招商局原有所负"汇丰、花旗、中央、汇业局等借款为数较巨者,均按原订利率偿清"。其余各项债款,经过几次折冲,"最后衡以市情,酌以提高利率"。具体是 1942 年债款在原有利率基础上提高 10%,1943 年提高 20%,1944 年提高 30%,1945 年上半年提高 40%,下半年提高 60%,1946 年提高 80%,各项债款均"复利计算,或照沪渝市拆以清偿"。最终这些债款"在民国卅四、五年间,以国币一亿另一百二十五万另九百七十六元三角八分之本利代价,一律偿还清楚"③。抗战胜利后招商局能够很快清偿所负债务,应该与此期通货膨胀的日益严重和战后接收了大量敌伪资产有关。

从 1937 年前招商局的融资借款看近代中国的资本市场,还有以下几点需要注意:一是招商局的融资特别是民国以后的融资,都是通过资本市场进行的,不管利率高低、时限长短、数额多少,都是贷借双方通过市场谈判签约进行。二是都有抵押品,包括晚清时期放债时以信用贷款为主的钱庄,民国后都采用"抵押借款"方式。不管中外银行还是钱庄,民国后都一致实行抵押放贷,这是民国后中国资本市场的一个明显变化,通过招商局的融资借贷得以证明。三是这期间

---

① 上引均见国营轮船招商局编:《国营招商局产业总录》,第 14 页。
② 国营轮船招商局编:《国营招商局七十五周年纪念刊》,1947 年 12 月印行,第 41 页"本局债务清偿记"。
③ 同上。

近代中国资本市场的融资方式多种多样,既有抵押借款,也有透支借款,还有期票借款。抵押品也是五花八门、品种繁多,既有地产、船栈、水脚收入券、实业股款,也有轮船、码头和租界土地道契等。融资利率一般在7%至9.5%,但作为国营后的招商局,在获得中央银行的贷款时,却罕见地在1936年享受了一次利率为5%的融资借款。还有一个值得注意的地方,是晚清时期普遍出现的企业存在"私人存款"的现象消失不见。20年代后期到30年代初期,近代中国企业吸收社会储蓄作为企业营运资金的现象很普遍①,一些大型企业如永安公司、荣家企业等设立储蓄部吸收社会储蓄时,招商局却一反常态,不见吸收社会储蓄,其原因是否因为性质变为国营而导致?此问题可以留待以后深入探讨。

或许有人会认为,招商局之所以负债如此之多,是因为这家企业发展不顺利,为了维持下去而不得不大量欠债,这种想法并非没有道理。但是,近代中国其他一些工业企业在快速发展期间同样大量向资本市场融资负债的现象又该如何解释呢?这里可以举两个例子。

被称为近代中国面粉大王和棉纱大王的荣家企业,从其企业规模扩展情况来看,按面粉与纺织两大系统观察:1903年创办第一家工厂茂新面粉厂开始,到1921年为止,共有面粉厂13家(其中包括租办尚未到期的1家厂),粉磨设备从4部增加至301部,18年间增加74倍;若以1912年拥有粉磨18部计算,则9年间增加15.7倍。每日生产面粉能力,1903年为300袋,1921年增至76 000袋,增加了250余倍。如以1912年每日生产面粉能力3 000袋计算,9年间增加24倍多。申新纺织系统的情况是:1916年创办申新一厂,到1922年为止,前后6年间,从1家厂扩展到4家厂。生产设备以纱锭数计算,从12 960锭增至134 907锭,增加9.4倍;布机数从1917年的350台增至1922年的1 615台,增加3.6倍;棉纱

---

① 详情可参见拙文《论近代中国企业商号吸收社会储蓄》,《复旦学报》2007年第5期。

产量从 1917 年的 9 723 件增至 1922 年的 80 356 件,增加 7.2 倍;棉布产量从 1917 年的 29 002 匹增至 1922 年的 359 530 匹,增加 11.4 倍。

荣家企业发展速度如此之快,原因当然不止一种,但从近代中国资本市场上大量举借债款进行扩张,无疑是其中重要的一种。荣氏兄弟特别是哥哥荣宗敬认为,只要发展生产有利可图,就要千方百计举借债款,筹集资金建厂投产。他认为多一枚锭子,就可以多生产一锭子的棉纱,可多得一份利,因此负债经营成为荣家企业经营的常态。如福新系统的资产负债情况是:1923 年与 1913 年相比,借入资本数从 5.2 万元增至 546.81 万元,增加了 104 倍;1923 年借入资本占全部资本的64.8%。申新系统的情况也是如此:申新各厂的借入资本从 1916 年的 41.12 万元增至 1923 年的 1 166.52 万元,增加了 27 倍多,1923 年借入资本占预付资本的 64%。再从申新各厂 1920—1921 年流动资产对短期负债的比重来看,1920 年短期负债为流动资产的 1.5 倍,1921 年增至 2.5 倍[①]。

再以刘鸿生企业来看,正如第六章所说,上海华商水泥厂是刘鸿生企业集团中最重要的企业之一,也是盈利状况较好的企业之一。从 1923 年投产开始至 1937 年为止,该厂的盈余除投产的第二年即 1924 年略有亏损外,其余各年均有盈利,大多数年份的盈余都在二三十万元以上,最高年份甚至达到盈利 60 多万元。但是,就是在发展处于顺境之时的上海水泥厂,仍然从 1922 年建厂期间开始就负有巨额债务,债款最高时占股本的 91.7%,一般都在 50%上下。也就是说,上海水泥厂效益相对良好且较为平稳的经营状况是在"沉重的负债经营"的状况下取得的,基础并不雄厚。因此,根据上述轮船招商局、荣家企业和刘鸿生企业的例子,我们可以得出这样一个结论:在近代中国企业的诞生和发展过程中,来自资本市场上的银行、钱庄等金融机构的外来贷款至关

---

① 上引荣家企业资料均见许维雍、黄汉民:《荣家企业发展史》,人民出版社 1985 年版,第 41—42 页。

重要,是这些企业能够存活和发展的重要前提和必备条件。

"窥一斑而知全豹",通过对近代中国最大的轮船航运企业轮船招商局的融资考察,可以观察到近代中国资本市场的许多特点,如近代中国资本市场相当活跃,渠道多样,经营灵活,方式不拘一格,且基本通过市场方式进行,进入民国以后钱庄在资本市场上的地位和作用有所下降,银行取代钱庄在资本市场上成为主体角色等。这些特点都说明近代中国的资本市场已经具有一定程度的成熟度。再加上荣家企业和刘鸿生企业负债发展之例,还可以看出,近代中国资本市场对于近代中国企业的生存和发展有着十分关键和重要的作用,无论是经营发展顺利的企业如荣家企业和刘鸿生企业,还是发展曲折艰难的轮船招商局,均对近代中国资本市场有着高度的依赖性,甚至可以说是这些企业生存的生命线。

金融是经济的血液,是经济中最敏感的部分。通过上述对近代中国企业融资贷款的分析,能够反映出近代中国资本市场的基本情况,也可体现出其活跃和重要的一面。同时还从另一方面说明了一点:近代中国资本市场的发展和演变,证明近代中国的市场经济已经初步成型并有了相当程度的发展,否则近代中国的资本市场不可能达到这样的高度并发挥如此重要的作用。

第二节 抗战胜利后的招商局与民生公司

抗战胜利后,中国国家资本企业在政府授予的特权下,大量接收敌伪资产,实力大大增长。而在抗战时期发挥重要作用的民间资本企业的发展却受到种种限制和阻碍,社会经济中出现明显的"国进民退"现象。这种变化直接对民间资本企业的发展造成很大影响,同时或直接或间接影响到整个社会经济的发展。南京国民政府实行这种政策有着复杂的根源和背景,其中轮船招商局和民生轮船公司就是国家资本企业和民间资本在不同待遇和发展路径中出现不同结果的典型代表。本节通过考察轮船招商局和民生公司战后境遇的不同,了解在近代中国不同资本性质的企业所受到的外在环境的制约和影响。

一、战后的轮船招商局

1945年抗战胜利后,中国社会经济中出现了一个突出现象,就是在国民政府授予的特权下,国家资本控制的企业实力急剧膨胀。如轮船招商局、中国纺织建设公司、资源委员会、中国粮食工业公司、中国建设银公司等,与战前和战中相比,实力都有几倍几十倍的膨胀。这些企业实力的发展和扩张,使得南京国民政府国家资本企业的实力急剧膨胀,成为国民政府控制国民经济整体战略的一环。反之,与国家资本的企业相比,民间资本企业实力则大大衰退,发展空间受到很大限制。这时经济领域中出现的一个明显现象就是"国进民退"。这里以航运业中的国家资本老大轮船招商局和民营资本航运业中的老大民生公司为例,对其战后的实力增长和处境情况进行对比,观察这种工业企业中的"国进民退"现象,并试图对构成这种经济现象的深层次原因进行探析。

抗战爆发后,国营轮船招商局遭受种种损失,实力大减,1941年最低谷时只有江海轮船8只22 713吨[1]。到抗战胜利之时,也仅"残存大小船舶28艘,凡25 500余吨"[2]。抗战胜利后,国民政府将接受抗战期间日伪政府轮船公司船舶财产的权利交给招商局,使招商局的实力出现了一个飞跃。战争期间,日本政府除在中国设立大型国策会社如东亚海运株式会社等轮船公司控制中国的沿海航运之外,还设立了其他

---

[1] 《国营招商局七十五年来江海轮数量表》,国营轮船招商局编:《国营招商局七十五周年纪念刊》,1947年12月印行。
[2] 徐学禹:《国营招商局之成长与发展》,《国营招商局七十五周年纪念刊》,第11页。

大大小小的轮船公司控制中国内河内港的轮船航运。仅在华东华北一带就有中华轮船株式会社、上海内河轮船股份有限公司、华中运输公司、华北交通运输会社、华北运输株式会社等①。加上汉奸政府设立的轮船公司,数量还要更多。

1945年8月,国民党政府通知日方,长江一带所有船只集中沙市、宜昌,沿海一带船只集中上海听候接收。招商局于8月25日拟定《接管敌伪船只办法》12条,规定:(1)敌伪所有商船,一律由交通部派员配合各地负责接收的军事机关,相互协商管理;(2)交通部接收的敌伪船只,暂交招商局负责营运;(3)长江敌船集中沙市、宜昌或上海,沿海敌船集中广州、上海、烟台或威海卫,听候接收;(4)招商局往各轮派出接管人员,其人数视船舶吨位大小而定。此外,对具体接收程序和要求也作出了一系列规定②。

此后,招商局开始参与接收敌伪船只。1945年接收的敌伪船舶合计1 335只,129 510总吨。1946年继续接收,截至1946年7月止,累计接收敌伪船舶2 158只,239 141吨。招商局接收敌伪船舶的具体情况如下表所示。

表7-6 招商局接收敌伪船舶概况表

船舶类别	1945年9月—12月12日		1945年9月—1946年7月	
	只数	吨位数	只数	吨位数
海轮	3	1 095	10	18 685
江轮	32	32 759	31	42 251
拖轮小轮	260	9 167	431	22 135

---

① 参见拙文《抗战时期日本对中国轮船航运业的入侵与垄断》,《历史研究》2011年第2期。
② 招商局档案:《接收敌伪船只办法》,1945年8月25日,南京中国第二历史档案馆四六八②337。转引自张后铨编:《招商局史》(近代部分),人民交通出版社1988年版,第510页。

续　表

船舶类别	1945年9月—12月12日		1945年9月—1946年7月	
	只数	吨位数	只数	吨位数
机帆船	135	9 229	235	19 039
铁驳	307	60 867	368	101 947
木驳	317	13 602	698	26 971
杂项特种船只	281	2 792	385	8 113
合计	1 335	129 510	2 158	239 141

资料来源：(1) 招商局档案：《国营招商局接收敌伪船舶报告》，1945年12月21日；(2) 招商局档案：《国营招商局经手接收敌伪船舶统计》，1946年8月28日。转引自张后铨主编：《招商局史》(近代部分)，第512页。

招商局接收的敌伪船舶均归其统一处理，招商局除将其一部分留局自用外，其余的或发还原主，或标价让卖，或拨交其他机关，或租予其他航运公司使用。截止到1947年8月底止，招商局留用的船只共332只，74 000吨[①]。

除接收和留用了大量的敌伪船舶外，在国民政府的具体部署和指挥下，战后招商局还接收了一批造船厂、码头、仓库和地产等，使得此期招商局的局产实力也出现了大大的膨胀。

表7-7是招商局接收和留用的四大船舶修造厂的概况统计表。

表7-7　招商局接收和留用的四大船舶
概况表(1946年10月)

接收时厂名	内河轮船造船厂	中央造船所	东亚海运会社黄浦造船所	天津舺船大沽东修船厂
改名	招商局上海第一船舶修理所	招商局上海第二船舶修理所	招商局上海第三船舶修理所	招商局天津分局大沽修船厂

---

① 徐学禹：《国营招商局之成长与发展》，《国营招商局七十五周年纪念刊》，第11页。

续　表

地点	上海闸北光复路	上海南市机厂街	上海浦东秦同码头	大沽小码头
负责人	吴延明	王志涛	陈绍焕	未详
修造船舶能力	大小船舶均能修理,但缺少船坞设备,船舶不能进坞,最高造船能力为100吨	可修三四千吨巨轮,但无船坞设备,仅能造三四百吨小船	无船坞设备,除较大船壳不能修理外,其他各种船只均能修理	可修800吨左右的轮船,可造800吨左右的驳船
员工人数	职员15人,工人142人,临时工48人,合计205人	职员24人,工人168人,临时工151人,合计343人	职员16人,工人224人,临时工230人,合计470人	职员14人,工人187人,合计201人
接收后所修船只等	修理大小船舶102艘,码头6座,吊车3座	修理大小船舶329艘	修理大小船舶147艘	大修拖轮、驳船47艘,小修拖轮驳船425艘

资料来源:招商局档案:《招商局船舶修造厂现况调查表》,1946年10月31日。及其他有关资料。转引自张后铨编:《招商局史》(近代部分),第515页。

　　抗战时期,日伪在沦陷区设立各种航运机构,抢占和新设的码头仓库等设备为数甚多,战后先由交通部各区航业接收委员会接收后移交于航业整理委员会,再由航业整理委员会转交给招商局接管[①]。仅在上海一地就接收了东亚海运、三菱洋行等码头4座、仓库34座[②]。到1947年8月底,招商局总分各局的码头仓库等实力都大大增强,其具体情况如下表所示:

---

① 国营招商局:《国营招商局产业总录》,1947年5月编印,第231页。
② 同上书,第235—236页。

表 7-8　国营招商局码头仓库概况表（1947 年 8 月 31 日）

地点	码头 座数	长度(英尺)	最浅水位(英尺)	仓库 座数	容积(立方尺)	容量(吨)
上海	9	10 447	14	109	26 854 589	671 361
镇江	6	2 213	15	21	1 171 485	26 787
南京	5	1 653	10	5	266 000	6 700
芜湖	7	2 649	8.5	8	1 640 333	41 006
安庆	7	2 186	7	4	236 000	5 900
九江	4	2 744	15	3	485 105	12 128
汉口	4	634	12	9	1 060 000	26 500
长沙	1	103	4	1	28 000	700
沙市	2	71	20.5	8	2 043 507	51 087
宜昌	1	200	15	11	705 847	17 647
重庆	2	287	4.9	2	15 200	380
镇海	1	317	13	1	71 280	1 782
宁波	1	197	15	4	188 073	4 700
温州	1	296	17	3	211 580	5 289
福州	1	129	8	3	192 652	4 816
厦门				1	76 160	1 904
汕头	1	225	6.6	24	1 133 094	28 327
香港	2	461	8	8	430 080	10 752
广州	1	410	12	7	5 064 000	126 600
海州	2	1 600	24	1	46 657	1 166
天津	7	2 170	12	24	1 574 000	39 350
塘沽	2	880	11			
营口	1	600	20	2	262 960	6 574

说明：原表单位是英尺和立方尺。一米大约相当于 3.280 839 英尺，一立方米相当于 35.314 7 立方尺。

资料来源：国营招商局编：《国营招商局七十五周年纪念刊》，"统计图表·仓库概况"。

除码头仓库外,招商局接收的敌伪产业中还有大量地产和房屋。1945年9月,招商局在上海接收日本东亚海运株式会社、大连汽船株式会社、日本邮船株式会社和上海运输会社等日本公司的房产就包括广东路二十号的六层钢骨水泥大厦一座、黄陆路三十七号砖造三层公寓式房屋一座、南市老太平街二层楼房八栋、南市大码头街三层楼房八栋、四川路一百一十号大连汽船株式会社租用普益地产公司大厦底层全部、外滩三十一号三层砖造建筑一座和北苏州路北河南路处河滨大楼底层。截至民国三十五年十二月三十一日,招商局在上海和各地分局接收的房地产处所共123处,价值92.4亿多元①。1947年2月招商局在上海和各地分局房地产的情况如表7-9所示。

表 7-9　1947 年 2 月招商局在上海及各地分局房地产面积和价值统计表

所在地	面积(亩)	地产价值	房产价值	合计价值
上海	886.912 5	13 505 264 650.00	11 443 091 271.00	24 948 355 921.00
镇江	46.155	289 066 800.00	942 000 000.00	1 231 066 800.00
南京	5.650	79 020 980.00	1 745 280 300.00	1 824 301 280.00
安庆	1.113 0	5 000 000.00		5 000 000.00
芜湖	32.472 0	57 278 440.00	680 350 000.00	737 628 440.00
九江	127.582 4	665 550 600.00	2 505 010 000.00	3 170 560 600.00
汉口	54.414 3	1 577 603 220.00	900 000 000.00	2 477 603 220.00
沙市	11.745	40 000 000.00	77 700 000.00	117 700 000.00
宜昌	21.789 0	111 123 900.00	267 618 410.00	378 742 310.00
重庆	4.172	20 000 000.00	150 000.00	20 150 000.00
长沙	5.450	12 000 000.00	7 300 000.00	19 300 000.00

① 国营招商局:《国营招商局产业总录》,第 233—235、232 页。

续　表

所在地	面积(亩)	地产价值	房产价值	合计价值
湘潭	2.242	20 500 000.00	40 120 000.00	60 620 000.00
宁波	7.565	129 063 120.00	412 600 000.00	541 663 020.00
镇海	13.979 6	3 569 260.00	319 000 000.00	322 569 260.00
杭州	9.761	6 050 000.00		6 050 000.00
海州			300 000.00	300 000.00
温州	4.388	650 000.00	29 787 990.00	30 437 990.00
福州	38.612	38 000 000.00	93 000 000.00	131 000 000.00
汕头	60.372 3	272 641 750.00	564 550 000.00	837 191 570.00
广州	34.332	49 274 000.00	368 740 505.00	418 014 505.00
香港	3.444	4 330 400 000.00	463 200 000.00	4 793 600 000.00
梧州	35.963	54 335 660.00		54 335 660.00
烟台	1.694	463 080.00		463 080.00
通州	8.572	10 286 400.00		10 286 400.00
营口	15.012	50 000 000.00		50 000 000.00
大沽	2 350.530	188 042 400.00		188 042 400.00
塘沽	437.590	381 262 000.00	8 100 000.00	389 362 000.00
天津	81.615	2 285 207 284.00	2 285 542 370.00	4 570 749 654.00
北戴河	101.557	40 622 800.00		40 622 800.00
总计	4 404.684 1	24 222 276 344.00	23 153 440 846.00	47 375 717 190.00

资料来源：国营招商局：《国营招商局产业总录》，第227—228页。

此后，招商局的房地产仍然在增加，到1948年9月时，地产已经从4 404余亩增加到5 145余亩，价值28 184余万元金圆券了[①]。

在船舶和局产都大幅增长的情况下，招商局的航线也在不断扩展。

---

① 招商局1948年的地产和价值数字转引自张后铨:《招商局史》(近代部分)，第528页表8-1-12。

1946年，招商局行驶的航线主要为："北洋线则连云港、青岛、天津、秦皇岛、葫芦岛、营口；南洋线则宁波、温州、福州、厦门、汕头、香港、广州、海口、基隆、高雄；长江线则镇江、南京、芜湖、安庆、九江、汉口、长沙、沙市、宜昌、万县、重庆，各埠均设有分局或办事处。"国外方面，"亦已在海防、盘谷、仰光、马尼剌四地设置代理处，以为拓展国际航线之准备"①。

1946年招商局航线以恢复长江和沿海南北航线为主，1947年的招商局营业方针则一转而为"着重于海外航线之扩展"②，相继恢复并开辟了多条外洋航线。从正月起，招商局即陆续派自由轮开航曼谷、加尔各答及关岛、狄宁岛、曼纳斯岛，并派海厦号开航香港、新加坡定期班，海陇号开航马尼拉、厦门定期班。此外，还奉令派海黔轮前往日本，接运侨胞返国。于6月19日离沪首途，载运日本船员75人、日侨日俘342人、中国驻日军事代表团官员眷属16人及中央信托局桐油1 000余吨。抵佐世保卸日侨日俘后，即赴神户卸货，复驶回佐世保，装运中信局物质2 000吨、台湾及上海归侨共424人，7月12日经基隆返抵上海。后复租赁美轮试航南洋线之马尼拉及中美之夏湾拿、美亚美，南美阿根廷之布宜诺斯艾利斯等地。近海远洋均已开辟新航线。截至1947年5月时，招商局恢复及开辟的航线和配船情况如表7-10所示。

表7-10　1947年5月招商局航线及配船情况表

	航　　　线	配　　船
海外线	中印线——上海经香港、星岛至加尔各答	海天轮
	沪关线——上海至关岛	海地轮
	中暹线——上海经汕头、香港至曼谷	海陇轮
	中菲线——上海经厦门、香港至马尼剌	海黔轮

---

① 《本局编年记事》，《国营招商局七十五周年纪念刊》，第96页。
② 招商局《业务通讯》第43号，1947年1月16日，第1页。转引自张后铨主编：《招商局史》（近代部分），第532页。

续 表

	航　　线	配　　船
南洋线	上海—香港—广州	汉民、培德、仲恺、林森等轮
	上海—厦门—广州	海粤轮
	上海—汕头	海沪、海航两轮
	上海—福州—厦门	海滇轮
	上海—基隆	海厦轮
	上海—宁波	江亚、江静轮
北洋线	上海—天津	其美、执信、蔡锷、黄兴、秋瑾、海甬、锡麟、元培等轮
	上海—青岛	海苏轮
	上海—秦皇岛	海康轮
	上海—营口	海汉、海津两轮
	青岛—天津	海有轮
南北洋线	天津—青岛—上海—香港—广州	延闿、邓铿两轮
	汕头—天津	海穗轮
长江线	上海—汉口	江宁、江安、江建、江泰四轮①

二、战后的民生公司

抗战爆发初期，民生公司突破种种困难，冒着日军飞机的狂轰滥炸，在帮助东部地区大量工厂、机关、人员西撤到西南大后方中立下了

---

① 国营招商局：《国营招商局产业总录》，第 312—313 页。

巨大功劳，这一壮举被誉为中国的"敦刻尔克"大撤退①。抗战期间，招商局等轮船公司仅有的少数保存下来并撤往长江上游地区的轮船，因为吨位和设备等限制，难以在长江上游多数航线的水文地质条件下航行，所以民生公司在整个抗战期间一直在军民运输中承担着最主要的运输工作，在开辟新航线、发展附属事业方面也取得很大成效，成为抗战期间国统区最重要的交通支柱企业，"后方航路运输所仰赖者惟民生"②。当然，在战争激烈的情况下，民生公司也遭受到很大的损失，如1942年卢作孚的一封信中即透露，1941年民生公司仅"航业部分损失达四百万"③。

但就在这样的情况下，民生公司的总经理卢作孚对国民政府和战后民生公司的发展仍然有着极大的期待。1943年，他在《一桩惨淡经营的事业——民生实业公司》一书中写道："相信国家对于战后的航业，必有整个的筹划，必责成几个主要公司分担各主要航线的责任，而由政府妥为分配：何家公司主力用在远洋，何家公司主力用在南洋，何家公司主力用在沿海，何家公司主力用在扬子江，使各竭其全力发展其主要航线，相互间配合而不致相互间冲突，这是国家必定把握的大计，其余都是轮船公司自己的事。"对于民生公司战后的发展，卢作孚的设想是，"民生公司在国家整个航业筹划之下，也当然是主要负责的轮船公司之一。本着它战前的计划和现在的基础，扬子江上游仍应以绝对优势，保持行业上的长期和平，使不再发生残酷的斗争；扬子江中下段，它应是几个主力中的一个主力，使足以与它的上游航线联系；沿海它也许视能力参加，以与扬子江联系；它不得不有几条互相救济的航线，使不致因为一条航线不景气，而受致

---

① 在中国"知网"上搜索，至少可以找到数十篇以"敦刻尔克"为名赞誉民生公司这一举动的论文。
② 黄立人主编：《卢作孚书信集》，四川人民出版社2003年版，第793页。
③ 同上。

命的打击"①。

此前在 1938 年 4 月民生公司自己的刊物《新世界》第十二卷第三期刊载的《未来的民生公司》一文中,民生公司在抗战后的发展前景更被描绘得十分辉煌:"在抗战过后,我们首先开办南洋航线,造较大的船行驶香港、吕宋及南洋群岛各埠,然后开办北洋航线,行驶青岛、烟台、天津等埠,最后,我们要与列强从事海洋航业的竞争,东至太平洋,西至大西洋,都要飘扬着有'民生旗'的海船。"并且,民生公司还满怀信心地认定:"相信我们的政府,那时一定要用全力来扶助民营航业的发展。"②

战后的 1946 年 7 月,卢作孚又致电行政院长宋子文,请求政府"万望提前召集航商,确定航业政策,加强民营公司组织,划分航线,并列计各线目前及最近将来恰合需之轮船及不能容纳之吨量"③。

但是战后的实际情况却使卢作孚和民生公司大为失望,不仅接收敌伪轮船、地产和设备没有民生公司的份④,而且国民政府对民生公司采取的是利用和限制的政策,使民生公司的发展受到诸多限制和阻碍。尽管多次呼吁,可形势并未向卢作孚等人的期望方面发展。这里就举一例论证这一点。战后招商局和民生公司为发展海洋运输,都曾向外国购买和定制过轮船,现在就以这件事情为例,具体比较这两家轮船公司所受到的不同待遇和状况,进而考察国民政府战后对国家资本和民间资本企业的不同态度和措施,进而分析其中的

---

① 卢作孚:《一桩惨淡经营的事业——民生实业公司》,见凌耀伦、熊甫编:《卢作孚集》,华中师范大学出版社 1991 年版,第 420 页。
② 上引均见《未来的民生公司》,《新世界》第 12 卷第 3 期,第 9 页。
③ 《卢作孚致宋子文电(1946 年 7 月 23 日)》,转引自黄立人主编:《卢作孚书信集》,四川人民出版社 2003 年版,第 824 页。
④ 后经卢作孚据理力争,1946 年 7 月,才以弥补民生公司在承担国民政府差运任务中遭受的部分损失为名,从接收而已交给招商局的美军舰艇中,拨出 5 只适航川江的登陆艇交给民生公司。接收这些船的过程中还受到诸多刁难。详情可参见凌耀伦主编:《民生公司史》,人民交通出版社 1990 年版,第 385 页。

深层原因。

战后招商局除接收大量敌伪船只外,还大批购买外国尤其是美国和加拿大的大批船只,用以替换旧船和扩大船运势力。抗战胜利前夕国民政府认为招商局"几无一艘轮船适于沿海航运",因此"预向美、加二国订购旧船,以应急需"①。这些购买的外国船只,构成招商局船舶数量迅速增长的另一个重要来源。

招商局购置外国轮船需花费美金,这些款项采取动用国民政府海外借款和中央银行垫款的方式支付,然后再由招商局统计借款总数后与中央银行订立分期付款合同的方式逐年还款。

深圳蛇口招商局档案馆所藏档案中有一份 1947 年招商局与中央银行订立的借款合同。根据这份合同,可以知道招商局动用国外借款购置美加船只的程序和具体经办情况。该合同称,招商局因购买国外船只,系"呈奉行政院核准,先后在美国进出口银行借款项下动支美金 7 867 907.55 元,购买了奥菲海轮 10 艘,N-3 轮 10 艘",在"加拿大借款项下动支美金 4 295 000 元,购置 Grey-Type 轮 3 艘,B-Type 轮 7 艘,Corvette 轮 3 艘",在"中美让售剩余物资项下垫款美金 5 500 000 元,购买自由轮 10 艘"。"总计甲方(招商局)因购买国外船只,由国外借款项下动支及乙方(中央银行)垫付共美金 21 947 947.55 元。"

招商局购买国外船只花费的总共 2 100 多万元美金的借款,"经奉行政院卅六年二月六日第 3809 号公函令,由甲方向乙方订定借款合同"。依照行政院指示及行政院 1947 年 2 月 17 日公布的《国营事业机关借用外汇办法》第五条的规定,双方订立借款合同。合同主要内容为:"本借款总额美金 21 947 947.55 元正,业经乙方(中央银行)分别动用购买船只"(第一条);"本借款利息订为年息六厘"(第二条);"本借款期限订为壹佰捌拾个月",自民国三十六年起,"每月由甲方(招商局)还

---

① 国营招商局:《国营招商局产业总录》,1947 年 5 月编印,第 312 页。

本付息一次,每期还本付息之总数,逐月相等(即每月偿付本息美金壹拾捌万叁仟贰佰柒拾捌元贰角玖分正),期满本息完全清偿"(第三条);每月付款时,得由甲方依照偿还日乙方挂牌外汇率结付国币"(第四条);"乙方每月收得甲方偿还金额,除将偿还乙方垫款部分予以冲转清结外,其余金额由乙方结付美金暂记存款,俟国外借款应偿本息到期时,随时拨还"(第五条);"本借款之本息由交通部为承还保证人"(第六条)①。

这里需要强调说明的是,招商局购置这些外国船只的款项,虽是以招商局向中央银行借款分期摊还的方式进行,实则"全部作为政府增资,以资充实"②即完全由政府承担。

从1946年开始至1949年为止,招商局没有停止过购买外国船舶。下表是1946年至1949年招商局购买外国船只统计表。

表7-11　1946—1949年招商局购买外国船只统计表

船别		1946年元月	1947年12月	1948年元月	1948年6月	1948年12月	1949年元月
海轮	艘数	72	61	64	78	75	75
	总吨	223 111	187 470.92	198 661.35	248 431.24	238 451.32	238 451.38
江轮	艘数	10	12	12	12	12	12
	总吨	8 657	10 480.70	10 480.70	10 480.70	10 480.70	10 480.70
远洋拖轮	艘数		13	14	16	15	15
	总吨		7 270.63	7 868.08	8 898.44	8 300.99	8 300.99
拖小轮	艘数	4	2	2	7	12	12
	总吨	2 187	470.00	470.00	964.00	1 020.00	1 020.00

---

① "关于动支国外借款购置美加船只",招商局蛇口档案馆藏,保管卷号16,第1—3页。
② 同上,第53—54页。

续　表

船别		1946年元月	1947年12月	1948年元月	1948年6月	1948年12月	1949年元月
铁驳	艘数		25	25	30	30	30
	总吨		31 214.39	31 214.39	32 774.13	32 049.13	32 049.13
油轮	艘数			1	1	1	1
	总吨			601.50	601.50	601.50	601.50
总计	艘数	86	113	118	144	145	145
	总吨	233 955	236 906.64	249 296.02	302 150.01	290 903.84	290 903.70
占船舶总吨的%		78.92	71.14	70.09	73.84	75.91	75.91

资料来源：(1)《交通部统计年报》，1946年。(2)招商局档(汉)：《国营招商局船舶统计表》(1947—1949年)，转引自张后铨主编：《招商局史》(近代部分)，第519页。

从表中的数字可见，招商局始终没有停止过向外国购船，所购船舶主要是海轮。从1946年到1949年，各年购买的海轮除一年在61只以上外，其余均在72只以上，尤其是1948年，更是分三次购买了217只总吨位近70万吨的外国船舶。1948年后这些大量购置轮船的费用如何支付，现有的资料还没有找到说明，但根据1947年的经验判断，其中绝大部分应该还是国民政府"买单"。

这些从国外购买的外国船舶始终占据招商局船舶总数的70%以上。向外国购置的各种船只，逐渐替换淘汰了招商局此前的轮船，构成此期轮船招商局船舶的主体，成为此期招商局船舶实力大增的主要原因。

到1948年6月时，招商局的船舶总吨位相当于抗战前夕(1937年上半年)的4.74倍，相当于抗战胜利前夕(1945年上半年)的17.2倍。江海大轮总吨位相当于抗战前夕的5.76倍，相当于抗战胜利前夕的 13.8 倍①。

与招商局这样由政府"买单"大批购买外国轮船的情况不同,民生公司的情况就大不一样了。前文曾说过,卢作孚曾对抗战胜利后的民生公司发展的前景有过设想,但要实现这些设想,前提是需要有一批设计新颖、性能优良的江海航船。在当时民生公司已经负债累累的情况下,求助政府基本不可能,于是民生公司设想借用外资建造一批新型轮船,此后再以这些船只的营运收入来逐步偿还所借款项。历经千辛万苦,民生公司在寻求美国借款失败后转向加拿大,通过多种方法和途径在 1945 年春获得加拿大政府同意担保,由加拿大帝国银行、多伦多银行、自治领银行三家联合贷给民生公司 1 500 万加元。根据民生公司董事会常务董事会议的记载,其大体情况是,民生公司用获得的这 1 500 万加元在加拿大订造行驶长江上游宜昌至重庆段的客货轮 12 只,总造价 750 万加元以内,行驶长江中下游上海至宜昌段的大型客货轮 6 只,总造价 750 万加元以内。"造船两项总价值不超过加币 15 000 000 元,其中 15% 交付现金,85% 为长期借款,总数在加币 12 750 000 元以内。"这项长期借款的还本付息方式为:"自交船第 3 年起开始还本,分 10 年还清。"借款的利息"最高不得超过四厘半,待正式立约时确定。"这项贷款"由民生公司出具期票,由加拿大政府为民生公司向船厂保证到期付款,使其期票能转售于银行,先由中国政府致文加拿大政府,为民生公司保证到期付款。在造船需要的一年期间,民生公司需要交付 15% 即加币 1 712 500 元"②。

可以说,经过多方努力后民生公司获得的这笔加拿大政府作担保、由三家加拿大银行实行的购船贷款,是一笔长期、低息、大款额的贷款,特别是年息最高不超过四厘半,应该说是十分优惠的。现在手续上只

---

① 张后铨主编:《招商局史》(近代部分),第 523 页。
② 重庆市档案馆藏"民生实业公司董事会第二十届第一次常务董事会议纪录",转引自张守广:《卢作孚年谱长编》,中国社会科学出版社 2014 年版,第 1 018 页。

需国民政府同意为民生公司贷款作担保,这笔贷款就可最后成立。可就在卢作孚怀着兴奋的心情于1945年5月由加拿大经美国转印度飞回重庆后,他没有想到的现实是,"呈请本国政府为利用外资担保,竟比同加拿大政府谈判还困难棘手"①。

呈请国民政府为民生公司作担保,需分别呈文行政院、交通部、战时生产局、外交部、财政部等部门,战时生产局在行政院长宋子文的指示下,在批复民生公司的公文中称:15%现款所需外汇可由政府结汇,85%长期借款亦可由政府担保,但"该项船只应归政府所有,由政府租给该公司使用"。也就是说,民生公司历经千辛万苦获得加拿大政府同意的造船贷款,要国民政府担保可以,但所借款项由民生公司偿还,建造的船只却要归政府所有。

而由交通部奉命拟定的《民生公司向加拿大借款造船由政府担保办法》十二条中,则进一步苛刻地把战时生产局所拟公文中"百分之十五现款所需外汇可由政府结汇",改为"应由该公司自行筹供"。另外还有还款需"按月提存本年应还之本息,缴存政府指定之国家银行"、"该项船舶的营业收入不足偿还该年应还之本息时,应在其他航业收入项下按月提交"、"民生公司在借款未还清之前,对于该项船舶不能设定任何权利或转移"、"该项船舶修理费用,由民生公司负担"、"政府如有运输上之需要,该项船舶应优先供应政府使用"②等项规定。

交通部所拟的这些条文中,不仅把战时生产局批复同意的民生公司可以按官价结汇15%的内容一笔勾销,要民生公司"自行筹供",还要把民生公司的船舶"全部抵押于政府";并且把为民生公司担保的机会转化成控制民生公司新造船舶和其他航业的手段,进而达到吃掉民生公司的目的。国民政府的这些所作所为是卢作孚没有想到的,也使他

---

① 凌耀伦主编:《民生公司史》,人民交通出版社1990年版,第330页。
② 重庆市档案馆藏"民生实业公司董事会第二十届第四次常务董事会议纪录",转引自张守广:《卢作孚年谱长编》,第1030—1031页。

十分忧愤。此时,恰逢为中国化学工业做出巨大贡献的企业家范旭东向美国进出口银行商定贷款1600万美元,准备在战后建设10个化工厂的计划同样遭到国民政府的拖延和阻挠,迟迟不予担保而未能实现,范旭东为此郁郁不乐,而于1945年10月病逝。此事引起社会各界对国民政府的指责,民生公司向加拿大借款受到刁难一事也得到社会关注。特别是这时日本投降后大批政府机构、学校和内迁公私厂矿的人员和家属要返回家园,沦陷区需要接收,对轮船航运力量的需求十分巨大,在社会舆论的压力和客观需要的双重压力下,国民政府不得不为民生公司的借款担保,可由于国民政府机构的文牍主义和官僚作风,这些担保手续一直拖延到1946年夏天才最后办理完毕。但这时由于国际风云变幻,加上美国和加拿大的物价上涨等因素,原贷款只能够造船9只(小船6只、大船3只),使民生公司比原计划凭空损失一半,少造了大小船舶9只,蒙受了巨大损失。

此外,民生公司还在运费、航线、业务等方面受到国民政府的限制刁难,并且长期强迫征用民生公司的船只用于政府各种需用差运[①],而应差的运费还被肆意克扣和拖欠。早在抗战期间,民生公司就已多次向有关部门呼吁:"差费收入,不敷支出甚巨,仅及成本五分之一,甚有差费收入不敷润滑油(支出)者。"[②]1946年国民政府运送大批官兵和军用物质出川到内战前线,民生公司即奉命担负了62%—72%的运输任务。当时一艘船只的差运收入只及客货营运收入的五分之一,造成民生公司全年少收入63亿多元[③]。

---

① 1945年全年民生公司的"应差船只共187艘,3411日(逐月累计)"。1946年"上半年应差船只102艘,2005日,应差日较去年增加约百分之十七"。见长江航运管理局、武汉大学历史系编:《民生轮船公司历史资料汇编》(油印本,非公开出版物)第三编,第7页。
② "民生公司档案",总162卷3册,《民生公司与其它川江轮船公司航行费用比较》,转引自凌耀伦主编:《民生公司史》,第372页。
③ "民生公司档案",总2337卷,《三十五年度业务报告》,转引自凌耀伦主编:《民生公司史》,第372页。

在承担差运中,运费还不能适时和完全到位。此后,随着国民党统治区通货膨胀的加剧而越来越严重,导致民生公司连年亏损,1947年一年因承担政府各种差运,"按当时运价计算约共损失七百五十一亿七千万元"①。

民生公司在造船购船方面背负了沉重的外债,国内营业又受到应差运输和内战带来的种种影响,再加上政府和招商局的各种限制排挤②,到1949年时,"公司在经济上已到了濒临破产的边缘"③。

需要说明的是,国民政府对招商局的扶持和对民生公司的限制排挤,并非个别人或个别事件的简单案例,而是整个国民政府总政策的一环。从总体看,这时国民政府对招商局和民生公司的区别对待,并非偶然,是这时期国民政府扩展国家资本势力、排挤打击民间资本势力的具体体现,招商局和民生公司只不过是其中较有代表性的案例而已。

三、发展壮大国家资本是国民政府的既定经济政策

实际上,国民政府发展国家资本经济、限制和压抑民间资本经济的政策并非始于抗战胜利后,而是从这个政权建立时期就开始了,且随着国民政府的统治基础逐步稳固而得到加强④,到抗战时期的1941年已经和民间资本力量持平,1942年后又大进一步,抗战胜利后更是达到绝对的压倒多数。表7-12就大体反映了这个演变趋势。

---

① 见长江航运管理局、武汉大学历史系编:《民生轮船公司历史资料汇编》(油印本,非公开出版物)第三编,第56页。
② 如国民政府对客货运价的限制,招商局挖民生公司墙角,高薪聘请民生公司高级职员等。招商局总经理徐学禹制造舆论,要"吃掉民生公司"等。参见凌耀伦主编:《民生公司史》,第376、383—385页。
③ 参见凌耀伦主编:《民生公司史》,第396页。
④ 抗战爆发前设立的资源委员会、中国建设银公司等国家资本企业和在金融领域中通过加入官股控制中国银行、交通银行等就是典型案例。

表 7-12　抗战前和战时国家资本与民间资本的比较　　单位：万元

年度	资本数	国家资本	占总额百分比	民间资本	占总额百分比
1935	25 084.4	3 019.8	12	22 064.6	88
1941	160 000.0	80 000.0	50	80 000.0	50
1942	193 900.0	134 925.1	69.58	58 977.4	30.42

说明：(1) 表中的"国家资本"和"民间资本"，在原表中是"官僚资本"和"民族资本"，这里改为国家资本和民间资本。(2) 原表的单位是千元，为方便阅读，这里改为万元，万元后加小数点。

资料来源：1935 年和 1941 年度，见陈明远：《泛论健全公营事业》，《财政评论》第 11 卷第 4 期。漆琪生：《论旧工商之危机与新工商之使命》，《新工商》第 1 卷第 1 期。1942 年度见国民党经济部统计处编：《后方工业概况统计》。转引自陈真编：《中国近代工业史资料》第三辑，三联书店 1961 年版，第 1419 页。

原表下还有一个说明，除说明统计地区仅限于国民党统治区外，还说明该表所指的国家资本仅限于一般刊物所说的"国营""公营""省营"事业，不包括官办的军火工厂，不包括国家资本和民间资本合办的工业，也不包括名义上挂的是民间资本招牌，实际上是国家资本经营的工业。因此，国家资本所占的比重偏低。另外，该表下的说明中还提到，由于抗战后国家资本接收了大量敌伪资产，迅速膨胀起来。"据《经济周报》第 2 卷第 18 期一位作者的估计，抗日战争结束后，官僚资本约占官营和民族资本的资本总额 80% 左右。"

很明显，表 7-12 中的数字证明，国家资本的发展趋势是越来越强。抗战前的 1935 年时，国家资本在整个中国资本总额中的比重还只占有 12%。到抗战中期的 1941 年，就与民间资本持平，达到 50%，再过一年，到了 1942 年，就迅速增加到了近 70%。抗战胜利后，照上表作者的估计，就已经达到了 80%。上面所举的轮船招商局和民生公司战后的不同发展情况和境遇，正好从一个侧面证明了这一点。

由于本身行业的特点，轮船航运业中存在大量中小民间轮船航运企业，所以国家资本轮船势力的发展不如工业企业中的那样明显，但从

表 7-13　1935—1948 年国家资本与民营资本航运企业实力对照表　（指数：1935 年吨位＝100）

年份	全国总计			国家资本			民间资本			国家资本占全国%	
	轮船（只）	轮船吨数		轮船（只）	轮船吨数		船（只）	轮船吨数		轮船	轮船吨数
		吨	指数		吨	指数		吨	指数		
1935	3 895	675 173	100	28	71 117	100	3 867	604 056	100	0.7	11
1946	2 351	669 474	99	533	302 418	425	1 818	367 056	61	23	45
1947	3 615	1 032 305	153	612	450 670	634	3 003	581 635	97	17	44
1948	4 032	1 092 217	162	464	477 086	671	3 568	615 131	102	12	44

资料来源：严中平等编：《中国近代经济史统计资料选辑》，科学出版社 1955 年版，第 233 页。

表 7-13 的数字中同样可以看出国家资本远超民间资本的发展趋势。

从统计表看，1948 年时全国轮船吨位总数与 1935 年时相比，仅仅增加了半倍多一点，而同期国家资本轮船吨位总数则增加了近 6 倍；在全国轮船吨位数的比例中，国家资本轮船企业从 1935 年占 11％增加到几近一半的 44％，其中招商局一家 1948 年一年仅海外购买的轮船总数就达到船舶总吨数的 70％以上（见上表 7-11 数字），从这个角度看，这期间轮船航运业中国家资本企业的实力处于绝对优势地位不言自明，其中轮船招商局以最强的实力占有无可争议的老大地位。也可以说，轮船招商局船舶实力的迅速膨胀，是当时交通运输业中国家资本企业集团实力迅速扩展的一个典型。

在国家资本力量迅速增强的大背景下，金融机构特别是银行业的发展同样呈现出国家资本增强的明显控制趋势，由此一来，资本市场的活跃度大为降低，民间资本企业像抗战前那样通过从资本市场筹资进而获得快速发展机会的现象再也没有出现。

这里需要解决或是需要深入分析的一个问题是,为什么会是这种发展趋势?也就是说,为何国民党政府要大力扩展国家资本,而对民间资本采取限制和压抑的政策?

笔者认为,要回答为何会出现这种"国进民退"的现象,首先需要明确,这种现象的出现并非偶然,也非某一种因素能够导致,而是由多种因素及当时国内外形势发展共同达致的结果。

第一,中国民主革命先行者孙中山思想的影响不能忽略。

在孙中山的经历和思想理论的形成过程中,对先进资本主义国家经济发展利弊的近距离观察和引发的思考,直接体现在他的民生主义主张中。重在防止资本主义的种种弊端,是孙中山民生主义的突出特点之一。在西方生活的经历,使他看到垄断资本压迫下西方国家的社会矛盾和阶级斗争的激化,为防止中国将来也发生和西方国家一样的社会矛盾和社会冲突,他产生了"与其医于已发,不如防于未然"①的想法,因此,在他对国家建设的计划中,他认为必须"节制私人资本,发达国家资本"。他认为必须将铁路、电力、矿山等实业及有独占性质的企业交由国家经营,以使国家资本发达。如此,一方面可以国家之力迅速发展生产力,富民强国;另一方面又可用生产资料国有制的方法"防资本家垄断之流弊"②。对于适于个人经营的企业,他认为可以听任个人经营,并由国家进行奖励和保护,但应采用累进税率征收所得税、遗产税,同时辅以社会救济、工厂立法之类的改良主义措施,以节制私人资本。

由于孙中山革命家的地位及其影响力,也由于南京政府自认是孙中山的信徒,应继承他的理论,他的这些看法不仅被当时的许多学者和社会人士接受,也直接影响到不少经济工作者并被他们认同。如

---

① 《民生主义和社会革命》,《孙中山选集》上卷,人民出版社1956年版,第85页。
② 同上书,第88页。

20世纪30年代最大的国家资本企业集团资源委员会的负责人翁文灏就认为,中国工业化"首宜重视者,厥为国营事业"。他认为中国欲使工业化成功,必须有计划的进行及以重工业为核心。而中国重工业的振兴,不宜依赖也不可能指望弱小的而且以追求利润为目的的私人资本,而须由政府以国营方式奠定基础,特别是具有独占性、垄断性,关系国家根本经济命脉的事业如电力、交通、通讯、能源等领域,必须交由国家经营,以防止"私人垄断市场,致酿资本主义流弊"[①]。

第二,20世纪30年代时这种看法又因国内外政治经济形势的演变而得到强化。

1929年爆发的世界经济大危机导致美国罗斯福新政出现,国家政权在经济活动中加强控制的作用凸显。此外,不管是社会主义性质的国家苏联,还是法西斯主义性质的国家德国,由国家统制经济产生的作用和经济的迅速增长状况无疑对其他国家形成"示范"。还有,1931年日本占领我国东三省后对关内进一步染指的现实威胁,也直接对国家资本企业的增长起到了一定的"促进"作用。例如,为应对日本可能进入关内全面侵略中国,在经济领域中所做的准备中,30年代由国防设计委员会开始、后改为经济界实体的资源委员会就是一个典型的例证。这家企业逐步发展为拥有几十个单位、上百家企业的近代中国最大的国家资本企业集团,也是近代中国最大的重化工业和能源交通企业集团,在抗战时期也没有停止扩展的步伐。一般而言,战争的威胁会对国家管制经济提出更多的要求,国家也会因为战争的威胁而在经济上进行更多的集中。

也因此,抗战时期国家资本的这种强势表现并非偶然,而是有着一

---

① 转引自李学通:《幻灭的梦——翁文灏与中国早期工业化》,天津古籍出版社2005年版,第182—183页。

定的必然性。首先,近代中国屡次面临强大的外敌入侵,亡国危机多次笼罩中华民族,国内战乱也连绵不绝。在面临外来强敌入侵和国内危机时,原有的国防力量和社会经济结构无法应对,依靠国家力量进行动员、组织和应付就必然成为首选。用一句制度经济学派的说法就是:"国家干预可以补救持续的制度供给不足。"①历史已经多次证明,在面临危机时,国家权力是改革和动员社会资源、化解危机最迅捷有效的手段和力量。在近代中国这个特定的历史时期和背景条件下,国家权力,也只有国家权力,能够最直接、最快速、最有效地改变资源配置和生产方式;有力地挖掘动员和组织社会各阶层、各系统的潜力,排除历史和现实中的障碍,去进行改革和实现既定的目标。这一点,是抗战爆发后大量适应战争所需的企业纷纷设立和发展,而这些企业绝大多数都是国家资本企业性质的原因所在。

第三,中国近代历史上国家资本的强势表现还与中国的历史传统有关。

中国几千年中央集权的社会传统中,形成并保持强大的中央政府是一个突出的特点。这种特点不仅表现在政治领域,在经济和社会领域中同样如此。政府直接经营手工业和商业②,对盐、铁等重要物资实行专卖和官手工业对制造业控制的历史传统,都使得政府成为社会经济中最强大的控制力量。

当然,最后一点,即国家资本企业的性质决定了企业对政府指令需要没有保留的执行,这也是政府乐于扩展国家资本的原因。例如1948

---

① 林毅夫:《关于制度变迁的经济学理论:诱致性变迁与强制性变迁》,载 R.科斯、A.阿尔钦、D.诺斯等:《财产权利与制度变迁——产权学派与新制度学派译文集》,上海三联书店、上海人民出版社1994年版,第394页。

② 中国中央集权封建国家的经济职能主要表现在三个方面:第一,从事水利、交通、国防等公共工程的建设和管理;第二,通过赋税和各种经济政策干预社会的再生产;第三,直接经营手工业和商业。参见吴太昌:《略论中国封建社会经济结构对资本主义发展的影响》,《中国经济史研究》1990年第1期。

年轮船招商局改组成股份制企业时,总经理徐学禹在就职演说上便公开表示:"招商局的股份,现在已经有一部分是属于民有的,但是大部分的股份还是国有的。因此我们今后在彻底商业化的原则之下,还得尽力执行政府给予我们的任务。"①改组成股份制后还如此说,没有改组前的完全国家资本性质企业对来自政府的指令如何操作就更加不用说了。

历史上政府控制经济的传统与近代中国政府消解内外危机的主观目标相结合,是中国工业化出现和发展中具有的明显特点,是国家资本近代大机器工业企业首先突破传统封建经济框架得以兴起的原因。此后历届政府只要稍有能力,都力图保持国家资本的强势地位,并在抗日战争爆发后的社会经济形势下进一步得以占据统治地位的重要原因和内在决定性因素。

抗战胜利后对敌伪资产的接收,更是促使近代中国国家资本企业的地位获得了空前的提高,数量获得了爆发式增长。虽然这种状况受到民间资本反对并激发了社会上"国家资本是否与民争利"的争论,以及出现了"国有企业改制"、向民间出售股份"减持"②等不成功的改革,但国家资本企业占据经济领域中统治地位的状况已经形成,这种状况的出现,是中国历史传统和国内外政治经济形势在这段时期发展的符合逻辑的演变结果。

这就是抗战胜利后国家资本的轮船招商局实力得到极大发展和种种优惠,民间资本的民生公司在抗战时期立下种种功劳,但在战后的发展经历和境遇却无法与招商局相比的根本原因。

---

① 《徐总经理就职演说》,载轮船招商局股份有限公司秘书室编纂组主编:《业务通讯》第17号,1949年3月1日。原件藏蛇口招商局档案馆,全宗号B014,卷号005,第173页。

② 参见拙文《试论南京国民政府时期国家资本股份制企业形成的途径》,《近代史研究》2005年第5期。

第八章
从江南制造局财务角度看晚清军工企业的经营

近代中国机器大工业企业的开办,以晚清洋务运动时期兴办的军工企业为开端。在考察和分析近代中国资本市场时,有必要从比较的角度观察近代中国机器大工业企业兴办和经营初期的状况,特别是与民间资本很不一样的军工企业的状况,尤其是其财务运营中资本由何而来、企业如何运转、是否与民间资金发生关系、产品是否通过市场销售等状况的具体情况,这样可以从另一个角度比较近代民间资本性质企业的运营和发展,以及资本市场对民间企业所具有的重要作用和地位。

江南机器制造局(以下简称江南制造局)是晚清洋务运动时期清政府创办的军用企业中最具代表性的一家。1865年江南制造局设立时,是以购买位于上海虹口区的美国旗记铁厂(Thomas Hunt & Co.)为基础,并将丁日昌、韩殿甲主持的两个炸弹局纳入其中合并而成。1867年制造局迁上海城南高昌庙时,厂址占地400余亩。初建有机器厂、洋枪厂、气炉厂、木工厂、铸钢铁厂、熟铁厂、库房、煤栈、中外工匠居室,以及管理所的公务厅、文案处、报销处、支应处、议价处等。此后规模逐步扩大,继建有轮船厂,船坞全长560英尺,船坞水深30英尺。1868年设翻译馆,1869年设气锤厂,另建枪厂,移城内广方言馆于局内,1874年设操炮学堂,又在龙华镇购地设黑药厂(次年改名锅炉厂)。1875年设枪子厂于龙华镇,次年建火药库于松江域内。1878年改气锤厂为炮厂,次年建炮弹厂。1881年改操炮学堂为炮队营,又设水雷厂。1890年设炼

第八章　从江南制造局财务角度看晚清军工企业的经营　　465

钢厂，置英国式15吨西门士马丁炼钢炉1座，3吨炼钢炉1座。1892—1893年设栗色无烟火药厂两厂。到1899年，该厂已有工匠2 000多人；厂所分设30余处，厂屋1 500余间，汽机锅炉30余座，大小机器885部，船坞1座①。

无疑，江南制造局是晚清洋务运动时期中国规模最大、设备最齐全的军用工厂。不唯如此，它在规划和建制方面还是晚清后续兴建军用企业的样板，"金陵、天津、福州、广州、汉阳诸厂次第兴建，实师上海之成规"②。很明显，江南制造局是晚清洋务运动时期军用企业的一个典型，也是了解晚清军用企业最重要的一个案例。遗憾的是，长期以来，对江南制造局的研究虽已获诸多成果③，研究内容涉及多个方面和多个层次，可对其财务状况、资金来源、支出以及对企业发展的影响等方面，并无专文进行讨论，也无深入研究，这种状况必然对全面了解晚清洋务军用企业的经营、深入了解该类企业的性质并对其发展的环境和约束条件等方面带来不利的影响。鉴于此，笔者利用江南制造局留存下来的有关资料，在前人对江南制造局研究的基础上，从财务角度分析1894年前江南制造局的发展和具有的特点，期望对此方面的研究能有所推进。

第一节　江南制造局的经费收入

江南制造局能够逐步形成如上所述的规模，成为晚清洋务运动时期规模最大、设备最为齐全的军用企业，没有大量资金的投入是不可能的。江南制造局的资金绝大多数来自晚清政府的各种拨款，很少部分

---

① 江南制造局编：《江南制造局记》，转引自中国史学会主编：《洋务运动》（四），上海人民出版社、上海书店出版社2000年版，第73页。王尔敏：《清季兵工业的兴起》，台湾"中研院"近代史研究所1978年版，第78—81页。
② 盛宣怀：《愚斋存稿》卷七，第25页。
③ 仅以中国知网搜索，就有1 200余篇与江南机器制造局直接或间接有关的论文，涉及各种方面，但却没有从财务状况方面对江南机器制造局进行分析的论文出现。

是其他收入。表 8-1 是江南制造局从创立到 1894 年各年的资金来源和数量情况。

表 8-1 江南制造局历年岁入表
（1867—1894 年） 单位：规平银两

年份	江海关筹拨二成洋税并筹拨专款	各处解存修造轮船军火及洋匠扣存工食各洋行交还定银等项	各省解还奏调军火费	折变轮船废机器及厂内机器用废铜铁件等	共计*
1867—1873	2 884 498.0	42 959.9			2 927 457.9
1874	491 682.1	45 472.0			537 154.1
1875	520 594.8	28 817.2			549 412.0
1876	472 594.6	58 848.9			531 443.5
1877	333 974.8	19 160.3			353 135.1
1878	434 779.1	9 847.0			444 626.1
1879	468 742.4	18 405.3			487 147.7
1880	560 995.3	27 773.8		5 287.7	594 056.8
1881	657 226.0	87 428.8		1 517.1	746 171.9
1882	529 037.7	85 594.3		1 693.2	616 325.2
1883	438 148.0	135 567.6			573 615.6
1884	505 205.8	361 386.8	40 660.0		907 252.6
1885	527 132.3	77 867.2			604 999.5
1886	525 468.5	20 135.4	7 786.7		553 390.6**
1887	530 669.2	27 410.9	52 124.0		610 204.1
1888	556 932.5	11 623.7			568 556.2
1889	502 347.3	128 795.5			631 142.8
1890	793 399.1	96 096.9	6 368.8		895 864.8

续 表

年份	江海关筹拨二成洋税并筹拨专款	各处解存修造轮船军火及洋匠扣存工食各洋行交还定银等项	各省解还奏调军火费	折变轮船废机器及厂内机器用废铜铁件等	共计
1891	679 905.3	96 594.9	10 077.8		786 578.0
1892	647 834.2	19 108.4	6 368.8		673 311.4
1893	564 127.7	58 638.3	6 368.8		629 134.8
1894	622 306.8	126 851.3	68 735.4		817 893.5

资料来源：魏允恭编：《江南制造局记》卷四，光绪三十一年九月编印，第2—4页"会计表·岁入"。转引自沈云龙主编：《近代中国史料丛刊》第四十一辑，文海出版社影印版。
原编者注：* 共计栏数字系各栏数字相加数，部分数字因尾数四舍五入关系，与原数有0.1之出入。** 原数为553 320.595 7两。

表8-1中出现的数字从1867年开始，在此之前的两年是江南制造局的开办时期，这时期该局使用的经费状况和来源如下。

表8-2 开办经费（包括第一年的房租、工资、物料支出等） 单位：规平银两

用　　途	来　　源	数　　量
容闳受曾国藩所派前往购买美国机器	一半在上海道处领取，一半在广东藩司处领取	68 000
李鸿章在上海购买美商铁厂	唐国华等报效军需赎罪款40 000两，海关道丁日昌筹借20 000两	60 000
第一年房租、薪水、工资		约计55 000
第一年添购物料		约计120 000
高昌庙、龙华、陈家港购地建厂		约计240 000
合计		543 000

说明：1865年5月至1867年5月，"常年经费"由李鸿章"随时于军需项下通融筹拨"。
资料来源："本书所引各资料"，转引自孙毓棠编：《中国近代工业史资料》第一辑（上册），第309—310页。

根据上述统计表和有关资料，我们可以看到江南制造局的经费来源具有如下特点：

首先，开办费、购买有关机器设备、支付员工工资以及购置厂房土地的经费，不管具体来源如何，都有一个共同点，那就是都来源于官方，没有来源于民间的资金，也没有向中国金融机构如钱庄、票号等金融机构的融资记录。

其次，江南机器局最主要的资金来源是"常年经费"，该资金来源在此期间内有如下变化：1865年5月至1867年5月，是由李鸿章"随时于军需项下通融筹拨"[1]。此后经两江总督曾国藩奏准，从同治六年（1867年）五月份起，将原来留作拨付第二次鸦片战争赔款之用，业经付清赔款改解部库存储的四成海关关税，在江海关"酌留二成，以一成为专造轮船之用，以一成酌济淮军及添兵等事"[2]。同治八年（1869年）二月初十日，两江总督马新贻上《江海关洋税酌留二成统归机器局用片》奏折，称前经督臣曾国藩奏准，将江海关洋税解部之四成酌留二成，声明以一成酌济军饷，以一成专为造船之用。同治七年（1868年）八月造成第一号轮船，即接造第二、三号，"应用铜铁木等各项巨料及杂项用物，均需向外国先为订购，每次一批或数批，即需价银数千至数万两不等"，"铁厂规模不得不参用外洋办法，以故局用经费浩繁，迥非内地工程可比"，故此请求将"所留洋税二成全数拨充造船之用"[3]。同治八年（1869年）十月，再经两江总督马新贻和江苏巡抚丁日昌奏准，将酌济军饷的一成经费接续拨作江南制造局的经费，"而后局用有常款，踵事无止境"。后来江南制造局造第一次经费报

---

[1] 李鸿章：《置办外国铁厂机器折（同治四年八月初一日）》，《李鸿章全集》奏稿第9卷，第34页。

[2] 曾国藩：《奏拨二成洋税银片》，《曾文正公全集》奏稿卷25，第76页。转引自孙毓棠编：《中国近代工业史资料》第一辑（上册），第313页。

[3] 转引自孙毓棠：《中国近代工业史资料》第一辑（上册），第313—317页。

销单时,向李鸿章的汇报中也说,"计自同治六年五月动支洋税,截至十二年十二月底止,共收江海关二成银二百八十八万四千四百九十七两九钱八分九厘四毫"①。

如此,江南制造局自同治六年(1867年)五月起,实际上每年就都有江海关二成洋税,绝大多数年份都在40万两以上的收入,构成江南制造局最大也最稳定的资金来源。

其三,江南制造局的收入来源中,从表1中可见还包括"各处解存修造轮船军火及洋匠扣存工食各洋行交还定银等项""各省解还奏调军火费"和"折变轮船废机器及厂内机器用废铜铁件等"三项。这三项中,只有第一项即"各处解存修造轮船军火及洋匠扣存工食各洋行交还定银等项"是各年均有,但各年数字不同,1884年数字较大,达到36万余两,可仅有一年,另有三年达到12万至13万两,其余年份均不满10万两,最少的年份只有数千两。第二项即"各省解还奏调军火费"在1884年前完全是空白,此后也不是每年都有,而是断断续续,且收入数字差别很大,最多的1894年有接近7万两,最少的几个年份均不满1万两。第三项即"折变轮船废机器及厂内机器用废铜铁件等"因为是拆卖废旧机器等的收入,更是只有三年有此收入,且都为数不多,起不了多少作用。

第二节 江南制造局的经费支出

下面我们再来观察一下晚清时期江南制造局的经费支出情况。

表8-3是江南制造局从创立到1894年前的各年经费支出情况。

① 《光绪元年十月十九日直隶总督李鸿章等奏》,转引自《洋务运动》(四),第28—29页。

表 8-3　江南制造局历年岁出表
（1867—1894 年）　　　　　　　　单位：规平银两

年份	薪工膏火口粮及购地造屋等一切公费	华洋工匠工食	购置机器	定购物料及预付各洋行定银	购买军火	译书及办舆图经费	共计*
1867—1873	431 360.7	741 567.0	110 576.4	1 533 048.6	86 899.4	16 460.1	2 919 912.2
1874	50 918.3	129 942.5	46 615.3	303 877.5	29 642.1	6 800.1	567 795.8
1875	37 730.3	155 003.9	27 108.8	289 384.8	14 057.4	4 755.2	528 040.4
1876	47 788.8	150 965.1	53 834.8	279 370.6	14 287.9	3 379.7	549 626.9
1877	39 568.0	125 555.9	26 122.8	190 574.9	27 292.4	2 458.2	411 572.2
1878	84 649.2	106 971.9	5 846.0	66 879.8	80 817.3	3 763.4	348 927.6
1879	73 078.5	124 458.5	3 912.3	193 014.7	345.3	2 731.0	397 540.3
1880	63 696.1	133 034.2	60 831.8	312 161.2	16 402.6	2 245.9	588 371.8
1881	105 469.0	166 798.1	24 227.5	534 579.1	19 894.9	2 112.9	853 081.5
1882	132 389.4	153 127.8	71 304.4	65 564.8	189 658.1	1 725.6	613 770.1
1883	84 777.2	163 469.3	29 430.2	241 635.1	23 856.5	3 686.3	546 854.6
1884	76 155.3	243 983.5	32 794.0	494 848.4	133 837.1	1 578.6	983 196.9**
1885	68 723.9	187 702.7	9 623.3	238 089.2		1 036.2	505 175.3***
1886	73 547.2	160 622.0	16 243.7	240 001.1	771.2	502.2	491 687.4
1887	82 133.9	179 247.4	18 939.2	379 512.7	557.1	1 152.3	661 542.6
1888	72 717.8	153 663.0	25 463.3	233 319.8	1 657.2	697.4	487 518.5
1889	73 499.3	157 517.4	23 992.1	411 636.8	21 472.5	573.2	688 691.3
1890	86 740.1	177 728.3	29 034.6	441 962.1	18 674.6	1 579.4	755 719.1
1891	84 678.3	161 201.9	55 037.4	333 304.3	9 680.2	619.2	644 521.3
1892	94 154.0	205 248.5	27 936.0	426 109.6	8 750.7	956.3	763 155.1

续 表

年份	薪工膏火口粮及购地造屋等一切公费	华洋工匠工食	购置机器	定购物料及预付各洋行定银	购买军火	译书及办舆图经费	共计
1893	91 637.0	199 906.8	133 337.4	417 072.9	184.7	1 013.5	843 152.3
1894	93 021.6	231 902.3	222 933.1	308 782.4	22 005.7	1 291.8	879 936.9

资料来源：魏允恭编：《江南制造局记》卷四，光绪三十一年九月编印，第6—8页"会计表·岁出"。转引自沈云龙主编：《近代中国史料丛刊》第四十一辑，文海出版社影印版。

笔者注：* 共计为各栏相加数，保留小数点后一位数字，因尾数四舍五入关系，与原数有0.1之出入。** 原数为983 191.922 6两。*** 原数为515 175.305 9两。

从表8-3看，江南制造局支出类目中，薪工膏火口粮及购地造屋等一切公费、华洋工匠工食、购置机器、定购物料及预付各洋行定银及购买军火是支出的最大宗。这正如光绪二十六年制造局总办林志道禀遵照部章扣存平余一文中肯定的："惟制造用款，以购外洋物料及洋匠工食为大宗，向不扣平。至于员司、弁勇薪粮及内地工匠、丁夫工食，每年约支银三四十万两。"①

表8-4反映的是支出总数中江南制造局购机、购料的具体数字，以及购机购料在各年支出总计中所占的百分比情况。

表8-4 江南制造局各年购机购料及所占百分比一览表（1867—1894年）

单位：规平银两

年份	支出总计	购机	占总计数的%	指数	定购原料材料及定洋	占总计数的%	指数
1867—1873	417 130	15 797	3.7	48.0	219 007	52.5	44.3
1874	567 796	46 615	8.2	142.5	303 877	59.7	61.3

① 《二十六年制造局总办林志道禀遵照部章扣存平余》，《洋务运动》（四），第156页。

续 表

年份	支出总计	购机	占总计数的%	指数	定购原料材料及定洋	占总计数的%	指数
1875	528 040	27 108	5.1	82.8	289 384	54.7	58.5
1876	549 626	53 834	9.7	164.5	279 370	50.8	56.4
1877	411 572	26 122	6.3	79.8	190 574	46.2	38.4
1878	348 927	5 846	1.6	17.7	66 879	18.9	13.3
1879	397 540	3 912	0.9	11.9	193 014	48.6	39.0
1880	588 371	60 831	10	185.9	312 161	53.0	63.1
1881	853 081	24 227	2.8	74.0	534 579	62.8	108.0
1882	613 770	71 304	11.6	218.0	65 564	10.6	13.1
1883	546 854	29 430	5.3	89.9	241 635	44.1	48.7
1884	983 196	32 794	3.3	100	494 848	50.2	100
1885	505 175	9 623	1.9	29.3	238 089	47.1	48.1
1886	491 687	16 243	3.3	49.5	240 001	48.8	48.5
1887	661 542	18 939	2.8	57.7	379 512	57.3	76.7
1888	487 518	25 463	5.2	77.6	233 319	47.8	47.1
1889	688 691	23 992	3.4	73.0	411 636	59.7	83.1
1890	755 719	29 034	3.8	88.6	441 962	58.4	89.2
1891	644 521	55 037	8.5	168.1	333 304	51.7	67.4
1892	763 155	27 936	3.6	85.3	426 109	55.8	86.2
1893	843 152	133 337	15	40.6	417 072	49.8	84.4
1894	879 936	222 933	25	67.8	308 782	35.0	26.3

资料来源：魏允恭编：《江南制造局记》卷四，光绪三十一年九月编印，第6—8页"会计表·岁出"。转引自沈云龙主编：《近代中国史料丛刊》第四十一辑，文海出版社影印版。

说明：(1) "1867—1873"年的"支出总计""购机""定购原料材料及定洋"栏的数字，均是1867年至1873年7年的平均数，整数后面的小数按照四舍五入的方式处理。(2) "购机"及"定购原料材料及定洋"栏后的百分比数字是相对于"支出总计"的百分数，为笔者计算。(3) "指数"栏是以1884年为"100"，其余指数数字均是相对该年的百分比数字，为笔者计算所得。

从表 8-4 的数字看,"购机"栏的各年数字并无规律,大多年份在几千至一二万两左右徘徊,除 1893 年和 1894 年两年因清政府增置炼钢、制造快枪等设备,支出数字一下子达到十几万到二十几万两,出现明显的增长,其余各年在支出总计中所占的百分比数字都不算大。"定购原料材料及定洋"栏的数字同样没有什么规律,不过除了 1878 年和 1882 年支出数字只占总支出的百分之十至十几外,其余绝大多数年份的支出数字都在 20 万两上下,最多的年份如 1884 年近 50 万两,1889 年、1890 年、1892 年、1893 年各年的支出数字也在 40 万两以上,在支出总计中的百分比也大多年份在 50％ 上下。"定购原料材料及定洋"栏的数字是"购机"栏数字的几倍至十几倍的情况说明,这时期江南制造局的原料与材料主要还依赖于外洋,特别是钢材、铜料、造枪所需之钢管等必须购自外洋,且每年均需消耗而不得不受制于外洋的状况。

"购机"和"定购原料材料及定洋"栏的数字再一次证明了江南制造局依赖官方拨款,官方拨款数来源于江海关二成洋税,而每年二成洋税的数字又起落不定。在这种情况下,江南制造局如需增置设备,扩大生产品种和扩建新厂,所需资金必须再向清政府单独申报,获得批准才能够实行。光绪二十一年清政府户部议复两江督臣张之洞请求批准开办炼钢厂及无烟栗色火药经费的奏折,就证明了这一点:

> 据署两江督臣张之洞原奏内称:江南机器制造局业经将炼钢、制药及造快枪、快炮各机器数十座向洋商订购,约需银二十五万余两,又添购地基,增建炼钢厂、造栗色药厂、无烟药厂,并建厂屋及添购造枪炮钢料与造药物约需银十五万两,合而计之,约共需银四十余万两。此项用款,系在常年工作之外。该局已与洋商定购垫款,一经到限,即需全数付清,自应由部指拨专款,俾资清给。至该局常年所领二成洋税,仅数十万两,只能制造各项子药分给南北两洋操练备用。若加造新式枪炮济接军前,则机器既增,工料日倍,

尤须加拨的款。恳恩饬部筹拨银四十万两,以济急用。并请在于江海关六成洋税项下,或洋药税厘款内,每年添拨银二十万两,以为扩充后加拨当年工作之需。

户部接到张之洞的奏折后,认为"江南机器制造局常年经费向由江海关洋税二成项下按结陆续拨给,每年虽无定数,约计不下五六十万两,是以入抵出,尚无不敷。自上年海防戒严,添购机器,仿照快枪、快炮各项子弹火药,并添建厂屋,遂于常年经费之外另用银四十万两。现据该署督奏明已与洋商订购垫款在先,一经到限即需付清,自应由臣部照数筹拨,俾清垫款"①。

除购机、购料外,江南制造局第二大宗的支出项目在于人员、工食、薪俸,如果说购机、购料中难以发现问题,那么人员、工食、薪俸类目中存在的问题就相当明显了。

光绪二十一年(1895年),张之洞署任南洋大臣时,曾派一位徐姓委员密查江南制造局情形,据徐姓委员报告,江南"制造局积弊,在换一总办,即添用心腹委员司事三四十名,陈陈相因,有增无减,故司员两项,几至二百,实属冗滥。工匠除艺精匠首外,余则久役年老不能工作者,饩廪转优。操炮学生,原设只百名,今改为炮营弁勇,多至六百。现计合局薪工两项,月款几至三万,每年三十六万,已耗常年经费十分之六,赡此四成,购料买机,何能敷用。今欲整顿,必先裁汰员司,挑留工匠,撤炮营而补学生旧额,清查积料,以免任意走漏,此大较也"②。光绪三十年,江南制造局总办魏允恭到任后禀请整顿该局时,也指出:"查局中委员数十人,司事一百数十人,除分派各厂所办事外,又有津贴员司数人,差遣委员十余人,此项津贴差遣之员,大率因情面而来,但取薪俸,

---

① 《二十一年户部议复筹拨开办炼钢厂及无烟栗色药经费》,《洋务运动》(四),第150—151页。
② 《清德宗实录》卷192。转引自王尔敏:《清季兵工业的兴起》,第84—85页。

并无执役,每月薪水多者数十金,少亦十余两,以岁计之,为数甚巨。"
"其各厂所委员,司事办事得力者固不乏人,滥竽充数者亦必不少。"[①]江南制造局和下属工厂中均不乏这种人,除办事拖拉、效率低下外,仅多出来的人员薪金数量便是一笔不小的支出。

第三节　从江南制造局的财务角度看其经营管理

上面我们大体梳理了江南制造局从创办到 1894 年间的收入和支出情况。前已提到,江南制造局每年可获得江海关调拨来的二成洋税,大体每年有 40 万两以上的收入,可以说是当时晚清军事企业中经费来源最多也最为稳定的企业,这些经费收入奠定了江南制造局逐步扩大和发展起来的基础,是江南制造局能够发展壮大的根本动力和支持所在。

但从财务的角度深入分析,也必须看到,这种经费全靠官方拨款的体制同时带有根本性的缺陷,最大的问题在于,江海关二成洋税并不固定,直接导致江南制造局每年所获的经费并不稳定,时多时少。这种状况从长期来说必然使得江南制造局无法制定发展的长时期预算,对江南制造局的规划和通盘发展带来限制,只能"就米下锅",根据所获款项多少做多少事。从短期来说,也会对江南制造局的购料制造等事项直接形成制约。1878 年两江总督沈葆桢的奏折就清楚地反映了这一点:"至江南机器局只有奏留二成洋税一款,前次关税赢则二成亦从而赢,近日关税绌则二成亦从而绌,供应制造,不敷本巨,采办物价,积欠尚多……"在当时的环境和条件下,这种拨款体制并不保险,也可能在某项突发事件出现时就可能改变或取消。沈葆桢的同一封奏折亦反映了

---

① 《五月总办魏允恭禀整顿沪局兼筹萍局情形》,《洋务运动》(四),第 111 页。

这一点:"窃臣承准军机大臣字寄,光绪四年三月初三日奉上谕:'前据黄体芳奏请将海防经费制造机器各项酌充京饷;昨复据吴观礼奏请将海防经费移作赈款;兹又据李宏谟奏,晋豫待赈孔亟,请饬将轮船机器各局用款暂提十分之五办赈。着李鸿章、沈葆桢、吴元炳通筹速奏……'"①此事后虽在李鸿章、沈葆桢等大臣的反对下未能实行,但却彰显了这种拨款体制的脆弱和江南制造局地位不稳的一面。也因此,需要稳定和大额预估资金支持的长期发展计划,在江南制造局这里难以开展和实行。

光绪三十年(1904年)朱彭寿奉令查勘江南制造局,他在复奏折中对江南制造局发展四十余年来的状况有如下描述:"综计该局开办垂四十年,缔造扩充,规模甚大。惜该厂所有机器新旧掺杂,大都不甚齐全,其中因年久而损坏者有之,因省费而缺少者有之。即如枪厂各机,本系昔年所造来福枪之件,嗣改造林明敦枪,又改造快利枪,现又改造小口径毛瑟枪,均就原机陆续凑配,从权改用。其大小有不合者,则兼以人工锉磨。所用工匠又皆未经教练,不过仿照洋式以意为之,以致所出之械一经逐件拆卸,宽窄互有厚薄参差,彼此不能调换。"②造成江南制造局经过四十余年发展还是如此局面的原因,当然不会是一种,但经费数量不定以及来源不稳,必然是造成这种缺乏长期计划和得过且过局面的主要原因之一。

江南制造局是官办企业,经费由政府拨付,又因是军工性质,产品并不通过市场,制造和品种亦要听命于政府,朱彭寿奏折中提到所造枪支品种的改变就是如此。

江南制造局的产品主要分为造船和军火生产两大类。在1868年至1876年间,江南制造局先后造成200—1 800匹马力的木壳和铁甲兵

---

① 《光绪四年三月十四日,两江总督沈葆桢"筹议海防经费并机器局未便停工折"》,转引自孙毓棠:《中国近代工业史资料》第一辑上册,第317—318页。
② 朱彭寿:《查勘江南制造局复奏折》,《洋务运动》(四),第177—178页。

轮7艘,分别载重600—2 800吨。1885年在又造出一艘马力1 900匹的钢板兵船后①,江南制造局的造船业务宣告停顿,在1894年前再未能制造轮船。从1867年到1894年,在造船之外,江南制造局的其他主要产品有:各种炮五百八十五尊(其中劈山炮三百十一尊),各种枪支五万一千二百八十五支,各种火药四百零八万一千四百六十九磅,各种水雷五百六十三具,各种炮弹一百二十万零一千九百颗(其中格林炮子七十七万二千颗),各种铜引四十一万一千零二十三枝。这些产品通过清政府的调拨,被分发到各地清军的手中,包括禁卫军、奉天和伊犁的清兵、南北洋大臣辖区的清兵、各地炮台、其他各省总督巡抚所辖清兵等②。

这种经费全由官方包揽、产品全由官方调拨、生产品种也由清政府指定的体制,1885年后出现改变,"十一年后,停造轮船,专修理南北洋各省兵轮船只"③。也就是说,从1885年起,在制造枪炮火药等军火之外,原来的造船业务停顿,改为"专修理南北洋各省兵轮船只"。这种代修理南北洋各省兵轮船只和代各省加工枪炮的业务,具体流程、有关经费往来及具体操作情况,在光绪三十年(1904年)制造局总办魏允恭《总办魏允恭禀复查明制造各款》一文中有较为清楚的叙述和说明。这份禀复是江南制造局总办魏允恭回复清政府所派大臣铁良下来巡察江南制造局各厂,考察各种枪炮子弹,并针对"职局自同治四年开办起至光绪三十年夏季止历年收支正杂各项银两数目,又制成机器军械等项共值工价银两内收回代外省制造军械等项工价银两及售出钢板价银约获余利各数目,又现在实存各种器械物料值银数目……"等"以凭考复"的禀文。文中同时有回答湖广督宪张之洞"原奏有裁汰冗员杂费,岁可节

---

① 江南制造局编:《江南制造局记》卷3,第55页。转引自孙毓棠:《中国近代工业史资料》第一辑上册,第286页"江南制造局制造轮船表"。除这些轮船外,还造有小型船只7艘,见原表下"编者注"。
② 魏允恭:《江南制造局记》卷3,第2—37页。转引自张国辉:《洋务运动与中国近代企业》,第34页。
③ 《甲,制造表》,《洋务运动》(四),第124页。

省十余万两之议"的"一并查复"。

这份禀文,因是对清政府要求"考复"江南制造局各项具体业务和收支情况的回答,比较具体和清楚,对于我们了解这时期江南制造局内部制造军械、代外省制造军械和代各省修理兵轮船只的运转流程、收费情况等很有帮助,对于了解这时期军工企业的内部运转情况也是不可多得的宝贵资料。故此不嫌繁琐,将其有关内容抄录于下:

> 又代外省制造军械等项收回工料银两及销售钢板获有盈余一节,续奉札查,以湖广督宪张原奏有云外省订购枪炮,修理轮船,缴到之款,往往收支含糊,诸多牵混。又销售钢铁,修理轮船及各省购用枪炮,岁可收回工本银十余万两,饬一并声复。当查此项代造之件,向来先由各省咨明宪台暨抚宪札局遵办,凡枪支子药等项,即饬厂赶造。若重大之件,以及代修船艘,均先估计工料,禀明立案,一面动工,俟工竣后,核计实用银数,开单禀请转咨各省,如数拨还,随时收入正款,历经申报有案。并于月报印册内逐款开列,按月申报,并无分毫遗漏。惟报部册内,如各省咨部有案者一体开报,若径用文牍函电请代办,则大部无案可稽。倘亦将收支各数一并列入,恐转干驳诘,是以未便列款开报。原奏所称'诸多含混',或即指此。至销售钢料,修理轮船及各省订购枪炮,每年本无定数,则收回工价银两,多寡亦无一定数目,有不及十余万两者,亦有不止十余万两者。若论盈余一层,职局凡代造之件,因同系公家之事,仅就实用工料核计,向不多开。惟钢料一端,自郑道孝胥接办后,商厂大半来局购用,与公家不同,始于工料之外,略开盈余,曾经禀明在案,当饬各厂汇数造册呈送。①

从魏允恭的这份禀文中可以看出,江南制造局在完成自己的制造

---

① 《总办魏允恭禀复查明制造各款》,转引自《洋务运动》(四),第160—161页。

第八章　从江南制造局财务角度看晚清军工企业的经营　　479

事项外,还代外省制造军械、修理轮船和销售钢料。在代外省加工制造军械、修理轮船时,运转流程有两条途径:一是由各省咨明宪台暨抚宪后再札制造局遵办,这条途径因从一开始就禀明立案,按月申报,故此经费等项"并无分毫遗漏"。另一条途径则是"径用文牍函电商请代办",在此途径之下,因"大部无案可稽"的缘故,收支各数也同样"未便列款开报",所以出现"诸多含混"的情况也就难免。在代外省加工制造收取费用时,"因同系公家之事",所以"仅就实用工料核计,向不多开",也就是只收取工料费,不加利润;至于对外出售钢料,因是商厂来购,"与公家不同",故此"于工料之外,略开盈余"。

　　从上述介绍和分析中可以看出,江南制造局的运转体制中,这种经费由上面拨付,数量难以预估,产品不走市场,代外省加工制造又"本无定数",运转流程还有差别甚大的两条不同途径,对外销售钢料又留有"略开盈余"的空间等,除了使我们知道晚清军工企业体制运转的特点外,也使我们对这种体制弊端产生的可能性有所认识:首先,经费由上面拨付,数量难以预估,产品不走市场,代外省加工制造又"本无定数"的状况,必然使得江南制造局没有主动扩张企业规模和研制新产品的动力,企业容易暮气沉沉,得过且过,缺乏活力。运转流程存在"大部无案可稽",收支各数"未便列款开报","修理轮船及各省订购枪炮,每年本无定数,则收回工价银两,多寡亦无一定数目"的状况,加上对外销售钢料又留有"略开盈余"的空间,极容易使得江南制造局内部上下其手谋取私利,滋生腐败。

　　光绪三十年朱彭寿奉令查勘江南制造局时,他在复奏折中指出,江南制造局"局中自总办以至员司人等,亦无精通制造之学,于制就之枪炮弹药等项,其是否合用,并不详加验视,分别良楛,以定去留,但造成后即盛箱发用"。"此次派员将该厂所造之械整件零件逐细考察",发现"疵累甚多"。因此朱彭寿感概说:"以如此巨厂岁糜经费一百四十万金,而各械无一完善者,殊为可惜。至于员司之冗滥,工作之宕延,各物购价之浮开,各厂用料之虚耗,种种积弊,又复不一而足。"①朱彭寿笔下江南制造局的这种暮气和腐朽局面,应是这种体制下必然出现的局面。

第四节 本章小结

江南制造局是晚清洋务运动时期创办的代表性军工企业,也是从几千年中国农业文明的土地上最早崛起的现代机器制造企业。通过不间断的投入和逐渐发展壮大,江南制造局不仅成为近代中国规模最大、部门最全、配置最为高端的军工生产企业,而且在制度和管理等其他方面也影响了后来兴起的一批军工企业,成为当时的典型。

从财务的角度观察和分析,可以看到,这样一家企业,处于当时的社会环境条件下,由于其官办性质带来的弊端,也由于在许多方面是在探索和完全没有先例的情况下进行的开创,江南制造局留下了不少的缺陷和弊端,诸如上述在体制和管理等方面缺乏自我扩张和完善的动力,得过且过,人浮于事,用管理衙门的方式经营企业,且滋生了不少腐败现象等。但是也要看到,江南制造局是近代中国重工业、制造工业和军事工业的发端,对此后中国的军用民用企业发展都有重大的影响,它的成绩值得肯定,它的弊端和不足以及造成这种弊端和不足的原因更值得后人关注、思索和警醒。

---

① 朱彭寿:《查勘江南制造局复奏折》,《洋务运动》(四),第178页。

第九章
资本市场时代的民间合伙制企业

在考察和分析近代中国资本市场时,还有必要注意和分析另一种在近代中国社会中存在的企业资本组织形式,这就是合股或称合伙制企业。考察和分析这种民间资本组织形式长期存在的原因和特点,可从另一个角度丰富我们对近代中国资本市场的认识。

作为一种工商业的资本组织形式,合伙制①在中国有着久远的历史②,因而学术界对其的研究成果也有不少。可是在已有的研究成果中,却存在两个明显的特点:一是时段上基本以前近代为主;二是研究关注点主要集中在合伙制本身,即合伙制的渊源、合股与社会生活、合股的法律性质等方面③。但对于另外一些问题,如这种久远的企业组织形式具有的顽强生命力、在近代中国工业化进程中的表现和对民间资本筹集的作用、在股份制企业出现后依然在多种行业中占据优势地位,特别是合股制企业的多种灵活多样的转让形式以及原因等,却

---

① 合伙制又称合股制,是传统中国中一种重要的工商企业组织形式,其基本特点是二人以上共同出资、共同经营的营利性经济组织。关于合伙制的研究,代表性的成果有日本学者根岸佶:《商事に関にする慣行調査報告書——合股の研究》,日本东亚研究所昭和十八年版;彭久松主编:《中国契约股份制》,成都科技大学出版社1994年版;河北大学刘秋根教授:《中国古代合伙制初探》,人民出版社2007年版等。

② 参见刘秋根:《中国古代合伙制初探》,人民出版社2007年版。刘秋根教授在该书中认为,至少在宋代就已经出现合伙制。见该书157—163页。

③ 参见刘秋根《中国古代合伙制初探》一书的"绪论——近百年来中国古代合伙制研究述评"。

研究得不多①。更重要的是，在近代中国资本市场和现代机器大工业有所发展的时期，这种具有悠久历史的合伙制企业的生存情况如何，在近代中国工业化发展时期所占的地位和作用情况又是如何，都是值得进行深入探讨的一个层面，由此也可进一步观察和了解近代中国的国情情况。

证诸史实，单纯从数量比例上看，近代中国采用合伙制的工商企业在很长的时段中仍然超过独资企业和股份制企业，遥遥领先，在近代中国民间资本向工业化发展的进程中依然占据着重要地位，这是为什么？这些现象使我们不得不思考这样一些问题：合股制企业到底具有什么特点，使其能够保持长久的生命力并一直得以延续？在近代中国拥有民间资本的人群中，为何合股制能够得到众多人的认可和欢迎？在近代中国社会经济发展中，这种企业资本组织形式的地位又应该如何看待和评价？这些问题都值得我们进行一些分析和探讨。

第一节　合股制在近代中国企业中长期存在并在数量上占据优势

在探讨上述这些问题之前，首先需要对合股制企业在近代中国工商企业组织中数量占据优势这一点进行论证，然后我们才可以在肯定的基础上探讨其之所以如此的深层次原因。

对于合股制在近代中国工业化进程中存在的状况，前人有过不少的研究和评论。

学者陈真在1949年9月24日《人民日报》上的《旧中国工业的若干特点》一文中称，"旧中国私营工业资本组织形式，大部分是独资和合伙

---

① 关于这一点，可参见拙文《论中国近代股份制企业的特点——以资金运行为中心的考察》，《中国社会科学》2006年第5期。

经营。据1933年统计,这两种组织形式占总数66%"①。刘大钧1944年在《工业化与中国工业建设》文中称:"工业规模之小亦为我国特点之一,据吾人调查所及,大多数之工业皆由独资及合资经营,此二者在全国共占63%,而股份公司仅占25%。"②王宗培则在《中国公司企业资本之构造》一文中称:"截止民国24年6月止,注册之公司,不过3 700家。若以《中国工业调查报告》一书所载之统计为例,全国合于工厂法之工厂凡2 435家,其中公司组织者,仅占28%,而大多数仍属独资或合伙之性质。"③在王宗培所举的这2 435家企业中,独资者占561家,所占百分比为23%,合伙者为994家,所占百分比为40%,二者合计为63%。王宗培接着以"上海各种工业资本组织及资本分类实数统计"为例,对近代上海的华商工厂进行分析,他指出,上海地区统计的华商工厂为1 883家,其中独资为760家,占总数的40%,合伙为793家,占总数的42%,股份制公司只占330家,占总数的17%。也就是说,上海这个全国工商业最为发达的城市的统计资料证明,1931年时独资和合伙企业的数量比例加起来占总数的82%。但就其资力分析,"独资工厂之每家平均资本不过国币11 600元,合伙工厂约当独资之3倍,约为国币45 000元,而公司组织之工厂,其平均数约为国币337 700元,虽不足与欧美先进各国之工业资本相比较,然而视原有之独资、合伙组织已见大量增高矣"④。

上述这几种调查资料数字虽不一致,但趋势却是一致的,就是合伙制的经济组织在近代中国仍然具有强大生命力,在王宗培的考察中,合

---

① 转引自陈真:《中国近代工业史资料》第四辑,三联书店1961年版,第9页。
② 刘大钧:《工业化与中国工业建设》,1944年版,第39—46页。转引自陈真编:《中国近代工业史资料》第四辑,第19页。
③ 王宗培:《中国公司企业资本之构造》,《金融知识》第1卷第3期,1942年5月。转引自陈真编:《中国近代工业史资料》第四辑,第57页。
④ 王宗培:《中国公司企业资本之构造》,《金融知识》第1卷第3期,1942年5月。转引自陈真编:《中国近代工业史资料》第四辑,第58页。

伙制超过独资和股份制,占据各种企业组织形式的最大多数。而且合伙制企业的资本数虽不及股份制企业,但却比独资的高很多,到20世纪30年代时仍然在社会经济生活中发挥着重要作用。

这里再以陈真主编的《中国近代工业史资料》第四辑①所记载的近代工业行业资料为例,对合股制企业在这些近代中国企业行业中的情况和所占的比例进行考察。

陈真编的这本资料集中共收录了22种不同的近代工业行业资料,占这本资料集的绝大部分篇幅。在资料集中,蛋品加工业、棉纺织业、染织业、化学工业和造纸业等14个行业没有资本来源的记载。有资本来源和组织情况及记载的行业共有8个。下面,我们就对这8个行业中的合伙制所占比例和情况进行一下具体考察。

蚕丝业。在有关蚕丝业的各种资料中,只有1928年对于上海丝厂的调查资料中有关于企业资本组织形式的数字。当然,蚕丝业是近代上海工商业中的一个主要行业,因此这份调查资料也应该具有一定的代表性。据1928年的调查记载,"总计上海丝厂共有93家",其中"独资设立者仅有五厂",剩余"88家则均系合资性质","其成立情形,大抵由1人发起,召集亲友数人凑集资本数万元(每人少则4、5元,多则1、2千元),订定契约(俗称议单),合股设厂,多公推股东中1人为经理,亦有另聘经理者"。"盖无论独资合资之丝厂,其组织均沿旧商习惯办理;少有依照公司条例进行者。合资之厂股东,多不干涉厂务,信任经理,独任其事,惟有重要问题发生,则集股东公议之。平时厂务,多由经理支配。经理之下,管理款项出入货料进出者,有银钱账房及栈房司事;管理工资发给者,有工账房;管理各种工作者,有各部主任及助手。工作部分之普通组织,分称茧、剥茧、选茧、缫丝、检查、扯吐等部。"至于各厂

---

① 陈真编:《中国近代工业史资料》第四辑"中国工业的特点、资本、结构等和工业中各行业概况"。

的管理权,大概"独资之厂主,有监督之全权,合资之股东,有监察之权,正副经理,有处理全厂事务之权,各部主任,有管理本部工作之权"。但没有职员"以劳力充股份之办法"①。

毛纺织业。中国的毛纺织工厂,据1935年调查,一如他种工厂,"有独资、合伙、公司及政府经营四种。独资经营之工厂,大部规模较小,资本较微,类乎作坊之小组织,其资本额平均每家大都在5 000元以内,但厂数则最多,全国共有大小毛纺厂332家,独资业者竟有276家之多,占总数之82.8%。合伙营业者,共39家,占总数之12%,每家资本额大抵在10 000至50 000元之间。公司组织及工厂,共计只有12家,占总数之4%。每家资本约在10万元至50万元之间。政府经营之工厂共计6厂,占总数之1.8%,资本平均为40万元"②。

面粉业。据抗战胜利后1947年的调查,上海的机制面粉业历经多种变化后尚存15家,其具体情况如下表所示。

表9-1 1947年上海机制面粉业情况调查表

厂　名	开　设　年　月	资本总额（万元）	组　　织	使用人数
华丰和记厂	民国二十六年6月	750	股份有限公司	206
阜丰厂	清光绪二十四年	3 000	股份有限公司	492
福新第一厂	民国二年4月	50	无限公司	108
福新第二厂	民国三年7月	300	合伙	364
福新第七厂	民国九年8月	300	无限公司	307
福新第八厂	民国八年	80		

---

① 《上海丝厂福新第一厂业之调查》,《经济半月刊》第2卷第12期,1928年6月15日。转引自陈真编:《中国近代工业史资料》第四辑,第151页。
② 摘自国民党政府全国经济委员会编:《毛织工业报告书》,1935年8月。转引自陈真编:《中国近代工业史资料》第四辑,第362—363页。

续 表

厂 名	开设年月	资本总额（万元）	组 织	使用人数
裕通厂	民国十五年9月	50	股份有限公司	
新康厂	民国三十四年10月	5 000	独资	45
穗丰厂	民国三十五年1月	5 000	股份有限公司	36
怡丰厂	民国三十三年9月	400	股份有限公司	15
江南厂	民国三十一年1月	750	合伙	31
申大厂	宣统元年九月		股份有限公司	74
建成厂	民国三十四年9月接收		国营	168
福新第三厂	民国十五年	100	无限公司	110
景星厂	民国三十五年7月	5 000	合伙	47

资料来源：百文：《上海之面粉工业》，《金融日报》1947年6月20日。转引自陈真编：《中国近代工业史资料》第四辑，第431页。

值得注意的是，在抗战胜利后的1947年的调查中，上海15家面粉企业中还有1家为独资，3家为合伙组织，且1946年7月最新成立的景星厂同样是合伙组织，这一点说明合伙企业组织这种企业资本组织形式在社会中尚有一定的生命力，并受到一定的欢迎。

卷烟业。截至1932年9月底，上海的卷烟业工厂"有202家。其中以股份公司数量最多，计145家；独资次之，计19家。合伙又次之，计14家；股份两合公司及无限公司各10家，其他4家则未详"[①]。

皮革工业。据1929年上海皮革工业调查的结果，该市制革工业约分三种类型。一为新式制革业，系用各种机械从事工作，营业规模较大。这种工厂"约有10家"，"其中有3、4家为外商所办。其组织多系旧

---

① 《上海华商卷烟工业之现状》，《工商半月刊》第5卷第1号，1933年1月。转引自陈真编：《中国近代工业史资料》第四辑，第448页。

式合资性质,厂务由工程师管理"。第二种类型为准新式制革工业,虽不用机械工作,"然其滚桶水池,设置亦尚完备"。这种工厂"约有四、五十家","其中独资者居多数,旧式合资者亦有之"。第三种为旧式制革业。"此项工业,实只旧式之皮坊……此项工业,大半皆由工匠所设,资主亦多从事工作。"这种制革坊,"约有100余家"。"无论大小各厂,其厂务多由工程师或资主管理。所有进退工人,规定工资,皆由主持厂务之工程师或资主随时酌定。不设管理员,亦不设工头。""各厂营业性质,华商中大部分系旧式合股开办。各股东间之关系,有凭合同议据而成立者,大约居各厂坊总数十分之七。""合资者之股本,占最多数。""华商各厂坊合资资本总额,虽不能详确估定,但以大略观测,当在一百数十万元间。"新式股份公司之资本总额,"约共400 000元上下",而"总计独资之资本,恐不及500 000元"①。可见在皮革工业中,合股制企业无论在企业数量上还是资本总数额上,均超过独资企业和股份公司,占到了第一位。

橡胶工业。据1937年广州调查,共有橡胶工厂17家,其组织形式如表9-2所示。

表9-2 1937年广州橡胶工厂资本额及组织统计表

厂　名	资本额(单位:毫洋元)	组织性质	开　办　年　月
德栈	40 000	合股	民国二十四年
公平	15 000	合股	民国二十二年
同源协	50 000	合股	民国二十二年4月
远东	50 000	合股	民国十八年1月
华星	50 000	合股	民国十八年11月

---

① 《上海皮革工业之调查》,《工商半月刊》第1卷第4号,1929年2月15日。转引自陈真编:《中国近代工业史资料》第四辑,第609—610页。

续 表

厂 名	资本额(单位:毫洋元)	组织性质	开 办 年 月
中国	80 000	合股	民国二十年10月
国华	100 000	合股	民国二十二年4月
艺强	40 000	合股	民国二十二年
合作	80 000	合股	民国十七年9月
粤东	40 000	合股	民国二十一年5月
冯强	200 000	独资	民国十年
橡生	140 000	股份有限公司	民国二十一年
精华	50 000	独资	民国二十一年
万里	33 000	合股	民国二十二年8月
琼南	50 000	合股	民国二十一年5月
大中华	80 000	合股	民国十九年9月
平安福	40 000	合股	民国二十三年

资料来源:广州市立银行经济调查室:《橡胶工业》,《广州之工业》上篇,1937年7月版。转引自陈真编:《中国近代工业史资料》第四辑,第709页。

机械产业。"全国机械工厂资本之总额约为8百万元。""国营者以山西西北实习公司所属机厂资本为最大;次为江南造船所。商营者以上海大隆铁工厂之独资50万元为最大。资本之最小者每家仅1—200元。且商营各厂多系独资或合资所举办,集资之公司组织为数殊不多见,其金融之活动完全凭自身力量,能获金融界之协助者甚少,此亦不能发达重要原因之一。独资或合资之各厂厂主、经理人,多自兼技师或工头,以下即为工匠及学徒。工匠普通均系临时雇用性质,至厂中工作减少时,则一部分工匠亦随之而解雇。"①

---

① 国民政府全国经济委员会:《机械工业报告书》,1936年7月。转引自陈真编:《中国近代工业史资料》第四辑,第798页。

1935年北京调查:"全市的机械工厂约80家(连汽车修理合计约90家),这次调查的计62家。其中资本最大者为永增,其次为升昌及海京,资本最小者仅2、3百元。资本组合,仅有合伙及独资两种,股份组织则完全没有。独资经营者共55厂,资本总额为335 000元,合伙经营者6厂,资本总额为359 318元,此外属于官营者1厂,资本为20 000元。独资经营的工厂,占总厂数88%,资本占45%,合伙的工厂,仅占总厂数10%,而资本总额却超过全部资本的一半。由此可见独资经营的企业,是很难集合大量的资本的。股份组织的缺乏当然由于信用制度的不发达,但信用制度不发达乃产业落后的结果,并非产量落后的原因。故股份组织的缺乏,正可说明了北平机械工业的幼稚。"[①](见表9-3)

表9-3 1895—1931年上海机械工厂
按经营性质区分统计表　　　　　　　　单位:家

个人经营	合伙经营	公司经营	政府经营	合计
163	120	31	2	316

资料来源:根据日本东亚同文会《中华实业名鉴》统计而成。转引自陈真编:《中国近代工业史资料》第四辑,第867页。

采矿业。"合伙制:此制在各矿区甚为普遍,为现时赣南钨矿生产最重要之形态。即若干亲戚朋友,大部为同乡邻村之人,亦有叔侄兄弟辈,共同集资,经营采矿,利益均分,伙友同居一'工棚',每'工棚'或开一窿,或采数窿,并无一定。每棚均推定一棚目,负责管事、管账、采购(物品)、送售(矿砂)及对外接洽事宜。棚目之权利各矿区不同,大致可归纳之为2类:1.棚目,只有上述义务,并无取利,除办理公共事务时可不下窿工作,售砂得款照摊;2.棚目分摊售砂价款时可多得若干,以作公共工作之酬劳,有时至多亦不过多分1股,如某棚为7人合伙,款分8

---

① 《北京的机械工业》,转引自陈真编:《中国近代工业史资料》第四辑,第841页。

股,棚目连原有之股共得两股;但亦有以抽砂方式行之者,如泰和、小龙27年9月以前,棚目不工作者分1份,参加工作得分3份,9月以后即改用抽砂方法,棚目抽所得值8％,余92％实际工作之数等分。"①

第二节 对8个有合股制企业行业的分析

在22个行业中,如上文所记,只有8个不同的行业有资本组织形式的介绍,其余的行业中可能也有,但因资料中没有明确记载,此处分析时只能不计。

在具有明确记载资本来源的8个行业中,蚕丝业中只有独资和合伙两种资本组织形态,93家企业中5家独资、88家合股,合股企业占了绝对统治地位。

毛纺织业独资最多,全国332家中有276家为独资,次为合股。

上海面粉业到1947年时,留下记载的15家企业中,合股3家、独资1家,余者为股份制和其他。

卷烟业中,现在留下有记载的资料中,股份制企业数量为第一、独资为第二、合股者为第三。

皮革工业中,"各厂营业性质,华商中大部分系旧式合股开办。各股东间之关系,有凭合同议据而成立者,大约居各厂坊总数十分之七"。"合资者之股本,占最多数",可见在皮革工业中,合股制企业无论在企业数量上还是资本总数额上,均超过独资和股份公司,占到了第一位。

广州橡胶工业企业中,17家记载了资本来源,其中合股制企业占14家,独资1家,股份制1家,合股制占了绝对优势。

机械工业留下了北京和上海两地组织形式的记载。1935年时北京

---

① 《江西之钨矿业过去与现在》,国民政府资源委员会,1941年3月。转引自陈真编:《中国近代工业史资料》第四辑,第973页。

机械企业的资本组合,"仅有合伙及独资两种,股份组织则完全没有。独资经营者共 55 厂,资本总额为 335 000 元,合伙经营者 6 厂,资本总额为 359 318 元,此外属于官营者 1 厂,资本为 20 000 元。独资经营的工厂,占总厂数 88%,资本占 45%,合伙的工厂,仅占总厂数 10%,而资本总额却超过全部资本的一半"。1895 年至 1931 年时上海机械工业共有 316 家,其中独资 163 家,合股 120 家,股份制 31 家,政府经营者 2 家。无论北京还是上海,独资和合股均为企业数量中的最大多数,独资企业数量最多,可是合股企业的单家资本数量却远超独资。

采矿业中虽没有具体的企业分类数量,但却留下"合伙制:此制在各矿区甚为普遍,为现时赣南钨矿生产最重要之形态"的记载,可见在该行业中合股制所占份额绝不会少。

在留下资本组织形态的 8 个行业中,蚕丝、皮革、橡胶、采矿业等 4 个行业中,合股制均占压倒性多数,毛纺和机械算是处于大致相等的状态,只有面粉和卷烟业中合股制不占优势。当然,这些记载的资料中,并不一定能够全面和准确地反映真正的企业资本组织形态。但是这些统计和资料仍然展示了一些值得注意的地方。

首先就是这些合股企业占优势的行业都是一些并不要求大量资本的技术程度较低和规模较小、手工程度较高的行业,如上述的蚕丝、皮革、采矿行业都是从中国原来就存在的手工业行业中,通过合股集中了较多的资本,购置了一些提高生产率的机器而形成,如皮革工业中的"准新式制革工业"就是如此。其次就是带有浓厚的家族、人脉和地域特点,最典型的莫过于赣南的采矿业,其经营形式是"若干亲戚朋友,大部为同乡邻村之人,亦有叔侄兄弟辈,共同集资,经营采矿,利益均分,伙友同居一'工棚',每'工棚'或开一窿,或采数窿,并无一定。每棚均推定一棚目,负责管事、管账、采购(物品)、送售(矿砂)及对外接洽事宜"。又如皮革业中的经营形式:"各厂营业性质,华商中大部分系旧式合股开办。各股东间之关系,有凭合同议据而成立者,大约居各厂坊总数十分之七"。最后就是在经营管理中,承继了浓厚的传统商事习惯中的方式,如蚕丝业中"盖无论独资合资之丝厂,其组织均沿旧商习惯办理;少有依照公司条例进行者。合资之厂股东,多不干涉厂务,信任经理,独任其事,惟有重要问题发生,则集股东公议之"。再如赣南采矿业中的"共同集资,经营采矿,利益均分"方式,都可以说是传统合股制的经营方式。

但有一点不能不让我们思考:合股制这种有着悠久传统的企业组织形态,在近代社会急剧变动并向工业化转化的时期,为何仍然有着旺盛的生命力?原因到底是什么呢?

研究中国合股制很有成就的日本学者根岸佶认为:"合股的渊源在于家族制度。合股企业的担当者和其下的商业从业者,营造出一种家族似的共同生活体。"①该书"序言"中又指出,中国的合股制是"特有的家族制度以及依据协同体的精神浸润,建立在与近世西欧利益社会完全不同的经济伦理上的一种经济组织"②。

有中国学者则是从重视"责任"的角度对合股制与股份制进行了比较,认为:"合伙组织为责任有连带关系,关系既切,股东间互相监察亦愈密,遇有重要事件的措置,易于着手进行,营业就蒸蒸日上。公司组织,因股东厉害的关系,较为疏远,而经理又少营业方策的责任心,因为处置业务,必须采取会议方式,致失却了临时应变的敏捷性,而常常错过了营业机会。像近年来通货膨胀,合伙组织的商号,赚上以资本额比例五十倍以上的利润,倒是常有所闻。而依公司法组织的企业,赚上偌大的数目,简直没有听见过。可见一个经理的有否责任心,是影响于企业前途,有显著的分别。"③这里强调的是合股制因为与股东间的直接利

---

① 根岸佶:《商事に関にする慣行調査報告書——合股の研究》,日本东亚研究所昭和十八年版,第1页。
② 同上书,"序言"。
③ 张方仁:《金融漫记》,上海春明书店1949年版,第85页。

害关系而较有责任感,同时也具有临时应变的敏捷性。因为这些原因的缘故,他认为股份制不如合股制。

而中国学者刘大钧则从投机心理的角度分析合股制存在的必然性。他认为:"在上海从事工业者之心理大约有数种:1.需成本低,俾得与国内同业竞争。盖此时既有关税,舶来品市价终较国内产品为高——除日货不计外——故国内工业大半不顾品质,只求价廉,而我国人应用工业品,亦多贪贱价,始愿购买,故应用最新之机械,制造高级货物,反于竞争不利。2.更有一般从事工业者带投机性质,只盼于短时期内获利若干,以后即一切不顾。故资本愈少愈妙,机器原料等皆求其价贱,只需目前获利,以后随时可以收歇,故租用房屋,租用机械,租用电力,一切减轻成本之方法皆为此辈所欢迎。"①

在经济要素中,资本本来就是一种稀缺资源。从总体看,长期是农业国,近代又饱经战乱和对外战争赔款的中国,加上天灾人祸,资本更加缺乏是一个确定的大前提,这种状况必然影响到企业的创办和工业化的进程。上述这些合股制企业占多数的行业,资本要求不高,技术含量低,规模不大,辅以手工劳动等特点,既可以说是他们根据自身条件所做的明智选择,也可以说是在一种先天局限条件下的被迫无奈选择。

当然,对于合股制,根岸佶所说的具有中国家族渊源,某中国学者所说的具有责任感和刘大钧所说的具有某些投机心理实则是比较优势下的理性选择等,都可以说是从某一方面道出了近代中国合股制企业具有强大生命力和能够长期存在的原因,但我们也知道,一种经济现象能够长期持续存在,一定有更为持久和稳定的因素在其中发挥作用。这种因素,更多地表现为成文或约定俗成的不成文经济制度。下面我

---

① 刘大钧:《上海工业化研究》,1940年,第65—80页。转引自陈真:《中国近代工业史资料》第四辑,第31页。

们就从这个角度继续进行分析。

第三节　合股制在制度和实际经济生活中具有的优势

这里首先有必要对"制度"的含义进行说明和界定。关于制度,舒尔茨认为是"一种行为规则,这些规则涉及社会、政治及经济行为"①。

新制度经济史学家的代表人物道格拉斯·C.诺思认为,"制度是一个社会的游戏规则,更规范地说,它们是为决定人们的相互关系而人为设定的一些制约"。又说,"制度是一系列被制定出来的规则、守法程序和行为的道德伦理规范,它旨在约束追求主体福利或效用最大化利益的个人行为。"②

澳大利亚新南威尔士大学教授柯武刚和德国马克斯—普朗克经济体制研究所史漫飞教授合著的《制度经济学——社会程序与公共政策》一书中指出:"人类的相互交往,包括经济生活中的相互交往,都依赖于某种信任。信任以一种秩序为基础。而要维护这种秩序,就要依靠各种禁止不可预见行为和机会主义行为的规则。我们称这些规则为'制度'。"③

从这些引文中可以看出,制度主要指约束社会中人们行为的各种规则,这些规则是由人们自身制定出来或是在长期社会生活中逐步形成的约定俗成的交往方式、守法程序和行为的道德伦理规范。它大体又可分为有形制度和无形制度两种:成文的、体现为法律条文、市场合

---

① 转引自《财产权利与制度变迁》,上海三联书店1991年版,第253页。
② 道格拉斯·C.诺思:《制度、制度变迁与经济绩效》,刘守平译,上海三联书店1994年版,第3页。道格拉斯·C.诺思:《经济史中的结构与变迁》,陈郁、罗华平等译,上海人民出版社1997年版,第225—226页。
③ 柯武刚、史漫飞:《制度经济学——社会秩序与公共政策》,韩朝华译,商务印书馆2000年版,第3页。

约、企业章程的规则可看成有形制度;不成文的、体现为道德规范、约定俗成交往方式的规则可视为无形制度。

合股制企业在成立时,一般参与者都会共同签署一份合同(也被称为"议墨""议据"等)。合同规定了参与者即股东从事的业务类别、所出的资金、占有的股份额、分配的规定以及合股制企业结束时的后续处理方法等内容。

就是这种诞生于中国本土的、规定了参与者权利和义务又被参与者各方认可接受和共同遵守的制度,使得合股制能够长期持久地在中国经济发展过程中存在和发挥作用。

首先,在这种制度下,绝大多数的股东都是互相认识或是熟人介绍方能参与,在合股制的合同中,我们可以经常看见合同前面写着"今因志趣相同,义气一致,共同集资组织……"等字样,这种文句并非套语,而是确实的一种表述,说明该合股制经济组织是由相互认识并且具有共同志趣的人所组成,以增强彼此的信任感,同时对内对外表明的就是参与者间有信用,能够齐心合力共同推动该企业的发展。合同中对诸种出资折合股份数量、获取收益的分配方式和内容以及经营管理中的方式都有明确规定,避免了该经济组织运行中可能出现的纠纷和矛盾。这就是根岸佶指出的合股制企业具有中国家族渊源性的根本原因,同时也是合股制企业较股份制企业能够得到参与者信任的根本原因。

合股制企业之所以能够在上述已经举出的需资少、规模不大、技术程度不高等行业中普遍存在,笔者认为以下的特点可能是这种经济组织生命力能够持续和长久存在的更为重要的原因。

首先,合股制企业股东相互信任度高,参与者共同进行经营活动,如果有变故不想继续经营下去时,因为体量小,容易结束清盘或者转让,也就是俗话说的"船小好调头",而且方式类型具有多种不同类型。下面所引这条中和染纱厂转让给同生染纱公司的史料,是整体转让中的典型一例:

推盘声明：同人等于念九年五月间合资创办中和染纱厂，开设闸北新疆路口。兹因无意经营，已于卅年旧历中秋节推盘于同生染纱公司所有。中和厂一切手续、股本、红利、官利均已分派清楚。股单图章均已收回。今有韩盛德君名下股单一纸失落，倘后发现，作为废纸无效。特此登报声明。中和染纱厂股东会启。①

这篇《推盘声明》，不仅典型地表明了一家合股企业整体转让给另外一家企业的事实，而且将这种转让时需做的前期工作和各种手续都清楚地进行了说明，还连带将股东之一遗失股单如何处理的情况进行了声明。

下面这条史料则是在同一个合股企业中，经营中途有部分人退出，而其余人欲继续经营时的类型和需办理的清理手续内容：

退股声明　卜厚之、季遂安、春纪（以下简称甲方），曾与张慎初、毛凤岐（以下简称乙方），于民国二十九年七月间合资设立同胜织造厂于海防路洪庆坊十号，经营至卅年十二月底止。因甲方无意继续营业，将全部业务结束由乙方继续经营。所有甲方应得之股本以及红利业已结清，分拆其合伙议据亦同时销毁，所有合伙时人欠欠人均经料理清楚，毫无纠葛。自卅一年起归乙方张慎初君继续经营。业嗣后营业盈亏银钱进出及其他一切行为概与甲方卜厚之季遂安春记三人完全无涉，除由张君亲笔具函，并由凌键荪君作证外，恐未周知，特再登报声明伏希公鉴。卜厚之、季遂安、春纪同启②

第三种则是合股企业中有人退出，企业性质由合股变为独资的

---

① 《推盘声明》，《新闻报》1941年1月20日。转引自日本南满铁道株式会社调查部编：《中支惯行调查参考资料》，昭和十七年版，第312页。
② 《退股声明》，《新闻报》1942年1月24日。转引自日本南满铁道株式会社调查部编：《中支惯行调查参考资料》，昭和十七年版，第320—321页。

类型：

> 受推股声明　缘寅记兴板木号于民国十三年间由邓锦记、刘书记、王笙记三人改组合伙营业。兹因刘书记王笙记无意继续，节经合议，将寅记兴号一切财产清算讫，作价分配，所有刘书记、王笙记之持份，均经按股收回，并将寅记兴牌号改为寅记新，推归予邓锦记个人所有。嗣后营业盈亏及人欠欠人均由寅记新负责，与推股人刘书记王笙记无涉。除立据证明外，合再登报声明如右，尚乞各界公鉴。邓锦记　刘书记　王笙记同启。①

第四种是合股企业经营中发生变故，解散合股时留出一部分"生财"授予某人继续经营的类型：

> 金杏一为大康粉麸号解散合伙并推让全部生财启事　杏一前曾纠集润记、范记、玉记、汉记、仲记、福记、禄记、寿记、咸记、馥记等股东与钱君克绳合资，在阊门外上塘街伙设大康粉麸号。现因杏一身体孱弱，以致无意经营。于本年二月八日经全体股东决议解散合伙。当由杏一将资本及红利分授与各股东外，所有生财悉数推让与钱克绳君加记继续营业。以前大康合伙期内人欠欠人均经料理清楚，嗣后对于钱君经营之大康克记一切对外往来，概与前股东无涉，爰特郑重声明。②

其次是合伙制企业在经济活动中出现利益纠葛或纠纷时，较为容易解决，合股公司因为组成人员数量不多，彼此又都熟悉，容易达成解决方案。下面就是这方面较为典型的一条史料：

> 裕通公记运输公司焦涌泉启事：鄙人于古历三十年初至同年

---

① 《申报》1942年1月16日。转引自日本南满铁道株式会社调查部编：《中支惯行调查参考资料》，昭和十七年版，第321页。
② 《申报》1942年1月27日。转引自日本南满铁道株式会社调查部编：《中支惯行调查参考资料》，昭和十七年版，第320页。

十二月终止,与陈源泉、薛培根等君在王马巷二十六号合作经营裕通公记运输公司,营业颇称发展。今因合同期满,各愿按股分拆。是后裕通公记运输公司归鄙人继续经营。又附属之上海联合商行鄙亦脱离股权。是后裕通公记公司之一切人欠欠人概与陈薛两君无涉。又上海联合商行之一切人欠欠人以及陈薛两君在外另有创设事业等亦与鄙人无涉。恐外界未明,特登报声明。鄙人焦涌泉启。①

这条史料是焦涌泉登报的一条声明,声明的是焦涌泉和陈源泉、薛培根共同经营裕通公记运输公司,还有附属的上海联合商行在合同期满后进行分拆,焦涌泉继续经营公记运输公司,退出上海联合商行。陈源泉和薛培根退出公记运输公司,陈薛二人是否继续经营上海联合商行,声明中没有说清楚,但以后另有创设事业与焦涌泉无关。这家运输公司的存在时间只有一年,加上附属联合商行,股东只有三人,但共同经营一年后拆分,各自的利益和以后的归属及责任等均得以处理清楚并不留后患。

下面这条史料则是一位律师代表无锡王源吉和武进同源吉两家合股制企业在报纸上发表的声明,强调这两家合股制企业发给股东的记名股票不能自由转让和进行"设定质抵行为",如有这种行为及引起的纠纷,这两家企业概不承认:

周兆麟律师代表无锡王源吉武进同源吉冶坊为
禁止股票标的物设定权利联合声明

据上开当事人声称,王源吉与同源吉冶坊均系合伙组织,所有股东股权均发给记名股票为凭。前项股票与无记名证券及有价证券其性质显然不同。爰无记名证券及有价证券可以自由转让或设

---

① 《裕通公记运输公司焦涌泉启事》,《浙江日报》1942年2月21日。转引自日本南满铁道株式会社调查部编:《中支惯行调查参考资料》,昭和十七年版,第320页。

定质抵行为,而记名股票之转让,依据股份让与之规定,须得合伙人全体之同意方生有效。若以记名股票设定质权则于法无据。此有民法第六百八十三条第九百零二条及前最高法院二十二年上自第二三五号判例规定甚明。近因本坊等股东间有将记名股票私行转让或将股票质抵与人之事,显属违背法令,业已发见纠纷而致牵累。殊不知股票纵因债务附为担保,仅属私人间之债权债务究不能认作质权之权利设定,若不声明制止,则纠纷迭起,后患堪虑。为此,委请登报释明,在未经合法手续之转让行为,本坊等概不承认,倘有私行设定权利而致发生纠纷牵涉本坊者,本坊等对该权利人亦不负任何义务等情前来,合亟代为声明。务希各股东及第三者注意是幸,如有疑义不明之处,请至本律师事务所面询释明可也。并此声明。事务所斜桥下　电话第一二三五号。[1]

　　近代中国的工业化程度并不高,适合合股制企业生存和发展的空间本来就很大。当近代西风东渐和工业化成为发展趋势之时,历经长期中国商事习惯熏陶又吸收西方企业制度精神的合股制企业,其在经营中具有的灵活多样性,容易退出和能够快速直接解决纠纷的机制;成本轻、规模小、熟人合伙和"船小容易调头"等特点;资本均是在熟人或朋友间筹集,可以增强信任度,面对面商谈定约,可达到意见充分交换和约定;以及对责任、权利、义务等均以制度规定下来的做法,都是这种经济制度得以长期存在,在部分行业中还能够长期占据优势地位的原因。这种企业长期存在并具有活力的状况证明:一个社会多种生产方式能够并存,一定有其必然存在的客观理由,遵从经济规律是一个社会富于活力和发展的必要前提。

---

[1]　《新闻报》1942年1月30日。转引自日本南满铁道株式会社调查部编:《中支惯行调查参考资料》,昭和十七年版,第325页。

结　语

如果说,金融是经济的血液,那么,资本市场在某种意义上就是经济的心脏。它能集中分散的血液,整合、加工后再疏散推动到经济的肌体中,去焕发出肌体的新生和强大。

近代中国重要的特点之一是经济结构的转型,整个经济体中诞生出新型的工商企业,推动着古老的中国向工业化、现代化的社会前进。这个转型的过程中,需要集中社会资源,需要多种经济要素的重新组合和配置,在技术、设备、资本、土地等诸种经济要素中,资本毋庸置疑地居于中心和关键地位。在没有技术、设备和土地的情况下,只要有资本,均可以购买,可以通过资本的运作构成新的生产力。但是如果没有资本,没有资本市场的运作和调动,走向工业化的进程无疑会遭遇更多的阻碍和困难,延缓转型的速度和增加转型的难度。

那么,近代中国的资本市场是怎样形成、调动和运转资源的呢?在此过程中前后的变迁,表现出来的特点和值得关注的地方又是什么?本书就是以这样一个中心目标为对象,试图进行解构和分析。这里,我们可以再次回顾一下本书的架构和各章的基本内容:

本书分为上、下两编。

上编分为四章,从资本市场的视角进行论述,依次围绕近代中国资本市场主体(依据时间顺序)钱庄、银行、证券交易所和企业自筹资金的几种方式展开。前三章的基本内容是将钱庄、银行和证券交易所在近代中国资本市场上的发展演变脉络梳理清楚,然后在梳理清楚的基础上考察其在近代资本市场上发挥的作用以及所处的地位,最后考察在此过程中这几种主体表现出来的特点。第四章则考察在资本市场支持不足的情况下企业自筹资金进行补救的几种主要方式。

下编分为五章,主要从近代中国资本市场的受体也就是与资本市场发生密切关系的近代新式工业企业的视角进行分析。第五到七章选择了重工业、轻工业和交通运输业的典型企业为对象,分析其在发展过程中资本筹集、经营运作以及与资本市场之间发生的各种关系,以及企业在近代资本市场支持不足的特定背景下所处的困境和自救措施。第八章对官办军工企业江南制造局进行了分析;第九章分析了民间合伙制企业的经营和始终能够在机器工业出现后存在以及能够活跃在部分行业中的原因。第八、第九章的设置是出于比较的目的,考察其在不与资本市场发生关系或很少发生关系情况下的经营运转,再与其余依赖资本市场生存的企业进行比较,以使整部书稿的研究更全面和更具说服力。

各章的基本内容如下:

第一章分析钱庄。钱庄是具有悠久历史的中国传统金融机构,早期主要从事于货币兑换业务。19世纪中叶鸦片战争后,随着中国对外开埠和中外贸易的迅速发展,钱庄的职能和作用有了明显的变化和发展。在存放款业务中,除了对中外贸易和传统商业进行融资放贷外,在资本市场上也越来越活跃,例如在近代机器工商业的发展进程中,钱庄放款的身影随处可见。20世纪二三十年代后,随着近代中国银行业的发展和国民政府政策等内外因素的影响,钱庄业的势力和影响有所下降,但仍然是近代中国资本市场上一支不可忽视的金融力量。本章凸显了传统机构在新形势下的变化,证实了传统与现代化并非都是对立的存在。

第二章分析银行。银行是资本市场上重要的一支力量,这在各国发展的历史上均是一样的。近代中国是中国银行业登上历史舞台并得到初步发展的时期。在这段时期,近代中国银行业的数量逐步增多,实力逐渐增强,在多个领域中发挥了重要作用。从资本市场的角度观察,由于发展阶段、内外战争等因素影响,近代中国银行业的作用前后侧重点有所不同。本章首先考察近代中国银行业的数量和内部演变,以及在华外资银行业的概况,然后考察其作为重要的金融力量在近代中国社会经济和资本市场上的地位和作用。早期银行业为政府的财政金融服务的色彩较为浓厚,对工商新式企业的支持力度有限。1937年全面抗战爆发后,战争对近代中国金融业带来了巨大的冲击。这段时期,金融业转入战时形态,中央、中国、交通和农民四银行合组"四行联合办事处总处",为金融提供贷款、贴现以及为企业提供撤往大后方的资金,同时为政府财政提供无限制垫款等。但从资本市场的角度观察,最大的变化是银行业直接投资兴办企业,尤其是其中的国家资本银行直接投资设立企业,成为本期资本市场上最大的变化和特点。

第三章分析以证券交易所为中心的资本市场。证券市场是资本市场的重要内容之一,是企业筹集社会资金的重要渠道,可以通过有价证券(政府债券、公司债券及股票)的发行和流通,使社会资金得到有效的重新配置。具体而言,证券市场是指在一定的时间、一定的场所,按照一定的法律,通过一定的方式对有价证券进行交易的场所。证券市场是按照上述规定,通过证券的发行和流通,以促进经济发展为目的。证券市场上买卖的商品,是股份公司为筹集资金发行流通的股票,是政府和企业为筹集资金发行和流通的债券。

在近代中国,证券市场的发生发展具有以下三个特点:第一,企业发行股票在市场上筹集资金的行动远早于证券交易所的成立;第二,对于设立证券交易所,民间的积极性远超过政府的积极性;第三,纵观整个近代时期,证券市场在促进企业筹资和推进工业化发展方面,所起的作用并没有想象中的大。

第四章分析的是近代企业在资本市场上自筹资金的方式。在近代中国,经济结构改变并朝着工业化道路转型的时期,受到多种因素的制约和限制,近代中国资本市场对新兴企业兴办和发展中的资金支持范围有限,力度不够,尤其是民营企业得到的支持更是难以达到要求。在不利的大环境下,寻找资源、寻求突破就成为新兴企业的必然选择,以达到解决发展中资金困境的目的。一般而言,这些自救举措可分以下几类:一是筹资兴办企业时"就米下锅",开启筹集资本时只考虑固定资本,企业运转后流动资本靠借的"负债经营"模式;二是从中国悠久经商传统中借鉴直接"吸收社会储蓄"的经验,并发扬光大;三是推行在企业发展有盈余时将企业红利转为股份的"利转股"做法和"红利存券",达到内部扩大规模的目的;四是根据企业发展情况发行"公司债"。

下编分为五章,分别从不同典型企业的角度具体观察和分析近代资本市场与企业发展的关系,以及在近代中国资本市场的既定状况下,企业所受到的影响、制约和发展。

第五章分析近代中国工业化进程中轻工业的地位和作用情况。纺织工业、食品工业、加工工业等领域的发展,很大程度上代表了近代中国工业化已经达到的程度和取得的成就。特别是棉纺织工业,可以说是近代中国工业化有所发展的最为成功的代表性行业。本章以大生企业为对象,分析棉纺织工业起步和随后发展阶段面临资本市场的限制状况和当时筹资的社会环境。

第六章则以重工业为考察对象。在近代中国,资本短缺是普遍现象,在分析轻工业之后,本章再通过汉冶萍公司和贵州青溪铁厂的事例,观察在更加需要资本的重工业领域中,中国企业的经营状况和经营特点,清楚地展现出在近代中国发展重工业,需要多种条件的配合,仅凭不够发达的资本市场根本无法支撑和解决重工业兴起的重任。

第七章以轮船招商局为分析对象。轮船招商局是近代中国兴办的第一家机器大工业交通企业,是近代中国贯穿始终的最大的轮船运输公司,其体制发生过多次变化,但不变的是,这家公司从成立开始即长期持续地背负债务。分析轮船招商局所负债款,可以了解所负债款的来源、利率水平、偿还情况和特点,可以借此深入了解和考察近代中国资本市场的特点。通过对轮船招商局所负债款的分析,可以看出,近代中国资本市场对于近代中国企业具有的关键和重要作用。

第八章以洋务运动时期中国最大的官办军工企业江南制造局为分析对象。因为在考察和分析近代中国资本市场时,有必要从比较的角度了解近代中国机器大工业企业兴办和经营初期的状况,特别是与民间资本很不一样的军工企业的状况,尤其是其财务运营中资本由何而来、企业如何运转、是否与民间资金发生关系、产品是否通过市场销售等状况的具体详情,这样可以从另一个角度比较近代中国民间资本性质的企业的运营和发展,以及资本市场对民间企业所具有的重要作用。

第九章分析传统合伙制企业在近代中国工业化进程中的表现和对民间资本筹集的作用。证诸史实,单纯从数量比例上看,近代中国采用合伙制的工商企业在很长的时段中数量仍然超过独资企业和股份制企业,在近代中国民间资本向工业化发展的进程中依然占据着重要地位,这些问题背后的原因值得我们进行分析和探讨。

通过以上各章的研究,我们可以看到,最早在资本市场上发挥积极作用的是传统金融机构钱庄。从第一家近代中国机器工业企业出现开始,这种过去资本少、组织简单、适应传统农业经济结构时期的金融机构就以一种新的姿态投入了中国工业化的进程中,此后也一直活跃在整个近代时期,银行业的诞生和强大也没有改变钱庄的这种特点。在对近代银行业的考察和分析中,值得我们关注的是银行业各个阶段的不同表现:早期对企业的支持不够有力,20世纪30年代后力度增大,特别是其中的民间资本银行业,与国家资本银行业的地位和作用差异较大。但是抗战爆发后,国家资本银行业表现出了民间资本银行业难以做到的姿态,不仅在工商企业的放贷中有所表现,更重要的是直接投资办实业,成为一种新的特点。总体来看,证券交易所在资本市场三种主体中的存在感最弱:一是设立时间最晚,二是存在时间时断时续,三是对近代工商企业的资金支持力度最弱。

在对近代中国资本市场进行分析,对其轮廓和机制有了较为全面的梳理、认识和深化了解时,我们不能不提到其中的一个明显的亮点,就是民间金融的活跃和发挥的重大作用不可低估。

上编第四章我们用了一章的篇幅讨论企业在面临资金不足的难关时的努力自救和取得的成效,具体鲜明地展示了近代中国企业在商战中取得的成绩,与中国文化传统、经商习惯中存在的有机的和活跃的因素,以及在近代中国工业化进程中被激发和活用的状况,进一步和多层次地展示了中华民族的活力和韧性。在第八、第九两章则对官办军工企业和传统合伙制企业的经营管理进行考察,进一步凸显了近代中国资本市场的特点和对工业化推进中的作用和局限。

这里还想强调一点,就是绝不要低估中国民间金融资本的作用和创新性:无论是负债经营还是吸收社会储蓄和利转股、红利存券等形式,都是中华民族发展进程中的创造,是传统因素在新时代的活用和转化,这些特点和经验,尤其是其中透露出来的生生不息的精神和创新性,在今天也能够给我们以启示和借鉴。

总之,近代中国资本市场还是一个初期的、较为幼稚的市场,是一个多层次的资本市场,本身没有一个统属,更谈不上形成体系。它是在近代西方资本主义强国用"坚船利炮"强行打开中国大门,为避免亡国灭种,中华民族奋起反抗,"师夷长技以制夷",与外商进行"商战"大背景下的产物,某种程度上可以说是被动和被迫的产物。同时因为缺乏政府的引导和强力推动,也只能以一种不够有力、不够完美的姿态出现。但是,在近代中国复杂多变的社会环境下,它仍然在与外商金融势力斗争和为近代中国机器工商业的诞生和发展方面,发挥了重要的和无可替代的作用。

主要征引书目

一、档案

"上海水泥厂第一全宗历史考证(1920—1937年)",上海档案馆馆藏档案 Q414-1-502(2)。

"公私合营上海水泥厂第一全宗历史考证",上海档案馆馆藏档案 Q414-1-502(1)。

台湾"中研院"近代史研究所档案馆藏档案"南京证券交易所",机关号17-23,宗号48-(5),1931年9—12月。

台湾"中研院"近代史研究所档案馆藏档案"汉口证券交易所",机关号17-23,宗号47-(2),1934年5月至1936年11月。

上海市社会科学院经济研究所中国企业史资料中心藏"刘鸿记账房档案",卷号03-009。

上海社会科学院经济研究所中国企业史资料研究中心藏"经济类剪报资料汇集",卷号:10-007。

二、资料汇编、文集及年鉴等

丁格兰:《中国铁矿志》,谢家荣译,农商部地质调查所1923年版。
全国经济会议秘书处编:《全国经济会议专刊》,商务印书馆1928年版。
全国财政会议秘书处编:《全国财政会议汇编》,大东书局1928年版。
交通史编纂委员会编:《交通史航政编》第一册,1931年发行。

《马寅初经济论文集》,商务印书馆1932年版。

中国银行总管理处经济研究室编:《中国重要银行最近十年营业概况研究》,新业印书馆1933年版。

中国银行总管理处经济研究室编:《全国银行年鉴》,1934年、1935年、1936年、1937年。

张一凡、潘文安主编:《财政金融大辞典》,世界书局1937年版。

沈雷春编:《中国金融年鉴》,1939年版,台湾文海出版社1979年影印本。

王相秦:《华商股票提要》,兴业股票公司1942年版。

轮船招商局编印:《国营招商局产业总录》,1947年5月。

吴毅堂编著:《中国股票年鉴》,中国股票年鉴社1947年版。

国营轮船招商局编:《国营招商局产业总录》,1947年印行。

招商局编:《国营招商局七十五周年纪念刊》,1947年12月印行。

上海商业储蓄银行编印:《陈光甫先生言论集》,1949年。

严中平主编:《中国近代经济史统计资料选辑》,科学出版社1955年版。

《孙中山选集》,人民出版社1956年版。

汪敬虞编:《中国近代工业史资料》第二辑,科学出版社1957年版。

吴冈编:《旧中国通货膨胀史料》,上海人民出版社1958年版。

中国人民银行上海市分行编:《上海钱庄史料》,上海人民出版社1960年版。

台湾"中研院"近代史研究所编:《矿务档》,1960年版。

北京大学历史系近代史教研室整理:《盛宣怀未刊信稿》,中华书局1960年版。

陈真编:《中国近代工业史资料》第三辑、第四辑,三联书店1961年版。

中国科学院近代史研究所史料编辑室、中央档案馆明清档案部编辑组编:《洋务运动》(四、六、七、八册),上海人民出版社1961年版。

姚贤镐编:《中国近代对外贸易史资料(1840—1895)》,中华书局1962

年版。

孙毓棠编：《中国近代工业史资料》，中华书局1962年版。

《国父全集》，台北："中央"文物供应社1973年版。

姚崧龄：《中国银行二十四年发展史》，台北：传记文学出版社1976年版。

上海社会科学院经济研究所编：《荣家企业史料》（上、下册），上海人民出版社1980年版。

徐润：《徐愚斋自叙年谱》，台湾商务印书馆1981年影印版。

上海社会科学院经济研究所编：《刘鸿生企业史料》（上、中、下册），上海人民出版社1981年版。

姚崧龄编著：《张公权先生年谱初稿》，台北：传记文学出版社1982年版。

中国人民银行上海市分行金融研究室编：《金城银行史料》，上海人民出版社1983年版。

吉林省金融研究所编：《伪满洲中央银行史料》，吉林人民出版社1984年版。

千家驹编：《旧中国公债史资料》，中华书局1984年版。

陈旭麓等编：《汉冶萍公司》，上海人民出版社1986年版。

南通市档案馆、南京大学、江苏省社科院合编：《大生企业系统档案选编（纺织编Ⅰ）》，南京大学出版社1987年版。

沈家五编：《张謇农商总长任期经济资料选编》，南京大学出版社1987年版。

虞和平编：《经元善集》，华中师范大学出版社1988年版。

武汉地方志编纂委员会编：《武汉市志·金融志》，武汉大学出版社1989年版。

中国人民银行总行金融研究所金融历史研究室编：《近代中国的金融市场》，中国金融出版社1989年版。

中国人民银行上海市分行金融研究所编:《上海商业储蓄银行史料》,上海人民出版社1990年版。
张之洞:《张文襄公全集·奏议》,中国书店1990年影印本。
中国银行总行、中国第二历史档案馆编:《中国银行行史资料汇编》,档案出版社1991年版。
凌耀伦、熊甫编:《卢作孚集》,华中师范大学出版社1991年版。
湖北省档案馆编:《汉冶萍公司档案史料选编》(上、下册),中国社会科学出版社1992年、1994年版。
中国人民银行吉林省金融研究所编:《横滨正金银行史料》,中国金融出版社1992年版。
上海市档案馆编:《旧上海的证券交易所》,上海古籍出版社1992年版。
上海市政协文史资料编辑部编:《旧上海的交易所》,上海文史资料选辑第76辑,1994年版。
张謇研究中心、南通市图书馆编:《张謇全集》,江苏古籍出版社1994年版。
交通银行总行、中国第二历史档案馆合编:《交通银行史料》,中国金融出版社1995年版。
中国银行行史编辑委员会编著:《中国银行行史(1912—1949)》,中国金融出版社1995年版。
金融史编委会编:《旧中国交易所股票金融市场资料汇编》,书目文献出版社1995年版。
财政部财政科学研究所、中国第二历史档案馆合编:《国民政府财政金融税收档案史料(1927—1937)》,中国财政经济出版社1997年版。
中国第二历史档案馆编:《中华民国史档案资料汇编》第五辑第二编,江苏古籍出版社1997年版。
章立凡选编:《章乃器文集》,华夏出版社1997年版。
天津市档案馆编:《天津商会档案汇编》(1937—1945卷),天津人民出版社 1997 年版。

苑书义主编:《张之洞全集》,河北人民出版社 1998 年版。

张季直先生事业史编纂处编:《大生纺织公司年鉴》,江苏人民出版社 1998 年版。

常宗虎:《南通现代化(1895—1938)》,中国社会科学出版社 1998 年版。

陈旭麓、顾廷龙等编:《中国通商银行——盛宣怀档案资料选辑之五》,上海人民出版社 2000 年版。

黄立人主编:《卢作孚书信集》,四川人民出版社 2003 年版。

洪葭管主编:《中央银行史料》,中国金融出版社 2005 年版。

南通市档案馆、张謇研究中心合编:《大生集团档案资料选编》第Ⅲ卷,方志出版社 2004 年版;第Ⅳ卷,方志出版社 2006 年版。

国家清史编纂委员会编:《李鸿章全集》奏稿第 9 卷,安徽教育出版社 2008 年版。

唐廷枢、徐润:《招商局第一至第七届帐略》(影印件),转引自胡政、李亚东点校:《招商局创办之初(1873—1880)》,中国社会科学出版社 2010 年版。

《民国丛书续编》第一编《申报年鉴》,上海书店 2012 年版。

张守广:《卢作孚年谱长编》,中国社会科学出版社 2014 年版。

《交通银行史》编委会编:《交通银行史》,商务印书馆 2015 年版。

刘志英编选:《上海市档案馆藏近代中国金融变迁档案史料汇编:上海证券业》,上海远东出版社 2016 年版。

盛宣怀:《愚斋存稿》,上海人民出版社 2018 年版。

《汉冶萍煤铁厂矿有限公司商办第一届至第八届帐略》,原书无出版社及出版时间,原件藏中国社会科学院经济研究所图书馆。

《国民政府清查整理招商局委员会报告书》上册,该报告册无出版社及出版年。

《汉冶萍煤铁厂矿有限公司商办第一届帐略》,原书无出版社及出版年。

长江航运管理局、武汉大学历史系编:《民生轮船公司历史资料汇编》第三编(油印本,非公开出版物)。

三、专著、译著、论文集等

[日]滨田峰太郎:《支那的交易所》,上海中华经济社1922年版。
杨荫溥:《上海金融组织概要》,上海商务印书馆1930年版。
杨荫溥:《中国交易所论》,上海商务印书馆1930年版。
施伯珩:《钱庄学》,上海商业珠算学社1931年版。
陈经:《日本势力下二十年来之满蒙》,上海华通书局1931年版。
雷雨:《东北经济概况》,北平西北书局1932年版。
吴承禧:《中国的银行》,商务印书馆1934年版。
施伯珩:《上海金融市场论》,上海商业珠算学社1934年版。
王承志:《中国金融资本论》,光明书局1936年版。
杨荫溥:《中国金融研究》,商务印书馆1936年版。
[日]滨田峰太郎:《中国最近金融史》,东洋经济新报社1936年版。
刘大钧:《上海工业化研究》,商务印书馆1940年版。
寒芷主编:《战后上海的金融》,香港金融出版社1941年版。
[日]宫下忠雄:《支那银行制度论》,严松堂书店1941年版。
中支那振兴株式会社调查课编:《上海华商证券业概况》,1941年版。
[日]及川朝雄:《上海外商株式市场论》,上海三通书局1941年版。
日本东亚研究所译:《战时下的上海经济》(资料丙第291号A,原书为英文),东亚研究所1942年版。
日本横滨正金银行上海支店编:《上海金融事情讲话》,1943年版。
王季深等编:《战时上海经济》,上海经济研究所1945年版。
张方仁:《金融漫记》,上海春明书店1949年版。
严中平:《中国棉纺织史稿》,科学出版社1955年版。
吴承明:《帝国主义在旧中国的投资》,人民出版社1956年版。

张郁兰：《中国银行业发展史》，上海人民出版社1957年版。
谭玉佐编著：《中国重要银行发展史》，台湾台北联合出版中心1966年版。
朱斯煌主编：《民国经济史》，银行周报社编，台湾1970年影印本。
全汉昇：《汉冶萍公司史略》，香港中文大学1972年版。
王尔敏：《清季兵工业的兴起》，台湾"中研院"近代史研究所1978年版。
张国辉：《洋务运动与中国近代企业》，中国社会科学出版社1979年版。
王业键：《中国近代货币与银行的演进》，台北"中研院"经济研究所《现代经济探讨丛书》第二种，1981年版。
中国社会科学院近代史研究所中华民国史研究室编：《中国第一家银行——中国通商银行的初创时期》，中国社会科学出版社1982年版。
汪敬虞：《十九世纪西方资本主义对中国的侵略》，人民出版社1983年版。
寿充一、寿乐英编：《法币、金圆券与黄金风潮》，文史资料出版社1985年版。
许维雍、黄汉民：《荣家企业发展史》，人民出版社1985年版。
张公权：《中国通货膨胀史（1937—1949）》，杨志信译，文史资料出版社1986年版。
卓遵宏：《中国近代币制改革史（1887—1937）》，台北"国史馆"1986年版。
上海市粮食局、上海社会科学院经济研究所等编：《中国近代面粉工业史》，中华书局1987年版。
朝鲜银行研究会编：《朝鲜银行史》，东洋经济新报社1987年版。
［美］小科布尔著，杨希孟、武莲珍译：《上海资本家与国民政府（1927—1937）》，中国社会科学出版社1988年版。
夏东元编：《郑观应集》，上海人民出版社1988年版。

张后铨主编:《招商局史》(近代部分),人民交通出版社1988年版。

[美]道格拉斯·诺思、罗伯特·托马斯:《西方世界的兴起》,厉以平、蔡磊译,华夏出版社1988年版。

张国辉:《晚清钱庄和票号研究》,中华书局1989年版。

洪葭管、张继凤:《近代上海金融市场》,上海人民出版社1989年版。

许涤新、吴承明主编:《中国资本主义发展史》,人民出版社1990年版。

大生系统企业史编写组:《大生系统企业史》,江苏古籍出版社1990年版。

杜恂诚:《民族资本主义与旧中国政府》,上海社会科学院出版社1991年版。

余明侠:《徐州煤矿史》,江苏古籍出版社1991年版。

[美]郝延平:《中国近代商业革命》,陈潮、陈任译,上海人民出版社1991年版。

《论张謇——张謇国际学术研讨会论文集》,江苏人民出版社1993年版。

丁日初主编:《上海近代经济史》,上海人民出版社1994年版。

朱荫贵:《国家干预经济与中日近代化——轮船招商局与三菱·日本邮船会社的比较研究》,东方出版社1994年版。

交通部财务会计司、中国交通会计学会编著:《招商局会计史》,人民交通出版社1994年版。

[美]R.科斯、A.阿尔钦、D.诺斯等:《财产权利与制度变迁——产权学派与新制度学派译文集》,刘守英等译,上海三联书店、上海人民出版社1994年版。

彭久松主编:《中国契约股份制》,成都科技大学出版社1994年版。

[法]白吉尔:《中国资产阶级的黄金时代(1911—1937)》,张富强等译,上海人民出版社1994年版。

[美]道格拉斯·C.诺思:《制度、制度变迁与经济绩效》,刘守英译,上

海三联书店1994年版。

桑润生编著:《简明近代金融史》,立信会计出版社1995年版。

《近代改革家张謇——第二届张謇国际学术研讨会论文集》,江苏古籍出版社1996年版。

陈明光:《钱庄史》,上海文艺出版社1997年版。

徐矛、顾关林、姜天鹰主编:《中国十银行家》,上海人民出版社1997年版。

[日]浅田乔二等:《1937—1945日本在中国沦陷区的经济掠夺》,袁愈佺译,复旦大学出版社1997年版。

李一翔:《近代中国银行与企业的关系(1897—1945)》,台湾东大图书公司1997年版。

[美]道格拉斯·诺思:《经济史中的结构和变迁》,陈郁、罗华平等译,上海人民出版社1997年版。

[日]安冨步:《"满洲国"の金融》,日本创文社1997年版。

洪葭管主编:《中国金融史》,西南财经大学出版社1998年版。

徐新吾、黄汉民:《上海近代工业史》,上海社会科学院出版社1998年版。

程霖:《中国近代银行制度建设思想研究》,上海财经大学出版社1999年版。

汪敬虞:《外国资本在近代中国的金融活动》,人民出版社1999年版。

汪敬虞主编:《中国近代经济史(1895—1927)》,人民出版社2000年版。

章开源:《张謇传》,中华工商联合出版社2000年版。

[德]柯武刚、史漫飞:《制度经济学——社会秩序与公共政策》,韩朝华译,商务印书馆2000年版。

叶世昌、潘连贵:《中国古近代金融史》,复旦大学出版社2001年版。

洪葭管主编:《上海金融志》,上海社会科学院出版社2003年版。

马俊亚:《混合与发展——江南地区传统社会经济的现代演变(1900—

1950)》,社会科学文献出版社2003年版。

吴承明、江泰新主编:《中国企业史》(近代卷),企业管理出版社2004年版。

李学通:《幻灭的梦——翁文灏与中国早期工业化》,天津古籍出版社2005年版。

杜恂诚:《中国近代钱业习惯法——以上海钱业为视角》,上海财经大学出版社2006年版。

刘兰兮主编:《中国现代化过程中的企业发展》,福建人民出版社2006年版。

张忠民、朱婷:《南京国民政府时期的国有企业(1927—1949)》,上海财经大学出版社2007年版。

刘秋根:《中国古代合伙制初探》,人民出版社2007年版。

洪葭管:《中国金融通史》,中国金融出版社2008年版。

姚会元:《日本对华金融掠夺研究(1931—1945)》,武汉出版社2008年版。

朱荫贵:《中国近代股份制企业研究》,上海财经大学出版社2008年版。

刘克祥、吴太昌主编:《中国近代经济史(1927—1937)》,人民出版社2012年版。

朱佩禧:《寄生与共生:汪伪中央储备银行研究》,同济大学出版社2012年版。

王强:《近代中国银行业资金运用研究》,中国政法大学出版社2014年版。

四、论文

魏友斐:《上海景气论》,《财政评论》第1卷第1期,1939年6月。

松本信次:《中国の証券市场》,日本《经济志林》杂志第15卷第2号,1942年版。

王宗培：《中国公司企业资本结构的分析》，《金融知识》第1卷第3期，1942年5月。

马伯煌：《刘鸿生的企业投资与经营》，《社会科学》1980年第5期。

［日］菊池贵晴：《清末经济恐慌与辛亥革命之联系》，《国外中国近代史研究》第2辑，中国社会科学出版社1981年版。

杨开宇、廖惟一：《洋务运动中第一个钢铁企业——贵州青溪铁厂始末》，《贵阳师院学报》1982年第4期。

魏达志：《上海"孤岛经济繁荣"始末》，《复旦学报》1985年第4期。

闵杰：《上海橡胶风潮及其对江浙地区民族经济的冲击》，《中国经济史研究》1989年第1辑。

吴慧媛：《潘霨与贵州青溪铁厂》，《贵州大学学报》1990年第2期。

吴太昌：《略论中国封建社会经济结构对资本主义发展的影响》，《中国经济史研究》1990年第1期。

滨下武志、朱荫贵：《19世纪后半期外国银行操纵中国金融市场的历史特点——及其与上海金融危机的联系》，《近代中国》第2辑，上海社会科学院出版社1991年版。

卢伯炜：《官督商办洋务企业股份票研究》，《苏州大学学报》1995年第4期。

朱荫贵：《近代上海证券市场上股票买卖的三次高潮》，《中国经济史研究》1998年第3期。

朱荫贵：《1927—1937年的中国轮船航运业》，《中国经济史研究》2000年第1期。

朱荫贵：《从大生纱厂看中国早期股份制企业的特点》，《中国经济史研究》2001年第3期。

朱荫贵：《中国近代的第一批股份制企业》，《历史研究》2001年第5期。

朱荫贵：《两次世界大战间的中国银行业》，《中国社会科学》2002年第6期。

朱荫贵:《"孤岛"时期的上海众业公所》,《民国档案》2004年1期。
朱荫贵:《论近代中国企业商号吸收社会存蓄》,《复旦学报》2007年第5期。
朱荫贵:《试论近代中国证券市场的特点》,《经济研究》2008年第3期。
朱荫贵:《抗战时期日本对中国轮船航运业的入侵与垄断》,《历史研究》2011年第2期。
朱荫贵:《论近代中国民间金融资本的地位和作用》,《北京大学学报》2012年第3期。

后　记

　　从对本项目产生兴趣到写作完成,本书前后经历了近三十年的时间。
　　对近代中国资本市场产生兴趣,始于1990年到日本进行合作培养博士期间。当时我的博士论文选题,是通过近代中日两国两家代表性的轮船公司半个世纪的发展历程,考察两国社会转型和政府在其中发挥的作用。在分析考察的过程中,我发现企业发展中的资金问题始终是一个关键问题。近代日本企业之所以发展顺利,政府大力支持的作用极大,通过"命令书"等形式使企业特别是"国策会社"没有资金匮乏之忧,再加上对航海及造船的各种奖励金,使近代日本的轮船航运业从沿海到近海再到远洋,逐步发展起来,日本也由此成为东亚的新生强国。而近代中国的企业则始终未能摆脱资金缺乏的困扰,还时不时要受到当时政府的"勒索"。为何会如此? 除了来自朝野的传统势力制约与中外反动势力的打压外,还与近代中国缺乏资本市场,不能从资本市场获得有力的支持有关。
　　而近代日本的企业除了得到政府的大力支持外,从资本市场上也得到了强有力的支持。最明显的例证就是明治维新后,仅仅经过十一年也就是1879年,日本政府就在大阪和东京设立了证券交易所,为社会的转型、为推动新型企业发展成长筹集资金。而差不多同时起步的洋务运动,虽然也在上海出现了新式企业通过股票买卖筹集资金的现象,可与日本相比,证券交易所的诞生则迟至1918年,晚了近半个世纪。并且在上海出现的买卖股票以筹集资金兴办企业的现象也在短短数年时间内即烟消云散。为何日本能够早早成立证券交易所? 为何中国的证券交易所迟迟难以产生? 没有证券交易所的运作,新型的股份制企业如何筹集资金？又如何运营发展？由此，我对近代中国的资本市场产生了浓厚的兴趣。

1995年到1997年，我获得到日本东京大学做两年博士后的机会，我决定将近代日本和近代中国证券交易所为中心的资本市场比较研究作为博士后的中心课题。但真正开始后才发现，这个课题的设定太大了。这样的课题，需要将近代中国的资本市场和近代日本的资本市场都梳理清楚后，才能进行比较，绝非短期内可以完成。于是我将主要精力放在近代中国的资本市场上，希望从这个视角考察近代中国新式企业筹措资金运营的过程及特点。从这一角度进行考察后，我发现传统金融机构钱庄、新式金融机构银行，都在近代资本市场上发挥了重要作用。晚清时期可以说是由钱庄一家独撑，民国时期银行业逐渐发展起来以后，一段时期内与政府的财政联系紧密，直到20世纪30年代后才逐渐成为资本市场上最重要的一支力量。证券市场在近代中国资本市场上的表现则令人失望。首先，它存在的时间比较短，甚至比不上在中国的外商证券交易所存在的时间长；其次，除了在洋务运动和汪伪政府时期有过短短的几年时间外，与近代中国工商企业的联系都很少，支持作用也不大，力度有限，再加上投机性强，破坏作用和促进作用并存等，总体来看，其对近代中国工业化的推动作用难以给出较高的评价。

在对近代中国资本市场加以关注和从资本市场的视角进行考察时，我陆续发现了近代中国企业自筹资金自救发展的多种方式，这也是近代中国资本市场多层次、多样化表现的特点之一。由于多种原因导致资金匮乏，近代中国的企业普遍存在负债经营的现象，因而产生了企业直接吸收社会储蓄、利转股、红利存券等募集资本的方式。这些基于传统中国商事习惯演变出来的方式，加上钱庄、银行、证券交易所等，形成了近代中国资本市场的多种图景。对于这些发现和研究中产生的思考，我都遵照此前的师长教导，先写成专文求教于学界，再逐渐整合成书稿。就这样，不知不觉间已经过去了二十多年。

在此过程中，有许多需要感谢的前辈师长。我的博士生导师聂宝璋教授，我的博士学位论文选题就是在他的指导下进行的。汪敬虞教授也给了我很多帮助，还记得他不辞辛苦地写信给上海的洪葭管教授帮我请教问题。吴承明教授更给了我数不清的指点和帮助。曾记得同住在北京安贞桥社科院宿舍的时候，我经常到他的居所去请教问题，近代企业吸收社会储蓄的问题就是在他的指点帮助下逐渐清晰的。我在日本的指导教授滨下武志先生，在我博士论文写作期间，曾亲自陪同我去神户，介绍相关的学者给我认识，并帮助我在松本海事文库寻找资料。此情此景至今犹在眼前。还有信州大学的久保亨教授、日本都立大学的奥村哲教授、东京大学的田岛俊雄教授等一大批日本中青年学者的各种各样的帮助，无论是学术探讨还是平时交流以及资料共享等，都使我受益匪浅。特别要提到东京大学的田岛俊雄教授，我们相识三十多年，成为亲密无间的朋友。中间得到过他的多种帮助，还参加过他的课题组，一起进行过多种课题的共同研究，留下美好的回忆。

另外，还要特别感谢复旦大学历史学系的吴景平教授，在他担任历史学系主任期间，正是基于他的邀请和帮助，2003 年我调到复旦大学历史学系工作，直接置身于上海这座近代中国的工商业中心和金融中心城市，这里丰富的史料和浓厚的学术氛围，使我的工作效率提高了很多。2009 年，姜义华教授将我的这个研究课题列为复旦大学教育部中外现代化进程研究中心重点项目，进一步推动了这项研究工作的进展。在这部书稿出版过程中，复旦大学出版社的史立丽老师付出了很多心血，提出了不少有益的建议。如今回顾这些人和事，感激之情溢满心间，难以尽述。

如今，书稿终于就要出版了，尽管十分粗糙，但我仍然希望这部对近代中国资本市场进行探索的书稿能够起到抛砖引玉的作用，激起学术界和有兴趣的学者对近代中国资本市场研究的关注，并能够对推动近代中国资本市场研究的深入起到积极的作用。

朱荫贵
2021 年 6 月